教育部批准　中国当代文学研究会主办
举办20年　筑梦20届

叶圣陶杯

全国中学生新作文大赛

第20届获奖佳作精选

王世龙　蒋成峰 ·主编·

天津出版传媒集团

百花文艺出版社

图书在版编目（CIP）数据

叶圣陶杯全国中学生新作文大赛第 20 届获奖佳作精选/
王世龙, 蒋成峰主编. -- 天津：百花文艺出版社,
2024.6(2025.10 重印)
ISBN 978-7-5306-8828-1

Ⅰ . ①叶… Ⅱ . ①王… ②蒋… Ⅲ . ①作文–中学–
选集 Ⅳ . ①H194.5

中国国家版本馆 CIP 数据核字(2024)第 087701 号

叶圣陶杯全国中学生新作文大赛
第 20 届获奖佳作精选
YESHENGTAOBEI QUANGUO ZHONGXUESHENG XIN ZUOWEN DASAI
DI 20 JIE HUOJIANG JIAZUO JINGXUAN
王世龙　蒋成峰　主编

出 版 人：薛印胜
选题策划：朱佳瀛　　　　　责任编辑：张晓芬
美术编辑：任　彦　　　　　版式设计：蔡露滋
出版发行：百花文艺出版社
地址：天津市和平区西康路 35 号　邮编：300051
电话传真：+86-22-23332651（发行部）
　　　　　+86-22-23332656（总编室）
　　　　　+86-22-23332478（邮购部）
网址：http://www.baihuawenyi.com
印刷：天津联城印刷有限公司
开本：710 毫米×1000 毫米　　　1/16
字数：505 千字
印张：24.5
版次：2024 年 6 月第 1 版
印次：2025 年 10 月第 6 次印刷
定价：50.00 元

如有印装质量问题,请与天津联城印刷有限公司联系调换
地址:天津市宝坻区新安镇工业园区 3 号路 2 号
电话:(022)29937958
邮编:301800

编辑委员会

前言

叶圣陶杯大赛二十年:激扬文字,圆梦青春

2023 年是第 20 届叶圣陶杯全国中学生新作文大赛的举办之年，也是大赛创办二十周年。二十年风霜雨露,二十年砥砺前行,叶圣陶杯大赛已届冠礼之年,这是一个值得纪念的节点。

经过二十年的发展,大赛已经基本形成了一套较为完整、科学的竞赛组织程序和评选理念。作为一项面向全国高中学生的公益性赛事活动,大赛得到了各地中学师生的信赖和支持,也得到了社会各界的关注和认可。2019 年,教育部开始定期审核、公布面向中小学生的全国性竞赛活动"白名单",从第一批起,本大赛始终榜上有名。

作为大赛的核心成果,获奖文集每届都会编选。这项工作一方面可以向社会展示当代中学生写作的最高水平,记录他们的成长足迹,反映他们的精神世界;另一方面,也可以为其他同学提供学习借鉴的范文,借助评委老师的专业点评,帮助同学们了解获奖作文写作的规律和技巧,提高同学们的写作能力。

第 20 届获奖作品选既沿用了往届的基本体例,又有所不同。最突出的变化是主要侧重选编了一些决赛获奖作品,在编排上按照决赛题目分别归类,其主要目的是希望通过这些获奖作品展示这些决赛命题背后的写作理念和大赛专家组对中学生写作的一些具有引领性的思想。

大赛分为省赛和国赛两个阶段,省赛原则上不限定题目,参赛选手可以将日常习作中的得意之作拿来投稿,学校老师甚至可以推荐考试作文中的佳作参加评选。这样做的目的,一方面是为了减轻老师和同学的参赛负担,另一方面也可以更好地鼓励中学生进行日常练笔写作,更容易发现爱好文学创作的好苗子。而决赛采用现场、限时、命题的写作方式。在最初的设想中,决赛的主要目的在于检验参

赛者的真实水平,所以决赛命题的基本原则是注重考查参赛者的基本素养,如审题立意、语言表达、文体结构等方面的能力,着眼于让参赛者有话可说,能够发挥出最高的水平,写出最好的作品。在大赛刚一开始的几届中,决赛命题往往强调两个方面:一个是写作内容方面,更多地鼓励选手关注"自然风光、名胜古迹、风土人情",关注日常生活的各个方面,强调写作内容的生活化;二是在命题策略上,更接近一般考试作文的模式,不偏不怪,易于理解和掌握。

近几年来,随着大赛影响日隆,选手日众,参赛者的水平越来越高,叶圣陶杯大赛成为国内具有代表性的中学生写作赛事。与此同时,大赛也暴露出了一些具有普遍性的问题,其中最突出的是,为适应升学考试,很多学生的写作表现出模式化、套路化,语言华丽而内容浮泛。

我们认为,大赛固然具有选拔和鼓励优秀写作者、发现和培养未来作家的作用,但更重要的应该还在于通过大赛传递一种理念,面向更广泛的中学生群体,提高他们的写作能力,甚至帮助教师改进写作教学的方法。

基于此,近几年我们对决赛命题的思路进行了相应的调整,不再局限于考察参赛者的基本写作能力,而是更加强调大赛的引领性:一方面体现社会责任,重视通过文学写作进行思想道德教育;另一方面重视写作技法的引领,尤其重视思维、审美和文章写作的结合。写作本身不是目的,而是思维训练和审美训练结果的展示,不能为写作而写作。

这主要表现在以下四个方面。

一、写作与思想教育统一,践行立德树人根本任务

写作教学中体现时代精神和思想政治教育,本来是题中应有之义,然而就我们所了解的情况来看,多数学生在表现所谓"宏大主题"的时候,往往都是照搬政治宣传中的口号,套上一些媒体上得知的先进人物事例,对于家国情怀、时代精神的体验往往并不真切、深刻。为此,我们在近几年的决赛命题中,试图引领中学生换个角度来写这类主题的文章。

例如2023年高三组决赛,主题是表现当代年轻人的责任和担当,但给出的题目则是"这事儿,交给我"。这个题目的意图是希望学生能将担当精神具体落实到某个具体的任务、事件上,而不是只进行空洞的悬想;更重要的是,要体现"我"在国家建设或者家庭生活中所能起到的作用,而不是泛泛地描述、赞颂别人的担当精神。遗憾的是,很多参赛者还是将"我"幻化成了某个历史人物,"这事儿,交给我"成了历史人物在面对民族危亡时甘愿牺牲的豪言壮语。而很少有同学愿意想一

想:自己可曾承诺父母将照顾弟妹的事儿"交给我"？可曾在心里想过要帮助家庭渡过难关？或是在学校里为别人做一些需要坚持、努力的"事儿"？当然也有一些同学能想到这些并很好地写出来,于是他们获奖了。

二、弘扬优秀传统文化,体现高雅的文化品位

中华优秀传统文化是我们的血脉,也是文学创作不竭的源泉。近年来,大赛的决赛命题都强调充分体现对中华优秀传统文化的继承,致力于引领当代中学生感受传统文化的魅力和格调。

大多数题目所涉及的写作主题通常都会引用古人的相关论述,使学生了解论题的来龙去脉,也提示学生在以后的阅读与写作中注意联系古今,增加文章的厚度和阅读的深度。例如2023年高三组决赛题,要求围绕"担当"这个主题写作,题干中引用了《论语》"士不可以不弘毅,任重而道远"、《孟子》"虽千万人,吾往矣"、梁启超"人生须知道有负责任的苦处,才能知道有尽责任的乐处"等名言,最终落脚于习近平总书记对青年人担当精神的要求。

另外,引用古代典籍中具有特殊情趣、韵味的典故,激发学生的写作灵感。例如2017年第15届决赛题引用了张岱的名言"人无癖不可与交,以其无深情也;人无癖不可与交,以其无真气也"。有点儿痴情的人、有点儿怪癖的人才是可爱的。我们通过题目中的讲解来引导学生换个角度来观察社会生活,塑造出有个性的人物形象。又如2022年第19届决赛题引用了《世说新语》中的典故:"桓子野每闻清歌,辄唤奈何。谢公闻之曰:'子野可谓一往有深情。'"目的是通过典故让学生理解古人在欣赏音乐时的深情感发或呼应唱和。这样的命题选材,也许在一定程度上超出了很多中学生的日常写作,但对于引领他们感悟、理解中国古人的审美趣味和艺术品格,应该是有所裨益的。

三、五育并重,促进学生全面发展

立德树人的根本任务体现为德智体美劳五育全面发展。在决赛命题中,我们有意识地关注审美教育、劳动教育等方面的内容。在美育方面,除了文学本身的美育作用之外,我们还有意识地引领学生关注中国传统的审美范畴、审美趣味等内容,例如2018年第16届有一道决赛题,要求学生根据司空图《二十四诗品》中对"典雅"之美的描述写一篇文章。我们希望的是老师和同学们能够通过这个题目,更多地思考、体味、描摹各种不同的审美范畴。

大赛重视培养学生在日常生活中的实践、动手能力,关注劳动教育。例如2021年第18届决赛有两个决赛题目——"盛粥"和"擦黑板"。从设计的初衷来说,题目

的核心不在于名词"粥"和"黑板",而在于动词"盛"和"擦",这样设计的目的就是让学生将注意力集中到行动的过程,希望学生们在日常生活中能够更主动地参与劳动,体验体力劳动的甘苦,感受为他人服务的乐趣,并将其付诸文字。

四、执简驭繁,重视写作技法的引领

竞赛不但是对学生现有能力和水平的考查,而且应该对他们未来的写作起到启发和促进作用。为此,我们根据已有研究成果,结合自己的思考,提出了关于写作训练的一些观念。尤其在写作技法方面,我们认为,写作训练的基础是思维,写作训练必须和思维训练结合起来,其中最重要的是隐喻思维和转喻思维。如果能够在作文时熟练地运用隐喻(比喻)和转喻(借代),甚至用它们作为构思全文的基础,那么文章就一定会有可观之处。所谓转喻思维,典型的表现为管中窥豹的细节刻画能力,这是现实主义文学创作的基础;而所谓隐喻思维,则表现为从不同事物中发现相似点,这是浪漫主义文学创作的基本特点。

决赛命题中,我们努力引导学生充分运用这两种思维模式进行作文构思。几乎所有的题目都不是简单地规定一个主题让学生来写,而是通过各种方法来提示学生如何写作、如何构思。例如2020年第17届的决赛题目"祖国/校园/故居/街市/远行""如诗""语文/数学/同桌/老师/网络"以及"草/树/铁/石/雨/河",这些题材都是比较常见的,但题目限定了具体的写作方法,即充分运用比喻思维,发现不同事物之间的相似点,围绕相似点展开描写与叙述,构思全文。

又如2021年第18届的决赛题目"盛粥""擦黑板"等,都是暗示参赛者从生活中的某些动作细节出发,讲述动作行为背后的故事及其所传达的情感。

这样的命题思路,一方面对参赛者的写作思路进行了更具体的指引和启发,另一方面也使题目的切入口变得比较小,参赛者必须在现场进行具有针对性的思考和设计才能做到真正扣题,这样就在很大程度上避免了参赛者用提前准备好的作文模板来套作的现象。与此同时,所有题目都会以大多数学生"有的写"为基本原则,所提示的写作内容都是当代中学生所熟悉的生活内容和话题。甚至为了让参赛学生更好地发挥特长,写出更好作品,多数决赛都会提供两到三个题目,参赛者可以选择自己擅长的题目来写。

总的来说,决赛命题的引领作用是明显的,也的确在一定程度上激发了很多参赛者的写作灵感,每届大赛都涌现出很多文质兼美、引人入胜的佳作,不少同学的决赛作品水平甚至超过了其自由创作的初赛作品。

决赛采取现场限时写作的方式,和高考等各类考场作文在出题形式上是一样的,所以只要掌握了写作大赛决赛作文的写作技巧,也就一定能写好高考作文。

我们也希望能够有更多的中学师生用心研究我们的大赛命题,从中获得启发,改进自己日常的写作教学,尤其要将写作与思想教育、审美教育乃至生活教育结合起来,将写作训练与思维训练结合起来,不但要选拔出更多具有文学才华的未来作家,更要培养出更多有情趣、有思想、会生活、懂感恩的新时代文化人。

编者

2024 年 5 月

目录

第一辑

担当的精神

决赛命题与写作点拨
（高三组）

□决赛命题

担当精神历来是中国人最看重的品质之一。

《论语》中说："士不可以不弘毅，任重而道远。仁以为己任，不亦重乎？死而后已，不亦远乎？"（《论语·泰伯》）

《孟子》中说："自反而缩（理直），虽千万人，吾往矣。"（《孟子·公孙丑》）

梁启超则说："大抵天下事从苦中得来的乐才算真乐。人生须知道有负责任的苦处，才能知道有尽责任的乐处。"（《最苦与最乐》）

进入新时代，习近平总书记更是特别重视培养青年人的担当精神。在党的二十大报告中，他号召广大青年"立志做有理想、敢担当、能吃苦、肯奋斗的新时代好青年，让青春在全面建设社会主义现代化国家的火热实践中绽放绚丽之花"。在2023年新年贺词中，他再次强调："青年兴则国家兴，中国发展要靠广大青年挺膺担当。"

值得注意的是，担当精神不是空洞的口号，而是体现为各种具体的行为。从身边小事，到家国大计，无一不体现出一个人的担当精神。

请根据以上材料，以"这事儿，交给我"为题写一篇文章。也可根据题意自拟标题。

□写作点拨

高三组的参赛同学即将参加高考，日常写作训练中一定少不了与时政相关的题材，那么面对这类题材，教师应该怎样指导，学生应该怎样写作呢？我们想通过此次决赛命题做一点思考和探索。

一、"担当"解读

在一定程度上可以说，此次决赛的命题选取的是一个比较俗套的话题，这个主题其实就是"担当"两个字，相信很多学校的老师都在日常写作教学中让学生们写过。的确，这个词语在当今社会背景下是一个高频词语,在党和政府的各种文件中屡见不鲜,二十大报告中至少有八次提到担当,习近平总书记也曾在不同的场合反复提到过担当精神的重要性,可见总书记对担当精神的重视。

那么,什么是担当呢?

《现代汉语词典》对它的解释是动词,接受并负起责任,例如"担当重任""勇于担当"。这个词语早先并不常用,更常见的是"承担责任""勇挑重担"这样的说法,近几年使用频率才逐渐提高。除了用作动词以外,很多时候担当还可以用作名词,例如"有担当""责任和担当""担当精神"等。值得注意的是,当我们说"有担当""担当精神"的时候,并不是指一般的任务,而是暗含着某种重大的、有一定困难的责任,需要付出相当大的努力,承担一定的风险,甚至要面对失败的后果。

考虑到很多中学生未必能够认识到这一点,我们在设计题目时有意识地引用了几段名言。

第一段是《论语·泰伯》篇中曾子的话:"士不可以不弘毅,任重而道远。仁以为己任,不亦重乎?死而后已,不亦远乎?"这段话的核心就是士人的担当精神。"弘毅"就是心胸博大、性格坚韧。朱熹说:"'毅'训'强忍',粗而言之,是硬担当着做将去。"就是用"担当"来解释"弘毅"。而之所以需要弘毅、担当,则是出于一种责任感,把在社会上施行仁术当成自己的任务,而且要将这种任务作为自己一生的事业,坚持到底,至死方休。这是古代儒家"以天下为己任"的担当精神。

第二段出自《孟子·公孙丑》:"自反而缩(理直),虽千万人,吾往矣。"意思是,只要自己认准了有道理的事情,就要努力坚持,无论面对的敌人有多少,无论困难有多大,都要坚定前行,无所畏惧。这里强调的同样是坚定的信念和不屈不挠的强大意志。这当然也是担当精神的体现:为了理想,为了真理,我可以承受千万人的抨击、指责。

第三段来自梁启超的文章《最苦与最乐》:"大抵天下事从苦中得来的乐才算真乐。人生须知道有负责任的苦处,才能知道有尽责任的乐处。"这段话更为直接地说明了担当精神的核心要义:负起责任、完成使命是最快乐的,甚至是人生最大的乐事;然而承担责任也是辛苦的、劳累的,是需要付出代价的,但这个代价是心甘情愿付出的。

第四段材料则通过习近平总书记对担当精神的表述,阐明了新时代背景下青年人担当精神的历史内涵,它体现了时代赋予青年人的责任与使命,其实也暗示当代青年人,前进路上可能要面对种种困难与挫折,而不会总是一帆风顺。

总的来说,我们想要通过上述材料引领中学生深入思考、理解担当这个词,全面地掌握它的含义,在这个基础上,采取各种手法展开分析、论述,以文学的手段表现自己的理解。

二、命题原则与写作设想

1. 写作的基础是思维

我们认为,写作本身不是目的,不能为了写而写。写作的一个基本目的是展示思想,呈现思维过程。写作的基础是思维训练,思维的基础是概念,对概念进行辨析、讨论,总结其本质,研究其背景,辩驳其利害,这些都是思维训练的基本手段。

从另一个角度来说,思维训练是中学教学中最有价值的部分,但思维训练总要有一个载体,写作教学有资格成为思维训练的阵地。但目前来看,写作中的思维训练在很大程度上是被忽视了。思维训练是一个需要花费较长时间、较多精力的大工程,而现在很多学校的写作教学实际上变成了作文考试,老师布置下一个题目,让学生自己随便写,老师阅卷打个分、讲评一下就了事。下一次的作文和这次没什么关联。

2. "大处着眼、小处着手"

这次决赛作文的命题思路,同样延续了叶圣陶杯大赛的写作理念,即"生活化内容"。我们希望用给定的题目引导参赛者将眼光聚焦到现实的生活和具体的小事上来,借助对现实的关注来体现思维的深度。

如前所述,"担当"是个俗套的题目,如果以"担当"为题,学生当然可以自由发挥,有无数的角度可以写。我们的想法是通过这种带有具体限制的命题,为学生的思维定向,这一方面是命题作文现场写作的必然要求,避免学生猜题、押题,另一方面也是为了引导学生在某个具体问题上进行深入思考。

题目"这事儿,交给我"包含两个要素,一个是"这事儿",一个是"我"。"这事儿"是什么事儿呢?正如材料中已经提示的,可以是"身边小事",也可以是"家国大计"。

哪些"身边小事"能体现担当精神?我们认为,实际上可以有很多:比如承担家务,比如独自照顾老人、小孩,比如仗义执言、维持秩序,比如见义勇为、保护弱小……这些事情平时也总能成为中学生的写作题材,但是如何用这些事件体现出担当精神?关键还是要强调这些事情所体现出来的责任感、使命感,以及完成这些事情所需要付出的努力、所要承受的痛苦(甚至可能因为犯错误而接受惩罚)。

而要想从"家国大计"的角度表现担当精神,很可能会流于浮泛,说一些不着边际的大话、空话。实际上,题目规定的是"这事儿",所以心中一定要有具体的"事儿",如中国目前发展中遇到的一些问题,比如芯片研发、光刻机研发、农业优种选育、计算机操作系统开发等,又比如文化产品的创造、输出以及富有创意的形象设计等。但最重要的,显然不是泛泛地喊口号,而是要明确地意识到存在的问题,进而思考、提出解决问题的途径、方法。否则,"这事儿"交给你,你能怎么办呢?

再说文体,尽管从题目来看,写成记叙文似乎比较方便,但只要头脑中有"问题意识",能对具体问题展开分析,提出相应的解决方案,尤其是说明青年人(自己)在这个过程中所起到的作用,写成议论文也是完全可以的。

三、阅卷评分的角度

1. 审题立意是评卷的要点

参加叶圣陶杯大赛决赛的选手都是百里挑一的,他们都有着很好的写作基本功。尤其对于高三学生来说,这个主题他们很可能已经写过了,甚至早就准备了一篇"担当",如果不考虑扣题的话,现场决赛就失去意义了。

那么,怎样算是扣题呢?

(1)要能体现担当精神的实质,也就是在重大事件面前愿意付出、勇于承担责任。既要在文章中体现出所承担的责任是什么,又要体现出此责任具有重要意义,还要突出做事过程中遇到的困难、承受的压力。

(2)要通过具体的事件、问题来表现"我"(参赛者本人)的担当精神,而不能泛泛而谈。

2. 鼓励立足现实生活的写作

本大赛一贯倡导朴实、真诚的文风,尤其鼓励中学生写自己身边的生活,写自己熟悉的人和事儿,写自己对于现实生活的观察、体验和思考;不提倡学生去摹写那些自己完全没有直接经验的古代的、外国的、边缘的生活,即便是想象和幻想,也应该符合当代中学生的实际生活场景。

3. 鼓励写"我"

根据题目要求,大多数学生应该都会写成第一人称。"我"就是作者本人,体现作者本人的担当精神。也有一部分参赛者会另辟蹊径,采用第三人称,写其他人(甚至是虚构人物)的担当精神。原则上,设计这个题目的初衷是试图考查学生本人的思想道德水平,即通过命题写作引领思想道德教育,所以并不鼓励写他人担当精神的做法。

决赛选手写作的实际情况是,大多数还依循应试作文的老套路,与命题意图背道而驰。当然,获奖的十篇特等奖和选发的部分一等奖作品还是比较成功的,毕竟它们的作者是选拔出来的写作高手。请读者对照以上命题点拨进行阅读,深入思考学习,从中领悟到写好宏大主题作文的秘籍。

能担几两责

□ 山东省蒙阴第一中学　孙源泽

小时候,雨天中我常做着这样一个梦:树林和草丛依次闪开,蜿蜒的小路尽头是一条幽静的小溪,我俯下身想舀几碗清水,却发现这里是蛇的领地;我开始疯了一样地往回跑,往回跑,然后一身大汗惊醒在熟悉的屋子里。

祖母在炉边扇火。我闻到熏着的干柴散发出的气味,热烈而刺鼻。祖父这时挑着一担水回来,拿出集市上买来的大叶茶,"隆"的一声把水和茶灌进了锈迹斑斑的铁壶,一股清香扑鼻而来。我不甚关心煮茶,只是悄悄注视着炉边泛黄的墙上斑驳的光影,它投在灶神画上,像一座金色的雅舍。那时我想,神仙在宫殿里生活,肯定悠闲快乐,只为快活而活。等壶上的水蒸气让雅舍更像天宫时,我就知道,茶熟了。

祖父大口大口地喝着茶。对于农村人来说,茶代表着水,喝茶就是喝水。"娃儿,多喝茶。"祖父对我说。我学着大口喝茶,全然只顾享受。祖父每次都想带我去担水,常跟我说:"娃儿跟着去长长见识,给你逮一条大蟒蛇看看!"祖父一说,我的心里就升起了一阵云雾,云雾尽头是心里的那个梦。我常生气地跑开,不再理会祖父,祖父只好识趣地自己赶往河边。

霜冻是残忍的,不仅伤害土地,也伤害人。那天,我呆呆凝视着屋子对面的山,山上白色的花岗岩径直露出,炊烟袅袅升起。我期待着烟把花岗岩熏成黑色,花岗岩却始终白着。到了饭点,祖父还没回来。我焦急万分,跑到街坊门前呼喊祖父,可远方的田野上迟迟没有回应。那天傍晚,祖父被几个青年搀扶着回到了家,原来祖父脚下一滑掉进了沟里。从那天起,祖父就开始一瘸一拐地走路,不再像往常那样来去如风。那时我隐约地意识到或许我应该帮祖父端茶倒水了。祖父每天早上仍执拗着去担水,我不放心,终于鼓起勇气要跟着。祖父笑着对我说:"你这个小身板儿,能担几两水啊?"我不以为然,低头走着,时不时用脚生猛地踩着大地,这是对祖父的回应,也是给自己壮胆。出发担水时天还黑着,泛着点儿蓝,提桶到家的时候天已全然是蓝中有白了。我嬉笑着对祖父说:"担水跟玩泥巴一样容易!"祖父看着我骄傲的眼神,说:"臭小子长大了。"

我从小对"长大"没什么理解,祖父的这一句让我深感莫名其妙。什么是长大呢?长大是帮祖父端茶倒水,还是和他一起去挑水?如果我现在长大了,关于蛇的心结为什么没有解开?我就问祖父长大到底是什么,祖父说:"长大就是从你能尿几两尿,到能担几两责。"

担责?我从来没试过担责,也始终畏惧着担责,渴望的不过是快活地生活。我说:"我不长大了。"祖父只是笑笑。我迅速跑开,再次攀上了平房顶。天上的云悠悠,远处的烟袅袅。我朝空中的雁喊道:"我不要担责。"我朝地上的鸭喊道:"我不要长大。"我朝天空的云彩喊道:"我不要担责,也不要长大。"天边的夕阳似乎听到了我的呼喊,向我照来几束红色的光,映衬着火烧云,抚慰着我的心。

不久我就回屋去睡了。雨滴击打着屋檐,睡梦中的我早已忘记了雨声的提示。我又做着那个梦,阴森的小道上一阵风吹过,一阵沙沙的声音是蛇在起舞,我拼命地跑啊跑,可始终回不到家,看不到夜色的终点……我醒来了,与梦里的夜不同,现在是下着雨的阴沉白天。想到祖父可能又逞强一个人去担水,我穿上布鞋,披上褂子就往外跑。祖父忍着疼,躺在床上,雨的湿气在风湿的伤病处又添了一层疼痛。我想给祖父倒茶,然而没有水。我戴上蓑帽,担起两只桶,一颠一颠地踩着水坑跑向河边。天空颜色稍暗,雨水滴答滴答从屋檐滴到我的脸上,再滴到林子里,滴到河边。我忙着跑,竭力克制住内心对蛇的恐惧,裤子全被泥水浸湿透了。

我拼命跑向小河,跑过庙和阴森的石碑,终于到了梦里蛇出现的树丛。我浑身战栗,害怕蛇一口咬住我吃掉我。可我想到此时榻上疼痛的祖父,一咬牙冲过了树丛,来到了小溪边。小溪不像往日温和,像饥渴的狼群,一只一只地冲上来,冲到岸边,獠牙刺穿湿透的布鞋,噬咬着我的脚趾。我实在害怕,害怕得要哭出来——我要走,我不要打水。

无边无际的黑暗树林中,雷电在造势。就在这时,天上的云彩帮助了我。或许是上天听到了我的呼喊,云彩慢慢移开,移开———一缕阳光射了进来!那一刻我知道,恐惧,蛇结,谁都不能阻挡我为祖父泡上一壶茶!盛满水,我朝着家的方向疯跑,心里不再恐惧,而是暖融融的。我不再害怕阴森的树林,不再恐惧梦里的蛇结,因为我担着的不仅是两桶水,更是几两责。我像一个胜利者,挑着两桶水,"吱呀"一声拉开了门。今天祖母没有烧火,那我来烧。我放下担子,拿起干柴塞进炉子,划了根火柴,"轰"的一声,柴燃了起来,焰舞了起来。我拿起铁壶支在炉火上,倒入水。没多久,蒸气就从壶口喷出,从火炉上升,上升,穿过了雅舍,直冲屋顶。火花绽放,烟雾升腾,太阳升起来了。它照向树,在窗上映出斑驳的光影,这次洒在了祖父的脸上。祖父看到湿透的我端着热乎乎的茶碗,眼角有些湿润,然后接过茶碗来大口喝了下去。他笑着对我说:"我就说你能担几两责!"那时阳光洒在祖父的肩上,窗上的水气迅速聚集,又凝成水珠落下。屋外的天空中几朵云彩飘过,秋天的大雁在雨后继续前行,蛇结和遥远的梦早已消散,院子里的鸭子嘎嘎叫着迎接晴天。夜晚,我又攀上平房的屋顶,静静看着天上黑色的云彩涌来涌去。这次我看到的,不仅是快活的云彩、恬淡的月光,还有那形如担子永远指引着旅人的北斗七星。

指导教师:徐杰

本文获决赛特等奖

点 评

文章从生活出发,细节丰富,具有打动人的基础。担当首先要从身边人、身边事做起,而梦中的蛇结象征着"我"对于担当潜意识中的逃避。作者文笔生动,具有较强的语言表达能力,在"我"与祖父生活的变化中逐渐体现出"我"的成长、责任、担当。

(王士强 诗歌评论家)

这事儿,交给我

□ 江苏省盐城市亭湖高级中学　姜淼

第一次生命

我是一支普通的唢呐,实在没什么不同,古铜色,被丢在隐隐弥漫着潮湿的沉木箱子里,总是被遗忘。

"咚咚——"好像是门开了,哦不对,是箱子开锁的声音。

一双略显粗糙的手将我捧起。我定睛观察,这是一个面露些许疲倦的中年人,脸上的纹路曲折,手上的老茧与我光滑的表面形成摩擦。纵使这般模样,他的眼神炽热,带着得天独厚的热忱。我知道,我的担当来了。

现在的我,见过人间烟火——清晨五六点的河上雾气氤氲,傍晚岸边耕耘的老牛踏破残阳;见过农人的修修补补——他们在忙碌的春时,与万物对坐;更见过人们的喜怒哀乐。一曲可慰山河。

这鲜活的一切是中年人带我看见的世界。他喜欢静坐在田地的垄上,看过往的行人忙忙碌碌。有时农人会跑过来,和他聊上几句。他擦着我的金身说:"这事儿,交给我。"我陪伴着他从满头青丝到两鬓灰白。十几年过去了,他的眼神还是如初见时一般热烈。如果非得说出个不同的话,那就是相较从前,他现在常常将眉毛拧成一团。

第二次生命

后来家里来了一位男孩。

男孩称他"师父"。

开始的几日,他还在思索着什么。直到那天夜里,一场大火轰轰烈烈地蔓延,草屋被火舌吞噬其中。我熟睡在箱子里,忽然感觉有些闷热。"快救火!唢呐!唢呐!"男孩稚嫩的童声飘荡在上空。一股强劲的力量将我向上抬起。忽然冷风灌进箱子里,我看见了夜色,天上有星星。

第二天,中年人很早醒来,他捧起我,开始擦拭我的身子。昨夜的火没伤到我丝毫,我听见中年人喃喃道:"是个好苗子,是个好苗子……"没一会儿工夫,我看见了男孩。他今天有些不一样,右臂上多了一团白布。"师父,您放心,这事儿,交给我!"男孩接过了我,于是我开始了新的担当。

有些十几年前去过的屋子,物是人非了,尽管有满墙的丝瓜藤,却还是少了几分生机,不见往常的热闹。田地里老黄牛渐少了,更多的是老人们闲坐畅谈,蒲扇摇啊摇,摇过了春种秋收的轮回,摇过了生死阴阳的两隔。是的,那位被唤作"师父"的中年人渐渐老了,当年英勇救火的小男孩也长成了中年人。师父的眉头越来越皱了,仿佛一个解不开也没人能解的结。

我的铜色日显斑驳,我的歌喉难现当年的风采。

第三次生命

我立在桌上,他们在屋里商量。

"您看看,现在是新时代……"陌生的声音传来,是刚刚到这儿的年轻人,看上去二十来岁,却穿着比师父还朴素的衣服,说话温声细语。我想,难道这是我的新搭档?他能撑起他的担当吗?我虽然表面斑驳,但是斤数不减,担当还在,还能昂着头歌唱。

片刻后,门开了。年迈的师父,我的第一任搭档,又一次捧起了我。他的眼神依然热忱且坚定,只是眼角光亮闪烁,像是有什么东西快要落下来。他说道:"你们看啊,这唢呐,是五千年龙腾星河雷霆乍起,十万里烈火焚烧金身不坏,几千年前百鸟朝凤尽情高歌,而今新时代,我们又岂能让它曲终人散、音满落地啊!"

他唯一的徒弟,我的第二任搭档,泪流满面道:"师父,师父……"

年轻人抹了抹眼角,承诺道:"老前辈,这事儿,交给我,我一定想出个好办法!"他说完,便告辞了。

屋里,黑发人扶着白发人,白发人抱着我,而此刻,我看懂了他们眼神里的信念。夜深了,师父还没休息,他的眉头稍稍舒展了些,但愁容依旧。临近清晨,那位年轻人真的履行他的承诺回来了,还带着更多的人拥入屋里。

年轻人扶着师父,满面春风地介绍:"老前辈,我和上级汇报了您的情况,我们想了一个很好的方案,既能让咱们一起走向共同富裕,又能将唢呐这一传统文化发扬光大,走出中原文化圈!您看,我们开直播,能让更多人听到您的声音,这多好啊……虽然我是来精准扶贫的,但是中华优秀传统文化是我们辈辈中国人坚守的信仰啊!这事儿啊,交给我,交给我们新一代!我们肯定完成得好好的!"师父面露喜色,我看出了他的激动,也为他感到欣喜。徒弟主张早日准备，师父终于开怀大笑，小心翼翼地捧起了我，朝着远方高声吹奏一曲《百年朝凤》。

"唢呐，我国的非物质文化遗产……"虽然已经斑驳得不成样子了，但是我完成了我的担当。未来，还将会有新的唢呐高歌着，还将会有新的黑发人传承着。这事儿，我们放心了！

花开岁月沉香，文明生长；飞鸿踏雪寻泥，音韵传薪。

指导教师：万艳

本文获决赛一等奖

点 评

写文章要巧妙构思，精心设计，用不一样的角度来讲故事，故事的容量就不一样，本文就是如此。如果正常写，就直接写三代唢呐人的代际传承，也扣题，也能写出"这事儿，交给我"的内涵，但读起来就没有新鲜感。像作者这样从唢呐的角度写，读起来就有陌生感。陌生感就是创新，让人感觉故事的空间变大了，故事也耐人寻味了。

（何郁 特级教师）

这事儿，交给我

□ 南京师范大学附属中学江宁分校　王殊

梧桐的叶子和老槐树的叶子在灰扑扑的街道上堆了好几层，一层一层，松松散散，冷冷清清。小Q总也出不了师。小Q不知道师父说少了一味，少的到底是什么。

小Q多次急眼，师父不急，仿佛老早就知道少掉的一味会成为小Q出师路上的绊脚石，每天还是一句："娃嘞，少一味，出不得哦！"师父是小Q的父亲，小Q十几岁就被逼着帮厨，逼着学民国的、西洋的菜式，逼着喊师父而不是爸爸。一旦拿起了铲子刀子锅碗瓢盆，父亲就不允许他喊爸爸。小Q不理解，但小Q习惯，反正喊师父和喊爸爸都一个样，从早到晚地洗菜摆盘，夜里做切菜剁鱼的梦，不会因为他一个男孩子撒几个娇，爸爸就不逼他学了。小Q觉得自己孝顺，没几斤反骨，他可以等，等爸爸老了做菜的担子自然就落到他头上了，到时想不让他出师都没办法。

小Q住在南京颐和路对面的老房子里，那是爸爸的爸爸的爸爸传下来的。墙上到处是爬山虎，长得本就歪歪斜斜的粉墙支离破碎令人心惊。小Q不在意住在哪儿，他每天要工作，要学厨，地点就在对面的颐和公馆。

这颐和路的树，小Q看了二十几年，每一棵都看熟了。外人只知道南京颐和路是民国时期建的，黄墙后边住的是当时的达官显贵，闲者勿进；黄墙前边是蒋介石亲自要求种植的法国梧桐，据说是从巴黎运来的，影影绰绰遮天蔽日，把灰色街道遮得严严实实，一派历史的沧桑韵味。小Q知道别人不知道的，比如有的街道是梧桐，有的街道是老槐树；有的时候两棵梧桐的中间长一棵槐树，百年来树上长树的也有槐树。小Q觉得自己就像这槐树，一身的好厨艺，出不了师，名不见经传，天天给师父帮厨，而别人眼里只有大名鼎鼎的法国梧桐。

但无论怎样，他爸做菜的担子会落在他肩上，他知道。等的就是他爸老了干不动了，手抖放不准料的时候，他就熬出头了。到时候担当这个颐和公馆大厨名头的人就是他。

白天，颐和公馆在一众公馆里并不起眼。颐和路的公馆都不一样，法式的、西班牙式的、苏州园林式的、西洋的、古典的，全都有，里面原先住的都是大名鼎鼎的人物，比如

38号曾住过汪精卫。这些花园别墅的墙，灰的红的黄的都有，会在阳光下播放树的"电影"，把树的姿势、颜色都记在自己身上，有时是绿色的笔直的影子，有时是黑色的弯曲的影子。白天小Q在工作，夜里下班以后小Q才出来逛。颐和公馆的高声叫嚷、窗口的灯光、觥筹交错的影子，都和小Q无关。小Q觉得自己离时间更近，离人更远。时间慢慢、慢慢、慢慢地在颐和路生长，和他一样，悄摸着生长，等到有一天他的名号响彻颐和路，说不定能响到总不让他出师的师父耳朵里。

一天，小Q在老槐树底下踢树根。新的鸟巢在树上摇摇晃晃，惹人心慌。"娃嘞，爸发烧啦，你帮爸去打理做菜。"师父声线依旧稳当，一点儿听不出发烧的迹象。小Q回家看了看躺在床上的爸爸，老人家的脸确实烧得通红。小Q细心照顾了几天，回到了颐和公馆。这次病毒专捡年老的、有经验的厨子上身，剩下几个尚未出师的小辈儿在厨房里乒乒乓乓地忙活，都觉得自己做菜手艺的火候、摆盘精致的程度离前辈差不了多少，甚至不差。尽管鱼切得一丝不苟，酱汁色香味俱全，然而当天晚上几人就被当头一棒砸了个晕头转向——有几位显贵的客人发话：这菜，做得没有民国味，和颐和路，和颐和公馆，不搭，不搭！

几个年轻气盛的小伙子挨了骂，一时摸不着头脑，撂了勺，气一撒差点儿不干了。小Q也在想，想他每天都在颐和路晃悠，每个公馆都知道他叫小Q，颐和路他是熟得不能再熟，可这么熟，这么了解，耳濡目染的民国风怎么就是进不了他的菜，还让客人一下指出来了呢？小Q脸上有些臊。小Q想起师父老说他少了一味，少了哪一味他不知道，但他不想问，问了掉面子。小Q要自己找。

小Q爸爸每天在喷泉旁边站一个小时，小Q也去站，站久了腿麻，麻了蹲下。一只橘猫凑到水边，太阳长在猫毛上，每根毛都长长的，让它活像一只晃眼的金狮。它看起来什么都知道，眼睛绿莹莹的，十分机灵。它的祖先把1937年以来公馆的每一件事都传了下来，但猫不说。在黄墙上、公馆的瓦房顶上，橘猫每天把步子踩成一条线，慢慢悠悠。百年来，似乎每一只颐和路的猫都这么睨着人。南京战火纷飞之际，猫躲了起来，睨着街上飞奔着的人，听着轰鸣、惊慌和痛楚。八年后，那些猫的后代，一代一代，肚子贴着墙贴着瓦，脑袋伸进风里，用猫的语言，把祖先的话和梧桐树街道、槐树街道的话，传过来又传回去，印在了颐和路的猫的基因里。猫知道南京颐和路所有的事。小Q知道，猫也知道。猫睨着小Q。

小Q要做狮子头。除了猫，狮子头也知道颐和路所有的事，那是记忆里时光留下的痕迹。

小Q看字，读史，由浅入深，再深入浅出到菜里。小Q看了各个公馆的展览，知道了黄墙里旧主人的事情。时间仿佛从未流逝，只是在墙上，在树上，一遍一遍，讲着那些发生过的事，絮絮叨叨，没有人听见。公馆的主人都还在，在每一盏精致的洋灯前，在每一扇老虎窗的红窗棱上。以前小Q说过："从我爸爸的爸爸的爸爸到我，都是厨子，厨子有什么追求？厨子要做颐和公馆最有名的厨子！"阳光落下，小Q笑笑，不再说话。

在这个声名需要赫赫的世界，在这个光怪陆离，哪里都有所谓创新的世界，小Q第一次觉得,他在悄摸地长大,和时间一起悄摸地长大,和时间在这里一次次走过而留下的声音——被叫作历史的东西,一起悄摸地长大。每年的春天,梧桐的绿叶子和槐树的绿叶子一起长,秋天的落叶堆得一层一层,仿佛城市的记忆。在秋天的深处,用叶子做书签,夹在历史的某一页。

小 Q 把野心熬成静心,熬成潜心,熬成匠心。小 Q 知道他少的一味,叫担当。

在师父的手底下,他少的一味,是对自己的担当,对家庭手艺传承的担当;在颐和路上,他少的一味就是对历史、对时间、对一直光影错杂的黄墙的担当……小 Q 知道,他不一定出名,狮子头哪里都有,别处的狮子头和他的狮子头都叫狮子头。天下灯红酒绿觥筹交错里醉了的人,会有几个觉得他的这一份责任,这一点对颐和路的小小理解,足够博人眼球,足够赢得赞誉?他担的担子不大、不重,甚至看起来微不足道——只是做菜。小 Q 明白,是他的共情,他和这黄墙里黄墙外整个世界的共情,叫他义无反顾地担当。

"爸,这事儿,交给我!"爸爸要从床上起来,因为听说公馆的评价不如从前,被小 Q 拦住。

秋天,颐和公馆出了一道狮子头,不是红烧,是清蒸,用了云南的菌子提鲜,清澈的汤水里加了绿油油的苦荞,原料简单,口感丰富,一口肉鲜,一口菌子鲜,再加上一点苦荞的苦,令人回味无穷。这时客人看看窗外的黄墙,看看桌上的洋灯,民国的艳丽和风尘仆仆就这样回响在脑海里。

小 Q 说,少这一道狮子头,历史不可能轰然崩塌,黄墙仍然在,梧桐和槐树依然在,阳光每天还会长在橘猫的毛上。他担的责说起来很小,就一份狮子头,但他乐此不疲。

冬天,小 Q 出师。疫情结束,爸的病好了,手却开始抖。爸一点不慌,说有小 Q 在,小 Q 不用喊他师父。新的一年,小 Q 正式接了爸的班,在颐和公馆当起了掌勺的。爸还记得小 Q 正式上任的那天,一个年轻人站在门框里,一副稳重的模样,对他说:"爸,交给我吧。"

指导教师:毛敏

本文获决赛一等奖

········

点　评

··········

小 Q 做菜总是"少一味",其中所缺少的更多是形而上、精神层面的,而非形而下、物质层面的内容,师父并未言明,一切全需自己领悟。小 Q 没有辜负师父的苦心,他"看字、读史,由浅入深,再深入浅出到菜里",增加了对文化、对历史的理解。菜品的深层是文化,菜的味道也包含着丰富的历史、地域、传统、风俗等等的味道,只有领悟到这一层深意,才能将少了的"一味"补上来,才真正具有掌勺的资格,而这也是对菜品、对文化、对地域与城市真正的担当。

(王士强　诗歌评论家)

不能被看见的人

□ 江苏省南京市金陵中学　夏瑀

一

许乐站在楼梯口再次伸出手，想要拍拍路过同学的肩膀："同学，请问——"她的手穿过了他的肩膀，那个同学却毫无感觉地和身边人说说笑笑，走上了楼梯。

许乐悻悻地收回手，盯着自己的手掌，终于承认了这个事实：她无法被任何人看见。

她仿佛被定在原地。楼梯口处那些扰动的喧闹声，那些急切的脚步，都在离她远去，没有人对她投来哪怕一丝的关注。这是一个陌生到可怕的世界。所有的一切似乎都与她无关。

直到看见从左边办公室拐出来的班主任，她才感到些许莫名的安慰，决定先跟着老师回到班上，说不定回到熟悉的班里，一切都会正常起来。

班里同样喧闹。她慢吞吞地穿梭在狭窄的过道，不小心踩了一侧的书包，挤歪了一旁桌上堆起的书，依旧没有引来关注。她终于挪到了最后一排，失望地趴在桌上。讲台上的班主任敲敲黑板，宣布三月即将到来的以"青年与国家"为主题的合唱节活动需要选一名负责人。

过道相隔的座位上，一个女生发出疑惑的声音，她戳戳前面人的后背："哎，这个任务不是拜托给许乐了吗？她是文娱委员，怎么还要另选负责人？"

许乐猛地打起精神直起身——她的名字被提到了！事情会不会有所转机？她赶紧凑上去，紧张地等待着下文。

前面的同学悄悄转过头，撇撇嘴说："许乐？你还不知道她吗，她怎么会答应这种需要担当的任务！文娱委员也是她磨蹭了半天才答应下来的。上次合唱节她不就是用还要参加最近的钢琴比赛来推脱吗？谁都知道她根本没有报名钢琴比赛，只是不想负责而已。大家心里都清楚得很呢！那几天在办公室里嘟嘟囔囔'我才不想负责呢，真是麻烦，那么多人一定会拖我后腿，我可不想跟在屁股后面收拾烂摊子'的不就是她吗！"他指指那张空荡荡的课桌："瞧瞧，她最近几天都请了病假，我看就是不愿意来和老师周旋罢了……"

许乐闷闷不乐地趴回桌上，邻座的声音逐渐小了下去，细细碎碎的，她只能听见飘来的几个片段："也对，许乐怎么会……她只顾着自己……"

她泄愤般地捂住耳朵。难道她真的做错了吗？可是和一群同学一起排练肯定很苦很累，还要负责大大小小的合唱节事务，她可一点儿也不想把时间耗在这种事儿上……

二

午休时，她逃出了这间教室。沉甸甸的阴霾仍然压在她的心头。

她靠着顶楼天台的围栏，透过自己透明的手掌，沉默地望着这片湛蓝、澄澈且没有浮云的天空，内心的阴霾更加浓重。

身后忽然传来诧异的声音："许乐？你怎么在这里？你最近几天不是请假了吗？"她瞪大眼转身，如同拽住了一根救命稻草："班长，是你！你居然能看见我！现在他们都看不见我了，只有你能看见……你怎么能看见？"班长耐心地听着她语无伦次的讲述，眼里泛起了一丝了然。

他安慰道："没关系，没关系的……我曾经也是一个不喜欢担当的人，因为自己较优异的成绩，被老师任命为班长，却不愿负责，天天无所作为。"许乐有些惊讶，毕竟在她印象中，班长一直是个很负责任的好班长。

"于是，你可能也猜到了：有一天，我忽然不能被任何人看见。那一次，所有人的视线都直直地穿过了我，投向别处。我像你一样彷徨，不知所措……"他怀念地笑了笑，"然后，我遇到了一个前辈。他告诉我，没关系的，只要我们燃起一颗不会熄灭的愿意担当的心，一切都会好起来。我便下定了决心，决定承担班长的责任，于是所有人又能看到我了。我学着去担当，去完成班长该完成的事，帮助老师处理班务，关心每一个需要帮助的同学。每件事都很辛苦，但所有人都对我微笑。我忽然觉得，原来担当也是一件苦中有乐的事情啊……所以，我也想告诉你，去学着担当吧，一切都会好起来的……"

湛蓝的天空下，微风轻轻地拂过。

三

许乐又一次站在楼梯口。她深吸了一口气，看了看透明的手，朝着左边的办公室走去。

在摸向门把手的那一刻，她的手掌忽然真实起来——她感觉自己碰到了门把手。

她的手忍不住颤抖了起来——她碰到实物了，她又能被人看见了！她推开门，喊了声"报告"。坐在最外侧的班主任抬头瞧见她，有些惊讶："许乐？你怎么来啦，不是说不舒服要请假休息几天吗？"她将颤抖的手背在身后，努力地维持正常的声音："谢谢您的关心，我已经好很多了。我今天想来告诉您，我决定做合唱节的负责人了。"老师惊喜地笑了起来："那很好啊，就和同学们一起努力吧！"她看着班主任一如既往的温柔神色，眼眶微微湿润了："谢谢老师的支持，我会抓紧时间和同学们一起排练。钢琴伴奏就交给我吧！"她自信地笑了起来。

四

音乐教室里一阵喧闹，同学们三五成群地练习着《让我们荡起双桨》，班长颇为头疼，站在讲台上试图指挥大家。

许乐推开教室门，拍拍班长的肩膀，示意让她来接手："大家好，从今天开始将由我作为负责人带大家一起练习。希望大家能一起努力，给班级增光添彩！"同学们有些惊异地望着她，窃窃私语着："许乐怎么来了，她不是一贯讨厌担责任吗？""她不会来说几句糊弄一下就跑吧，那还不如班长来负责呢……"她恍若并未听闻，只是微笑着用坚定的语气说："希望大家能再集体唱一遍，让我了解一下你们的练习进度。"班长在一旁声援："是啊，大家趁现在再来一遍，好让许乐指导一下。机不可失嘛！"大家只好站好队形，开始了表演。

听完了有些不尽如人意的演唱，她没有不耐烦地撒手不管，因为学着担当的信念在她的胸口燃烧着，仿佛寒冬壁炉里燃烧的一团火苗，滋生出光芒与希望。"大家唱得还不错，就是还有一些小细节需要抠一下，"她微笑着把手搭在黑白两色的钢琴键上，"这里应该这样唱：让我们荡起双桨，小船儿推开波浪……"少女空灵的嗓音流淌在教室中，和着叮叮咚咚的敲击声，织成冷冬午后一段难以忘却的回忆。

五

合唱节当天，同学们将午后数不清的练习与汗水铸成一连串美妙的音符，倾泻在座无虚席的演播厅里。台下的人们仿若看到了湖中映着白塔的倒影，湖面上泛着小舟，在绿树红墙的环绕下，一群青年学生唱着自己的理想与担当。

舞台一侧，许乐的手灵活地在黑白琴键上跳跃。"小船儿轻轻，飘荡在水中……迎面吹来了凉爽的风……"她忍不住轻轻唱了起来。

一曲终了，台下爆发出震耳欲聋的掌声，鼓励着台上每一个承担起自己责任的少年。谢幕时，她才恍然发现，汗水浸湿了衣服。她站在第一排，身后传来同学们的笑闹声；

她用余光扫视着,台下乌泱泱的观众也扬着微笑的脸。

演出现场一切的美好与欢笑都与她有关。

身旁的人悄悄地碰了碰她的手,她偏过头。

台上的镁光灯点亮了少年脸上的笑。

"一切都会好起来的,不是吗?"她辨认出了班长的口型。

"是啊,担当也会是一种快乐。"她回复道。

两个人相视一笑。

六

谢幕后,她从台上下来,穿过后台的小门,在园子里闲逛。蜡梅静静地开着,在百花凋零的日子里,孕育着"虽千万人吾往矣"的信念,每一朵身上都有着抵御严寒与奋斗终身的担当。

"呜呜……没有人能看到我了……"

赏花的兴致忽然被打断。

循声望去,她看到一侧的长椅上缩着一个沮丧的身影。

她了然地转向他,微笑起来:"去担当吧,一切都会好起来的……"

头顶,是一片湛蓝的天空。

指导教师:谈薇薇

本文获决赛特等奖

点 评

这篇文章构思巧妙,起首即扣人心弦,具有某种奇幻感:一个人为何成了别人看不见的人?随着行文的展开,原来,不承担责任,即不被别人看见,从而成为"不能被看见的人";而主动担当,则是能够被人看到的,自身也能够从这种担当中获得成长、进步,当然其中有苦更有乐。文章还体现了担当精神的传承与延续,从"班长"到"我"再到最后一节中"沮丧的身影",尤其体现出作者对担当精神的深入理解。全文立意很高、构思缜密、结构完整,语言准确得当。

(王士强 诗歌评论家)

林 里

□ 贵州省遵义市第四中学　周佳怡

冬夜,无尽的雪,大山很久没有下过这么大的雪了。那天我收到一封特别的信,来自一个已经半年没联系的人。

哥哥在信里说:"我带妈妈看看。"

一

夏天的永担村永远是一片聒噪的景象,蝉鸣此起彼伏,庄稼一望无际,阳光透过草帽的缝隙热烈地照射在每个庄稼人黢黑的脸庞上。这是收获庄稼的繁忙季节,村口却还是挤满了人,有隔壁的陈婆,也有前不久来我家祝贺过的徐妈。我牵着爸爸的手走在最前面。哥哥摸了摸我的脸,他的手和爸爸的有所不同,不够粗糙,也不够扎脸。他扛着两个破旧的大帆布包,离开了我的视线。

哥哥是村里的第一个大学生,那天他走了,我却记了很久。也许从那时起,我就知道哥哥注定不会是一个庄稼人。

二

哥哥走后,家里没有多大变化。爸爸依旧每天天亮时出门干活儿,天黑了才回来,妈妈依旧喜欢在夕阳下端条小板凳倚坐在房门边等着爸爸的归来,当然现在等着的除了爸爸的身影,还有哥哥的来信。全家识字的人现在就只剩我了,所以读信的任务自然包在我的身上。哥哥在信中描述着大城市的美丽与繁华,妈妈微笑着,爸爸却一直闭着眼睛。哥哥的信被我摞成了一座小山,那模样就像包围着永担村的那座山,而信里的内容不仅使我看清了山的全貌,还让我看到了山外的世界。

三

时间藏在庄稼人埋下的禾苗里，转眼哥哥毕业了，被分配了工作。那天听信的时候，爸爸没有闭着眼睛，他咧着嘴用大手拍了拍裤管上的泥水。他很高兴，我看得出来。

当我准备的木匣子装不下哥哥的来信时，他终于回来了，扛着当初那两个破旧的帆布包回来了。

他只待了两天，可那两天里我却看到了比那几十封信所描写的更真实的世界。他走得匆忙，裹挟着清晨的寒风就那样摇摇晃晃地消失于田埂间。那刻我终于意识到，哥哥注定不会是一个庄稼人。

四

哥哥工作后，依旧会往家里寄信，只是不像以前那样频繁，信里少了很多城市的身影，多了不少大自然的风貌。哥哥说那边的山和这边的山不一样，树木成林，靠近城市。我想象着那里的模样，是否也会有像永担村一样的村庄呢？

后来，妈妈病了，没有办法坐在小板凳上盼着丈夫的归来和儿子的来信。我替她守着，却很难再等到哥哥的来信，有时甚至要好几个月才等来一封。

那天我坐在板凳上发呆，又想起了白天妈妈告诉陈婆，她想去看看哥哥，想去看看城市，想去看看……当时妈妈边说边在床上痛苦地咳着，眼睛直盯着门口。

晚上，我又看了一遍来信，把它们堆成小山，然后写下了给哥哥的第一封信。第二天，我悄悄地跑到镇子寄信。之后的一个月，我还是没有收到哥哥的来信，直到又一次倚坐房门边等信时，看到了扛着那两个大帆布包的影子。

哥哥回来了。妈妈那天依旧咳得很严重，可她的眼睛不再看着门口，而是看着哥哥。那天她说了很多话，问哥哥的工作，问他的生活，问他的身体，唯独没说那天对陈婆说的话。

爸妈睡得很早，我找到哥哥的时候，他坐在门槛上，靠着房门。也许平日我就是这副模样吧，我想。

"哥，你收到我的信了吗？"他看远方看得痴迷，并没有注意到我的靠近。"嗯。"他回过头，我看到他手里拿着爸爸平日里抽烟的烟斗。"你会带妈妈去的，对吧？""小妹，我……现在还不可以。你先帮我照顾妈妈好吗？我也有难处，我以后一定会带你们去的，好吗？"我看着他，没有说话。

我径直回屋，看着破旧的黄纸随意地糊在窗棂上，一只蜘蛛在上面迅速地爬动，突然感到难过，有什么东西哽在喉咙里一样。我拿出木匣子，又把信堆成了小山……

哥哥第二天下午就走了，我没有送他。妈妈的病越来越严重，爸爸停下了手里的庄稼活儿照顾妈妈，我也不去门口等信了。我开始不再崇拜我的哥哥，也不再期待大城市了。

五

"我带妈妈看看。"半年了，这是哥哥的第一封信，信上只有一句话，可我还是把它念给了妈妈。妈妈没懂它的意思，而我大概是懂的。第二天家里来了人，一副领导的模样，他说要带我和妈妈去哥哥工作的地方。

山路崎岖，车身带动着我们一起颠簸。不知道为什么，明明妈妈病得很严重，可她还是坚决要去。不知道为什么，明明期待了很久，我却无法兴奋起来。我看着那个领导生出了不安。

六

荒漠，空地。我一眼就看到了那片孤独站立着的林。

"小王同志是我们这里很优秀的护林员，当初这片林，就是他坚持申请要来的。前天夜里，有一帮人看上了这片林里的珍稀红木，打算非法砍伐，就和我们的小王同志发生了冲突，谁能想到……很抱歉……他对我说，一定要接您来这里看看。"领导低着头道歉。妈妈突然"哇"的一声哭了出来，瘫坐在地上。

我静静地看着那片林，沉默，沉默。哭声和劝慰声仿佛从很远的地方传来……哥哥其实注定是一个庄稼人，因为他那么爱着土地和自然。

他们商量着哥哥的葬处。我蹲下身开始疯狂地刨土。领导注意到了我，我看着他的眼睛恳求道："把我哥葬在这里吧，我想让他守着这片林。"

我把文章分为六个小节，黑字在纸上静静地铺叙着。今天的工作结束得很早，我写下它，想在记录中寻找一些答案。答案是什么？我问自己。我想我已经知道了答案。

那晚，我梦到了村子。妈妈在梦里依旧是年轻的，她解释着我们的村名、我们的家。"永担，勇担。"哥哥和我听着，点点头笑了。我突然惊醒。桌上的小山还没来得及收进木匣子，顶端是那封哥哥的来信，旁边是一个本子。月光从窗外倾泻进来，照在本子的封面上，照亮了几个大字——护林员日志。我突然泪流满面。

指导教师：李晓美

本文获决赛特等奖

点 评

文似看山不喜平。这个故事可以分为前后两段:前半段是大山贫寒学子鲤鱼跃龙门,后半段是他走出眼前的大山却没有去往所谓的大都市。前半段让人以为这又是一个寒门学子沉迷都市繁华的俗套故事,岂料后半段作者笔锋一转,巧妙落到"勇于担当"这个主题——哥哥原来是英豪,不是沉迷俗世繁华的大脓包。故事是现实主义的,主题却是浪漫主义的。此一结合,堪称佳妙。

(叶炜 高校教授)

这事儿，交给我

□ 山东省邹平市第一中学　李乐祺

总有一首歌标记一次遇见，总有一件事儿教会担当。

"爸，干不完就明天再干，再多找几个帮手也好啊。"爸爸顺手捞了地头一根黄瓜，甩甩秧上沾着的露水，他清脆的声音在屋内回响。爷爷头也不抬，像在跟自己没掰完的玉米说话，但语气洋溢着自豪："今年的黄瓜啊，特别好吃！还有这玉米，一看就饱满、甜。我不收完怎么卖钱给我大孙女买好吃的啊？"说罢，他笑盈盈地望向我，面庞淌着汗珠，喜悦似乎磨平了烈日照耀下的皱纹。童年的我站在树荫下，乐呵呵地应和着。

我喜欢跟爷爷奶奶在一起。农村空气好，山间地头满是朝气与新生。玉米地里群蚁排衙，哗啦啦地唱着丰收的歌，从东家一直唱到西家，淡淡的甜意贯穿着拼凑起来的黄土地。远处、近处，土埂道、田地里，无一不响着斗志昂扬的号子，似乎在与骄阳硬碰硬。而我的任务，就是赏赏野花上盘旋的蜜蜂，逗逗狗尾草草丛里的蚂蚱，然后跑回家看两集心爱的动画片。爷爷真累啊，我瘫在沙发上这样想，荧屏上绚丽的色彩不断切换着。

不知过了多久，院子里响起一阵拖沓的脚步声。我探探头，窗外微风徐徐，香椿树在院子里伸着懒腰，光移影动。应该是爷爷回来了吧？我拉回被动画片牵引着的心。可是奶奶呢，怎么没看见她和爷爷一起收玉米啊？一个上午的逍遥自在让我有些迷失，我赶忙关了电视冲到院子里，试图补救我的贪玩儿。爷爷利索地扫下身上的浮土，长满粗茧的大手在衣服上摩擦着，发出玉米叶碰撞的声响。我钉在那里，眼睛无数次地扫过那双大手，那双教我走路、哄我睡觉的大手，如今它仍然舞动在田地里。我动了动嘴，却喉咙发紧，只发出沙哑而干涩的声音。爷爷似乎看出了我的心思，把我轻推进屋里，解释道："奶奶有事到城里去了。你应该早饿了吧，咱们随便吃点儿面条行不行？"简短的一句陈述，近乎请求的一个问句，飘在空中，忐忑着等待另一个人双手接住。明明还没有吃饭呢，我却尝到了咸、酸、苦、辣。我挤出一个笑脸，无声地点点头。

两碗热腾腾的面端了上来，里面铺着不同的配菜。我给爷爷端茶杯时，他手上的老茧蹭过我的指尖，扎扎实实地刻在了我的心底。我闷声吃着碗里的肉，还是与平日无异的家常味道，今天我却觉得并不好吃。这时，爷爷按着膝盖，突然起身去抓墙根的镰刀，但多年积攒的腰病却让他本就疲惫的双眸蒙上了混浊。我猜到了什么，忙起身按住他的大手说道："爷爷，您休息一会再去吧，我来帮您！"爷爷低沉爽朗的笑声充满了整个房间，我也咯咯笑了，却不肯撒手。爷爷无奈地揉揉腰，配合着我的童言无忌，顺势躺上床，让我去捡拾田里遗漏的玉米，还说玩累了就赶紧回来，外面热。

我再次点点头，抓起门口的麻袋，一溜烟儿奔向玉米地。劳累了一个上午的人们正在休息，安静的巷子里只回荡着我的兴奋声和时有时无的犬吠声。远处的玉米秆闻风起舞，我忍不住心潮澎湃。当我真正夹在一人高的玉米秆和烈日中间时，我却发了愁，脚下漏网的玉米正东一个西一个地熟睡着，蔓延了整块土地。这要捡到什么时候啊！我反思着自己夸下的海口，却看见不远处有几个同样不知疲惫的黑影闪动着，如同爷爷的影子一般，他们一边劳动，一边张望远处一个小小的土坯房。说干就干！我再次斗志昂扬，像被挑衅了的蚂蚱。我一手拖拉着麻袋，猫着腰捡拾着，身形活像一个贼。头顶的烈阳正毫无保留地给予子孙们生命的养料和温暖，却也悄无声息地蒸干了我的耐心。机械一般的弯腰直腰让我苦不堪言，腰椎像一台生锈的机器发出咔咔的声响。我颓丧地耷拉着脑袋，将手里的玉米砸进袋子里，一声闷响过后，地头再次恢复安宁。我一屁股坐下，扫视着远处无边无际的土地。爷爷是这片土地的孩子吗？我突然这样想。他靠着一双大手撑起了三代人的屋檐吗？我突然不愿再想。

爷爷已经是一台修修补补的老机器了，零件七拼八凑，锈迹斑斑。那么现在的事儿，就交给我吧。我飞快地眨眨酸涩的眼睛，一骨碌爬起来，一股难以言说的心情充斥着我的胸腔，太阳一暴晒，就弥散到整个乡野。多年之后写下这篇文章的我，才知道这叫作担当，叫作我年少轻狂而又无所畏惧的青春。我不再徘徊，而是一排一列地捡拾，找到正确的方法后便快了很多，似乎还能听见爷爷的号子在为我鼓劲，不一会儿，便拾了大半。但当我甩甩汗珠，伸伸腰板，准备将我的劳动成果拖回家时，我却发现这样一袋重物无论如何也驯服不了。直接拖回去肯定会磨损袋子啊，我急得跳脚。这时，黄瓜地里系的麻绳懂事地向我挥了挥手，我赶忙解下它，又随手捡了木板和棍子，准备完成我的小发明。远处野鸟窃窃私语，又呼啦一下飞远，像个小烟花一样绽开。一想到爷爷满是皱纹的脸上会堆满微笑，我的心里也像放烟花一般绽放出了五颜六色。我赶忙将麻袋拖上木板，拽拽木棍，得意扬扬地牵着我的宝贝玉米回家去了。身侧忙忙碌碌的人们停下手里挥舞的镰刀，看看我，又看看我的"车"，也露出质朴的笑容来。他们一定是在夸我帮家里人干活儿呢，肯定不是因为我的脸上沾了灰土活像只小花猫。

穿过一排苍老的柏树，绿荫四合，残阳斜斜打在肩上，我在影影绰绰间看见了正喂鸡的爷爷。他照旧拍拍手，然后怜惜地拍拍我身上的土，似乎在表扬，又好像在感激，但只是说："一起回家看电视去吧，我给你买了好吃的呢。"我真的高兴了起来，那一瞬间，心底所有的辛酸与埋怨无影无踪,前所未有的满足感在我的身体里缓缓淌过,滋润着我干涸的胸腔,漫过爷爷贫瘠干枯的瘦手。

回到家,几根玉米秆立在墙头,风移影动,确也婀娜可爱。

几年后的我,会教爷爷网购了,会帮奶奶做饭了,却再也没有捡拾过乡里的玉米。留给我的,只有在我的心田疯长枝丫的真真切切的人生道理。

几年后的我,读了蔡元培对新时代青年的要求,努力让自己有狮子一般的体力、猴子一般的敏捷、骆驼一般的坚持,却仍然忘不了劳动教会我的责任与担当。它指引我在青春的旷野里驰骋,再次说出那句"交给我吧"。

指导教师:刘会萍

本文获决赛一等奖

点 评

文章通过描述帮助爷爷做农活儿的经历,书写了作者的担当,并体现出作者细腻的情感。她对爷爷的劳累感同身受,并身体力行去为爷爷减轻负担,在亲身践行中体味到劳动的艰辛与快乐。成长的过程,也是担当与负责任的过程。文章所写真实可感,令人信服,表达准确、细腻、生动。

(王士强 诗歌评论家)

寒 礁 梦

□ 河北省唐山市海港高级中学　陈俣伸

雪。除了雪,只有礁石上皎洁的月与苔原上凛冽的风证明着我的存在。

周围皆寂。我与一个同行的南方人,就这样被遗忘在了这个连故事都没有的地方。雪仍然在下着,远处罗刹人的营地还亮着几盏灯火,渔猎的味道尚未消散,火器的硝烟却在这里生根发芽。就是这样一个地方,这样一个时代。

冤枉,流放,逃亡。我后悔逃到这个岛,和我同行的那个南方人一定也是这样想的。如果我们没有出逃,或许此刻正在享受宁古塔的稻草铺——而现在,我们身下只有湿红的地衣和灰暗的礁石。远处的滩涂上偶尔有些浮木和海豹,上来,又下去。海、雪、礁、苔,这就是我们拥有的一切。

"可曾中过举人?"南方人用我不熟悉的吴侬软语说道。一路上我们交谈很少,只是简单交流了家乡籍贯、父母妻子的情况,以便若是我们哪一个被驯鹿带入未知的世界,另一个人可以帮忙落叶归根。他是商人,而我隶属儒林。

我"嗯"了一声。寂冷的空气让我讨厌说话。

"天将降大任于斯人也……"南方人小声念着。

我没有理他,他便一直念着,念到苔原上的风把他的脸吹得通红,像雪地里的莓。远处树林边缘有几桩断松,我独自走过去,却发现雪地里有一个木制的小箱子,看样式像是前朝的遗物。我擦去上面的雪,赫然看到了"奴儿干都司"几个字。南方人也跟随我来到树桩前,我们试了所有手边可以用的东西,包括断掉的松枝、驯鹿的骨头,终于打开了这个箱子。

箱子里有很多东西。我拿走了一柄短刀,而南方人则拿走了全部的书,其中包括一本写满诗歌评注的笔记和一卷明朝的疆域图。大半书卷已经朽烂,就像这块被遗忘到没有故事的土地一样。我们俩搜刮了所有有用的东西,但没有找到一口吃的和水。我们谁都没有勇气去啃食地上的雪。我俩一前一后地走,走累了,便坐在雪地里的灰石上,望着鸦青色的松林,像两个猞猁,不知道在等待着什么,也不知道该做些什么。

"我们，要死了吗？"我小声问道。

"春江潮水连海平……"回答我的只有诗。

我看向他，果然，他正拿着那本笔记，看着远处黑暗冰冷的海。只有我满怀渴望地注视着罗刹人的营地。

"醒醒吧，这里没有春天，也没有花朵，只有两个将死的犯人。"我努力地把话说完整，希望他从自己的幻想中走出来，这个地方不适合风花雪月，只有残暴的罗刹人、冷寂的海。

"那儿有灯，我们可以活下去。"南方人向我说道。终于，他开始对罗刹人的营地产生了兴趣。如何在这绝境中活下去，我低头苦思冥想。看着乍隐乍现的月和不明来源的绚丽光芒，我知道，在这个冰雪之地，活下去的机会渺茫。

"那是罗刹人的营地。"我思索了一番，最终只说出这么一句话。

"罗刹？这不是大清的国土吗？"南方人很不解，满脸疑惑的表情就像一只犹豫的鹬。

"大清？这里既没有它的驻所，也没有它的军队。只是在地图上有这个地方而已。"我笑道，笑得像一块覆雪的礁石，十分僵硬。在这样一个生和死都不再有界限的地方，可怜的南方人竟然还有国的概念。这个可笑的想法也像一块覆雪的礁石，表面充满灰暗的孔洞，内心却渴望着担当与怀抱，尽管这怀抱中满是冰雪。

我不再理会他，看着不能靠近的灯火和几簇红苔，恍惚间回忆起了我的一生。反正我很快就要被鲸鱼和驯鹿带走，去往无垠的灰冷世界。我的一生太过简单，我没有家国情怀，我学过的为士之道，只是套取功名的招式而已。我就像一只偶尔上岸的海豹，灰冷的海水是我的前世，只有爬到坑洼的礁石滩上时，我才享有了这昙花似的一生。我所要的只是像海豹一样捕食、享受阳光，我不会想这儿到底是大清的土地，还是罗刹的岛屿，就像海豹不会想松树上的霜是否会落到自己身上一样。

"士不可以不弘毅，任重而道远。"耳畔忽然又响起了那个南方人的声音。我转过头，看见他站在石头上，手里拿着我刚刚从奴儿干都司的遗物中找到的短刀。不知什么时候，他拿走了刀；不知什么时候，他不再是那个江南的商贾。他望着罗刹人的营地，片刻犹豫的神情像一只桀骜的驯鹿在角斗前闪过那样。

"你就是个商人。国家兴亡，与你何干？"我嘲讽地说道。

"死，我宁死于家国，不死于饥寒。一人无所怨，我当抵罗刹百万师。"他痴痴地喃语。

我还想再劝，却蓦然见他向罗刹人的营地奔去，在雪中如同一条冰下的鲑鱼。我非鱼，不知其之志。我远远观望着，只见他举刀即刺，然而他只刺倒了一个罗刹人，就被松子般密集的弹丸射穿了身体。他的身体绽开很多莓，像在海中扔下了一朵鲑红色的清菊，散开，然后陨落。我没有勇气上前去夺回他的尸首，只能默默祈祷他与白雪同洁，永垂千古。

我失去了同伴，也失去了武器。我慢慢走到海边，雾气氤氲，灰暗的礁石上又积攒了许多霜雪。月是半开半阖的，冷寂的海面上没有船，也没有鱼龙潜跃的景象。我身子有些疲软，顺势倒在一根浮木上。

那个南方人又走过来，一句句教我"仁以为己任，不亦重乎？""天下兴亡，匹夫有责"……我好像回到了小时候的私塾，我有些困倦。

"思厥先祖父，暴霜露，斩荆棘，以有尺寸之地。子孙视之不甚惜，举以予人，如弃草芥……"

他真的是个商人吗？我猛然惊醒。我看见那个南方人依然站在我面前，周围是月与雪、海与礁的世界。他说，只有我帮他完成两个心愿，我才能真正醒来。他要我为库页岛留下祖国的诗，最好是《春江花月夜》。他要我继续拿起短刀。我们终将死去，但我们证明了库页岛是有人守护的，就像冷海里的鲸。罗刹人的船炮无法捉尽鲸鱼，也无法欺辱我们。光复故土需要力量，证明抵抗却需要勇气与担当。而中华的贾与士，都有这样的担当。

"此汝为士之责任也。无可旁贷，切以吾志为志。"他说罢，我第二次猛然惊醒。

"此事，虽千万人吾往矣。"我咬牙道。

清寂的海面上刮过一阵凄厉的风，我的视线穿过鞑靼海峡，穿过苔礁，遥望着他家乡的春江花月夜。鲑鱼传梦，驯鹿托情，江南的渔火春江，库页的冰礁苔雪，都一同滑进了梦里，化成了他的遗愿：

> 江海青白起婵娟，雪尚胭腺月尚弦。
> 琵琶云抱娇娥面，银丝微起络星寰。
> 江天洞见千千缕，波上星垂三万许。
> 蟾宫光明驰冷海，素影逡巡到残菊。
> 层松枝头玉鉴悬，群鲸浣月与星眠。
> 射雪明晖千姿夜，捣砧渔火一阑珊。
> 谁爱人间推移事？转瞬清寒并骨寒。
> 家国有任空生死，何眷清欢并此欢？
> 蓦然雾海皆不见，不禁雪首问魄圆：
> 汝知人间兴废事？可谙黎庶短长情？
> 夜郎驿寄多愁语，二十四桥却无声。
> 天地运来皆老去，我亦飘零汝亦行。
> 看影行人语亦长，枕潮渔子话谁乡？
> 宵倦明灯应负雪，梦冷清菊更着霜。

苔礁频动衣白月，寒矶潮落续凄凉。

海上萧萧鱼辗侧，浦外戚戚客彷徨。

银辉消逝更无痕，纤阿微淡渐沉沦。

雪海一夜吞明月，只余礁边不寐人。

　　写罢，我掬起一捧库页岛的雪，慢慢敷在脸上，体验着它的温度。我是一个寒窗之士，但我首先是一个中国人。乍见短刀犹在，我恍惚来到罗刹人的营地。我猛地扑过去，像一支库页岛遗民的鱼叉，我要杀死这只上错岸的熊。罗刹人的胸前爆起一朵莓，我送他到了冷海与鲸鱼相会。然后我看见一只驯鹿，载着我，逐渐远离灰暗的礁石、冷寂的海。可我还不想离开这个地方。这个地方，是那么可爱，有雪，有苔，有春江花月夜。

　　醒来，我手里握着历史书，上面记载着瓜分中国的狂潮。

　　我多么希望1858年的条约没有签订过啊！

指导教师：郑立新

本文获决赛一等奖

· · · · · · · · · · ·

点　评

· · · · · · · · · · ·

　　文章想象奇崛，语言典雅流畅，氤氲着浓厚的古典气息，这气息中又混合着仰之弥高的侠义之道。故事虽属虚构，但情感真挚，可触摸可感知，颇能令人身临其境。此文借助传奇故事，很好地传达了"担当"这一主题，令人耳目一新。

（叶炜　高校教授）

这儿的景，交给我

□ 江苏省常州市北郊高级中学　纪之恒

晚霞红透了天边，云彩滚滚，踩着山儿，似一团团绛皓相间的天火。

走下飞机，扑面而来的是一丝充满野性与自然的清冷的风，哆嗦间，抬眼望去，层层叠叠的群山如水墨画般慵懒地倚在大地上，旷远的天空则如一幅无尽的画卷，将世间万物尽数囊括。我裹着衣服，慢慢缓过神来，才注意到那辽阔大地上有一个小小的人影，在西北的晚风中伫立着。

"你们那儿的江南水乡我之前去过，所有东西都小巧玲珑，十分可爱。这次我得带你们看些不一样的！小朋友到时候可不要眨眼睛哦。"那火红的云彩化作一圈圈红晕在他的脸上漾开。他与父亲举着酒杯高谈阔论着，喉结上下一动一动的，一杯烈酒下肚。"老哥，我看你和我们这边人倒挺像的，酒量大！哈哈哈哈……"小小的包厢内已没有了那股清冷，热情似那烈酒，暖了大西北的天、地、人。

他叫阿成，地地道道的西北汉子，大学毕业后，也在东部闯荡过一段时间，但用他的话来讲，"一栋栋的高楼无论怎样，总归没有群山戈壁的味道"。于是，他选择归乡，做起了导游。

阿成单手抓着方向盘，在前头和父亲唠着嗑，而我则安安静静地将自己的眼帘献给那一望无际的草原。清晨，绿草葳蕤，一颗颗晶莹的露珠闪烁着，而一缕缕薄雾害怕小草冻着，给小草戴上了围巾。一团团白色的小球在碧绿中星星点点，定睛一看，是小羊们裹着云雾，惬意地吃着青草。阿成靠着路牙子慢慢停下，不忘叮嘱："小心脚下哦，草原的洞里面有小动物的。"走近才发现，那碧绿的草原还藏着一个个"小仙女"，那是叫不出名的小野花，害羞地躲在绿草之间，正用那薄雾给予的小露珠装扮着自己。

"这片草场还在长新草呢，不能多踩。平常不接游客的时候，我就经常过来看看，有些游客的行为真的很……"说到这里，阿成沉默了，拉着我们返回车内。车座后面多了一个袋子，里面装着几个脏脏的矿泉水瓶。

青海湖边，水面静谧无垠，水天一色，湛蓝中透出几丝灵气。游人们摆好姿势，鲜艳的丝巾在这旷远的世界里显得有些格格不入。湖水与拂面的晚风相似,清清冷冷、纯净透彻,却不刺骨。我一不小心走了神,好似整个身体都与这一切融为了一体,从脚底的细沙,到脚踝边荡开的涟漪,再到那洁白的沙滩、碧蓝的湖水,以及无际的草原,最后到那深远的天空。人渐渐变小,变成了一个星星一样的小点,变成了大西北的小小粒子。

"小朋友,小心脚麻了哦!"阿成背着一个装得满满的小包,真挚地看着我,"我像你这么大的时候也喜欢这样,只不过那时比现在好多啦,没有那些五颜六色的丝巾和闪来闪去的摄影机。""我也不喜欢。"我们相视一笑,湖水中投下两道影子,一高一矮。我们回到车上,影子随之消散,融入了湖水中。沙滩上的游人也都走了,白白的细沙干干净净,像是无人来过。我们回到车上,身后的袋子好像已经被装满了。

几个小时的车程,沿途是沙漠和戈壁滩,偶尔闪过几丛灌木。到达目的地时已是傍晚,走下车,原本期待着能扫去疲惫的风儿却也逃回了家。然而此时,阿成却要拉着我们爬山。他望着我疲惫的眼神,用大手包住我的小手说:"山顶上的景色绝对不会让你失望!走,咱哥儿俩加油!"不知是阿成拉着我的原因还是内心对那神秘景色的期盼,疲软的双腿成功给眼睛带来了一份最好的礼物。

这是从前只能在纪录片里看到的丹霞地貌:丘陵相互之间紧紧挨着,侧身望去,远处的夕阳镶嵌在一片小山之中,宛如一颗暗红的宝石闪耀着最后的余光。它慢慢向四周散开光晕,逐渐融入那深紫色的天空中。成片的丘陵五色交织,宛如上天造世时不小心打翻了颜料盘,一时兴起拿着画笔为大地献上了这浪漫派与抽象派结合的画作。

晚风突然像个认错的小孩,再次钻入我的衣袖,好像在为之前的缺席道歉。我环顾四周,想要将这美景永远刻在脑海里。这时,我看到阿成跨过围栏,俯着身子,努力去够远处灌木上的一个袋子。他的脚下是几十米的陡崖,我不禁吓得冲了过去。然而,阿成一脸轻松地爬了回来,倚在护栏上,着迷地看着那山、那夕阳。

"怎么样,小朋友?好看吧!上大学的时候每每想到这里的山,我就无时无刻不想回到这里。"

我呆呆地看着他,天色已渐渐暗了下来,红宝石的光正悄然隐入连绵的群山之中。阿成高大的身影在蓝紫色天空的映衬下显得更为深沉而有力。

"叔叔,刚刚好危险啊,你不害怕吗?"

"哈哈哈,我身强体壮当然不怕啦!这破塑料袋没办法降解,它把山毁了我才害怕呢。"

阿成又看着我笑了笑。我踮着脚和他一起趴在围栏上,看着那红日逐渐隐入山间,不服输似的再闪耀出几缕光芒,直到被紫色的夜幕完全吞噬。闪烁的星星在银河中流淌,像一个个音符奏响夜之曲。月儿弯弯,晚风拂面,我和阿成一起沉浸在这浩瀚的星河中,那是无垠的宇宙,其中的每颗星星都像一个明天,承载着幸福的期许、坚定的承诺、不懈的担当……我们化身为两颗星星,融入这大西北的夜空,融入这美丽的银河。

"叔叔,你会一直在这里吗? 等我长大了还想来这里玩儿。"

"当然啊,这是我的家,我一定会守护好这里的。等你下次来的时候,我保证你看到的景色一点儿都不会变! 哈哈哈,到时候估计你都长得比我还高了……"

星空依旧绚烂,我下山后发现,车座后面的袋子又换了一个新的。

指导教师:张玉姣

本文获决赛一等奖

. . . .
点 评
. . . .

本文写了一位导游的担当,他爱自己的家乡,爱家乡的美好景色,并身体力行使之变得更为美好。他从身边的小事做起,捡塑料袋,捡矿泉水瓶……一点一滴,持之以恒,这便是爱的力量。他为美好的风景付出努力,而他自己也成为风景的一部分。这样的担当,是可持续、有力量、有温度的担当。全文不落俗套,真实、诚挚、动人。

(王士强 诗歌评论家)

这事儿,交给我

□ 山东省莱阳市第一中学　王琳

一钩银鱼样的月跃上了竹梢头,漫漫而悠远的光铺开遍地时,石头听见了爷爷拉的二胡声。

远方一只蝉的鸣声戛然而止,山里的松针上挂满了夜晚的空旷。他听见水样的调子自竹叶上滴下,流淌蜿蜒,仿佛空气里净是粼粼波光。石头在炕上翻了个身,想爬起来看看,迟疑半晌,终又作罢。老头子眼睛尖着呢,石头想,要是被发现了自己是装睡,明天可少不了一番搜肠刮肚的解释。思忖妥当,他转回身,试图安心睡去,心里却像是被小猫的爪子尖钩到了似的,在炕上辗转反侧,睡不踏实。

这倒不是说二胡演奏声吵得他睡不着,记忆里自己跌跌撞撞学步的时候,每到晚上,一天的农事结束,爷爷总是拿起被手上的老茧磨得锃亮的二胡,坐在门口自娱自乐般拉起来。乐声婉转悠扬,像是催眠曲,他听着听着就睡过去了,不哭不闹,省了大人不少哄睡的工夫。石头不讨厌二胡演奏声,至少是不讨厌晚上的二胡演奏声,它温和、柔婉,灵动得就如村头的小溪流。

但是白天的二胡……唉,石头叹了口气。

爷爷是个粗犷的汉子,个头儿高,粗眉大眼,一双手伸开来如同老树的枝干。这样的手是干惯了农活儿的,但偏偏也是这样一双手,拾起弓弦时便有了化枯木为新枝的力量。过去的许多事情,石头并不爱听爷爷念叨,自然也不记得多少,只知道那把老二胡是祖上留下来的宝物,爷爷珍惜得紧。也因为这个缘故,白日里闲下来的时候,爷爷便把着石头的手,教他拉二胡。这二胡认主人认得很呢,在爷爷手里乖顺灵巧,一副惹人怜爱的模样,可一到了石头手里,立马张牙舞爪,石头拉出的调子跟邻家老猫哑嗓子叫一样,听得人焦躁。

爷爷说,那是石头没有耐心,功夫不是一天练成的。

石头倒觉着,爷爷一说到二胡就变得婆婆妈妈的。他正十五六岁的年纪,同龄人相约一道出去时,自己却偏偏要在院子里守着天井拉一把老二胡,像是五六十岁的老头子。再说了，现在科技发达了，想听二胡想听戏，一部手机就能搞定，干吗要费这样的劲呢？

爷爷收了二胡推门进来时，正碰上石头转了个身，与他四目相对。自知理亏，石头讷讷半晌，还是爷爷看了一眼钟，先开了口："咋这么晚了还没睡？"

"我……也不是，就是……"

"把你吵醒了是不？唉，人老了，时间也记不住喽……快睡吧，赶明儿个你有空，咱爷儿俩早晨起来练二胡。"爷爷道歉似的说着，又像是在自言自语。屋子里半明半暗，石头仰躺在炕上，只看见爷爷花白稀疏的短发和一侧沟壑纵横的脸。爷爷确实老了，他突然想。

爷爷年轻时是村里的木匠，手巧又有主意，农闲时常常叫人家请了去打柜子办嫁妆。石头记得，前几年他还看见过爷爷做一组香樟木大箱子，从挑木料到最后磨角包铜，爷爷忙得不可开交，堪堪赶上了人家预定的工期。人家来取走箱子后，爷爷坐在石阶上卷了一卷旱烟，眯着眼，半晌才叹着气说："不服老不行喽。"

那之后，爷爷推去了村里的活计，那时石头才知道，原来十里八乡只剩下爷爷一个木匠。村里的本家央求他再最后做一件活计，他摇摇头，还是推了："老了，活计做不好了，可是不能糊弄啊，要不，这老脸往哪儿搁呀……"

木匠活儿那么繁重，爷爷怎么学来的一手好二胡呢？奶奶去世得早，爷爷一个人拉扯大五个孩子，是什么让他在扛着这么重的担子时，还不肯放下手里的二胡呢？

"愣神呢？石头。"爷爷放好二胡，回来唤他。

"爷爷，为啥您这么喜欢这老二胡呢？"石头不擅长瞒话，索性把疑问和盘托出。

"二胡是爷爷的根哩，石头。"爷爷一顿，旋即回答，"老一辈人留下来的，就是这二胡和这些调子了。一代代下来，有的东西丢掉了，有的千辛万苦才保留下来，就得下一辈人再好好传下去。人啊，不能没有根嘞。"

"根，原来是根。"

石头在课本上学过那篇《失根的兰花》：久居海外而故土战火已起的作家，回想起古人亡国之后所作画中的兰花，连根带叶均悬于空中。他又想起《最后一课》里那个教书的先生，在最后那一节课上，坚定地讲着自己国家的语言。文脉不断，一个民族便永远不会沦为奴隶；根系常在，即使遭受风霜雨雪，也不会如柳絮飘荡。这些他背诵后又丢到脑后的内容，仿佛星斗一般，在夜里显现出来。原来"根"从来不是什么缥缈的东西，它厚重，需要人担当，接过那些可能无趣的繁重的事，一代代薪火相传，任重而道远。

爷爷已经做出了自己的选择：在贫寒与饥饿中，他抱起老二胡；在动荡与纷乱中，他抱起老二胡；在劳苦与疲倦中，他抱起老二胡；在时代潮水的冲刷下，在无人知晓的寂寞中，他抱起老二胡。

现在，老二胡已经交到了自己手上。该怎么选择？

"爷爷，要是我老学不好二胡咋办？"石头问。

"你那是耐不住性子哩。功夫哪里是三两天练成的，勤学苦练，顽石也能补天呐。"这话有点儿耳熟，石头好像在哪儿看见过。是的，是在爷爷手写的那个本子上——一曲清词谁与寄，千载音匿广田间。何须平野待高木，顽石瓦砾曾补天。

这是爷爷曾经的回答吗？

"这事儿，交给我。"逐渐寂静的夏夜里，似乎只余石头清晰的回答。

指导教师：孙军英

本文获决赛一等奖

点　评

这篇文章的叙述和描写，丝毫不见刻意雕琢的痕迹，一切看似平平淡淡，其实都是作者用心安排的结果，这就是写作高手的水平。石头与爷爷徐徐问答，责任与担当，爱意与关怀，都在其中，一直到文章最后揭开谜底，水到渠成，点题后戛然而止，文字干净极了，也非常富有文采和韵味。作者拿捏文字的功夫是很值得称赞的。

（何郁 特级教师）

这事儿，交给我

□ 江苏省江阴长泾中学　何颜

他恨透了这份需要在沟渠里摸爬滚打的工作。

这个落魄的小镇地下埋藏的是纵横交错的水道与水管。水泥浇筑的管道阴暗潮湿，是历史遗留下来的。小镇原是一处低洼的沼泽地。无名河上游纵横交错的支流，一到雨季就会泛滥成灾，于是最先在这处洼地安置的先民把房屋建在高处，腾空。但是人不能总像猴子一样在高处蹿，随着聚居规模变大，沼泽地变成了石板路。生命力顽强的祖先给后来人留下了这保命的水管。

他是普通管道工中的一员。这个小镇负责疏通管道的有老老少少八百个男丁。每个男丁在接受这份工作时都是满脸傲气的。他们觉得，接受这份工作等于守护家园，要是小镇遭受水灾了，粮食会减产，小孩的脚底板会生疮。当初他随大流儿选了这份工作，结果第三天就受够了这阴暗的环境和腐臭的烂泥。"受这苦还觉得光荣？要是妈肯送我出小镇，我肯定赚够钱把家里人都接走。"他撩了一下头上软乎乎的卷毛，嘟囔道。手上的烂泥落到了脸上，他用手擦了擦鼻涕，脸就成了刚从泥里挖出来的白瓜。

"'瓜'，跟我去河边吗？"说话的是"老虎钳"。他的手有劲儿，据说可以捏坏腕口粗的铁管，拧断手指粗的钢筋。

"老虎钳"没等"瓜"同意，就抬起粗壮的胳膊将他拎到了河边。无名河的下游岸边半裸着数根大水管，水管里排出的是过滤后的废水，过滤留下的烂粪用来浇地。这几根大水管是所有小水管的尽头，要是大水管堵塞了，小镇难以逃脱被淹没的命运。"老虎钳"一边查看水管一边和"瓜"说话。他说自己会永远待在这个小镇，水管们需要他的大力气。"瓜"心里不服，但是嘴上同意——有过一次因为反驳"老虎钳"而被教训的经历后，他变得唯唯诺诺。"老虎钳"讨厌别人摸他的逆鳞。

小镇已经有二十来年没有发大水了，"瓜"总觉得那样毁灭性的灾害日后是不会有的，但是这一天到来了。

熟睡时，外面已经开始变天了。这条河的上游处最先开始下大雨。乌云吞噬了月亮，地上的一切都变得好黑,空气好像凝固了。所有东西都变成了无声地缓慢蠕动的烂泥,连夜行的猫都不敢多叫一声。

河水开始迅速上涨,像没牙的怪物,先是囫囵吞下了岸边的草,接着开始侵袭水田里的苗。当暴风雨来到小镇时,已经晚了——水涨到了石板路上。一声惊雷把"瓜"从床上拎起,又突然把他重重摔在了床上。

"瓜娃子!大水漫过来了!和我一起去高处!""老虎钳"的弟弟推搡着他来到高地。躲在高地的老屋檐下,看着"老虎钳"哀叹着的脸,他沉默着。"水管都检修过,为什么会淹过来?""怕不是河边出了问题?""哪条主管堵住了?"老屋里聚集了一小部分管道工,他们都在紧张地想解决办法。年轻的管道工举着火,高声强调应该先安置好所有的人和牲口,几个老头子则坚持说应该赶快排查清楚问题,如果任由洪水泛滥,整个小镇的居民都会变成难民。思考片刻的"老虎钳"突然站起来高喊:"胆儿壮的都和我前去重新排查一遍!"八九个总是聚在"老虎钳"麾下的男孩听到这话,如同接到了皇上的命令而响应。绝大多数则蹲在原处,面露难色道:"你们这样冒险……"

"兄弟几个怕吗?不怕那我们就试试!"

"我们胆儿壮得很!"

"瓜"的脸被吓得铁青。看着他们脱去上衣冲向黏稠的黑夜和密密麻麻的雨中,"瓜"都要傻了,要是看到他们从水中被捞起……

"瓜"看了看雨,又看了看屋里的火把,横想竖想还是觉得自己得去看看,万一"老虎钳"他们出了什么事,自己也可以帮一下忙。于是他抓起屋里一件灰蒙蒙的旧蓑衣,跟了上去。

黑暗中,"老虎钳"他们白花花的身影忽明忽暗,他追得好累,时不时还在山坡上摔一下。男孩们的喊声和雨声混在一起,厚重沉闷,掷地有声。恍惚间一条大河拦住了去路,那几个人影一下子消失在过膝的水里,随即又挺了出来。"你们别送命!"他大喊,声音却被雨声盖住,仿佛一个哑巴在挣扎。

"他们要钻大水管!""瓜"突然屏住呼吸,只见他们的脊背在一个漩涡口起伏了几下,一个个就像下饺子一样钻了下去。当九个人都消失在水中时,"瓜"突然毫不犹豫地冲上前,来到大水管的井盖口——他不敢下去,这水流的噬咬是疼痛的。他知道,以他的能力,不一会儿就会变成洪水的祭祀品。

他要等到所有进去的男孩都出来。找到一棵高一点儿的树后,他开始了长夜里的漫长等待。

天要亮了。水位似乎在慢慢下降,水流也没有那么仓促了。井盖一点点露出来,"瓜"依旧站在混浊的水中。他回头看看小镇,屋顶上站着些人,山坡上也是,却唯独不见游向大水管的男孩们。他狠了狠心,也钻下了井盖,里面依旧漆黑,但他能清晰地感知到洪水在往下游退去。他摸着管壁，小心翼翼地前去查看。这一段路可真长。洪水撞击水管，发出轰隆隆的巨响，里面的风呜呜地哭着。慢慢来到尽头，他看到远处的光线越来越亮，他的眼睛被刺得生疼——眼前赫然是一条水流澎湃的河。太阳驱散了乌云，霞光万丈，安抚着狼藉一片的村镇……接下来的事情他不记得了。

回来的兄弟几个说，"老虎钳"为了挪走横拦在河道中间的树，不顾一切地冲下去了。树被挪走了，堆积的淤泥也就被冲通了，管道也就不堵了，小镇就这样被保护下来了，但是"老虎钳"和三个兄弟再也回不来了。

"瓜"躺在床上，心里想着那几个在雨中挺进的身影，鼻子就和眼睛一起酸了。家里的妈妈看到儿子活着回来了，大水也退了，和别的妇女一样高兴，把这个小儿子当作英雄一样看待。小镇的居民们都来感谢这几个为了小镇而拼命的男孩，他们把麻木的"瓜"也拉去吃了酒。他们为"老虎钳"立了座竹塔，希望那几个逝去的男孩会找到回家的路，身子埋在母亲的臂弯里，而不是烂泥里。

思前想后，"瓜"决定不走了。每份工作都是辛苦的，他觉得自己的这份工作非常有意义，有一天他会像"老虎钳"一样，满面傲气，手断钢筋。等到那个时候，他也会去挪走横在百姓生命面前的断树。

"'瓜'！河边水管有漏的，和我们去修吗？"管道工的同伴们一起喊道。

他终于掉下了眼泪："这事儿，交给我！"他出门，看着外面的太阳，觉得有些事情，当仁不让！

指导教师：宋迎

本文获决赛一等奖

点　评

全文第一句显示了主人公对自己所从事工作的态度："他恨透了这份需要在沟渠里摸爬滚打的工作。"作为一名管道工，他对自己的工作非常排斥，希望能够摆脱、逃离。这种态度在一次大水事故后得以转变，代价则是几位工友的生命。他们牺牲了自己，保全了小镇和小镇的居民。经此，主人公"瓜"深受触动，认识到了自己工作的价值和意义，进而"决定不走了"。这体现了担当，体现了成长。这样的担当与成长，真实、可信，有力量。

（王士强　诗歌评论家）

鱼灯·传承·担当

□ 吉林省长春市实验中学　范可欣

小时候，每年最期待的是春节的鱼灯。我们家乡这边有个传统：过年的时候家家都要动手做鱼灯，祈求来年好运。年前年后那几天晚上，邻里都骄傲地拿出自家的灯，比比谁做得更大更好。小的鱼灯是给孩子们拿着玩儿的。那时大街上总有许多孩子，他们手里的灯一盏一盏聚在一起，像是一群鱼跃出水面飞到了夜空里；又或者它们本来就是天上的鱼，现在来到了人间，不然怎么会发光呢？

我的父亲恰好是家乡做鱼灯手艺最好的人之一。过年前的一个月，我常常看到他早早地去准备材料，然后一个人窝在房间里鼓捣他的灯。过些时日，一大盏鱼灯会出现在大厅里，我们就知道，父亲又完成了一年的大作。

某年除夕，年夜饭后，我和母亲坐在窗台边上。我拿着一盏鱼灯，躺在母亲的怀抱里，听她给我讲故事。我问母亲："担当是什么？"母亲说："担当呀，就是敢于担起责任，有理想，能吃苦，肯奋斗。岳飞精忠报国、毛爷爷领导中国人民站起来、战士们不惧牺牲、共产党把人民都装在心里，他们都是有担当的人。""可是妈妈，他们都是英雄一样的人。我不是英雄，也能做个有担当的人吗？"我指了指左前胸的位置，"我的心只有这么小，装不下那么大的一整个人呀。"母亲忍俊不禁："傻孩子，可不是这么把人放在心里。嗯……但是普通人也可以很有担当呀。治病的医生，送来热乎外卖的小哥，他们也都是有担当的人。宝贝，你以后要怎么做个有担当的人呢？"我左思右想，然后恍然大悟般喊了出来："我要做鱼灯！我最喜欢鱼灯了，以后要和爸爸学，做好多好多的鱼灯，成为'鱼灯大王'，让大家都能玩儿到鱼灯，这样我也是有担当的人啦！"

后来我长大了一点儿，父亲开始教我做鱼灯。做鱼灯不是个轻松活儿，材料要自己取，到山上的竹林砍最好的竹子，劈成竹条编在一起，这样灯才结实；编骨干时有很多讲究，稍不留意灯就会走样；糊在鱼灯身上的纸也要自己做；糊好纸，再慢慢画上颜色；先做头和躯干，再把蜡烛放进灯身，最后连上尾巴，一盏鱼灯才算做好了。我年纪小，跟着父亲上山取材料的时候只能搭把手，看他仔细甄别竹子的品质，再卖力地砍下来，劈成条。后面的步骤我就可以尝试了，有时候我卡在某个地方多次失败，就悄悄地偷个懒儿或者捣点儿乱，父亲就会佯作怒相说："嘿，你个小兔崽子！""你不是要当什么'鱼灯大王'吗？这样怎么超过你爹成为大王？"我学得很慢，但他很有耐心。做第一盏鱼灯时，我小心翼翼地放入蜡烛、连上尾巴，生怕最后碰坏功亏一篑。

终于做好了！手里的灯，小小的一盏，还挺丑的，但那次新年我过得别提多开心了。同龄孩子的灯大多是家中长辈给做的，但我的是自己做的！我离让大家都能玩儿到鱼灯、成为有担当的人更进了一步。那一瞬间我既骄傲又有成就感，至今记忆犹新。夜空下，我举起鱼灯，借着月光观察它，担当的种子悄然萌芽，梦想的光芒悄然绽放。

在上小学和初中的几年，我学着做了很多盏鱼灯。由于高中学业繁忙，做鱼灯就搁置了。父亲倒是年年坚持做鱼灯。我曾经问他为什么坚持做鱼灯，父亲说，他喜欢鱼灯，而且这是传统，没人传下去怎么行？后来我考上大学，去了离家很远的地方。大学的一切都是新奇的，新的城市似乎每个角落都是耀眼的。现代社会的文化对于在小地方长大的"传统"的我来说，有着无法抗拒的吸引力。儿时"鱼灯大王"的梦，逐渐被我抛在了脑后。

又是一年春节，母亲在门口迎接我，她身后的大厅里静静立着一盏巨大的鱼灯，比记忆中所有的鱼灯都要大。环顾一周，没看到父亲的影子，我下意识地问："父亲呢？""哈哈！"这时父亲突然从鱼灯后面探出头来，咧着嘴得意扬扬道，"小兔崽子，看我今年这灯好不好？这是你爸这几年做得最大的一盏，肯定比其他几家都厉害！我一蹲下，它能遮住我整个人呢！"父亲还是老样子，年年都要做鱼灯。他很喜欢甚至非常热爱这件事。年夜饭后，他还拉着我进他的房间要一起做鱼灯。"你呀，好几年没做鱼灯，手都生了吧？我带你回忆回忆，手生了怎么当'鱼灯大王'！"父亲一边带着我做，一边在我耳边絮絮叨叨，"你小时候学得真快，做得也好。看你第一次做出灯那会儿，我觉得没准儿你将来能超过我，嘿，真成了鱼灯界的大王。"做鱼灯真不是个轻松活儿，不仅需要体力、技术，更需要无比的耐心，禁得住时间的磨砺，保持内心的那份热爱，不断精进技艺，才能做出更好的灯。习惯了现代社会快节奏的我，早已失去了这种耐心。相比现在那些如繁花迷眼的东西，做鱼灯实在是枯燥无趣，我根本沉不下心。"爸，我不想做鱼灯啦！您自己先做吧。"犹豫片刻，我开口道。"什么，你不想做鱼灯了？为啥？"父亲似乎很是诧异。

"不想做就是不想做了呗……做鱼灯太累了。""你不是还要当大王吗？以前不挺喜欢的吗？怎么说不做就不做了？别扯那没用的，这步还没做完呢。你就是太久没做了，找找感觉就好了。""可是我真的不想做了！小时候幼稚的梦想，变了不挺正常的吗？您也是，年年守在这儿搞它干什么？您做灯的成就已经够多了，接着做还有什么意义啊？""小兔崽子，亏我还琢磨着怎么教你！其他几家会做鱼灯的孩子都不愿意学，我就指着教好你把它传下去呢！结果你说不做就不做了。你不做，谁来传承？这门手艺就会没了！""没了就没了呗！反正早晚都要没的。您也好好歇着算了，等我给您养老过好日子吧！鱼灯还算啥呀？""鱼灯算啥？这是鱼灯！这是我要传承、要做好的东西！这是我的担当！你不愿意就算了，我还不愿意教呢，别在这儿打扰我做灯！"

我愤愤地转头离开，把门重重一关，回到自己的房间玩儿手机了。我实在不能理解，就这么个灯有什么好的要当成宝贝。世界上没了的东西多了去了，跟不上时代被淘汰也是应该的。

我本以为父亲会和我赌气，没想到他就像这件事没发生过一样，和和气气地过完了年。要按他几年前的那个脾气，他不暴跳如雷骂个几天绝不会消停。更让我出乎意料的是，送我去火车站回学校的那天，父亲居然和我道歉，说他不该不顾我的喜好，如果我真的不想做，他再也不会逼我做鱼灯了。

回到学校后，我时常在想父亲为何这么执着地想让我学做鱼灯。"这是我的担当。"他的话时常萦绕在我耳边。想当年，小小的我，也觉得做鱼灯是自己的担当啊！

有一天，我在手机上看到了一部短片《鱼灯》。它说，鱼灯是中国的非物质文化遗产，是祖国和中华民族的宝贵财富，正因为有父亲这样一代又一代人的传承，鱼灯才能一直流传到现在。很多网友表示，对鱼灯很感兴趣，可惜没有机会接触。我忽然明白了父亲坚守的意义。

又是一年春节，父亲母亲在家门口迎接我。这次我带了几个人来。之前我和几个朋友在网上一起办了个关于鱼灯的小活动，网友们可以在页面上模拟制作鱼灯，还可以创作出自己喜欢的样子。最后积分最高的几位，就可以来这里体验学习制作鱼灯，学完后带回家把鱼灯送给亲朋好友。我问父亲："这下有很多人向您学做鱼灯了，我也打算每年抽空接着和您学，怎么样？"父亲笑得合不拢嘴，迫不及待地要给年轻人们露一手。父亲问我怎么突然改主意了，我回答："鱼灯可是很重要的东西。要是没有人传承，那多可惜啊！虽然我不一定有您那么好的手艺，但可以发挥我的长处啊，把传统鱼灯和现代网络结合起来，就能让鱼灯再次焕发生机。而且，从某种角度讲，我也是非遗传承人呀！鱼灯是您的担当，传承它也是我的担当……"

这只是一篇小说、一个故事。现实生活中还有很多这样的故事，而那些故事中的非物质文化遗产，大多也都面临着无人传承的困境。现代社会飞速发展，如何传承非遗，并实现它们的创造性转化、创新性发展，这不仅仅是非遗传承人面临的问题，更是需要全社会思考的问题。

我暂时没有接触非遗的机会，只好以此文向所有保护非遗、传承非遗的人们致以敬意，尽自己的一份责任，这也是一种担当！

指导教师：郭艳华

本文获决赛特等奖

点 评

　　文章巧妙选取了较为独特的角度,将非物质文化遗产这一较为宏大的"担当"融入普通的家庭故事。虽然故事发展的走向并不出人意料,对亲子关系描述的部分也较为简单,但作者依然将"担当"这一主题与故事融合得较为恰切,尤其是最后与网络等现代科技结合的部分,体现了当下青年学生对于传统文化传承的切实思考,这本身比故事铺陈更能体现出主题意义。文章结尾类似"元小说"的设置别具匠心,不仅将"担当"这一较为重大的概念落地,也实现了个人力所能及与力所不能及的有趣转换,不觉让人会心一笑。

(樊迎春 高校讲师)

这事儿，交给我

□ 江苏省沭阳高级中学　王苗

那一个瞬间仿佛静止了。随着额角的汗水滴落，整个场馆爆发出震耳欲聋的欢呼声。手腕处击球后的钝痛给我带来了实感，仿佛在说：那一球是真的。我兑现了那句"交给我"的承诺。

这就是担当所带来的结果吗？头顶刺眼的聚光灯让我有些恍惚。在队友沾满激动汗水的拥抱中，我的思绪慢慢飘回月前的一个午后。

体育馆的橡胶地面散发出令人眩晕的塑料气味，我已经在这里训练了一个多小时。市级排球比赛迫在眉睫，队里却萦绕着令人压抑的低迷氛围。在对面的球不知道第几次从我的手腕侧边擦过后，我突然异常冷静，径直走向教练。

"老师，这场比赛的首发……我想……我无法胜任。"

对面传来探询的目光，把凝固的空气划开了一道口子。教练的嘴唇嗫嚅了几下，最终没说什么。淡淡的一个"好"字，压得我有些自惭形秽。

不问我原因，我却更觉心慌。不知从什么时候开始，我向着逃避深处走去。

上次的队内会议，教练再一次严肃地指明了接球是我们队的弱项，必须重视起来。事实上这个问题并非第一次被提出，然而大多数队员对此仍然不重视。毕竟在激烈的排球运动里，人们更多享受着大力挥臂扣球、压迫式起跳拦网所带来的无与伦比的成就感。如果不是自由人，谁愿意去苦练枯燥又不起眼的接球呢？我自然也不例外，然而抬起头无可避免地接收到了教练期待的眼神。果不其然，然后她就拍着我的肩膀嘱托道："你既是副队长，又是队内接应最好的副攻手。这次比赛，我希望你担当起来！"

对于大多数人来说，他人的期望是一种激励。刚刚一旁的队长面对教练的叮嘱，热情地说："这事儿，交给我！"想到这儿，我没来由地感到一阵苦恼。或许是职衔前面的"副"字并不那么顺耳，又或许是我并不喜欢被冠以"擅长接应"的名号，老师这句期待的话像巨石一样压得我有些喘不过气，然而我只能学着队长，扯着嘴角答应："好的，交给我。"

几乎在说出这句话的同时，后悔如潮水袭来，我应该直接说明自己并不擅长接应，也不喜欢接应。为什么要强撑着应下来？为什么总去做这些自己不喜欢的事？上天像是注定要让我难堪，在后来的几次训练里，我的接应打得一团糟。那句"交给我"似乎已经成了箍在我头上的魔咒，在我每一次接球失误的时候发挥效力，带来比强力发球砸到头部还疼的痛感。队友的信任、教练的期待，这些美好的情感此刻化作巨大的压力，像是下冰雹，密集而剧烈地砸在我的心头。细微的寒冷与不适在日积月累下变成了严寒与难以忍受的刺痛。在各种训练失误的折磨下，被迫担当给我带来了痛苦和焦虑。我退无可退，终于在沉默中爆发，向老师提出了退出首发的请求。

无可否认，那句"好"字落下时，在羞愧之余我还感受到了一份如释重负的轻松。是的，刚开始我确实轻松。没有了教练的特殊关注，也不再需要进行针对性防守的枯燥练习；没有了责任的约束，训练的时候我可以自由地打我想打的球。但是逃避并不能解决问题，接应的漏洞在一次临时组织的练习赛里暴露出来，令人震惊，而我们也体验到了惨败的滋味。当对方的最后一记吊球躲开拦网时，我竭尽全力地跃向那个小小的圆形物体，却还是眼睁睁地看到它无情地落在地面，发出"咚"的一声响。

赛后的场馆里充斥着寂静。没有人责怪我最后一球的失误，大家也终于看清问题不仅仅出在最后一球。在令人窒息的沉默中，我突然想起了那次会议后和队长的对话。

当时我问："你不觉得这样答应下来压力很大吗？"

队长盯着球，出神地思考了一会儿，然后抬起头，缓慢而坚定地对我说："比起压力，我更多感受到的是一份责任。因为热爱排球，我们相聚在这里。在这条路上，我并不是时时刻刻都能按照自己喜欢的方式打球，甚至成为队长后，行动受到了更多的约束，但是我逐渐明白，那份约束和压力更多来自自身，而非外界。"

她顿了顿，继续说道："人们感受到压力，是因为内心仍然想要担当。当这份情感不够坚定却又撞上了沉重的责任时，痛苦就随之诞生了。动摇的担当只有在一次次克服痛苦的重新确立之中才能慢慢坚定，最终变成某种类似于信念感的东西，久而久之成为人格的一部分。"她轻轻笑了一下，"担当有什么好的呢？大多数时候，我们会把它与老实、质朴这些并不很华丽动人的词语联系起来。然而担当就像玉石，越是经过时间的磨砺，越能显现出它的光辉。热爱会衰弱，快乐并不永久，甚至目标也会因为挫折而动摇，而一个有担当的人会坚持下去，因为信念支撑着他，这样即使疲惫，即使痛苦，也会达成目标。"

队长抬起头，看着我的眼睛说："所以啊，把这份压力变成担当吧。"

她清澈的双眼至今印在我的脑海里，与眼下众人沮丧的画面重合，渐渐地，我战胜了想要逃避的心理。是的，我需要痛苦地前进，而非快乐地麻木。在矛盾中，我确定了担当对我的意义，也明白了我想要的到底是什么。

在众人惊异的注视下，我站了起来，说道："这事儿，交给我。"

空气中紧绷的弦松了。教练和队长在对我微笑，紧接着，队员们也笑了起来。"不就是接球嘛，有什么难的！""我们都是队伍的一分子，都要承担责任！"大家吼出了这些话语，我也随着众人一起大笑。对于担当，我们有着不同的理解。它就像是一颗种子，在人们心里静静地埋藏着。每当责任来临，我们感到压力，感到痛苦，犹豫和挣扎是它萌发时的躁动。最终当我们选择背负起这份责任向前走时，它破土而出，沐浴春风。

我又回归了重复接球的练习。这件事本身很枯燥，我很难违心地说它变得有趣了，但在内心那份逐渐坚定与明晰的担当感之下，我能够更加专注当下的每一球，不再纠结这一球是否有趣或引人注目。

在矛盾中确立的不仅是担当，更是对自我的肯定与认同。肯定自己总有办法接下这一球，认同自己将会继续走在前进的路上。生命需要跃动的姿态，也需要一些厚度，让我们的每一次起跳和落地平稳而有力。

比赛如期而至。在无数的特训、加训下，我带着自己全新的接球技术站上了赛场，在灵活性和稳健性方面都有了新的突破，能够更自如地接球。赛况很胶着，双方都陷入了苦战。距离我们的胜利还差一分时，对方主攻手出其不意地打出了一记吊球。球轻飘飘地越过拦网的指尖，几乎所有人都确定这球可以得分。记忆此刻涌上了我的心头，瞬间的反应判断和肌肉记忆推动着我朝着球飞奔过去。眼前的一刹那被无限放缓，球砸在我的手腕上，然后高高弹起，擦着球网落在了对方场地上。

那一瞬间好像静止了，我清晰地感受到额角有汗滑落。随之而来的是震耳欲聋的欢呼声。我们赢了！队友飞奔过来围抱住我。在汗水和泪水的混杂中，我感受到了这项运动在这个时刻带给我的意义。原来渴望已久的成功，在它真正降临时，我会有一种水到渠成的感觉。我所进行的练习都没有白费，我也只是接住了与无数次练习相同的一球。胜利让我不禁狂喜。我所走过的每一步都是为了这个时刻，而为了这个时刻，我也背负着沉重走了千千万万步。担当感推动着我不停攀登，让我领略到了高处的风景。

赛后我不住地回想，如果那一球没能接起来，我会是什么样的心情。思索了很久，我无法说出"只要努力就能无悔"这样的话。我终于明白，竞技体育的魅力就在于不可知性与确定性的结合，赛场上的每一个瞬间都不能重来，一个小小的举动就能决定比赛的胜负，而赛场外无数次的练习是为了确保在赛场上正常或超常发挥。不可知性与确定性的碰撞和每一个独一无二的时刻带来令人着迷的矛盾感和刺激感。这是肉体的拼搏，也是感官的享受。我在这条路上走得磕磕绊绊，但庆幸自己没有放弃。担当与坚持所带来的每一分确定，都给未知的未来增添了更多的确定性。

那个瞬间对我而言，有永远那么长，足以在未来沮丧的时刻照亮我，提醒着自己要走正确的道路。排球是一项向上看的运动，而我将努力带着如此的少年气概向前走去，让自己更有底气地说出："这事儿，交给我！"

指导教师：刘单

本文获决赛特等奖

点　评

本文通过对日常具体生活经历的描写，详细呈现了对"担当"一词从浅到深的理解过程。故事设置了引导者的角色，使得主人公的观念成长和行动变化更为水到渠成。作者文笔流畅，对诸多细节的描写细腻动人，能够同时熟练地展开对外部场景和内部心理的描摹，笔力不俗。文章清晰完整，立意鲜明，有积极正面的引导作用。

（樊迎春　高校讲师）

这事儿，交给我

□ 山东省东平高级中学　孟朔伊

　　阳光映射下的小溪自由自在地穿梭在青砖白瓦之间，似金鳞，似甲片。顺着小溪往村里走，走到尽头有一扇棕色木门，这便是我的家。再往里走，几棵高大的榆树耸立在庭院里。风拂过树梢，与叶和影嬉戏，窸窸窣窣的声音响起。

　　我坐在庭院里的摇椅上，端着一碗色香味俱佳的馄饨，碗里冒的白气直往我的鼻子里钻。馄饨皮晶莹剔透，软软糯糯，再咬一口里面的鲜肉，此刻的我觉得自己是这世间最幸福的人！"奶奶的手艺可真绝啊，怪不得馄饨摊儿的生意会那么好！"我"哧溜"吸进去一个馄饨。

　　吃完馄饨后，我擦了擦嘴角的汁水，便起身跟随奶奶一同推着小推车，来到了摆摊儿的老地方——村里大路边的一个小广场。这里有卖糖葫芦的，有卖编织草帽的，但生意最好的无疑是我们家，这完全归功于奶奶这几十年练就的手艺。每天清晨，赶着去城里上班的人们都会被这馄饨的香气所吸引，在摊儿前驻足，嘴里嚷道："老板，来上一碗馄饨！""好嘞，您稍等。"奶奶总是用那亲切而又年迈的声音回道。说罢，她便起身去烧水。在这烧水的时间里，奶奶也没有闲着，一手拿起馄饨皮，一手用小勺挑一小撮当天刚调好的鲜肉馅儿到馄饨皮上，就这么轻轻地用手一攥，肉馅儿便被皮儿包裹，一个馄饨在片刻间完成。坐在一旁的我，就这样静静地看着，眼睛里充满了好奇。

　　那时的我还在上小学，经常跟着奶奶出去摆摊卖馄饨。我的任务很简单，只负责收钱，然后用这些刚刚收来的钱去其他摊位买风车和糖葫芦。我一手拿着风车，一手攥着糖葫芦，在那广场上迎着风尽情奔跑。当感到累了，我就会停下来，走到馄饨摊儿前，一边啃着糖葫芦，一边目不转睛地看着奶奶熟练地包馄饨。那时的我，是自由的，是随性的，整天过着无忧无虑的生活……

　　时光飞逝，日月如梭，随着声声的"毕业快乐"，我步入了初中。此时的我学业繁忙，已没有足够的时间陪伴奶奶摆摊儿，但每天放学后，我顶着咕咕叫的肚子，仍迫不及待地奔向那黄昏中静静矗立的白瓦房。夕阳下，我披着满身的红霞，御风而去，心中所惦记的唯有奶奶和她包的馄饨。奶奶一头青丝已变成了白发,皱纹爬满了她的脸颊。她虽然行动迟缓,但每天唯一坚持的仍是出去摆摊儿卖馄饨,这仿佛已成为她毕生追求的事业,又或许是她这个已近黄昏之人寻找陪伴与乐趣的方式,这也使年老的奶奶重新找到了生活的意义。

…………

流光容易把人抛,红了樱桃,绿了芭蕉。

两年后的暑假,奶奶病倒了,馄饨摊儿也停了。然而,街坊四邻仍然时不时地前来询问:"王大娘,你家的馄饨摊儿怎么不干了?我家孙子天天吵着要吃你家的馄饨。""王奶奶,您最近怎么不出摊儿了?我每天早晨去城里上班前就惦记着您这口馄饨呢!"每每听到这些询问,卧床不起的奶奶总是流露出一脸惋惜的神情。

一天夜晚,奶奶把我叫到床前,紧紧抓着我的手,满脸愁容地说道:"孩子啊,奶奶我现在的身体是不行了,馄饨摊儿也干不下去了。这个我干了一辈子的馄饨摊儿,是传承了你太奶奶的手艺。那时家里穷,你太奶奶就靠出街卖馄饨养活了我们姊妹五个。我成家后,也继承了你太奶奶的衣钵,靠着卖馄饨养活了一家老小,街坊四邻都好我这口馄饨。卖馄饨是我这一辈子唯一坚持的事情,我实在不忍心看着它停下……"说到这儿,只见两颗豆粒般大小的泪珠从奶奶的两颊滑落。我眼神坚定,紧紧握住她的手说:"奶奶,您放心,这事儿交给我吧。"我只记得那夜微风习习,风拂过树梢,就如同母亲柔柔地轻抚婴孩的脊背。一轮圆月从云朵中露出脸颊,星星也一一点缀在夜空中,闪烁着柔和的光芒。

第二天,我起了个大早,推着奶奶馄饨摊儿的车子,迎着红彤彤的朝霞,来到了小广场上。我支起一口大锅,开始烧水。白雾缭绕中,我只觉得脸颊烫得似火。这一刻,我竟不知是水汽还是眼泪,在我的眼眶里肆意翻涌,逐渐模糊了我的视线,幻化成一幅幅画面在我的脑海中闪现:年迈的奶奶弓着腰,推着小车,顶着寒风,忍着酷暑,一路蹒跚地向着摆摊儿的地方前行……从那一刻起,我才真正体会到了生活的不易,而如今我已经长大,也该承担起家庭的责任了。我依照记忆中的味道,回想曾经的场景,伴着轻风的呢喃,尽力模仿着奶奶包馄饨的熟练模样。

此后每一个假期,我都会迎着朝霞来到广场摆摊。虽然我在学校里学习过担当,也曾在作文里描绘过担当,但当我真正推着小车走在这条路上时,我才深刻理解了家的责任与担当的真正含义。每当顾客从我手中接过热气腾腾的馄饨,并赞不绝口地说"做得真不错,有你奶奶当年的味道",我都会体会到前所未有的成就感。累了的时候,我便为自己包一碗馄饨作为犒劳。看着馄饨摊儿的生意依然红火如昔,我时常轻声自语:"奶奶,我把任务完成得很好,这事儿交给我,您不用担心!"

接过顾客手中的钱,我拿着它又来到了糖葫芦摊儿前。此时阳光正好,它就像一杯精心调制的鸡尾酒,金色的光芒洒在糖葫芦那晶莹剔透的外衣上,温暖而耀眼,射入我的心房。我手里攥着糖葫芦,轻轻品尝一口,虽然是同一个糖葫芦摊儿,但不知为何,味道不似往昔,变得更甜了。糖葫芦外衣的焦糖在舌尖慢慢融化,我站起身回去收拾馄饨摊儿,准备顺着夕阳的方向回家。这又是忙碌而充实的一天。

推着小车,我顺着溪流前行,虽然身体感到疲惫,但脚步却异常坚定有力。抬头望着街边那些挺拔的梧桐树,我想如今的我,就像这些参天大树一样,可以为我爱的人遮风挡雨了。

指导教师:商谨

本文获决赛一等奖

点 评

作者叙述和描写的功夫了得!开篇的三段文字写得活色生香,一一展现了家庭的温馨、环境的洁净、生意的兴隆,画面感极强,幸福生活的气息扑面而来。前面做足了文章,后面再写担当,写接过奶奶的馄饨摊儿,写假期出摊儿,就顺理成章了,也就有感而发了。题目"这事儿,交给我"贵在写责任和担当的自然而然,一有做作之处就显得虚假了。

(何郁 特级教师)

这事儿，交给我

□ 江苏省徐州市铜山中学　李欣妍

"这事儿交给我！"这句话是小高书记的口头禅。

小高是龙井村新来的书记，是个刚毕业不久的大学生。他的脸白白净净，说起话来温温柔柔，带着一丝腼腆，脸上架着副黑框眼镜，任谁看了都觉得这该是个在城里工作的好娃子。他咋会来到这个快与世隔绝的村子当书记呢？龙井村的村民很是疑惑。

小高刚来的第一天，村主任便语重心长地对他说："娃子呀，咱好不容易成了大学生，干啥还要来这个地方？你该回你的城去，好好闯出一片天……"小高腼腆地笑了笑，语气坚定："在哪儿闯不是闯，我要带领咱村脱贫致富！"村主任咋舌："娃子啊，俺们村穷山恶水几百年了，也想过脱贫这事儿，可是老天爷不愿，咱也没办法呀。"小高握住村主任的手："这事儿交给我！"村主任叹了口气，无奈地摇了摇头。

村主任把村民们都叫来，坐在村支部的门口，给大家介绍："这是我们新来的书记——小高同志，大家欢迎！"村民们一片哗然：新来的书记竟然这么年轻！村主任咳了几声，大家安静下来。小高站在村民面前，乌溜溜的眼睛扫过每个人。他看到，有的人衣服全是补丁，有的人鞋上破了洞，有的孩子半裸着身子，身上脏兮兮的……他顿了顿，好似想起了什么，喉咙有些哽咽。小高攥紧拳头，深吸了一口气，缓缓说："大家好，我是新来的书记小高。国家正在帮助像我们这样的村子脱贫致富。大家放心，我一定带领大家赶上新时代，走向新生活！"底下一片寂静。"噗！"有人笑了一声。村主任涨红了脸，冲那人大喊："吴老二，你笑什么！"吴老二语气很冲："咱们村什么情况自己心里又不是不清楚，早就说要脱贫，现在不还是老样子？我看是越脱越穷！他一个刚大学毕业的，哪儿有那么大的能耐让咱变富？赶紧让这大学生回他的那个什么城去吧，别在龙井村被泥巴绊倒还要哭着找妈妈！"见他越说越过分，村主任刚要大喝一声，小高拦住了他。小高向村民们深鞠一躬，坚定地说："请大家放心，我一定可以带领大家致富，请大家相信我。"吴老二冷冷地哼了一声，不再说话。

小高跟着村主任进了村支部，村主任点了支旱烟，叹了口气："娃子啊，你也看到了，我们村的人……"小高笑了笑："没事儿，主任，我有信心。这事儿交给我。"村主任吸着旱烟，不再说话。"村主任，带我去村子里看看吧。"村主任磕了磕旱烟，默默起身。小高跟着村主任在村子转了转。低矮的土房、坑坑洼洼的土路、光秃秃的土地，把整个村子变成了土色。路边没有高大的树木，没有绿油油的灌木，只有几株杂草在土色的天地里野蛮生长。村子好似一个耄耋老人，缓慢向前，与周围世界的快节奏格格不入。小高心头一酸。

回到房间，小高躺在床上，辗转反侧，满脑子都是土色的村庄，迷迷糊糊间好像看到了自己的家乡，原来不也是这么穷吗？吃不饱穿不暖，可是，后来不也变好了吗？凡事都要慢慢来……山风静静地吹拂，柔声细语，给这个土色的村庄带来了一丝温柔。

第二天一早，小高去村民家里开始考察民情。他走过每一户人家，记录下村民的困难，给村民们讲解现在国家脱贫致富的政策。村子里人不多，但一家一家走访还是需要时间。夜幕低垂，小高已经精疲力竭，可今天还有一家没走访，是村子尽头的吴老二家。低矮的土房透出昏暗的灯光，这座房子很破了，仿佛一个不注意，伸手就能被推倒。小高拍了拍脸，打起精神，轻轻叩了下门。"咯吱——"门打开了，吴老二的半张脸被昏黄的灯光照着，面色不善。小高举起手中的本子，友善地笑了笑，说道："村主任让我来考察民情。"吴老二冷冷地哼了一声，不情不愿地放他进了门。屋子里只有一张破破烂烂的桌子和一把旧椅子，厨具堆在房间一角，墙上被烟熏黑了，看不出本来的颜色，一条条裂纹爬上了墙头……屋里一个老人虚弱地躺在床上，听到声音，沙哑地问道："谁呀？""村里新来的书记。"吴老二没好气儿地回答。小高走到老人床前，轻声道："奶奶好，我是新来的书记小高。""娃子，你多大了？""二十五。""娃子，那么小，怎么来这里受苦哩？"小高拉住老人的手："奶奶，一点儿都不苦，我是响应国家号召来带领咱们村脱贫的。"老人眼里突然泛起泪花："国家还没把我们忘记哩！""是的奶奶，国家是不会忘记你们的，我们也不会。奶奶有什么困难尽管跟我说，我是来帮助你们的！""好，好，好！"

转眼，小高在村子到处走访考察一个多月了。他想到了脱贫的办法，兴冲冲地跑到村主任家里告诉村主任，可以种果树！村主任为难地摊了摊手："娃子呀，这土地贫瘠成这样，粮食都不够种，哪儿还能种树？"小高神秘地笑了笑："我考察过了，这土地富着呢。"小高这个月每天都去村子的后山转转，他发现这里的土壤虽然表面沙性大，但因为常年无人耕种，深翻一下完全可以种果树。村主任面露难色："好的果树苗去哪儿找啊？"小高拍拍胸脯说："这事儿交给我吧！我联系了几个朋友，托他们找到了好的果树苗，过几天雇车去拉回来。"小高脚步轻快地回到自己屋里，躺在床上兀自笑了。他闭着眼睛，想象龙井村未来的生活是鲜花一树一树地盛开，土色的村子渐渐有了颜色，人们脸上的笑容越来越多，就像当年的他。当年他的家乡也很穷，可是国家没忘记老百姓，硬是让贫瘠的大山开出了绚烂的花朵，人人都过上了好生活，因此毕业后，他决定去帮助其他穷困的村子。会好的，一切都会好的……

"书记！书记！"有人用力地敲门大喊。小高从床上弹起，拉开门一看，竟然是吴老二。外面不知何时起下起了大雨，他的身上湿透了。"书记，俺家好像快被冲塌了，村主任不在，俺也不知道怎么办，俺家老太太还在那儿呢！"他慌张地说道。小高连忙跟他跑出去，鞋也顾不上穿，边跑边喊："没事，别担心，这事儿交给我！"到了吴老二家，他帮吴老二一起把老太太抬了出来，并说道："去我那儿吧。"回到小高家，吴老二看到小高光着的脚上有丝丝血迹，他吸了吸鼻子。小高笑着安慰他："没事。"吴老二闷声说："你是个好书记。"这一个多月，小高的努力大家都看在眼里，记在心里。"俺们这里原来也来过书记，可他们都不干事儿，过两天都跑了，说脱贫好几年了，都没有实干。大家都失望了呀！"小高哽咽了，拍拍吴老二的肩，郑重说道："这次不会了，放心，脱贫这事儿交给我！"

果树苗到了。小高号召大家一起上山，吴老二第一个响应，带着大家热火朝天地干了起来。小高也在其中。土色的村庄渐渐恢复了生机。

这事儿交给我。第一年，山上的花开了，漫山遍野，灿烂无比。果实累累，压弯了枝头，压下了土蒙蒙的世界。

这事儿交给我。第二年，小高说"要想富先修路"，带领龙井村的村民修好了本村的路，柏油路不再坑坑洼洼。小高和吴老二开玩笑说，这下再也不怕光脚跑了。

这事儿交给我。第三年，小高发现了电商营销之路，于是开始网上带货，对外销售龙井村水果。村民的收入越来越多，生活也越来越好。对了，吴老二家的房子还重建了哩！

这事儿交给我……小高一说就说了好几年，每一件事他都拍拍胸脯，坚定地说："交给我吧。"就像他当年主动要求来龙井村，身戴党徽，面对党旗，郑重承诺："请党放心，强国有我。这事儿，交给我吧。我一定不负祖国的期望。"

龙井村的日子越来越好，村里的房子重修了一遍，褪去了土色，焕发出新的生机。小高的任务完成了，要回城了。家里打电话催过好几次了，可小高放心不下，便好几年没回过家。小高走的那天，村民们都到村口送他。小高向他们挥手说："回去吧，我会来看你们的。"吴老二一个大男人竟然哭出了声，小高拍拍他的肩，大家都没说话。"我说了，这事儿交给我，我说到做到了，吴老二，你可不能辜负我。"小高打破沉默。车子缓缓启动，小高从后视镜看到，大家站在村口，默默注视着他。车子越开越快，村民同村子一起渐渐变成一个黑点，消失不见。

后山的花，年年灿烂；龙井村的日子，蒸蒸日上……

指导教师：张敏

本文获决赛一等奖

点 评

  这个大学生"村官"书记真好！作者为我们刻画了一个新时代"村官"的美好形象,他温良、正直、敢担当,最为关键的是他细心,善于观察,也肯动脑筋带领乡亲们脱贫致富。文章紧扣"这事儿,交给我"反复写,有困难的时候说,鼓舞信心的时候说,保护乡亲的时候说。就在这句话中,贫穷的山村改变了面貌,村里最穷的吴老二被彻底感动了,走上了脱贫致富的道路。这种反复扣题的写作方式值得学习。

（何郁 特级教师）

赤 伶

□ 山东省临沂第一中学　葛彤

"裴宴之担得起来。"

这是师父对他的评价。实际上,裴宴之都得担起来,要不他也不能叫裴宴之,更不能穿上那些祖传的戏衣。

"你得担起来啊!"裴宴之一身素衣,身姿如松,手持一根柳枝,上下敲打着小徒弟阿光,纠正他别别扭扭的站姿。小徒弟身子瘦小,被敲了好多下,胳膊疼、腿疼、屁股也疼。他委屈地哀求道:"师父,这个角儿就得乖顺些、温柔些,我要站直了还咋唱?"裴宴之的柳条又敲到了阿光的背上,阿光的脊背立刻挺直了,和他师父裴宴之的一样。裴宴之放下手中的柳条,正色道:"我还不能叫裴宴之的时候,我的师父告诉我,唱戏一开嗓就得唱完。我琢磨了很多年,觉得这话说得对。但如今这个年月,咱们光唱不行。人都说咱做戏子的不担事儿。我这就告诉你,你唱戏,柔行,但不能媚;弯腰行,但背得直。哪天你要是真担起来了,我就把戏衣传给你,你就能叫裴宴之了。"说罢,裴宴之就动了起来,仿佛此地成了戏台。他此时未着戏服,未施粉黛,但手起手落,几次回转,大家风范可见。"脊背要是不直,怎担得起戏服?"裴宴之对徒弟也是对自己说。夕阳渐斜,穿过窗子,照亮了师父裴宴之挺拔潇洒的身姿。阿光艳羡不已,暗暗下定决心,要成为师父那样的裴宴之。

说起来,他们这个梨园名伶极多,但最出名的还是裴宴之,即使往前推几十年也一样。每代唱得最好的、能出师的伶人,才能穿上祖传的戏衣,取代上一个裴宴之,成为新的裴宴之。如今的裴宴之在北平城里算得上是伶人的行首,日本人来之前,百姓都以能听上他的一折戏为荣。

但也有人说,其实裴宴之的法门全在那祖传戏衣上,无论你是什么角儿,只要穿上那戏衣,唱得自然就好了。这固然是酸话,但一来二去,这戏衣就被传得神乎其神。梨园无奈开了个戏衣大展,请裴宴之晒晒他祖传的戏衣,堵一堵好事者的嘴。

开大展的那天,裴宴之穿上了祖传的戏衣,这也是阿光第一次见他穿戏衣。确实,这戏衣一般人担不起来:胖了不行,瘦了不行,腰多弯一分就显得谄媚,背太直又显得刻板。只有裴宴之，往那儿一站，水袖起落间，让你自然觉得他就是那个角儿。不少慕名而来想和裴宴之打擂台的名伶，还未开嗓，气势就输了一半，只得灰溜溜地离开了戏院。阿光有些羞愧：这名伶也不是谁都能担得起来的，他打心眼儿里给他师父竖大拇指！

展会快结束时，一队日本宪兵气势汹汹地闯入梨园，开出一条直通裴宴之身前的道来，看样子，是冲着裴宴之来的！果不其然，北平城里有名的混子张狗子正眉飞色舞，谄媚地引着一个戏装的日本军官走来。在士兵的簇拥中，他来到了裴宴之的身前。别说，士别三日当刮目相看，这张狗子以前混得极差，现在摇身一变，成了位大腹便便的翻译官，吃得红光满面。他在日本人面前小心逢迎，与身姿如松的裴宴之一比，活活被衬成了一只尾巴摇成菊花的哈巴狗。

"裴大家，我是野村阁下的首席翻译，你可以叫我张先生。野村阁下远道而来，听说你的戏是北平一绝，特来一观。"张狗子清了清嗓子，文绉绉地说。裴宴之瞧也没瞧那日本军官，径直拒绝道："抱歉，我不给日本人唱戏。"

张狗子瞬间大怒，他没想到这人竟然半点面子都不给，直接拒绝了他。日本人却目不转睛地盯着裴宴之，对张狗子咕噜咕噜说了几句。张狗子闻言，立刻翻译："阁下说，三天后是帝国一支小分队凯旋的日子，要在梨园给他们庆祝，一定要听你的拿手戏，要不然……"他一边说着，一边拽起裴宴之雪白水袖的一角，暗暗威胁。毕竟谁都知道，裴宴之爱戏服如命，连自己穿上身的次数都不多。看着日本人贪婪的眼神，裴宴之抖了抖衣袖，抿唇不语。张狗子见状又连忙说："裴大家，我知道你在担心什么。你不就担心给日本人唱戏会被戳脊梁骨挨骂吗？但你也得瞧瞧周围，那烤鸭的行首，早早送了个厨子进日本军营；那制衣坊的行首，包了皇军军服的制作……你就是个戏子，本就是供人赏玩的东西，脊背那么直可不成！大家都是中国人，我这是跟你说的掏心窝子的话！"他"语重心长"地说着，又怕日本人不耐烦，连连谄媚地点头哈腰，对裴宴之使眼色。阿光看得着急，头上青筋暴起，刚要怒斥张狗子，裴宴之却一理水袖，转过身去，哑声道："这事儿，我应了，交给我吧，三天后让他们所有人只管来看！""师父！"阿光眼睛都红了。他年纪小，但他记得清清楚楚，他全家都死在日本人的屠刀下，他躲在水缸里才逃过一劫，被裴宴之捡到，有幸成了他的徒弟。如今，他怎能为仇人开嗓？日本人如潮水般退去了，留下一地狼藉，桌椅长凳七零八落，四脚朝天。梨园里的伶人皆愁云惨淡，却不敢提出什么异议。裴宴之神色淡然，对阿光示意，然后自己扶起一条长凳，安然落座。其他伶人也纷纷坐下，等待裴宴之说话。阿光见状，气愤极了，眼前又浮现出父母死前飞溅的血水，却无可奈何，一扭头便含着泪去收拾梨园里的活计了。

当夜，灯火如豆。接下来的两天，梨园里的伶人们一直在排演，梨园的大门紧紧关闭。人们只知道，伶人们飞红舞翠，戏院里锣鼓喧天，好不热闹。第三天，北平城门大开，一队满身是血的日本兵坐着卡车进了城，显然是刚从战场上撤退下来。看着满城的旭日旗，他们狞笑不已。车停稳后，他们三五成群地大步走入梨园，享受着功臣般的待遇。站在门口的阿光看着卡车渐渐远去，卷起滚滚尘土，仿佛嗅到了淡淡的血腥味儿，那是中国人的血啊！

几个小时前，他们的同胞还担着中国人的责任，与侵略者血战，不死不休；然而几个小时后，他们这些伶人却不得不穿上戏衣，为敌人奴颜婢膝地唱戏。"戏子无情，担不得事。"几个路人朝着梨园的方向指指点点，满脸鄙夷。阿光不禁看向师父裴宴之，却发现他早已逃也似的进了戏院。黑漆漆的大铁门"铿"的一声合上了，无论阿光怎么敲打都无人回应。阿光好像懂了什么。

戏院里，伶人们皆盛装以待，裴宴之也穿上了祖传的戏衣。

今天，他是裴宴之，身着淡白色的梅花烟水裙，高绾云鬓，缀以珠钗翠钿，脸上敷着厚重的脂粉，一汪清水剪秋眸，娴静似娇花临水，一顾一盼间，教人移不开眼去。他站在戏台最中央，开始唱道："俺曾见金陵玉殿莺啼晓，秦淮水榭花开早，谁知道容易冰消！眼看他起朱楼，眼看他宴宾客，眼看他楼塌了！这青苔碧瓦堆，俺曾睡风流觉，将五十年兴亡看饱……"日本人只是凑个热闹，寻个地方喝酒玩乐，谁也听不懂这出折子戏的深意。

临近正午，日头高悬，天空万里无云，亦无半点风。北平就是干燥，干得人嘴唇起皮。刺眼的阳光直直地照在裴宴之身上，他笑了。此刻，他脊背挺直，肩膀将戏服担得极好。

台上，情不知所起，一往情深；台下豺狼遍地，酒肉穿肠。火，亦不知所起，一发而不可收。等到醉醺醺的日本人发现时，他们的出路早已被火封死，无处可逃。而台上的伶人，还在唱，他们无路可退，亦没想过逃。

祖师爷说："嗓一开，必唱完。"裴宴之说："既然穿了戏衣，就得担起事儿。这事儿有谁不想担的，现在就脱了戏衣。"

那晚，没有一个伶人脱下戏衣，他们共同谋划了这件大事。他们身姿如松，虽然肩膀瘦弱，但意志坚定，在心里不约而同地说："这事儿，交给我！"阿光趴在滚烫的大铁门上，听着戏院里的动静，眼泪大颗大颗地落下。突然，戏院里的唱腔减弱了。"砰砰""砰砰"……一连串的枪声让阿光一颤。他仔细听，在那些日本人恶毒的咒骂声和仓皇的哭喊声中，唱腔仍在——他们还在唱。不知过了多久，戏院里安静了，只剩下火焰噼里啪啦的燃烧声。大火真红啊，映得阿光双目赤红，他似乎看见了师父身上雪白的戏服被染得火红，他突然想到一个词——赤伶。火势熄灭的那天，人们合力撞开了戏院的大铁门，里面除了断壁残垣，再无活人。

自那以后，戏院里少了个叫阿光的学徒，而山里的游击队里却多了个叫裴晏的战士。裴晏年纪小，个子不高，看起来十分瘦弱，班长勉为其难地收了他。然而，令班长啧啧称奇的是，裴晏的肩膀总能扛起最重的枪，并且还能保持脊背笔直。班长问他以前是干啥的，他说自己是赤伶。

"为啥来参军？"

"找仇人赔东西。"

"赔啥？"

后来啊，抗战胜利了，曾经趾高气扬的侵略者灰溜溜地逃出了国门。再后来，中华人民共和国成立了，恢复繁华的北京城里又出现了一位名伶。人们只知道，他的折子戏唱得极好。在当年的游击队里，他即便穿着一身臃肿的灰蓝色棉衣，也能为战士们唱戏；后来渡江时，他还唱戏给疲惫的战士们解乏鼓劲。他的肩背笔直，即使背着沉重的枪和行囊，这让战友纷纷打趣他："咱裴大家，担得起！"

时隔多年，在北京宽敞的大戏台上，裴晏一身素衣，唱道："位卑未敢忘忧国，哪怕无人知我。台下人走过，不见旧颜色。台上人唱着，心碎离别歌……"恍惚间，他又看见了那群赤伶，他们在一片火海中舞啊，唱啊，水袖翻飞间，子弹射入血肉，他们的肩膀微颤，但脊背依旧笔直，牢牢担住了戏服。

"裴大家，您要他们赔什么呢？"若干年后，一位记者问弥留之际的裴晏。

"我裴晏，想让他们赔给我们一个海晏河清的盛世，好让师父看看，我现在戏唱得好不好、背直不直，到底担起来了没有啊……"

指导教师：徐加荣

本文获决赛一等奖

. . . .
点　评
. . . .

一曲名伶戏子的时代悲歌，展现了一群有胆有识、敢于担当的中国人的风采。本文名为"赤伶"，实际讲述的是英雄的故事。此文出自高中学子之手，难能可贵。

（叶炜 高校教授）

这事儿，交给我

一

是夜，灯光散发着淡淡的黄晕，厨房里是母亲忙碌的身影——她在准备我明日的早餐。自从应下这个任务，母亲从未食言，一如她当时说的："这事儿，交给我。"

"宝贝，明天我们喝白粥，你得提早十分钟起床。"母亲转过身向我喊道。我点了点头，很是敷衍，没有转身，但能够想象得到母亲无奈的神情：许是皱着眉头向我微微瞪了一眼。毕竟，我在她的心目中被定位为许诺但不信守的一类人，往小处说，这就是任性，往大处说，这就是没有担当。哗哗的水声不断从厨房中传出，和着书桌上笔头与纸摩擦的声音，两种不同旋律的音符纠缠在一起，在整个房子中跳跃。

二

当远方的第一缕晨曦划破黑夜，刺耳的闹铃声乍响，撞破一室的寂静，也惊醒了我的梦。我下意识地伸出手按了下闹钟，期冀下一个梦。昏昏沉沉之际，我似乎听到了开门声，紧接着是母亲特有的"掀被"绝招。一阵子鸡飞狗跳后，我睡眼蒙眬地坐在桌前，慢吞吞地喝粥。母亲怒道："你又食言了……快点儿，要迟到了！"其实我的心里只有一片平静的湖面，但她那张焦灼的面孔还是让我捧起碗一口喝尽了剩下的白粥。"哐""哐"，小碗站立在洁净的水槽中，它的隔壁是还沾着水的同款大碗。窗外，太阳渐渐升起，金黄色的光调皮地穿过帘隙，避开些许浮尘，落到那处凌乱上。

那天，我踩着铃声进入教室。那时的我在想什么呢？是母亲每天发的牢骚，还是偷懒没洗的小碗，抑或是暖暖的白粥？我也不知道。所有的思绪似乎都团成了一堆棉线，因为没有力量的拉扯而显得松松垮垮。刚才在校门口，母亲好像还说了些什么，我晃一晃脑袋，试图抓住那转瞬即逝的记忆碎片，却还是慢了一步，只得眼睁睁地看着它坠入无涯

058　　叶圣陶杯全国中学生新作文大赛第 20 届获奖佳作精选

的记忆之海。我再一晃脑袋,抛出了所有的棉线团。与此同时,在我不知道的角落,是母亲靠着水槽的痛苦表情。

时间总是过得很快,尤其在嘀嗒的闹钟声和空白试卷的催化下。"什么,你动不了了?"一切的常规被中午的一通电话打破,我惊讶地提高了声调,引得路过的几位同学侧目。"嗯……我现在……腰和背……都……很痛。"母亲虚弱的声音通过电话线传来,伴着学校电话时不时发出的磁磁声。"行吧,你先躺着,让老爸来照顾你。我知道了。"我压低了声音,匆匆挂断电话,没等母亲艰难地说完最后一句话,就微微皱着眉把电话让给了下一个排队等待的人。我安静地回到座位上,下意识地抽出一张空白试卷,伸向笔的手却不自觉地停顿了下来,但也只停顿了一下。教室里喧喧闹闹的,时不时传来一阵笑声。我抱起书走向自习室,脑海里母亲的话很快被几个英语单词挤到了角落。

三

下午。学校大门处。

天气正处于冬春之交,气温像一个任性的小孩子,随着夜晚与白天的交替一会儿哭脸,一会儿笑脸。今天的作业不多,晚上就可以写完。我一边盘算着,一边往校门走去,寻找那个总是在门外等待着的火红色的瘦瘦身影。咦?哦!走了一圈儿,我才意识到该干什么。跳上一辆出租车,看着外面蔚蓝的天空和洁白的云彩,我注意到有一只鸟正跟着车飞翔,还时不时转头看着车。啊,连鸟都在嘲笑我。我忍不住抱头,默默在心底哀号。几道泛着焦黄的光射入车内,在一旁的空座上玩起了蹦极。

"咔嗒",一只脚迈入家门,随后另一只脚也迅速跟上。"晚饭吃什么?"我下意识地提高音量,却只得到一团模糊不清的回响。我步入房间,看着母亲苍白的脸色和别扭的姿态,突然捕捉到一块记忆碎片,喉咙里像是有什么东西堵着。我咽了咽口水,默不作声,走到厨房,想要为母亲煮饭,却感到一股无力感袭来,最终只能颓丧地坐在书桌旁。试卷上的文字映入眼帘却进不去大脑,似被一道无形的屏障阻隔在外。

那天,我最后还是点了一个人的外卖——粥,因为母亲没有胃口。不过外卖的粥,远没有母亲煮的粥好喝。白粥从喉咙滑到食道,再从食道滑进胃里,温热的暖流也流进了我的心里,像一条看不见也摸不着的线,将记忆之海中母亲每天准备早餐的身影串成了一部微型电影。我决心在父亲不在的情况下做些什么。

"妈,明天我来照顾你。我一定会照顾好你的!这事儿,交给我,就像你之前答应我一直坚持的那样。"我大声喊道,但只听到了自己的回声。黄澄澄的夕阳开始堕入明亮的橙色,再是鲜艳的红色。我拉开帘子,开始洗那个被光线照拂了一天的小碗。

四

烧水,煮鸡蛋,煮白粥,这不是我第一次为了学习而早起的周末。不会用煤气灶,就在母亲的远程语音指导下学;不会煮白粥,就上网搜索按照步骤做。每一次母亲想要起身,我总会拿着两个软垫;每一次母亲想要如厕,我都会化身为一根拐杖,成为她最忠实的助手;每一次到了饭点,我总会端进去大碗再拿出来,一遍又一遍地用水淋、用布擦。晨曦到了又走,时针从左边转到右边再转到左边,热水袋被充了又充,夜晚哗哗的音符和沙沙的音符分别跳跃——疲惫与满足奇异地交织在一起,萦绕于我的心头。我脑海中的记忆片段再也不全是英语单词或数学函数,还有母亲苍白的脸色与淡淡的笑容。串起的微型电影在结尾处有所改变,两个人变成了一个人,两段奏响的旋律交织在了一起。

第二天天未亮,我便自觉起身,关掉尚未响起的闹铃,开始重复昨天早上的步骤,而后蹑手蹑脚地走出家门前往地铁站。回家后,我看见父亲坐在桌旁看书,于是激动地抱了抱他,与外面城市光幕雾霭后的满天星辰一起,投入他的怀抱。

现在回想,当时的我终于信守了我的承诺。往小处说,这是褪去了稚气;往大处说,这是学会了担当。我对担当做不出什么高雅的解读,只是觉得生而为人,就应当扮好所饰演的角色,尽自己所能履行每一个承诺,——毕竟,世间因每一个人的努力活着与向前奔跑而生机勃勃,世界也因每一个人的恪尽职守和全力以赴而无比瑰丽。

五

我们或行或立,都是大千世界中小小的平凡人物。我们挣扎着,困苦着,也希望着;渺小着,卑微着,却也伟大着。一颗星星发出的光也许很暗淡,但发光的漫天繁星努力绽放的光彩必定能够照亮所有旅人前行的路;一只飞蛾扑火的效果一定很小,但前赴后继的一群飞蛾必定能扑灭火光;一个人站在山前向峡谷的低语或许很轻易就会被一阵风带走,但漫山遍野的人面对峡谷声嘶力竭的呐喊必定能震撼整座山林。因此,要扮演好每一个角色,不管是发光的星星,还是扑火的飞蛾,抑或是呼喊的人;也更要信守每一个承诺,不管是作为星星努力发光,还是作为飞蛾坚定扑火,抑或是作为人放声大喊。

自那以后,我从未在闹铃响后仍呼呼大睡,也从未在喝粥后逃避洗碗。努力当好学生和女儿,我信守每一个承诺——

这事儿,交给我。

指导教师:何华

本文获决赛特等奖

点　评

　　文章从生活中母亲照顾女儿的小事入手，巧妙地实现了担当主体的转换。母亲的生病令女儿突然意识到母亲的付出和不易，意识到母亲对担当精神的践行与自己对承诺的轻视。在父亲不在家的情况下，女儿被动学会了担当，也由此实现了精神的成长。文章细腻感人，由此可见作者对生活与情感的体察，其中对起床、课堂中思绪纷飞的描写尤为生动，才气尽显。

（樊迎春 高校讲师）

这事儿，交给我

□ 山东省寿光现代中学　张艺丹

半夜，客厅又传来一阵窸窣声。我猛地从昏沉而疲惫的睡梦中惊醒。房间里很暗，黑夜带着磨砂般的黏稠感，十分粗粝。我胸口一阵发闷发胀，很不舒服，这并不是因为害怕——我知道那声音不是小偷——而是因为烦躁。烦躁的是我本来睡眠就浅，睡眠质量就差，从早到晚的学习已经让我感到疲惫，何况明天还有考试！另一方面，令我烦躁的是紧闭的房门后传来的隐隐约约的交谈声，听声音分明有两个人，其中一定有我的妈妈。

也是，我的妈妈不会不在的，另一个人是我的父亲，我的父亲又半夜才回来。我妈心疼他，所以每每半夜起床给他热饭。然而我更心疼我妈，她既要工作，还要做家务，照顾我，照顾老人，一个人扛起了整个家，却没有人来照顾她。我倒是宁愿我爸没有热饭吃。

我拖着身子爬起来，打开房门，客厅橘黄色的灯光刺眼地射进来，像麦芒扎进我的眼睛。我眯起眼，径自略过沙发上马上坐直的男人，走进厨房，低声说："妈，我来吧，你回去休息休息。"我妈看看我，又飞速向我身后瞟了一下，笑了笑："哎，你忙这个干吗，厨房味儿大，你去客厅坐着吧，也跟你爸聊聊天……"

有什么好聊的？我分明和他是陌生的。然而妈妈眉间隐约的担忧让我咽下了拒绝的话。我沉默地坐在沙发上，那个男人犹豫片刻挑起话头儿，净是一些不尴不尬的内容。我很想甩脸子走人，但理智告诉我不能这样做，因为我知道妈妈不希望他受到这样的对待，他也不应该被这样对待。

他是一位很不合格的父亲，但也是一名光荣的人民警察。从小到大，我对他的记忆总是零散的，他总是很偶然地出现在我面前，就像一座哑了的钟，默默地退守在我视线的某个角落。我不习惯地第一次扭过头去正视他的方向，才发现他已经离去，消失得无影无踪。他不是我人生中的过客，却比一切过客都更像过客。

我有点恨他。他从来没有参加过我的家长会，甚至有相熟多年的同学曾偷偷问我："你是不是没有爸爸？"我的母亲起早贪黑，工作单位、学校、家里连轴转，压力最大的时候崩溃到只能跟年纪尚小的我倾诉。她以为我听不懂，但我知道。我在脸上扯出笑容，不露出一丁点儿害怕的表情，以防她止住话头。她需要有个人说说话，而那个人只能是我。

我对上他眼神的时候是无力的。无数次我都想拍案而起，控诉他对我、对妈妈、对这个家的所有失职，他没有尽到作为父亲、作为丈夫的半点责任。无数次我都有这样的冲动，但最终只是停留在想一想而已。我没有拍案而起，因为他在救助别人的孩子，他在解救其他的妇女。很多事情最怕的就是这个，当个人的权益是出于更崇高的原因被牺牲时，个人的控诉就显得微不足道了。

甚至到我高考结束的那一刻，我的爸爸都没有在考场外迎接我。他在执行一个任务，这个任务会持续很长时间，从我十八岁那年的六月初开始。他说没法儿接我了，对不起。他说任务的时长不好说，但没人想到会是永远的告别，是贯穿我往后人生的永别。比高考成绩先来的是一个消息、一场仪式。仪式上用的是黑白花圈，主角是那个我最熟悉的陌生人。

葬礼是我参与操办的，悲伤早已冲垮了我的妈妈，她承受了太多，她不应该再继续承受下去了。幸好，我已经成年了。我跟着父亲的战友们办理了所有手续，没有什么撕裂般的疼痛，也没有太多实感，我就像踩在云朵上，有些眩晕。那些几乎未曾见过面的叔叔们对待我就像是对待自己的儿子一样，他们用宽大的手掌拍着我的肩膀，想要安慰我。他们低沉浑厚的声音中包含着哽咽与喉头呛出的哭音，这反而更加催人泪下。他们的手掌好重，掌心好烫，我的胸口又闷了起来。

我没有说话，看着手里的盒子，思绪一片混乱。我不是很明白：那个曾经强壮雄健的男人，怎么就变成了手里轻飘飘的骨灰？

我抱着盒子，抬腿去收拾他的遗物。遗物很多，说不定比他在家里的东西都要多，毕竟他把警察局当成了自己的第二个家。然而，我没管其他东西，只注意到了那本厚厚的日记本。里面有我，有我的妈妈，还有我们的家。由于右手受过刀伤，他写字并不工整，有些歪斜。我费劲地辨认着那歪歪扭扭的字体，试图理解他的心情。他写下的一字一句，全是抱歉。

我一直认为自己记仇，对他的不满铭记在心，然而现在我发现，这样的好记性可能是遗传自他。无论是我记得的还是不记得的，他都记得清楚，都用笔记录在这本子里，只是他记录的是自己的不好。

我感到胸口越来越闷，泪珠洇花了字迹。我急忙擦拭，却不敢再看，似有所感应，转而开始翻阅他的工作记录。

我庆幸自己这么做了。

我终于确切又具体地知道，这个男人在我视线以外的时候，竟然是以这样如此燃烧而跃动的方式存在着。与其他父亲相比，他并没有对我进行过说教，但这一摞厚厚的工作笔记替他做到了，就像一个父亲应该做的那样。

我的神经在跳动，血液在发热，这往往会引起颤抖，但我在翻页时，手却异常平稳。我轻轻摩挲了一下工作笔记，站了起来，抬头从对面的镜子中看到了自己的脸：满脸泪痕，下嘴唇不受控制地抖动，显得有点儿狼狈。那张与我相似的脸应该不会这样，他永远是沉着的，即便泰山崩于前也面不改色。看了他的笔记后，我这样猜想。

在填高考志愿时，我的手也同样稳。我放弃了更好的大学，报考了警校。我在键盘上一下一下敲击出我的选择，然后扭头对我身后仍面带愁苦的母亲笑了笑。

"这事儿，该交给我了。"

这事儿，就交给我吧。

我知道这份责任并不轻松，不然也不会占据我父亲的大好年华。如今，我也有一个完整的年华来承担它。这一定很苦，因为责任就是苦的；这必定很难，因为担当并不简单。

然而，我并不惧怕，因为我的父亲绝对不会为之惧怕，而且我内心感到无比踏实，因为那些工作笔记会替他为我指引。

就像一个父亲那样。

指导教师：陈月凤

本文获决赛一等奖

点 评

"就像一个父亲那样"，结尾的这句话很巧妙，也很贴切，既诠释了"这事儿，交给我"的深刻内涵，表明儿子要继承父亲的遗志，也说明儿子成熟了，深刻理解了父亲，在内心深处、在情感认知层面，跟父亲和解了，此时此刻父子二人完全同心了。另外它还有一种宣示的作用，这不仅仅是一对父子的宣示，也是许多年轻人要走的道路。"就像一个父亲那样"，实质就是"这事儿，交给我"的另一种表达形式。

（何郁 特级教师）

这事儿，交给我

□ 山东省阳信县第二高级中学　董思雨

我们总是想拿顺其自然敷衍我们生命中的一切，我们总是不屑于"卷帷望月空长叹"，友人在旁便想饮酒高歌，似乎我们的肩膀本该担的就是这世间一切美好的事物，一生只此一次的滚烫又怎么能被那些陈旧又冰冷的东西占据？

厚重的历史不适合鲜衣怒马的少年。从前的我便是这样想的。

我被雨淋透，在三十九摄氏度燥热难耐的夜。我检查了一遍设备，确认完好无损后才放任自己陷入椅背。选择在雨夜赶一趟末班公交车，大概没有比这更疯狂的事了。不是叛逃，也不是离家出走。胸腔里那颗狂跳的心告诉我，我将要见到这个世界上最美的事物。

南城的夏天潮湿得出奇，昨夜的雨给陈旧破败的巷子添上了一丝生机。我讨厌下雨，雨后的步伐总免不了被泥土冲刷，但现在，站在那扇腐朽的木门前，看着那双裹着雨的礼物的鞋，忽然觉得它的鞋生至此倒也算圆满。

"吱呀——"门开了。

开门的自然是阿阳，他的假胡子半挂在下巴上，滑稽得令人难以想象他在台上的模样。这是我们作为网友第一次线下见面，倒也不显得拘谨。稍作问候，我便让阿阳先去忙自己的事，自己慢慢欣赏起这一方庭院。与门外那片没有活力的灰色相比，门内赫然是另一番光景。那些兵器与叫不上名字的道具伴着蝉鸣与花香给这样一方天地染上了浓墨重彩的一笔，平日里看惯了的旧式砖瓦也生出一抹古香。听惯了缱绻轻快的流行音乐和严肃静默的西方古典乐曲，我对这咿呀成韵的国风京剧愈发心驰神往，期待着戏台上的光景。

"已经好久没有见到你们这么大的娃娃来听戏喽！"一个清亮的声音在我背后响起。我回头，看见一个中年男人搬着道具笑着冲我打招呼。这两年国风非常流行，以京剧为本体延伸出来的一些文创与视频作品不在少数，我原以为会吸引更多人，但想象中门庭若市的场面并没有出现。我看着正在戴头饰的阿阳和旁边开嗓的两位老艺术家，忽然觉得手中的摄像机沉重了几分。

戏台早已搭好，我是台下唯一的观众。

"君不见，金鼓响，画角生阵——"一声荡气回肠的戏腔令平静的水面乍起波澜，紧接着，刀剑碰撞的清脆声响伴着鼓声在这小小的剧场飞扬起来。我不记得是否按下了录制键，那一瞬间，仿佛看到了那闪着寒光的兵戈铁马、那肆意起舞的大漠孤烟，听到了马蹄声、斯杀声——战场上的英雄飒沓而来，穿越千年向我讲述他那用狂草写就的诗意人生。

忽地，台上回归寂静，回过神的我连忙检查，确认记录下这一幕后才放心地起身。没等我迈出第一步，台上又响了起来，原来戏还没完！

我转身告诉身边那位搬道具的大叔，素材已经够用了，让他们下来歇着吧。可谁承想，大叔依然笑着看着台上，那双眼睛闪着我未曾理解的一些东西，同我说："姑娘，这戏一旦开场，就没有中间停下的道理，哪怕这台下空无一人，也得把戏唱完。"

"我一剑可挡——百万的兵——"台上的声音在继续。京剧，一场戏，一座台，唱的是古老与沧桑，唱的是几代人心中的信仰。这些东西隔着千年，将散落的珠子系在一起，构成了上下五千年的泱泱中华。

我看向大叔的眼睛，忽地明白了那里面盛着的，是穿越了千年的信念，是我从没涉足过的理想花田。

后来阿阳再次联系我，感谢我将那场戏上传到了网络，让他感受到了一夜爆红。他所在的戏班子只有他一个年轻人，但我相信，渐渐地，更多的力量将在此会聚，拧成一股绳，形成一条纽带，连接起千年以来的信仰，使其在新时代闪闪发光。

"会实现吗？"他问。

"当然，"我扬起头笑道，"这事儿，交给我。你把你的戏唱给历史听，唱给台下听，我把你的故事，你们的信仰，放给世界听。"

指导教师：王丽华

本文获决赛一等奖

点　评

事儿不大，就写了两个年轻人——一个唱戏、一个传播戏曲，但作者写起来很用力，语言极富张力，仿佛是攥紧了拳头，打出来的每一个字都饱满而有劲儿。这种夹叙夹议的写法，一方面增加了叙述的厚重感，使叙述不再单纯是叙述，而是带有一点点理性思考；另一方面也使得所思所想，带有一些画面和生活的质地，耐人寻味。

（何郁　特级教师）

这事儿，交给我

□ 山东省沂南第一中学　袁子轩

2023 年 1 月 10 日，或许这是他一生中最重要的一天。月光依然笼罩着凌晨的大海，可掩不住它的澎湃。他立在渤海岸边，望着即将进行首次水下作业的"潜龙"号，思绪万千，仿佛回到了八年前的那个午后。

那一年他二十二岁。那是一个烈日炎炎的夏日，他漫步在蝉鸣和蛙声交织的校园里，满脑子都是当天的课题。忽然广播响起，导师让他去校长室开会，他这才发现手机里有七八个未接来电。

和他一起被叫到校长室的还有四名同学，都是系里出类拔萃的学生。校长给他们沏了龙井茶，温和地说道："同学们，这两位是国家重点国防项目的主任。现在国家准备开展有关载人深潜探测的重要工程，需要我们系的人才。经学校考察，你们具备应有的素质和能力，所以今天把你们叫到这里。"

"载人深潜探测器意义重大，现在国家需要你们的知识和能力，希望你们考虑加入这个项目。同时你们也要知道，它的保密级别和曾经的原子弹、氢弹、核潜艇等工程是一样的。"刚才校长介绍的项目主任之一的王主任语重心长地说道。

他清楚最后这句话的含义，这意味着他要和邓稼先、黄旭华以及更多的无名功臣一样，奉献自己的青春甚至生命。他想起邓稼先在戈壁滩数十年的隐姓埋名，想起黄旭华那句"我对国家的忠，就是对父母最大的孝"，于是义无反顾地选择担当。"这事儿，交给我！"其他同学还在犹豫，他已激动地站了起来。两位主任的眼里泛起了欣慰的泪花。

在基地，他看到了几千名和他一样的青年，想起了毛主席的话："我们来自五湖四海，为了同一个目标，走到一起来了。"他承担着最普通却也是最重要的工作，每天都很劳累，但想到自己承担的事业，又觉得是幸福的。

海风把他从回忆带到现实，三十岁的他已有不少白发。还有一个多星期就要过年了，他突然特别想念父母、弟弟、妹妹。八年来，他从未见过家人一面，每年只能寄一封书信回家，但他从未抱怨过。八年来，基地一直是他心灵的港湾，带给他温暖和归属感。眼前这个场景在梦中出现了无数次，他曾日日夜夜地幻想。

"十，九，八……"倒计时响起，他屏住呼吸。

"三，二，一，入水！""潜龙"号溅起的水花打到他的脸上，他分不清这是浪花还是泪水。随着显示屏上深度的增加，泪水越来越多地滚了下来。

突然，红色警报器发出了尖锐的响声，全场空气霎时凝固。他内心忐忑不安，胸口憋得喘不过气来。"报告！水压过大，'潜龙'号内部氧气传感器受震动损坏，需要立即修复！"氧气传感器的损坏意味着无法实现自动供氧，而目前舱内氧气只能维持舱内人员十五分钟的正常呼吸，这十五分钟无法让"潜龙"号回岸，只能退回到三四百米的深度。唯一的办法就是派遣技术人员乘小型潜艇到五百米深处等待"潜龙"号上浮，然后维修。

作为维修技术人员，他飞奔着跑向上级，大声喊出了八年前他说的话："这事儿，交给我！"进入潜艇前，总工程师叫住他："这是一项危险系数极大的任务，你没有下水经验，能行吗？"他笑了笑："我整个青春都献给了'潜龙'号，哪怕付出生命，我也心甘情愿！"总工程师拍了拍他的肩膀："好样的！听指挥，注意安全！"

下潜至二百米时，他有些头晕目眩。窗外的光线越发暗淡，大海像是无底的深渊，令他恐惧。潜艇时不时地剧烈抖动，让他不敢行动，只能静静地坐着。他扶着舷窗，看到"潜龙"号正在缓慢上浮，那是多么美的一条巨龙啊！"潜龙"号越来越近，他逐渐忘记了不适的感觉，取而代之的是光荣的使命感。

"潜龙"号到了，对接完成，他和另外几名技术人员迅速进入"潜龙"号内部，一番检修之后恢复了自动供氧系统。他举起对讲机："报告总部！'潜龙'号检修完毕，各部件已正常，可继续工作！"透过"潜龙"号的舷窗，平日里暗流涌动的大海此刻是如此的幽深和宁静。他轻轻抚摸"潜龙"号，然后回到小型潜艇上，回到了岸边。

脱下防护服的他长舒了一口气，尽情地呼吸着清爽的空气。"潜龙"号已经到达预定位置并开始进行水下作业。两个小时后，"潜龙"号带着所收集到的数据回到岸边。"我宣布：'潜龙'号第一次水下作业圆满结束！"大家欢呼雀跃。泪水再次模糊了他的双眼，为他八年的青春热血，也为祖国更美的明天。

八年的隐姓埋名生活告一段落，他拿起基地的电话，拨通了母亲的号码，泣不成声地喊道："妈！"

电话那头先是良久的沉默："——儿啊，是你吗？"

"妈，是我！今年单位放假了，我下周回家过年！"

"儿啊，这两天你爸身体不好住院了，我得在医院照顾你爸，弄不了丰盛的年夜饭。"

"妈，这事儿，交给我！"

指导教师：张慧

本文获决赛一等奖

点 评

　　这是一篇感人至深的文章,最后那一句"妈,这事儿,交给我",既是扣题,也是深情表白。文中前后出现的"这事儿,交给我",虽然都体现了担当和责任,但前者是国家大义,后者是亲情回报。或许正是因为懂得国家大义,母子情深才格外耐人咀嚼。

(何郁 特级教师)

人生的财富

决赛命题与写作点拨
（高一高二组 A 卷第一题）

□**决赛命题**

习近平总书记说："我们既要绿水青山，也要金山银山。宁要绿水青山，不要金山银山，而且绿水青山就是金山银山。"这体现出对于人与环境关系认识的三层境界：第一层境界中，经济发展和生态环境是对立的，但我们两者都要拥有，都不能舍弃；第二层境界中，经济发展和生态环境同样是对立的，如果二者不能兼得，我们宁可为了保护环境而舍弃经济利益；而第三层境界中，经济发展和生态环境不再是对立的，拥有良好的自然环境就等于拥有了巨大的财富。

我们的人生同样也存在着这样的对立，有些东西可以看成我们的"绿水青山"，例如道德、学问、健康、友谊、艺术、兴趣等；有些东西则是我们的"金山银山"，例如金钱、地位、权力、名声等。而我们对待它们的态度，似乎也有上述三层境界。

请根据以上材料，结合自己对生活的感受，以"人生的财富"为主题写一篇文章。

□**写作点拨**

设计这个题目的目的主要侧重于考查学生的思辨能力，同时引导学生树立正确的人生观和价值观。

这个题目的题干包括两部分。

第一部分是习近平总书记的名言和对这个名言的解读。

习近平总书记所提出的"绿水青山就是金山银山"的理念，是指引当今中国环境政策的重要思想。作为领袖名言、治国方略，这句话是人们耳熟能详的，但它所蕴含的深刻哲理似乎并不是所有人都能真正理解的。为此，题干中首先引用了习近平总书记对这一思想的完整表述，并对其进行了简要的解读。

从现实逻辑的角度看，三句话所表述的命题无疑都是正确的。

"既要绿水青山，也要金山银山。"自然环境得到很好的保护，经济也得到最大限度的发展，这当然是最为理想的状态；但从认识的境界来说，这是基本的、初步的，因此，我们将这个表述看作认识环保与经济关系的第一层境界。

"宁要绿水青山，不要金山银山。"很多时候环境保护和经济发展是相互矛盾的。面对这种情况，为了保护环境而舍弃经济利益是一种痛苦的抉择，也是很多地方政府不得不面对的现实问题。因此，从认识水平的角度来看，这一境界要比第一层境界高得多。

"绿水青山就是金山银山。"这句话站在一个更高的高度上看待环境和经济的关系，认为环境保护和经济发展并不是矛盾的，保护好环境就等于拥有了巨大财富。这里有一个十分关键的问题，那就是我们怎么看待"金山银山"（财富）。一方面，我们可以把"财富"等同于现实的经济利益（金钱），那么我们就可以通过发展旅游、文化产业等将良好的自然环境转化为经济利益；另一方面，我们也可以认为优美的自然环境其本身就是巨大的财富，根本不需要将其转化为金钱等其他形态的财富。

基于上述认识，我们在材料的第二部分将习近平总书记的论述引申至人生的追求与境界，目的在于引导中学生认识什么是真正的"人生的财富"。

为了便于参赛者审题，我们特别加了一些提示语，将道德、学问、健康、友谊、艺术、兴趣等看成人生的"青山绿水"，这些东西也许不是现实的物质享受，却可以成为我们所追求的人生目标；而金钱、地位、权力、名声等则是实实在在的"金山银山"，是很多人所追求的财富。

我们在材料中特意提示：人生的"绿水青山"和"金山银山"同样有习近平总书记所说的三层境界，目的是让参赛者沿着这个方向继续深入思考，提炼出自己关于"人生的财富"的理解和认识。

上述指引内容，实际就已暗示了具体的写作思路——

学生可以设定"健康"作为人生的"绿水青山"，"事业"就是"金山银山"。有的人为了财富而拼命地赚钱，结果牺牲了健康，而后又为了健康要消耗掉自己的金钱，到头来，似乎健康才是最大的财富。

同样的，也可以将"诚信"作为"绿水青山"。有的人为了金钱而失去了诚信；有的人虽然保住了自己的诚信，却也为失去了发财的机会而痛苦；还有的人则安贫乐道，以诚信为真正的财富（有时候凭着诚实守信的美德，似乎也可以获得更大的物质财富）。

当然，我们更期待学生能将艺术甚至个人的兴趣等看成人生的"绿水青山"，它们固然未必能带来金钱方面的收益，然而它们却是人真正可以为之追求的目标。拥有了这样的人生趣味，就等于拥有了真正的人生财富，是任何金钱、地位都无法与之相比的"金山银山"。不一定要大而化之的家国情怀，只要是踏踏实实的、充实而有意义的人生态度，都是值得肯定的。

此外,也可以选择其他内容,如友谊、爱情、知识等,作为自己所珍视的"绿水青山",写它们与现实的物质利益之间的矛盾关系。

决赛选手大都具有良好的写作基本功,日常训练中也不排除有的学生会准备各种模板应对考试作文,所以我们在阅卷时重点强调扣题能力,也就是审题立意的思维能力。

对于本题来说,我们要强调两点:

第一,这个题目明确规定了写作的主题,那就是"人生的财富",学生如果只写保护环境之类的内容,而没有以自己的人生体验为基础,那就是审题的失败,不能算是合格的作品。

第二,写作中要体现出"绿水青山"和"金山银山"的隐喻,尤其要体现出前者所指代的是与人的生命本质相关的具有人文性、根本性的东西,要表现出它们与财富之间的辩证关系。

在 A 卷的两个命题中,决赛选手写这个题目的较少,也许是因为这个题目的立意较高,同时需要较强的思辨能力,确实有一定难度。希望读者,特别是那些想提高写作能力的中学生,好好琢磨一下以上命题的意图,同时阅读所选获奖作品进行比照,深入思考,然后拿起笔来写一写,从中领悟写作的门道。

守住那盏灯火

□ 山东省平原县第一中学　王一然

他，深知心中有一盏孤灯，可偏称之为灯火。

他，深知世界有远方，可偏爱着脚下坎坷不平的土路。

他，是一位老先生，一位在穷乡僻壤待了一辈子的老先生，守着那破旧的私塾、那方自己的圣地。他希望时代更好，也希望灯火更亮。

谁还没有使命呢？

"天下之多者，水也，浮天载地，高下无所不至，万物无所不润……"遥想当年，这间古色古香的屋子里总能传出琅琅的诵读声。老先生终究有些年迈了，可他从来都不觉得自己已经力衰。他站在自己深爱着的土地上，将自己深爱的文化当作灯火。

"可有人知何为灯火？为何谓之灯火？"

学生们望着老先生，望着他悬在半空中的手，望着他那凝望着远方看穿了流年的双眸。

"'九山刊旅，九川涤原'，这是安宁的壮美河山，这是点亮华夏九州的灯火；'后皇嘉树，橘徕服兮'，这是扎根本土的橘树，这是激励满腔热血的灯火；'称尔戈，比尔干，立尔矛，予其誓'，这是武王伐纣的铿锵誓言，这是震撼报国雄心的灯火……"

他们看到了，看到如痴如醉的老先生，看到他挥舞不停的双手，看到他眼瞳里翻涌向前的文墨洪流。老先生也看到了，看到海晏河清，看到金戈铁马，看到气吞万里如虎，看到典籍如灯，看到如诗如画的财富。

他的心、他的神，就是文墨，就是青山。

他倔强一生，却倔强不过时代的变迁。私塾的诵读声越来越小，讲台下明亮澄澈、充满渴求的眼睛越来越少。他愈发恐惧。他能预感到，能听到，能想到，可他不敢见到……

"老先生，您别倔啦！这破房子一推倒，您就能住上干净整洁的高楼啦！政府还给补贴，您也能享受城市人的财富啦！"

"什么破财富！我要的不是新房！我要的是我的土地、我的灯火、我的根啊……"

他抱着书痛哭，老泪滴落在布满灰尘的书上，满是皱纹的脸诉说着凄凉与悲苦。他吹过文人墨客吹过的晚风，自然要守住他们的文脉灯火。众人默默将书搬出去，将哭到无力的老先生拉出私塾。轰隆作响的机器伸出魔掌。伴着一声巨响，这座屹立了几十年的老屋，倒了。

小楼听雨听新旧，云雨承风承古今。美丽的新城灯光闪烁，高楼大厦此起彼伏，新建成的公路高低纵横。城里人都满意这美好的新生活，可对于孤苦无依的老先生来说，那灯红酒绿让他双眼发痛，那车水马龙让他无所适从，那光怪陆离的高楼塔尖直刺他的内心。当自己所坚守的灯火与时代发生了冲突，老先生毅然做出选择——选择守住自己的财富，守住那盏灯火，历寒来暑往，阅天下典藏。但一个读书人，怎能躲进小楼成一统？

一天，他下楼，看到公园里的孩童在欢快地玩耍，学生们摇头晃脑背着古文，小朋友搀扶起老奶奶的手。这一幅怡然自得的场景让他想到了《桃花源记》，让他想到了传统美德。一个小女孩蹦蹦跳跳来到他的身边，说道："爷爷，您能教我们背诗吗？"天真的嗓音融化了他的心。于是，这座文化主题公园传出了诵读声，显露出了那座老屋的身影。没错，那私塾，没有倒！

原来，灯火坚守与时代变迁并不冲突，因为这个时代啊，正呼唤着它的新生，这个时代的人啊，正因它而更友善。他第一次意识到，传承那缕文脉，能为自己的家园带来光，使人更善，使城更美，使家国更有韵味。时代有时代的财富，他也有自己的人生财富。

那晚，老先生打开窗，让新城的灯红酒绿映入瞳孔，让璀璨如群星的灯光射入书房，浓浓的墨汁反射出五彩斑斓的光。

"这片土地，从未让我失望过。"他喃喃自语道。

暗昧处见光明世界。

他，深知孤灯不再，而自己，守住了那笔财富，守住了那盏灯火……

指导教师：鱼亚利

本文获决赛特等奖

点 评

生于斯，长于斯，千百年来，中国人对于文化的追问与坚守从未断绝。这份扎根土地、与时俱进又时时回望的文化性格与民族品格，正是中华文明历尽磨难绵延至今的精神密码。作者巧妙地将"传统文化"与"现代文明"的矛盾冲突置于一个心有孤灯而风烛残年的老人身上，通过对"人"——文化的活的载体——的细致刻画，将情节逐渐推向高潮，回答了"传统文化在现代社会该去向何方"的问题。谈文化传承，却不只谈文化，这是作者此文的出色之处。在对一个有良知的知识分子形象塑造的过程中，我们在现实层面上找到并唤醒了那份文化自信。正如作者在文中所说："这片土地，从未让我失望过。"

（尤立增 特级教师）

我家有一宝

□ 山东省新泰市第一中学 于祥漪

"这是咱家宝哇！"爷爷总是那么说。

新春之夜，爷爷喜提一辆三轮车。望着爷爷飞舞的眉毛，我愤愤地说道："它像一只绿色的老鼠！"爷爷哈哈大笑的嘴顿时有些僵住。他转过身去，静静地用手抚摸它，一遍又一遍。我也转过身去，故意用力跺着地板，像是要将这大理石板连同那"老鼠"一同跺碎。

寒假即将结束，我对爷爷骑着他那宝贝进进出出已不再那么反感，但又感觉很不踏实。一个"不祥"的念头涌上心头——爷爷不会要骑着这车来接我上下学吧？我望了望院子里的小车，一场小雨使它恢复了表面的鲜绿。两只萌萌的车灯镶在车前，像刚出生的牛犊的眼睛；红色的"出入平安"贴在它的背后，有点儿土气，但也充分证明爷爷是爱它的。想到这儿，我使劲儿晃了晃脑袋，心中暗暗想着：这个家，有你没我！

开学日那天，我起得很早，心想千万别和那车打照面儿。正当我拿起早饭准备卷起裤腿儿跑路时，爷爷在身后叫住我："我开车去送——""不用！爷爷再见！"我头也不回地冲出家门，直到拐了两个弯儿，才缓缓停下脚步，走一步喘两口地朝身后张望，确认后面没有绿色嫌疑车。

时间过得飞快，转眼放学了。我拒绝了同学同行的邀请，只身来到学校门口，紧张地四下张望。果不其然，在阳光刺眼地照射下，一道绿光出现在我的视线里。在两侧车辆的"夹击"下，它显得如此瘦弱，好像一阵风都能将它吹走。我强忍着心中的一团烈火，慢慢走近它。车门"吱呀"了一声，随之而来的是"嘭"的一声！

"爷爷，以后能不能别骑这车来接我！我自己走着完全可以！"

"我想着咱家有点儿远，你都快高三了，时间就是金钱啊！"

"我宁可多耽误些时间，也不想看见它！"我带着哭腔喊道。

爷爷的耳垂通红，就像这天中午的太阳。我们沉默了一路，谁都不愿再多说一句话。明明太阳如此热烈，为何就是照不暖我？

"早上有雨，记得拿伞。"次日一早，我默念着门口的小纸条，看了一眼车门上挂着的伞。

我心想,应该能跑到学校吧,于是穿上鞋子,一路冲刺。当我迈进学校教学楼大厅时,雨水如同山间瀑布般泻下。我摸了摸湿漉漉的头发,揩去脸上的汗珠,不禁哑着嗓子感叹:好险!

下午,雨依然没有要停的意思。我不禁想起爷爷的那张纸条。唉,只能硬着头皮走回去了,谁让这是自己选的路!寒风阵阵,我咬着牙走到学校门口,雨水滴落在脖子上,顺着皮肤一路向下流淌。我抬起头,看着眼前一个个同学钻进一辆辆轿车里,心中不禁冒出一个念头:如果爷爷来了,那该多好。

这时,熟悉的声音从远处传来,和着雨水在风中飘荡,好似山谷里的歌声,缥缈却穿透人心。我循声望去,看见了那辆属于我家的小车,顿时喜出望外,一手抹去脸上的鼻涕和雨水,奔跑了过去。

"爷爷!您咋来了?"

"孙女,淋坏了会感冒的。明天如果雨停了,爷爷就不送。乖,跟车回去吧。"爷爷以为我在埋怨,小心翼翼地看着我说道。

我忽然鼻子一酸,心好像被谁狠狠地揪了一下。

"爷爷,这条路太堵了,您可千万小心!"

"瞧爷爷的吧!"

爷爷哼着小曲儿,操控着小车穿梭在车流中,好像鱼儿游在水里,轻车熟路,张弛有度。他的脚一点一点地踩着刹车,可坐在车里的我,一点儿也不觉得颠簸。我们家的小车凭借着轻小的优势,灵活地穿行啊,穿行啊,一路顺畅!那感觉就像在炎炎夏日里喝下了一杯冰凉的蜜水,甘甜爽口,又如同抚摸着新生儿的肌肤,柔软顺滑。

回到家,我发现这次行程才花了不到平日里走路三分之一的时间。我满心欢喜地望着这辆小车,望着爷爷开心的笑容,迟疑了一下,然后缓缓地伸出手,学着爷爷的样子,抚摸它,一遍又一遍。

在接纳它的那一刻,我已获得人生最宝贵的财富。

指导教师:张祥明

本文获决赛特等奖

点 评

作者写得很有生活气息,感情很真挚,不做作,不故作老成,所表现出的是这个年龄的孩子应有的语言和思考。本文作者以生动而细腻的笔触,为读者展现了自己成长过程中的一段心路历程,对接送自己上下学的那辆绿色三轮车由恨到爱,情感变化毫不突兀。其实"我"家真正的宝并不仅仅是那辆绿色三轮车,更是那对"我"呵护备至的爷爷啊!这份爱正是"人生最宝贵的财富"。

(桑哲 高校教授)

三根叔的财富

□ 山东省沂南第一中学　刘鑫

三根叔是我们村里最穷的人。虽然我叫他"叔",但其实,他已经六十多岁了。

三根叔家里很穷,从小被送给了他的姑姑收养,因为他在家中排老三,所以得名"三根"。这样的家庭环境使他从小就孤僻。当别的孩子都在拿着竹竿互相敲打着玩儿时,他坐在地上,看着山外,眼里出了神。久而久之,孩子们都叫他"傻根"。

三根叔不傻,相反,他是我们村第一个走出去的人。他走后没几天,村里的赵发财也走了。根据赵发财寄回来的信件,村里人知道他们两个人在同一个工地打工。三根叔的姑姑时常提醒他,让他不要忘了自己的妈妈:"你妈走的时候拉着我的手,念叨着'让娃挣钱,挣大钱'。千万别忘了,三根!"

三根叔走后就寄了一封信,而赵发财每几个月都往家里寄钱。村里人碎嘴道:"三根没出息,只顾自己吃香喝辣呢。"

过了三年,赵发财回家了,带着个白皮细腰的小娘子。村里的小伙子都羡慕地嚼舌根。后来,三根叔也回来了,但他没带着老婆,倒是带了一帮灰头土脸的汉子。

"有钱了,忘不了乡亲。"他是这么说的。

大约一个月后,一条新马路修起来了。村里人都喜欢在这条路上走走,说这条路平坦,雨天走牛真方便。"三根有出息!"人们这么说。

又是几年光阴过去,赵发财在城里买了一套房,还开了一个厂,成了村里的富户。三根叔不干工程了,却还和以前那样,整天笑呵呵的,和大家聚在村委会一起拉呱。

我们村自从修了路后,日子一天比一天好,出去的人也多。只是大家都说,别的村都盖上几十栋小"二起"(小洋楼)了,咱村连个正经的小楼都没有。三根叔老是说:"没事儿,咱迟早有天比他们强。"

恰好此时赵发财回来了,他在东头修了个砖厂,造砖机整天发出"轰隆隆"的响声,好似要吞天吞地,然后吐出块块金砖。人们看到金砖,去抢,去吞噬,吃光后,打一个更响的饱嗝。

村里渐渐多了小"二起",大家都说:"发财有出息,真能带咱发财!"于是人人都相信赵发财,三根叔的村委会,变得有名无实……

再后来,赵发财建了一个家具厂,需要大量木头。村里人自发帮他砍树,砍砍砍,东边林秃了;砍砍砍,西边林少了一片。

砍砍砍……

最后,村里就剩一棵最老最大的榕树了。

那是一个晚上,天下着雨,雨水打在炽热的火把上,发出"嘶嘶"的响声。人们的眼睛都冒着淡绿色的灵火,连接着,连成了一片贪婪的海洋。

"榕树,榕村,有榕树的大榕村才叫榕村!有这个村才有的我!你想毁了这个村,先毁了我!"三根叔一边骂着,一边无力地挥舞着火把。

后来砍榕树这件事不了了之,因为三根叔那天被斧头伤了腿。他再也没法打工了。

之后,人们每天都能看到三根叔拖着一条伤腿,扛着一把铁锹去东林和西林。村里人说:"三根种树,越种越枯。"但他种的树并没有枯,而且他一直种到了今天。

再后来啊,村周围的砖厂、家具厂都多了,榕村渐渐又回到了以前的样子——破旧,无人问津,村里的年轻人渐渐都走了。榕村,死了。

一天,三根叔跑了老远去买树苗,约了村里几个老伙计一起种树。他们本来不愿意,但当他们来到东林和西林,眼前的景象让他们站不住脚:那是一片果林,上面的苹果是笑脸盈盈的,地上的草是青的,是一股甜丝丝的青,原来空寂的林中传来了鸟叫声,叫声中没有哭诉,只有欢悦。几近白发的老伙计们跪倒在地上,流下眼泪。

活了,榕村活了。

后来三根叔帮东边的大娘收拾院子,建成了小饭店;帮西边的大爷收拾藏书,打造了书斋。类似的事情还有很多很多……

"有了村子,就是有了钱。"他笑呵呵地说。

榕村成了一个旅游景点,很多年轻人来打卡,于是村子渐渐有了活力,昔日离去的人也回来了很多。

但三根叔依旧很穷。和以前一样,他总是喜欢坐在榕树下,看人来人往,听欢声笑语。

我说三根叔没有孩子,但我妈妈总说:"你傻呀,那些树就是你三根叔的孩子。"

三根叔也确实没有什么财富,但其实,从小我就知道——我们就是三根叔的财富!

指导教师:赵君

本文获决赛特等奖

点 评

········

中华民族传统文明常常强调物质生活和精神生活的相互关系，而对这种关系的独到理解也构成了中华优秀传统文化的核心。三根叔的确算不上世俗意义上的成功人士，可读者在他身上看到了千年前"在陋巷，人不堪其忧，回也不改其乐"的潇洒淡泊；三根叔又是一位洞彻人生哲学的智者，尊重自然又关心榕村发展。从开头"财富"与"贫穷"的强烈反差，到中段多种情境下的交错对比，再到最终结尾的点题升华，文章既写出了人心对世俗功利向往的一面，又突出了"已识乾坤大，犹怜草木心"的柔软，结合"绿水青山就是金山银山"的可持续发展价值理念，传达出一种正确的生产观和价值观，打动读者又引人深思。

（尤立增 特级教师）

阿婆的遗产

□ 辽宁省营口开发区第一高级中学　张许雅诺

阿婆病了,病得很重很重。

记忆中她是充满活力的小老太太,脸上永远挂着诚挚的笑容,恨不得把全世界最好的都留给子孙后代。我没想到再次见到她,竟是在压抑的病房里。

她变得很瘦很瘦,一阵雨就能浇垮了她。她变得很白很白,就连那本来乌黑的双眼仿佛也染上了霜雪。职场上刚强果敢的母亲默默关上了门,瘫坐在地上,无助地哭着。"多陪陪老人家。"医生的一句话,彻底击垮了她。

母亲领着我,缓缓推开病房的门。我看见病床上虚弱的阿婆,感觉手边有什么在不住地抖动。哦,原来是牵着我的母亲的手。

阿婆强撑着坐了起来,将母亲的手紧紧握住。两个人故作平静地交谈了好一会儿,然后我听见阿婆哽咽着开口:"老二老三呢?"

"他们……他们在路上。"

阿婆那皱巴巴的脸终于撑开一个笑容,又不相信地问:"真的?"

"当然,您的女儿儿子哪一个不爱您?自然都会来看看您的。"

阿婆低下头,许久,抬起混浊的双眼,看向窗外:"爱,什么是爱呢?"

我见母亲突然顿住了,想了想,开口应道:"爱是沉默无声的陪伴,爱是愿意为了一个人付出一切,爱是昼夜难免的思念,爱是……"

阿婆牵过我的手,粗糙厚重的茧子滑过我的脸颊。

"好。"她又一次轻轻说道。

夜幕降临,我与母亲关上病房的门。空空荡荡的走廊里,母亲又一次拨打那两通电话,一通传来的仍是冷漠的机械声,另一通总算给母亲带来了希望。

"老三,你们单位放假了,来看看妈吧,医生说她熬不了几天了。"

"大姐,我今天已经订好了火车票,你别着急啊!"

"好,好,好……"母亲激动得涌出泪来。她收拾好情绪,隔着玻璃看向睡梦中的老人，嘴边终于扯出一个微笑。她把我安顿好后，一个人坐在长椅上。

后来我才知道，那天晚上母亲在病房外守了阿婆一夜。她第二天醒来，身上多了一件外套，医生说是老人夜里给她披的。母亲听后，转身泣不成声。

终于盼来了三舅，我看到阿婆的脸上有光彩，笑容也越发明媚了。但是自打三舅与母亲单独说了一会儿话后，母亲的脸上便布满了阴云。阿婆没觉察出什么，将两个人的手拉过来，唠了好一阵儿，唠着唠着，又谈起二舅。我听见母亲强撑着笑说"快了快了"。

当天夜里，阿婆不知怎的突然惊醒，母亲拍了拍阿婆的后背。

"老二呢？"阿婆问。

母亲愣住了，望向漆黑的四周，安抚道："快到了，妈，放心。"

阿婆终究未等到她的二儿子，死在了一个寂静无声的夜里，死在了万物复苏的春天。母亲为阿婆出了殡后，得到了二舅的消息。二舅匆忙赶到灵堂，痛哭了许久。母亲在一旁看着，眼中是无奈，是悲伤。

阿婆死后的第二天，寂静压抑的家中爆发了一次争吵。

"遗产怎么分自然会有法律裁决，有什么好争的！"

"大姐，你这话说的。你和大姐夫一年赚千儿八百的，你能不争吗？"

"对呀，我和二哥也是没办法。"

母亲重重地摔门而去，只抛下一句话："我只要母亲生前的衣物，剩下的随你们。"得了好处的舅舅们都不出声了，只低下头去。

时隔几年，我又想起这件事，是因为一个不熟识的亲戚在母亲面前叨叨个不停。"你啊，傻不傻，你二弟分了一套房，你三弟更不用说了，狮子大开口，把那几亩地全要走了。"她上下打量着我的母亲，不禁啧舌，"同样都是在你妈身边伺候的，要说爱，她最爱你和老三了，怎么就你没争过？"

母亲冷冷地开口："我不要钱，我只要那份爱就好。"她的双眼饱含着晶莹的泪珠。母亲屋里的那件外套是阿婆为她披过的，我看见她一直留着。

曾经，年少的我也不理解。三舅得到了一切，他既分得了钱又分得了爱，而母亲只有一件外套，虽视若珍宝，但未免不够划算。直到看见外套口袋里装着的纸条，我才明白，阿婆的爱恰似金银，那才是真正的遗产。

远方的飞鸟冲向灰暗的天空。雨停了，城市又见明净。我独坐窗前，看见阿婆站在被爱洗涤的世界里，用生命诠释着爱。纸条上的内容我早已铭记在心——爱是沉默无声的陪伴，爱是愿意为了一个人付出一切，爱是昼夜难眠的思念。

我舞文弄墨的语句，阿婆用一生来证明。

指导教师：高雪楠

本文获决赛一等奖

　　阿婆的遗产有物质的,有精神的。如何选择这份遗产,母亲三兄妹各有考虑:二舅和三舅选择了物质(房子、田地、金钱),而母亲只要了象征外婆精神遗产的一件外套,并视若珍宝——原来,外套口袋里有一张诠释"爱"的纸条,而纸条上的话,正是外婆对其生前所提出的"什么是爱"这一问题的回应:"爱是沉默无声的陪伴,爱是愿意为了一个人付出一切,爱是昼夜难眠的思念。"文章构思比较精巧,语言比较精练。

(刘忠华 高校教授)

答案在心里

□ 山东省邹平市第一中学　陈欣怡

那是埋藏在我心底多年的秘密。

是的,我想要成为一名设计师,一名服装设计师。我想要站在巴黎时装展的台下,欣赏自己的作品;我想要穿着自己亲手设计的独一无二的婚纱嫁给我最爱的人;我想用服装设计表达我对这个世界的热爱。

可是——父母那充满期盼的双眼,亲戚们口中的建议,以及未来的就业前景,仿佛都在发出一个声音:"学服装设计毕业难找工作,不仅花费多,说不定还会落得一场空,还是学习经济贸易方面的专业吧!"

于是,我将"服装设计师"这个小小的还未萌芽的梦想装进了心中的匣子,上了锁。我企图麻醉自己,甚至准备亲手将它扼杀。我将"经济贸易"写在便签纸上,贴到书桌抬眼可见的地方;写在班级门口的目标卡上,一遍遍告诉自己,为了赚钱,为了将来更好的生活,为了父母,为了在亲戚们面前活得漂亮。后来时间一长,我的奋斗好像就全是为了顺利考取经济贸易相关专业,偶尔路过班级门口瞥见那目标卡时,我的内心并无太大波澜,但这好像是一名高中生再标准不过的生活了。

可有些东西,天生就是关不住的。

那天下午,综合实践课的老师在讲"兴趣与就业",其中有个环节是从五幅图片中选择一幅,看看与你的兴趣相对的职业。明明五幅图片都是风景照,而我却偏偏选中了那张——它对应的职业是艺术类,就业方向推荐有画家、艺术鉴赏家、设计师等。

很难描述我当时是一种什么样的心情。开心与失落尽数涌向心头,那种感觉就好像是我中奖了但奖券过期了。

当晚,我在梦境中又看到了那样的光芒。在梦里,长大后的我身着一袭白色女式西装,微微仰头望着台上。一位模特登场展示了一件华美的裙子,它正是几年前我创作的设计稿图成品! 身边的前辈拍了拍我,夸赞道:"冬忱,年纪轻轻就设计出如此别具匠心的服装,我很看好你!"说完她向我竖起了大拇指。我极力忍住激动又欣喜的泪水,环视一周,才发现此地正是我梦寐以求的巴黎时装周现场。

梦醒,心中热血难凉。

是啊,我又怎么会不记得!"冬忱"是我在无数次幻想时为自己取的设计师的名字,意为生于冬季,内心充满无限热忱。

"冬忱……"我在心中一遍遍重复。

对!我本身是充满热忱的!心中那颗属于梦的种子悄悄苏醒。我终于明白了,我何必为了成为他人眼中的好、为了金钱抑或为了以后所谓成就而向生活低头。梦想就是梦想,它本身就是一笔巨大的财富!

第二天,我告诉了父母这几年我的心路历程。这次我坚定地说道:"我要报考服装设计专业!"我曾多次幻想过父母的神情,却没想到他们会露出欣慰的笑容。

那时我才明白,父母期盼我开心快乐地做自己,实现自己的梦想。

所以你看,我们又何必受太多外界的影响,只为碎银几两慌慌张张。

从那以后,我更加坚定了自己的理想。便签纸上不再是"经济贸易",而是大写的"服装设计师";班级门口的目标卡也被我换成了新的,路过看见时,我经常会心一笑。

有志者,岁月如歌。

慢慢地,我发现高中生活其实并没有那么枯燥,学习成绩开始突飞猛进。

我想,即使将来的工作与设计师相差千里,那我也要利用闲暇实现我的理想;我若如愿成为一名设计师,那么我会成为这个世界上最富有的人。

停下来问问自己的内心吧!真正的财富,不在于外界的评判,不在于金钱与名利;它是一种纯洁的财富,或为了理想兴趣,或为了学问道德。

希望我们都能屏蔽外界嘈杂的声音,多问问心里的答案。

希望我们都能永远听从内心,披星戴月地奔向理想,守护真正的财富。

指导教师:冯金爱

本文获决赛一等奖

点 评

本文最大的亮点是情节曲折,主题鲜明,充满向善与向上的力量。每个人年轻时都拥有自己的梦想,有对未来的憧憬和人生规划,但是个人的人生选择与父母的期望有时候不一定一致。这时候该怎么办?作者通过自己的亲身经历和切身感悟,形成了非常正确的价值观,即"真正的财富,不在于外界的评判,不在于金钱与名利;它是一种纯洁的财富,或为了理想兴趣,或为了学问道德"。这是非常难得的。同时文章结尾提出的两点"希望",提升了文章的境界——其实也是作者的人生境界。愿青年学子都能听从内心,奔向理想,守护真正的财富。

(刘忠华 高校教授)

无价空床

□ 山东省安丘市第一中学　王楚然

她忍不住飞奔起来,衣袖轻扬,一身金辉。

疫情肆虐华夏之际,也肆虐着她——她是刚刚走上一线的小护士,已经在院分区守了三个日夜。再耗下去,她想,氧气瓶就该用在自己身上了吧?

然而世事无常,母亲突然病倒了。接完电话,她瘫软在楼道一角,隔了一堵墙还能听见几位"无德之士"在为床位大吵。

早就没有空床了!病房门口,任何一角哪怕塞得下一卷铺盖的空隙都被黑压压地置满了病人。她蹲在母亲床前。她哭,母亲也哭。母亲忍不住拂着她的头说道:"没事,孩子……"她听得很生气。这怎么能叫没事!

她站在其他病人床前扎针。母亲的输液瓶会有人记得换吗?她一个激灵,针已刺进病人的血管,还好没事儿。她赶紧收回思绪,撕掉胶带,固定好针管,冲出病房。她感觉脸上火辣辣的。

"闪开!闪开!"那位声音尖尖、开口必哑着嗓子、平时须大咳一声才能调正音色的护士长喊道。于是她连忙将自己甩到一边,避免和高速运行的病床撞上。她听见了一串的"扑哧"声,是自裤管流出积在医用拖鞋里的汗水发出的。

"是床位记录,好好查看下。"同事急急地塞给她一摞表。她随意地翻了翻,密密麻麻的对号在她心里蒙上一层黑雾。等一下!不起眼的一角竟有一格空白,空床!她的眼里焕发出一抹光亮。

她抄了表格,想去找同事证实,但快到跟前了,又鬼使神差地收了脚步。不,不能问。她急忙掉头穿过两个连廊到达医院东区,三步并作两步跨上二楼。

203,204,205,206!她在门口窥视了一下,发现一张床上隐约有人,另一张床上堆了些杂物,没有人!

她激动极了:母亲的床位有着落了,尽管这并不符合规定,可为了母亲……她在空格上用铅笔轻轻打了个对号,装作若无其事的样子把床位记录表放在桌上,走开,到了拐角又扭了下头——没人凑过去看——这一发现让她激动得差点儿撞到墙。幸好厚厚的防护服让人看不到她的窃喜。

一个小男孩站在她的前方,痴痴地盯着病房门口的小电子屏,里面正播着她早看了不下十遍的《钟南山院士》。

"钟南山是什么?"男孩忽然开口问。

"嗯……"她望着男孩手上一条大红围巾,"是位很伟大的医生。"

"是医生?不是山啊。"

她笑了。山?果然是小孩子。

"像你一样的医生吗?"

她怔住了。像我一样?我……配得上"伟大"?

她红了脸。身后突然有人喊道:"刚来的老人情况紧急,快插管!"

"没有空床了!"

她猛地抬头,空床。记录表就离她几步远,她只需拿到,藏起来,这样206的空床便属于母亲了,谁也不会觉察。

她若无其事地走向那张桌子,而后飞跑回去。

"这里有空床!"她闭了眼睛大喊,"有空床!206是空床!"微微颤抖的哭腔此时由于日夜操劳而变得嘶哑。泪珠滚落,轻轻滑过她发烫的脸。

她终于松了口气,目光从手中的记录表滑向脚尖,又投向床上病重的老人。这一瞬间,她掠过了护士长赞许的目光、那个躲在一旁的小男孩向往的眼神吧。

老人被推走了,她的心也随着救护床走了,母亲的空床没了。

许久,她少有地空闲下来,便魂牵梦萦似的去了206床——她有些舍不得那床。老人已经好转,正坐在床上,身上盖了条大红围巾。好熟悉的围巾,是那个男孩的!

男孩见了她,笑眯眯地用手指着她说道:"钟南山!"

"什么山,莫乱指人的!"老人连忙拍掉他的手,接着对她一通感激,"医生姑娘,好姑娘,多亏了你!这床位多少钱?我得付,莫让你为难了。"

老人多像她那和蔼的母亲,总怕让别人为难。

她红着脸说:"奶奶,这床不用钱!"

她退出病房,忍不住飞奔向母亲的那个角落。

空床无价,今天更无价。朝阳的光线穿透云层,她跑着,一身金辉。

指导教师:胡瑞娟

本文获决赛一等奖

点　评

这是一篇构思精巧的小小说。首先，作为抗疫题材的作品，本文取材于现实生活，但作者没有采用宏大的叙事结构，而是通过一个小切口——一张空床——来反映抗疫一线医护人员的生活，折射出医者仁心的高贵品质，充分体现了小中见大这种艺术手法的妙处。其次，本文线索清晰，情节一波三折、引人入胜。以给生病的母亲找床为线索，从没有空床到发现空床是一折，有床不报、私留空床又是一折，再到第三折大喊有床，本文接连反转，情节逐渐达到高潮。情感也经历了无望—希望—窃喜—愧疚—坦然，跌宕起伏。作者还通过五次红脸的细节来烘托情感变化，前后联通、首尾呼应，令人拍案叫绝。

（李岫泉　特级教师）

撑出一片天地

□ 山东省淄博实验中学 高尚

六月的杭州总有下不完的雨,古城的上空云雾笼罩,西湖的仙气好似与生俱来,舟上撑伞的少女、古道旁卖艺的老人全都在细雨中静默着⋯⋯

我听说,有个做伞的"老疯子"一天到晚锯木头、和颜料,吱吱呀呀弄得镇上鸡犬不宁。这里应该很不安静。可我从未见过他们口中的"老疯子",只是看着舟上姑娘们手中精美的油纸伞,觉得能做出此伞的,定是个细心的人。

后来我有幸见到了他,觉得他不像人们口中说的那样。

西湖的天气总是阴晴不定。那天,我出门没有带伞,可雨却越下越大,丝毫没有要停的意思。我沿着小巷来到一间小作坊,花花绿绿的油纸伞映入眼帘。屋内一个小老头儿,六十出头,瘦得皮包骨头,拿着一把油纸伞向我走来。

"姑娘,没带伞吧,这把送你。"

"啊⋯⋯不用,我付您钱吧。"

面对陌生人手中那把精美的油纸伞,我一时不知如何回应。

后来我与他坐在屋前的台阶上避雨、谈天,才知道他就是人们口中的"老疯子"。其实他有名有姓,也算个响当当的人物。他姓聂,是当地油纸伞工艺的传承人,年轻时,来定制伞的人们都叫他"三只耳"。如今"三只耳"老了,也没有人再找他定制伞,大家便开始叫他"老疯子"。

他说现在喜欢油纸伞的人越来越少了。大多数来旅游的小姑娘,拍完照,便扔了油纸伞。他慢慢拾起那一片片被人遗弃的伞叶,用满是老茧的手轻轻拍掉上面的泥土。"这可是上好的颜料啊。"他喃喃自语。

我最终还是收下了他的伞。等我去还伞时,西湖又下了雨。这次我带伞了,一手打着黑色的雨伞,一手拿着油纸伞。

他见我就问:"怎么不打我的油纸伞?"

我轻轻一笑:"不太方便。"

我这句"不方便"好似刺痛了聂师傅的内心,他又开始自言自语:"对啊,不方便了。"

令我意想不到的是,再次见到聂师傅,是在电视上。

镇上的人说,市里电视台录节目,拍到了"老疯子"在做油纸伞,不料这段素材在网上火了,聂师傅和他的油纸伞成了镇上的宝贝。蜂拥而至的记者和白晃晃的摄像机,天天围着聂师傅转。

我接着问,那后来呢?

后来啊,市里说要花重金收购聂师傅的小作坊,"老疯子"却死活不同意,尽管这钱是他做几辈子伞也换不来的。他说:"我这一生的所有财富都在这个小作坊里了,这是我的根啊。"人们说不过他,只觉得"老疯子"做了一辈子伞,老糊涂了。

市里给聂师傅的小作坊装了新的牌面,作坊内还是原先的样子:花花绿绿的颜料堆满桌面,各式各样花纹的伞叶放在墙角。聂师傅看着这片自己用大半辈子撑起的天地,自言自语:"就这样吧,本来,就挺好。"

指导教师:牛克京

本文获决赛一等奖

. . . .
点　评
. . . .

一个非遗传承的老话题,一个传承非遗的"老疯子",传统与现代,苍老与青春,碰撞出的是对这个时代人生财富的思考。作者匠心独运,选取西湖烟雨中花花绿绿的油纸伞,写年轻人在欲迎还拒间的取舍,写老艺人在大潮涌动中的不舍。或许,正是因为一代代人心底里的不舍,文化的传承才得以延续。

（谢锡文　高校教授）

人生的财富

□ 济南外国语学校　董思奕

我和母亲又吵架了。

无非还是因为那点小事——这次期中考试没有考好，而我兴致盎然报的钢琴课恰好和母亲安排的辅导班时间不对付。沉闷的客厅里，母亲宣泄着无处安放的怒火，尖声质问："你到底想要什么？"

险些冲出嘴的气话被噎住，我有些发愣，无言。是啊，如此固执，我到底想要些什么呢？既然生于普普通通的人家，无权无名，那么就应该努力学习，拼搏出点东西。人生在世，不应只靠天真活着。利益如叠嶂苍烟，自会裹挟我们去到理所当然的角落。既然没有天生的资本，又何必对生活太过较真？

母亲看着我凝重的表情，沉默半晌，叹了口气："你出去走走吧。"

此时已是傍晚。深紫色的天空郁郁沉沉，乌云诉说着悲凉。小公园称得上我的秘密基地。响潺潺的涧下水，香馥馥的野林花，乱杂杂的密石丛，交错的叶子藏着远来的风。云销雨霁，鸟虫不鸣，园子静悄悄的，我的心也静悄悄的。单单坐在这里，我就能想起很多人、很多事。我不孤独，我有可爱的草木虫鱼为伴。

我想起李白的诗。"平林漠漠烟如织，寒山一带伤心碧。""昔在长安醉花柳，五侯七贵同杯酒。""狂风吹我心，直挂咸阳树。"多么磅礴豪放的气魄啊，这傲然的楚狂人，笑了何止一个孔丘？

"四十年来家国，三千里地山河。""问君能有几多愁，恰似一江春水向东流。"那位玉树临风的美男子李后主，在被牵机药折磨的时候，会想起同样惨死的大小周后吗？盛泽有奇女，雨雨风风能痛哭。

我喜欢这群文人骚客。他们洒脱癫狂，他们恣意人生，他们风流倜傥，他们是我最为珍贵的精神财富。而现在狼狈的我仍旧紧抓着它们，不知所措，几欲痛哭。

我想起，这里是生我养我十六年的故乡。年龄尚小的时候，我会跑到园子后面的小山上大声唱歌。晨光熹微，凉风习习，那个稚嫩的声音，毫无阻拦地在旷野上奔跑，将天地都唱开了。我喜欢倾听一棵核桃树慢慢拔节的声音，还深深迷恋那种万物生长的声音。路边冲我笑的老太太慢慢地走着，脚步却并不蹒跚，且精神矍铄。街边一对男女依偎在一起，女人笑着说今天的菜很便宜……这座小小的城镇只有平凡的人们在过平凡的每一天，大概没有一部电影会在这里取景，但这里是我的生命财富，是我存在过的证明。我的感情早已融入到这城市的四季中，浓得化不开。

思即至此，对于母亲的问题，我想，我有了答案。

你到底想要什么呢？大人们总是这样无奈地抱怨着。他们的叹息有如秋虫唧唧，萦绕在我的心头挥之不去。

到底如何定义人生的财富？

我想，我愿如荷尔德林说的那样，"诗意地栖居在这大地上"。

我们读书、学习，是为了追寻生命的真善美，而非将自己局限于单一、贫乏的物质生活。尼采说，艺术是生命的最大兴奋剂。我认为，人生的财富不只是金钱、地位、名声和权力，金山银山恰恰是被人忘却的绿水青山。

时维五月，序属青春。

最后，我想起了俄罗斯诗人巴尔蒙特吟唱的诗歌：

> 我来到这世上，是为了寻找太阳和高天的蓝辉；
> 我来到这世上，是为了寻找太阳和群山的巍巍。

眼前青山遥遥，脚下白沙汀渚，我看见一个女孩，背起满是财富的行囊，行走在大地上，奔向远方，为了让她所爱的人和爱她的人幸福地活下去，为了遍览这可爱的日月山川、花鸟草木。

指导教师：王昕

本文获决赛一等奖

点 评

与母亲的一次寻常争吵，却引发了"我"关于"到底想要什么"的终极追问。事实上，每天人们背着行囊来去匆匆，又有几人知道自己到底想要什么？这一追问，无形中提升了文本的思想高度。财富有形而下的，也有形而上的，并无孰高孰低之分，青春期的"我"衣食无忧，形而下的财富对"我"没有吸引力，唯有形而上的财富才能拯救迷惘的灵魂。这些财富来自哪里？来自诗文里隐藏着的有趣灵魂，也来自慢时光里的故乡小城，更来自诗意栖居于大地之上的美好理想。

（王芳 教师作家）

第三辑

成长的痕迹

决赛命题与写作点拨
（高一高二组 A 卷第二题）

□**决赛命题**

苏轼说："人生到处知何似，应似飞鸿踏雪泥。泥上偶然留指爪，鸿飞那复计东西。"（《和子由渑池怀旧》）生命中所有经历过的事情，都会留下印记——小时候在墙上画的涂鸦，读书时在书页上涂的墨迹，玩耍时膝盖上留下的伤疤……这些痕迹，也许会随着时间的推移而慢慢变淡，却总会勾起我们的回忆。

请根据自己的生活经验与感受，围绕"痕迹"写一篇文章。

□**写作点拨**

此题的用意主要在于引导学生主动观察生活细节，用具体的事物来作为结构文章的符号或线索。

痕迹是往昔留下的印记，也是连接过去与现在的桥梁。我们希望学生在写作这个题目的时候能有意识地体现出时间的纵深感，透过今天所看到的痕迹，追溯从前的故事。

这个题目的难点在于立意方面，想写得深刻、出新似乎并不容易，要通过痕迹来体现过往记忆以及在今昔对比中的人生思考。

从写作题材来说，方便选择的内容参考如下。

（1）写过往生活中对自己影响较大的某个人，从而表现亲情、友情、师生情等。

（2）通过单纯的今昔对比，比如写小时候的快乐、调皮、天真和现在的生活状态，来显示生活给自己带来的改变。

（3）当然也可以不写久远的过去，只写新近发生的某个事件，写它的后续，比如试卷上改动过的痕迹、黑板上老师板书的痕迹等。

但无论选择什么题材，都应围绕"痕迹"这个词作为叙事、抒情的线索，甚至说理议论的载体。

也许因为这个命题比 A 卷第一题更生活化一些，能引起写作者对生活的回忆，所以大部分决赛选手选了这个命题，写出了各种各样的"痕迹"，获奖佳作较多。看来，从熟悉的生活中发现题材，才会下笔有神，写出属于自己的好文章。

痕　迹

□ 天津市耀华中学　孙伟琪

小时候疯狂地想要证明自己存在过。

说起缘由，只因丢失了一只章鱼玩偶。圆的脑袋、蜷曲的腿、暗粉色的身体，再加上又黑又大的眼睛。很长一段时间，我这个尚在幼儿阶段的小朋友牢牢把它锁在身边，去哪儿都带着它，上学就放在书箱里。后桌想摸当然不给，那可是我一个人的宝贝。然而某一次课间，我回到座位，发现书箱空荡荡的，于是一双眼很快地红了起来。

它丢得很意外，我在任何地方都无法找到它。开始的时候父母还安慰我，后来便只余下"再买一个不就行了"的不耐烦。我向后桌提起它时，后桌诧异地问道："什么章鱼？"

那是我第一次感受到时间以及这个世界的浩瀚。曾经如此重要的事物，消失后不留一丝痕迹。笔尖滑过纸张，刷子粉刷过墙，然而纸终究会烂，墙终究会化为无人注意的风沙，更何况玩偶，一个仅用于陪伴孩童的道具，所留下的痕迹又能有多少？或许等我长大，或许仅仅几个月后，我便会忘记它，忘记它的模样，忘记我们一起经历过的一切！想到这里，我忽然脊背发凉——那我呢？

自此我便陷入了自己"没有痕迹"的恐慌。我是一个孩子，每天会吃饭、上学、写作业，可是当我逝去了，谁又记得呢？我种下的豆芽长不了多久便会入腹，画过的画终究变为废纸一张。

我如何证明我存在过？于是，身高不足讲台高度的小朋友进入了战备状态，整天拿着彩笔到处乱写乱画。老师看着课桌和讲台上夹杂着汉语拼音的短句大惑不解，同学看着不断重复自己名字的同龄者后退三尺，父母看着家里墙上蜡笔所画的火柴人自画像极为气愤。

"你在干什么啊？"即使面对质疑，我，一个比其他人先悟出生命意义的小屁孩，又怎能被他们阻拦？可最终我哭着鼻子，一手纸巾一手刷子地把墙处理了干净，除此之外无能为力。

后来我开始写日记，一开始只是反复用幼稚的笔迹写自己，然后逐渐开始描绘周边的事物,从姥姥家深棕色的大书柜到学校花坛里吃蜗牛的蚂蚁,我书写着,绘画着,试图留下关于它们的痕迹。我小心地保留着每一个写完的田字格本,努力地书写着我自己以及我见到的一切,颇有一种担当着拯救世界重任的快感。这一爱好某种程度上使我的写作能力得到了有效的开发,就连班主任都鼓励大家和我一起写日记。

然而,这一切破碎于一次翻看。丢了一本,不知道为什么;烂了一本,不小心淋了水;有整整一年的日记字迹不清,小时候字写太差;绝大多数事物我无法再回忆起来。我崩溃地丢掉本子,整个人扑倒在床上,将自己埋在柔软的被子里。那我又如何去留下痕迹呢? 我看到的那些事物又如何证明它们存在过呢?

我哭泣地看着天花板,粉色的天花板安静地看着我,那是五岁时父亲特意为我刷的墙漆,颜色温暖、柔和。泪水滴到被子上,浸湿了一小块。我忽然止住哭泣,意识到这些举动,不是正在留下痕迹吗?

父亲为了我特意将屋顶刷成粉色,而屋顶又在无数个日夜里给予了我精神上的安抚! 我猛地坐起来,如初生般好奇地打量着周围的一切。玩偶、书桌、衣物……世间万物因我而微变,我又因世间万物而变化。客观理论所无法断定的在主观层面却可以解释:自我存在的那一刻起,我便改变着这个世界,这个世界也因我而改变,而那又终会回馈于我。

于是,我开始用新的眼光观察这个世界,比如阳光落在叶片上的浅绿,披散的长发在日光灯下反射的光泽。它们影响着我,充实着我的灵魂,在我身上留下痕迹。这一切是世界对我的馈赠,于是我尽全力回报这一切。我要求自己在世界上留下正向的痕迹,要求自己对他人有着积极的影响。我笑,我帮忙,我感到自己正在渗入生活的每个角落。我觉察着一切,尽全力使这一切变好。

这是一件多么美好的事啊! 同学聚会时遇到了同桌,被问起当初为什么字还没认全就写日记,于是我笑着给她讲述了幼稚小学生想要记录世界的大计划。她面带诧异,有些不好意思地说道:"对不起,当时我太喜欢那个章鱼了,没想到它对你那么重要。"她将玩偶从包中取出,满含歉意:"我后来总带着它,提醒自己不要再这样了。"

我看着那个陈旧的玩偶,暗粉色的绒毛已经粘连变脆,蜷曲的爪已经松弛,乌黑明亮的眼睛蒙上了一层模糊的灰色。它静静地待在她的掌心,灯光在它的身后留下了一片阴影。我笑了出来,轻轻地握住同桌的手,在她诧异的目光中将那份带着悔恨的迟来的歉意推了回去:"不必了,它已经在我的灵魂中留下了不可磨灭的痕迹。"

那一刻,我终于明白痕迹是世界万物之间的互通,而灵魂也由世界万物的痕迹组成。我存在于痕迹中,也存在于他人的灵魂里。

指导教师:张军

本文获决赛特等奖

点 评

　　这是一篇颇具哲思的作品。作者在检视自己生命痕迹的过程中，不断叩问、体察、思索、成长，呈现了一个丰富的、思辨的、自省的、向上的人生探索者形象。这个形象由一只玩偶的失踪引发，寻找玩偶的主线深刻而执着地伴随着作者对生命意义的找寻。起初，"我"努力用绘画、文字与世界对话，告诉世界"我来过""在这里"；猛然间，"我"醒悟，"我真的来过"，就在这里——"自我存在的那一刻起，我便改变着这个世界，这个世界也因我而改变"。青山与"我"，"我"与青山，两两相看时，灵魂深处已经留下不可磨灭的痕迹。

（谢锡文 高校教授）

爱的痕迹

□ 山东省临沂第一中学北校区　张慧敏

　　摔跤后留下的伤疤是疼痛的痕，课本上密集的笔迹是苦读的痕，孩童时即兴的涂鸦是童真的痕……白驹过隙，分秒的流逝不易为人察觉，过往的痕迹在我身上慢慢淡去，但其间蕴含的深深爱意深深烙印在了我的心中。

　　"妈妈的肚子上有幅画呢。"五六岁的我将小手贴在母亲的肚皮上来回抚摸。那时我还不觉得这"画"丑陋，只是依稀察觉到母亲身体微滞，我便继续顺着"画"的纹路用手指仔细描摹。直至进入初中，我在读物上再一次见到它，才知晓了它真正的名字叫妊娠纹。

　　自那之后，斑驳的纹路便时时浮现在我的脑海中，与童年的回忆相互重叠。渐渐地，我敏感地察觉到母亲对妊娠纹的厌恶。于母亲而言，这幅女儿口中的"画"其实是一道道冰冷坚硬的锁链，束缚着她的爱美之心。

　　记忆中最深的一次，我和母亲一起迎着暖阳，顶住美食的引诱挑逗，直奔服装店。阳光愈加灿烂，气温迅速飙升，我的额头早已大汗淋漓，但母亲还是一路挑挑拣拣。最终，我们走进了一家简约大气的店铺。她的目光在服装间流连一番后，喃喃地问："怎么现在的上衣都这么短啊？"店员热心地回答："这些全是当下最流行的款式。如果您拿不准的话，可以去试穿一下。"母亲一边用手来回比量服装的长度，一边小幅度地摇头拒绝："不用了，我不适合这种。"顿时，我心中积攒的烦闷、不耐烦全都烟消云散，取而代之的是海啸般汹涌而来的内疚与心痛。母亲的妊娠纹与我脱不了干系。更让我心痛的是，这疤痕已经成了一把名为自卑的利刃，狠狠刺入母亲的心中。

　　母亲一边走出服装店，一边悄悄将手掌放在小腹上，她小心翼翼的神态让我感觉炙热的夏风忽然变成了刺骨的寒风，将我的心绪吹得起伏凌乱。我的眼眶不禁涌出两行热泪。我开始搜集整理能够淡化妊娠纹的方法，只待一个合适的时机送给母亲。

　　当我将这个惊喜呈现给母亲时，她的第一反应便是再次将手贴在肚子上。母亲的睫毛止不住地颤动，眼眸中的泪水不停地打转，最后用颤抖的声音问："会有用吗？""会的。"我泪流满面地答道，"咱们每天用完就拍一张照片，到时候对比一下，看看效果如何。"

楼前的银杏树叶由青绿变为金黄,相册中的照片数量从个位数变成了两位数。我和母亲头靠着头,坐在床边紧张地翻看照片,从最后一张翻回第一张,无数的情绪在我的心头翻涌,最终只剩下失望——妊娠纹并没有淡化的趋势。

"真的有效果呢。"母亲不紧不慢地说道,放大图像观察每一处细节,"我感觉变淡了不少呀,照这样下去,说不定哪天就完全消失了。我的女儿真优秀啊!"其实母亲比谁都清楚,妊娠纹已经刻在她的肌肤上十余年,不可能轻易除掉,但她还是撒下了这个谎。

泪水一瞬间决堤而出,我颤抖着伸出手,小心翼翼地抚摸这一道道由爱而生的狰狞的疤痕。

"明天陪我逛逛街吧。"母亲轻轻地握住我的手说,"去试试前一阵子那家店的衣服,我想我穿上应该不算差。"夜幕中挂着几户人家的灯火和一盏明月,屋内的母女相拥在一起,眼尾衔着泪花,嘴角扬起微笑。

妊娠纹或许丑陋,但与之一起到来的,是我喊出的第一声"妈妈",是我考的第一个满分,是我与母亲一起生活的点滴,是母女间永恒的羁绊与不会消散的爱。

爱如痕,那痕在我心头。

指导教师:袁清香

本文获决赛特等奖

． ． ． ． ． ． ． ． ． ． ．

点 评

． ． ． ． ． ． ． ． ． ． ．

生命之初的痕迹,是"我"幼年时的发现、少年时的理解。妊娠纹是每一个生命给母亲留下的痕迹,作者巧妙地将其转化为母爱之"痕"、反哺之"迹"。伴随着生命的成长,这痕迹成为"我"的心迹。在细腻真切的心迹描绘中,"我"对母亲的关怀、体贴,一点一点化解了母亲身体上的痕迹,也一天一天加深了母女心中的爱意。

(谢锡文 高校教授)

痕　迹

有些人，有些事，这辈子都忘不掉。

一

北方边陲的一座小城，是我生长的地方。站在山头上俯瞰，是一眼望不到边的土地，还有混杂其间的几套小平房。

我的奶奶就是其中一套小平房的主人。回想起来，在上小学以前，我对小城里的记忆并不多——那里似乎只是一个睡觉的地方，是需要钥匙开门的；奶奶家养了只大狗，每次我一来它就朝屋里跑；跟在它身后一起出来微微喘气的老太太，就是我的奶奶。

二

奶奶的屋子里，到处都是我的痕迹。这是一座宽敞的建筑，要是住满的话，装下十几个人是不成问题的。现在的住户有两位，每天都是欢天喜地的。

对年少的我来说，这里无疑是一片乐土，现在想来，它多少有鲁迅笔下百草园的味道。火炕上堆叠着被子，不知被晒了多少次，站在那里，我仿佛真的成为一支什么军队的统帅。奶奶就看着我玩，也不催促，等我玩累了，便会把被子重新叠好，许是为我下次玩做准备。

火炕靠着的墙壁上留有我的杰作——一幅巨大的铅笔涂鸦。奶奶说，我四岁的时候她在地里干活儿，回来一看，我正兴高采烈地庆祝我"伟大"作品的诞生。她无奈，问我画的是什么。"冰激凌！"我大声地回答。

时别经年，当我回到这座贴着出售牌子的房子，隔着窗子隐约看到墙上的灰影时，我想起了墙角的那些被子。

三

屋子后面,是土地。

和在山头上看到的广袤无垠的土地不同,奶奶家的土地是有边界的,用红砖围着,很清晰,给人一种说不出的安全感。

这片土地不大,却聚集了好些生命——黄狗、鸡鸭、玉米、豆角、土豆、扁旦勾、蛐蛐,还有蚯蚓。要是现在的我,可能会痛恨这些虫子,可那时却玩得不亦乐乎。扁旦勾通常隐匿在草丛中,不知为何频频出现在奶奶家的菜地里,或许是这里的风水好吧。

有两年,奶奶还种了柿子,叫"贼不偷"。它成熟的时候是青的,吃起来酸酸的,但柿子味儿特别浓。我把能够到的柿子都摘完,就会让奶奶摘上面的给我吃。要是哪一天没有了,奶奶也会变出点儿什么来弥补我的难过。

柿子旁边是废弃的马厩,爷爷在的时候好像还养过两匹马,现在成了仓库,堆放着饲料和锄头。那是我童年唯一不敢去的地方,总觉得里面阴森森的,住着怪物。直到我十六岁,看见那里被清理出来摆着奶奶的棺材时,我才在那里感受到了光亮与温度。

四

土地的尽头,立着一口水井。

那是一口需要压水才能出水的水井。

奶奶说,我小时候特别喜欢在这里玩,喜欢把小花小草放进去,看它们顺着冰冰凉凉的泉水出来,然后高兴地唱着她教我的童谣。

井水从手中流过,实在妙不可言。那是一种纯粹的凉,仿佛能洗净沉淀了许多年的尘土,露出它本来的样貌。我特别喜欢这口水井。有一天清晨,我来到奶奶家,惊喜地发现那口水井用透明胶带贴上了我的名字。

我一直以为这口水井是不会干涸的,但当我坐了七个小时火车来见奶奶最后一面时,那口贴有我名字的水井,已于过去那些平常日子中的某一日,彻底离开了我。

五

顺着水井向上看去,是一个又一个大风车。小时候不知道那些风车是做什么的,只觉得一圈儿一圈儿地转,风车会很累。

我问奶奶,奶奶就会给我讲关于风车的故事,讲大风车下世世代代生活于此的人的故事。

那些故事如此鲜活,百听不厌。在高中的地理课上,老师给了我一种全新解释——那是风力发电。而建这种大风车的地方,未来一二十年内,不会有任何发展。尽管知道了它的用途,我仍会记得奶奶讲大风车下生活过的人的故事。这片土地上,生命代代延续、生生不息。

尾声

奶奶下葬的那天,我没有哭。三天后返程的火车上,我看着窗外广袤的土地,泣不成声。

那片土地,那座老屋,留下了我们祖孙二人生活过的痕迹,而那些痕迹,也在我的心中住下,成为未来走出困境的钥匙。

有些人,有些事,这辈子都忘不掉。

指导教师:杨治宇

本文获决赛特等奖

点 评

诗人陆游说:"文章本天成,妙手偶得之。"本文作者深得其妙。概而言之,其妙有二。文贵情真,此一妙也。作者对奶奶和爷爷的深情没有汹涌澎湃,只有静水流深,流淌在字里行间,娓娓道来,波澜不惊,却自有一种感人的力量。这种力量源于文中所描绘的生活细节的真实。思贵有路,此二妙也。文章首尾呼应,结构圆融。开头、结尾用了同样的一句话:"有些人,有些事,这辈子都忘不掉。"叙事清晰,注重过渡。文章主体部分,小城—屋子—土地—水井—大风车,空间、事物之间的转换自然,由物及人,痕迹既附着在物体上,也深藏在人的内心深处。作者表面写物,内在表达的是对亲人的怀念之情。

(黄玉兵 教研专家)

旧书店，生命之褶

□ 云南省昆明市盘龙区明致实验中学　李显阳

　　旧巷尽头卖书的老张去世了，这是最近的事。老张高寿，走时八十好几，到底算是喜丧，但旧巷附近的人们仍悲痛不已，这是为何？且听我为您道来。

　　三十年来，老张一直经营着一家二手书店。那里曾是无数孩子们的天堂，现下他们大多已为人父母，却仍记挂着那一段承载着他们记忆与情感的美好时光。

　　老张两袖清风，走时除了这间书店什么也没留下。他有一双儿女，听说正从北边的城市匆匆赶回。他们生活条件尚可，在另一座城市有自己的事业，或许会卖掉书店离开。

　　我实在舍不得这家破旧的二手书店，于是在新主人接手之前，又钻进了旧巷深处，探寻那座无数人心中的高楼。青石板沧桑的刻痕里还依稀可见昨夜大雨的气势磅礴，桂树扎根此处也有几十个年头，新绽放的花朵馥郁芬芳。老书店就在这桂花的掩映下静静地矗立，黑色的瓦片颤颤巍巍地待在屋顶，白色的墙皮脱落得四分五裂，嘎吱嘎吱地叫唤了大半辈子的木板门上了大锁。我扒着侧面的窗子往里张望，只见小人书各就各位，书页有些泛卷，但保存完好；老张的摇椅就在这些书旁，风吹来时还轻轻地晃动，好像老张从未离开。

　　我和老张的故事也要从一场大雨和小人书说起。放学时分，我习惯步行回家，虽经旧巷，却不折进。这日，我未带伞，不得不进巷避雨。老张骑着小三轮停在了巷子口。三轮车进不了巷子，老张冒雨把车上的蓝布掀开，脱下衣服将一摞小人书包裹住，但对另一摞却犯了难。我自告奋勇，脱下外套裹住了其余的小人书，笑着对老张说："您要送它们去哪儿？我来帮忙。"头发花白的老头儿一直推辞，怕我冻着。我说我爱看书，也不愿这些书受委屈。老张何尝不是呢？他妥协了。

　　桂树还未到开花的时节，绿色的叶片托起了晶莹的水珠，清新而惹眼。老张推开木门，将小人书安置妥当，朝我咧嘴一笑。我打量着这间小屋，里边全是旧书，书页大多泛黄卷边，无声地彰显着一段岁月。老张递给我一杯热茶和一本画着孙大圣的小人书，让我躲躲雨。

这地方与校门口的新华书店相比，实在显得老旧，我本不欲多留，但无奈大雨倾盆，于是捧着小人书读了起来。其间我偷偷观察了坐在摇椅上看报的老张。光阴侵蚀了他的脸庞，其上沟壑纵横，全是褶皱，可他的眼睛温和而明亮——人生的倒计时已向他的眼角发起进军的号角，但这又怎能妨碍他心灵的清明？

老张告诉我，三十年来他一直经营着这家二手书书店，从未想过离开。他指了指摇椅旁的小人书："孩子们还要看这些啊，我要是走了，他们到哪儿找去？"我心想，我们这代人谁还看小人书啊，但瞧见小老头儿那明亮的眼睛这话，到底没说出口。

阴雨初霁，我拿上老张执意塞给我的几本小人书准备回家。走时我回头看了一眼老张，他正把一些孩子们喜爱的漫画、杂志往外搬，其中少不了那些小人书。红色牌上"五元两本"的价格分外醒目。他图什么呢？

也是从那回起，我才知道原来妈妈是小人书的狂热粉丝。她捧起我从老张那儿带回来的、书角微微打着卷儿的小人书，脸上露出一抹怀念的神色。光影洒在她的面颊两侧，模糊了她的年龄。一瞬间，她好像又回到了青葱的学生时代，那个靠一本小人书就可以在学校称王的学生时代，恣意、自由、无忧无虑。

"现在二手书书店越来越少了，以前我们那个时候，遍地都是报刊亭、旧书店，一到放学就凑个一两块钱去淘书，美得很咧——"妈妈这样说。是啊，小人书和大多数旧书店一样，已逐渐被时光吞没，踪影难觅，但那毕竟是一代人的记忆与青春，那些无言的真实情感多么可贵！老张的二手书店又是多少人的乌托邦？

突然，一个中年男人拍了拍我的肩膀，我转过身，发现他与老张长得十分相似：那双眼同样温和而明亮。他确实是老张的儿子。我开始慌张了，这家书店将何去何从？就在这一刻，我才发现，它刻在我生命里的痕迹那样深。新雨、青石板、馥郁的花朵、小人书、热茶以及老张温暖的笑容，都令我不舍。"您打算怎么处理这家书店，能不能……"话没说完，我哽咽了。二手书店承载着太多人的过往，虽然渺小，却是一道珍贵的生命之褶。小张再次拍了拍我的肩膀，目光透过窗户，投向那些被父亲视为珍宝的小人书。那些书，也是他的青春，藏着他的欢笑，见证了他的成长，是他生命中重要的褶皱。

"我已经决定辞去工作，回来经营这家书店。这里是我成长的地方，我舍不得这里的一切。"他说。我的眼泪悄然落下。

时代的洪流无疑会卷走一些东西，使太多的痕迹变浅甚至消弭，但还有一些历史的余痕，即使只是一页脆弱的纸、一座破败的屋，依旧无声地守护着、传递着一代人的往事，见证着一个民族的变迁。

指导教师：高玉叶

本文获决赛特等奖

　　品读此文,读者会不自觉地陷入对过往深沉的回忆,因为那是"一代人的往事"。作者用敏感而细腻的心去感知生活,通过一家普通旧书店的"微笑"痕迹让我们感受到"一个民族的变迁"。本文描写细腻生动,让人感受到语言的温度,内心泛起温情的回忆。

(桑哲 高校教授)

文海泅渡，余痕流远

□ 河北承德第一中学　樊尔赛

撑一支长篙，向文海深处漫溯。我望见春秋的青铜簋鼎熠熠生辉，战国的金戈铁马尘烟弥漫，巍峨的汉家宫阙化为坍圮；我窥见唐诗如泼墨般描绘出一幅潇洒盛大的画卷，宋词伴随着袅袅乐声娉婷地走来；我驻足，元曲悠悠奏响；我回首望去，明清的志怪演义锣鼓喧天……我低头，书页翕动，墨痕未干。读书时，好做批注，这痕迹也许会随着时间的推移而变淡，毕竟五千年亦不过是春花凋落的一瞬，但这些雪泥鸿爪总能让我心旌摇曳，几番魂梦泅渡文海，波痕弥远。

翻开《古文观止》，扉页上赫然写着两个字——"容止"，这便是我文海泅渡的证据之一。"江山代有才人出，各领风骚数百年。"我惊异于吴楚材、吴调侯的才华横溢与自信傲气，他们认为古文选本到《古文观止》就已"止"，没有更好的了。好奇之下，我查阅了"止"的含义，令我惊讶的是"止"还有举止、品貌、气度等含义。"容止"便是指美好的君子品行。古典文学似乎掀起了它重重叠叠的纱丽一角，让我得以一窥它的芳颜，亲吻它款款伸出的柔荑。自那以后，"容止"这两个字便烙在了我的书页上，成了我泅渡文海的一支木桨。

譬如，读到《郑伯克段于鄢》时，我便把"兄不友、弟不恭"写在书页空白处；读至郑伯母子大隧内相见时，我便把"其乐融融""其乐泄泄"等成语摘录在旁；读至结尾处，我又提笔写下评论——"春秋笔法，辛辣讽刺"。每当我再次翻阅《古文观止》时，那春秋的八佾便翩然起舞，百家争鸣的唇枪舌剑则让我热血沸腾。我逐渐体会到了《谏逐客书》的澎湃、《归去来兮辞》的本真、《赤壁赋》的洒脱、《烧饼歌》的理趣。我深感"物与我皆无尽也"，更发觉这书香墨韵是"造物者之无尽藏也"。

"你一句春不晚，我就到了真江南。"这是小说《望江南》中的一句话。而我，因着《红楼梦》，因着那书上墨痕在我心里荡起的微澜，也匆匆下了一趟江南，辗转于吴楚之地，希望能在这江南山水间留下自己的痕迹。

江南春雨如丝，在一个水光潋滟、天色烟青的日子里，我来到了南京江宁织造局旧址。恍惚间记得织造局似乎与大观园相隔不远，我便打定主意，在游览过传说中的曹公家族旧址后，再去看看那让我魂牵梦萦的大观园。往事如同吉光片羽，在脑海中轻柔掠过。犹记初读《红楼梦》时，我非常喜欢一边执书抬笔，守在电视机旁听百家讲坛里的学者们讲解《红楼梦》。我记得黛玉初进贾府时，中堂有一副对联："座上珠玑昭日月，堂前黼黻焕烟霞。"还有"勇晴雯病补雀金裘"一回中，晴雯展现了她高超的织补技巧，由此，老先生推断贾府很可能有给皇帝做龙袍的资格，这很有可能是江宁织造局的变形。我忙不迭地做好批注，而这些批注的痕迹又让我在后来某个时刻萌生了一探江南的想法。朱自清在《桨声灯影里的秦淮河》中评价南京的河水是六朝金粉所凝，我却要说，南京的水土，是由千百年来的文脉、才子佳人的一杯杯泪和历史的叹息所凝成的，是天虹，会在人心底开出枝枝蔓蔓的花来。

每当我看到那些墨字、那些痕迹，那些回忆就难以散去。看见《红楼梦》上的批注，我就会想起海枯石烂的仙山和五彩石、坍圮了的高墙、铜锈了的博山香炉。风吹起袅袅尘雾，于是我向书海更深处泅渡。漫溯，漫溯，去寻那歌舞的文字，在梦里徜徉于诗人的精神世界。张爱玲在《第一炉香》的开头说："请您寻出家传的霉绿斑斓的铜香炉，点上一炉沉香屑，听我说一支战前香港的故事。"而我要说，请您屏息凝神，听我说完这些痕迹、批注、墨香、雪泥鸿爪是如何对我的人生造成了巨大的影响。争渡，争渡，误入文海深处。无限的快乐、哀伤、兴趣，随着水上的波纹，随着散发着静谧香气的书页上的点点墨痕，流向更为邈远之地。

指导教师：于立英

本文获决赛一等奖

. . . .
点　评
. . . .

首先，作者以博览群书、文采照人的文学青年形象征服了读者，以意识流的方法漫游文海，所涉之处，点点篙痕。从《郑伯克段于鄢》到《世说新语》，从《红楼梦》到《第一炉香》，放眼望去，作家、作品、引文、成语琳琅满目，熠熠闪光。其次，过多的引用容易造成堆砌材料的嫌疑，而本文以独具的匠心、巧妙的构思化解了这一矛盾。一是以读书批注的墨痕契合题目，以墨痕唤醒记忆，点点成痕；二是首尾化用《再别康桥》的"向青草更青处漫溯"，构思巧妙自然。

（李岫泉　特级教师）

遍体黑痕的水壶

□ 北京市十一学校　史政洋

在书桌前坐久了,身体会疲乏,头脑也不再灵活,这时在房中踱步几圈,翻翻家什或眺望窗外都是不错的放松方法。无意间,我似乎踢到了什么重物,一阵酸麻后,低头看去,是那只多年不用的旧水壶。它还和十年前一样,满身的黑疤痕,平静又神气地望着我。

"爷爷,咱家这水壶还留着干吗?"我看着沙发上摆弄评书盒子的爷爷,问道。

"不缺它那么大的地儿,扔了干啥?"

老人们总是这样,舍不得扔那些老旧的家什。电热水壶在客厅"呜呜"地吐着热气,烧着火的老水壶也不服气似的昂起头上的木塞子,瞪向那个正冒着热气的家伙。我拿起它,打开木塞子,在云雾中看到了些过往……

那场景就如真真切切发生过似的:明亮骄旺的柴火、银白锃亮的新水壶,以及围着它的一老一少……

"爷爷,我们为什么要把这个大圆桶放在火上烤啊?"那孩子蹲在地上,望着壶嘴不住地往外喷气,既感到困惑,又觉得好玩。

"那里面装的都是水,我烧的不是壶,而是水,把水烧开就能喝了。"老人应答着,同时拿一根木棍使劲地把木条往里捅。

"为什么水烧开了才能喝啊?"

"水不烧开不干净,有脏东西。"

"为啥烧开了就没有脏东西了?"

"因为……"老人有些迟疑,"因为脏东西都被烫死了。"

那孩子又问了什么,我听不清,只见他抱着一根只比自己矮半头的木条子,学着爷爷的样子,把它一点点儿用力塞进去,又装着懂行似的,两只手把着一根铁钳的末端,一边扒拉着壶下的蜂窝煤,一边往后稍稍挪着步子——他大概有些怕那团火。

老人和孩子都出了汗,老人是被烟熏的,孩子可能是被那铁钳和木条弄的,小脸热得又红又黑，活像从泥里挖出来的。

那孩子每次帮忙烧火都很积极，倒不是因为摆弄木条和黑煤有多好玩——小孩对同一玩具的兴趣时长一般不超过三天——而是因为他隐约能从那升起的烟气中，见到父亲的影子，看着看着，那虚影就好像从雾气中走了出来。这时，孩子会突然往大院门口跑去——爸爸回来了。

我看得清楚，那分明是我的父亲，那活蹦乱跳的孩子，和我也并非两个人。

父亲在外地工作，常常半年回家一次，经常椅子还没坐热就又要坐上绿皮火车走了。那时的我莫名地认为，只要用那银白色的壶烧了水，父亲就会回来，因此爷爷一拎起那只壶，我就很高兴。后来，院子里的老人告诉我，其实爷爷烧水是算好了父亲到家的时间。

"不是，我爸不回来，我家也得喝水啊。"

"你们家那会儿工具先进，平常喝水用热得快。"

我哧哧地笑了，又问那位老人："那我爷爷为啥还用烧火的壶？"

那老人嗑着瓜子回答我："你们家老爷子你还不了解？大儿子在外混得好，你爸爸一回来他就在大院里生火烧水，这不明摆着是想让全院的人都知道他儿子回来了吗？"

我笑得停不下来，却又有点儿鼻子发酸。爷爷不善言辞，这水壶好像代替他在奔走相告，给众人分享喜悦："我儿子回来了！"

唯独可怜那只壶，本来是白面长衫的清秀小伙子，但随着父亲回家次数渐多，为了生成那团令我开心的云烟，而渐渐地成了黑脸大汉。水壶上的一条条黑痕是蜂窝煤灼烧后留下的痕迹，脏兮兮的，洗也洗不掉。

我上小学那年，父亲经单位批准调回了家乡工作，那水壶也就被扔在了杂货堆里。直到我无意中踢到它，这位"黑大汉"才重新被想起。

两年前我离开家乡，独自一人来到新的城市求学。那里的一切，包括紧张的学习氛围、不同的生活习惯，对我来说都十分陌生。然而，我慢慢适应了，和家乡的习惯渐行渐远，却也保留着几分乡土气息——我总是自豪地说我是泥土里的孩子。

不到寒暑假，我一般不回家。这天，我抽空儿打电话告诉家里人回去的时间，却又订下了提前一天的车票。我在电视上看过，一些过年回家的人都是这样给家人惊喜的。我提前回到家，爷爷和爸爸十分意外，他们先后上来抱住了我，又急急忙忙把我迎进屋里嘘寒问暖，然后感叹着孩子为何又瘦了……一片祥和欢欣的氛围中，我无意间注意到，里屋的箱子角落多了几块蜂窝煤。

指导教师：赵楠

本文获决赛特等奖

点 评

　　老物件是有记忆的，一只旧水壶上斑驳锈蚀的黑痕，让不善言辞的爷爷、不曾言说的父亲和童言无忌的孙子，一同打开了记忆的闸门。文章构思精巧，细节感人。不善言辞却难掩合家团聚喜悦的爷爷，在大院儿里烧水，让一壶沸水代替他奔走相告："我儿子回来了！"这是多么平凡而普通的情感，又是多么细腻而真切的表达！

（谢锡文 高校教授）

兴华桥

□ 山东省淄博第十一中学　秦彬皓

作为一座清末修筑的石拱桥,我已在苏南水乡的河道上屹立了上百年。百年风雨在我的身躯上留下了斑斑痕迹,也让我见证了一个民族的伟大。对了,我的名字是兴华桥。

清晨,雾气迷蒙,苏南水乡在细柳的映衬下愈发柔美。巷口隐约传来的几句昆曲,将我带回到晚清岁月。那时,太平天国的农民起义军一路北征,所向披靡。争夺苏南一处街坊时,几十个洋人被火药炸入水道,随后死于乱枪之下。为了纪念此次事件,我得以诞生,并被命名为兴华桥。

"烟柳画桥,风帘翠幕,参差十万人家。"历代诗人笔下的江南是这样的柔情似水。然而,某个清晨,炮声打破了这片祥和。几十个战士匆匆跑来,在我的桥身上架起了机枪,个个挺着腰杆,紧握枪托,圆睁的双眸坚毅而愤慨。他们已经做好同敌人殊死搏斗的准备。顿时,"轰隆隆"的炮声在我身旁炸响,枪声在耳畔激烈地回荡,刺眼的火光将夜色映照成白昼……薄雾渐渐散去,河岸旁的白墙上挂着的一幅鲜红的"喜"字显露了出来,阵阵唢呐声时有时无。一面鲜艳的红旗被递了过来,乡亲们三两下便将它挂在了我身上断了半截的石柱上。水面倒映着红色,大家在纪念那些逝去的烈士!

苏南是柔美的,烟雨中的苏南更是柔美至极。那雨丝洒落在水乡,如同半面蒙纱的黛玉一般娇柔。但1998年的那个雨夜惊雷滚滚,令水乡人毕生难忘。一向平静的河水变得汹涌澎湃,躁动不安地溢上河岸。暴雨中,几个民兵匆匆爬上我的肩头,眺望了几眼水势,便扯着喉咙喊道:"发大水了,赶快撤离!"随着哨声划破夜空,乡亲们叫嚷起来,纷纷向远处跑去。在人群的哭喊声中,越来越多的民兵拥向河岸,有人高高举起落水的孩子,有人吃力地扛着抗洪沙袋,有人则在河岸旁架起高台,挥动着红旗指挥撤离。天公怒吼着,洪水咆哮着,英勇的人民高喊着口号,彼此拉起双手,组成了一道道人墙,勇敢地向天灾发起抗争!那夜的呐喊声喊出了民族的团结,那夜的浪涛声记录了中华民族永不屈服的传奇!那夜之后,我的洞壁上被冲掉了一块石板。这处残缺的痕迹,便是对于抗洪斗争的纪念。

风雨过后的苏南，柔美中又添了几分历史的厚重。只是淳朴的乡亲们不会想到，以小桥流水闻名的水乡，也会面临新时代的挑战。疫情一夜之间席卷了这里。口罩、防护服、刺鼻的酒精气味与江南格格不入。天蒙蒙亮时，一队身穿防护服的医生踏过我的肩膀，前往河对岸进行核酸检测。一天的忙碌过后，那些白衣天使又默默地背起沉重的消毒水，给城市的每个角落消毒。当他们停下来将疲惫的身躯靠在石柱上时，我的心中总会涌起一阵酸楚。这个历经考验的民族，又一次以坚毅的品格完成了疫情大考，我的桥头石柱上也挂上了"抗疫先进单位"的标牌。

细柳轻拂着残缺的石柱，水波涤荡着断裂的石板，古老的石拱桥见证了中华民族一次次团结抗争的历史。请记住，我的名字是兴华桥！

指导教师：褚衍举

本文获决赛一等奖

点　评

本文表达痕迹可谓巧思妙想。画家纳千山万水于尺方，不觉局促，因其布局之妙；作家集人生百态于一炉，不觉割裂，因其构思之巧。作者深谙此道，将自太平天国运动以来历史大事的痕迹全都刻在兴华桥上。兴华桥见证了历史，见证了英雄，见证了变革，也坚定地指引着未来。桥是叙事的线索，也是情感的载体，巧妙地串联了历史。作者还借助拟人手法，把兴华桥比拟成娓娓道来的历史老人，使文章更生动、真实、合理。

（李岫泉　特级教师）

光·痕

□ 内蒙古乌拉特中旗第一中学　王雅楠

时光是位与众不同的雕刻家，总能将无形化为有形，或将有形化为无形。

如此神秘，我该去哪儿寻找它啊？

在这枯燥平淡的生活里，我没有放弃寻找……

一天，午后的阳光透过窗外高大茂密的杨树，照到正在教室里小憩的我。

"丁零零——"

孟老师拿着满满两大袋东西走进来，对课代表说道："这是这节课需要用到的游标卡尺，分下去。"

听到有新的实验仪器，我猛地弹坐起来，眼睛直勾勾地盯着课代表手里分发的教具。

"最后一个。"课代表递给我一只破旧的小木盒，我的眼神瞬间黯淡了下来。

我扭头看其他人拿到的，发现都是精致的合金盒，泛着光泽，打开后里面的游标卡尺新得刺眼，还有保护膜。同桌也左右瞧了瞧，然后翻了个白眼，叹口气说："算咱俩倒霉，就一个旧仪器，让咱俩遇上了。"

油光锃亮的小木盒被磕掉了一角，用油漆印的"游标卡尺"四个字已模糊不清，表面不平整，有裂痕的地方尽是黑色的污渍和油渍。

我也跟着叹了口气，嫌弃地捏着外壳一角打开盒子，带着几分怨气把游标卡尺从保护仪器的海绵上拿起来，上下打量。同桌没了做实验的兴趣，翻弄着小木盒。突然，她掀开海绵，惊呼了一声。我凑过去一看，只见里面密密麻麻地写着字：

"1968 年 4 月，208 班，王老师。"

…………

"1999 年 5 月，223 班，孙老师。"

"2008 年 5 月，237 班，孙老师。"

…………

我们震惊了，没想到这木盒上记录着游标卡尺使用过的时间与班级。这些跨越时代的字迹勾起了我和同桌的兴趣，我们兴奋地看着这些久远的时间，发现里面最早是1968年。

"1968年，我父亲也才几岁。"我难以置信地又看了一眼，确实是这个时间，尽管渗入木盒的墨水有些褪色，字迹变得淡了些，"这玩意儿这么老了？都成老古董了。"这次，我带着几分敬意重新端详起手上的游标卡尺。经过几十年岁月的洗礼，它依旧保持测量结果的精确，上面深深浅浅的划痕并不影响每一步的操作。

"它有一种饱经沧桑的美丽。"同桌小心翼翼地将游标卡尺接到手里观察。

这是一种多么惊人的传承啊，从二十世纪六十年代到如今的二十一世纪，几十年间，未曾谋面的几代人靠着默契留下了这探索知识的痕迹、日积月累的时代痕迹。时代与时代接力，老一辈读书人与新时代读书人接力，这是跨越时间的知识传承啊！怀揣着这份震撼与敬意，我们极为认真地上完了这节物理实验课。

"丁零零——"下课了，我们再次拿起这别致的木盒，找了个空白处写下我们的痕迹：2023年4月，255班，孟老师。

"每一届只使用一次，咱把它接力下去。真希望未来的学弟学妹也可以接力下去！"同桌憧憬道。

该交仪器了。别致的小木盒安静地待在整整齐齐的一堆金属盒中间，沉稳又独特的光泽让它脱颖而出。

这借着时光雕刻的痕迹，是将老一辈无形的梦想化为有形的证据。我们看到了，就不会让这珍贵的痕迹消失，于是也借着时光雕刻、传承……

理想仍在，不论何时。和光同尘，与时舒卷，踔厉奋发，勇毅前行。

指导教师：周中华

本文获决赛特等奖

点 评

作者独具慧眼，借由游标卡尺上陈旧斑驳的字迹，从1968年到2023年，跨越时代，将一所学校、一代代学子、一段段记忆串联起来。知识的传授、文化的传承、文明的传递，游标卡尺如接力棒一般，承载起新一代学子的无限遐思。文章先抑后扬，跌宕起伏，作者在起承转合中展开万千思绪，笔笔都是那只装着游标卡尺的古旧小木盒的反光，而这光的源泉正是作者的立意。

（谢锡文 高校教授）

痕　迹

□ 广东省惠州市华罗庚中学　罗涵暄

"嘿,躺好了吗? 闭上眼就行了。"

医美店的光亮得让人发慌,我困难地想撑开眼皮,它却如弹力球般张张合合。整个人像被蠓虫咬了似的,呼吸急促气短,身体动弹不得。我放弃了挣扎,静静地等待精神的放松。

"鬼压床"是每天起床必定经历的,我已习惯,甚至还觉得有些过瘾,带着一股劫后的轻蔑,或许是知道我必定胜利,所以顺着它就好了,不加以反抗,反正挣扎没有一点儿用,还令人难受。

我不喜欢拉窗帘睡觉,因为我希望万家灯火陪我入眠。"没有太阳的今天,整个天空是白云照亮的。天气真好! "日记本里这样写道,"那道疤痕还没有消,都用光五瓶药膏了。"随后我又添加了一个表情,这样显得可爱些。

我戴上耳机,不去听窗外那令人厌烦的蝉鸣。八月,天气燥热。

我不想照镜子,索性不去洗漱,不去看脸上丑陋的疤痕。我的脸生得白,如剥了壳的熟鸡蛋在雪花霜里滚了一圈儿。那道疤痕又细又长,颜色外白内深,恰似用生满铜锈的刀片给雪花霜标记上日期、型号。

霜体流动,补齐了口子,但带不走铜锈,任凭它在内部扩张、发烂。

我把日记本放回床头,掀开被子,深吸一口气,下床。

"一股味儿啊,你叫阿姨来打扫了吗?真刺鼻,是那种碘酒和黄黄的药片的味道。"我冲着电话那头儿喊道,"我不是都不用吃了吗?怎么还有?"我用的手机是索尼六代,一打电话就发烫,金属的壳子使它的导热性能变本加厉。我反手将它摔在地上,眉头紧锁,揉了揉手腕,然后发疯似的抓起一瓶牛奶。

我抬头看了看日历,想知道外边的人在过什么节,能否跟着热闹一番。不行。我的手颤颤地往上移,移到我烂熟于胸却又不敢正视、触碰的位置。我的中指迅速点了一下,像是在确认位置,抑或感受那道崎岖。

我拿掉耳机,双手张开瘫倒在床上,摸索着床头的日记本。

我喜欢读自己的日记。我记得昨天读到了 2014 年的 8 月,那么今天从 2015 年开始吧。

每一篇都是晴天,还有可爱的线条小狗,我心想,你够开心的,天天晴天,岂不是晒得要命?读着读着,我仿佛重新经历了一次人生,真好。

我捡起丢了无数次已伤痕累累的索尼六代手机,拨通电话。算了,还是不邀请了。或许是我脑海里没有想到任何朋友。我推开浴室门,端详自己姣好的脸,用水拍打熟鸡蛋般没有铜锈的脸颊。

蝉鸣声愈来愈小,夏天好像也没那么燥热了。

"老是认为那道疤是因为那啥留下的,其实是参加体育比赛撑竿跳时自己不小心摔伤的,当时自己还拿了第一名呢。别老是在意这件事,去看 2015 年 9 月的日记吧!"日记里这样写道,后边还有一只手画的线条小狗,十分欢快。

我环顾四周,真温馨,都是软包,但少了生机。

我铺好床单,用风铃花香水掩盖难闻的药味,收拾好心情,往口袋里装了一颗糖,准备上街买鲜花。

街上热热闹闹的,白云在蓝天中嬉戏,但我还是接受不了人们注视的目光。那一个个白的黑的移动过来,与我的视线相撞。我立刻低头,加快步子回家,心想还是补个粉底液再出门吧。快点儿回家,打个粉底液,再出门……

"失败。"一声机械女声响起。

我弹起,发现自己在一张医疗床上,门口赫然挂着五个红字——精神重塑房!视线拉回,黄色的药片在对着我笑。

一位年轻的医师冲进来,焦急地说道:"韦小姐,明天我们再试一下吧。"

我没有回答他,而是径直走到镜子前。花白的卷发、布满皱纹的皮肤,那道疤痕在岁月的冲洗下好似没有任何变化。我干裂的嘴唇翕动。

如果摔跤不留下伤疤就好了,这样我就可以忘掉那些时刻提醒着自己的噩梦。它像一摊墨汁躺在宣纸上,铜锈布满雪花膏,令人背后发凉。

有的人用童年治愈一生,有的人用一生治愈童年。有的人想去掉痕迹,有的人的痕迹盖都盖不住。

指导教师:邹银芬

本文获决赛特等奖

. . . .
点 评
. . . .

面对决赛命题"痕迹",作者独辟蹊径,将笔锋触及青少年的心理健康问题,并且成功地运用了意识流的文学表达手法。尽管有些描写还显稚嫩,但一个高中生敢于大胆创新尝试,值得肯定。"我"在医美店治疗脸上的疤痕,那道疤痕造成了精神的困扰。文章描写了"我"挣扎的心理与行为,语句间所表现的意识捉摸不定又合情合理,表现了一个爱美的女生形象。最后一段借用奥地利精神病学家、人本主义心理学先驱阿尔弗雷德·阿德勒的话,生发出一句"有的人想去掉痕迹,有的人的痕迹盖都盖不住",一下子点燃了全篇。

（海生 诗人）

痕迹博物馆

□ 山东省实验中学　任晟仟

　　如同人们不会记住梦境的开端，我已无法回忆起我是怎样进入博物馆大门的——我的回忆只能追溯到与馆长的相会。当时我正在大厅中慨叹着它的金碧辉煌。这座雄浑的建筑似乎是由一层层环形的平面垒起，像那著名的比萨斜塔。一层层环形回廊的内部是空的，只有一根硕大的石柱贯穿其中，有点儿像那个名叫"汉诺塔"的益智玩具。通俗点儿说，它更像是一个叠起来的甜甜圈，中间插着一根热狗。我站在一层的回廊，向上看，一层层延伸，没有尽头。向下看也是如此。石柱上面刻满了文字，正对着我的那面刻着"痕迹博物馆"五个大字，旁边还有一副对联：泥上偶然留指爪，鸿飞那复计东西。

　　如同人们无法看清梦中人的脸，我已无法回忆起馆长的容貌与年龄，但我确实记着他邀请我参观属于我的房间。我们沿着回廊，走过无数紧闭着门的房间，终于找到了属于我的那间——并不难辨认，因为门上贴了我的出生证明，还印着我的小脚印。

　　"当你刚出生，在医生怀中呱呱而泣时，他们便将你的脚印留在了这张证书上，这也是你在世界上留下的第一个痕迹。"馆长说。

　　"并不是人人都有这样的一个出生证明吧？"我好奇道，"那些人的门怎么区分呢？"

　　"只要存在，就一定会有痕迹。"他简单地回答，"比如你旁边那扇门，门把手上挂着一条沾血的毛巾。"

　　打开我房间的门，进去。这间屋子更像是一条户外的走廊，有蓝天白云，但只有一条小径，笔直地向前延伸。透过向前延伸的空间，我似乎看见了时间的流动：自我出生以来所经历的十七个春夏秋冬，正沿着时间之河不断地向前流淌。

　　我们沿着小径前行，道路旁摆放着我生命中曾经拥有的一个个物件：幼童时期的摇摇车、母亲每天载我上学的自行车、小学课桌上杂乱的课本……我的回忆逐渐复苏。我们走到了一棵枝繁叶茂的树下，这是一棵曾经长在我家附近公园里的树。

　　我疑惑道："这棵树不久前不是已经老掉了吗？为什么还长在这里呢？"

　　"因为这里是痕迹博物馆，贮藏着你的回忆。你看到的是你的记忆，不是你所处的现实。"

我点点头，脑海随即又被另一个问题占领："这棵树只生长在我一个人的房间里吗？"

馆长笑笑。蓝天白云顷刻消失不见，变为漆黑的天花板；脚下的小径变为黑色的地板，随即又变为一块透明玻璃。我向下看，这棵树在下一层的房间里不断投影，从盘虬的古木变为粗壮笔直的参天大树，又变为一株幼苗——一位穿着民国时期服饰的女子将它植入了土中。我向上看，这棵树在上一层的房间里倒下，旁边有一个工人，手持斧锯。再往上一层，它不再存在。这是我第一次在痕迹博物馆中看到一棵树的生命史。

馆长讲："你现在明白博物馆的布局了吗？痕迹不仅仅是一个人的，还可以跨越时间与个体。同一痕迹在不同的楼层，也就是在时间上垂直的投影，展示它的起始直至消亡的过程。初中时期，你曾面对这棵古树，好奇百年前与百年后，是否有人和你一样站在同一位置去欣赏这棵树。事实上，向下五百一十三层，有个人曾站在树前，思考未来是否有人也在这里，欣赏同样的景色。你们二人虽然生活在不同时期，并没有在这个世界上同时存在，但是跨越时间完成了一次交流。'人生代代无穷已。'博物馆向下无限深，向上无穷高，跨越时间让人们留下痕迹，在这里相遇。"

蓝天白云再次出现，我们走到了痕迹的尽头。

"最后一个问题，馆长，"我说，"每个人都能进入到自己的痕迹博物馆吗？"

馆长摇头道："人的现在是由过去搭建的，但并非人人都能拥有回忆。能够回忆自己的痕迹，是一件幸事。人类不能没有历史，个人不能没有回忆，但我们不能只靠过去而活着，我们还有现在与未来。"

他又顿了顿，然后扬首长吟："悟已往之不谏，知来者之可追！"

他轻轻伸手，将我推向了前方。

我在失重的坠落下惊醒。窗外阳光和煦，春意挂满枝头。

我继续着一天的生活轨迹，因为痕迹博物馆仍在不断施工。

指导教师：刘锦勇

本文获决赛特等奖

. . . .
点 评
. . . .

作者思维活跃，想象奇特，语言活泼并充满张力。本文构思巧妙，通过"我"梦游痕迹博物馆，从"摆放着我生命中曾经拥有的一个个物件"的痕迹中追忆了自己从小至今的成长经历，在时空穿梭中感悟到"人类不能没有历史，个人不能没有回忆，但我们不能只靠过去而活着，我们还有现在与未来"的人生哲理，启迪人心。

（桑哲 高校教授）

应是海棠最有情

知否,知否,应是绿肥红瘦。

——题记

朝暮轮转,岁月轮回,又是一年海棠的花季。昔日花开如碎玉般倾泻的海棠树萎靡在外婆家院子的一角,干枯的枝丫似外婆血管虬曲的双手,黝黑、消瘦。外婆静静地坐在树旁的摇椅上,摇啊摇,摇啊摇。我俯身凝望她鬓角似霜的白发,问:"外婆,今天中午吃什么呀?"外婆瘪着没了牙齿的嘴笑着说:"妞妞啊,海棠花又开啦。"

昨夜雨疏风骤,浓睡不消残酒

檀窗半掩,疏竹掩映,雨声如诉似凄话。院子里积了薄薄一层雨水,雨滴荡出清圆的涟漪。我默立在窗边,外婆在床上轻阖着双眸。我恐惊扰她清甜的梦,便轻轻关上窗户。"妞妞啊……"轻若游丝的呼唤声飘过耳际,心便像蝴蝶的翼振了振。我帮外婆盖好被子,她睡态安详,大抵是在说梦话。

泪,濡湿了眼眶。她心里念的、梦中思的都是她的外孙女,她最亲爱的妞妞。这个乳名,是她亲自为我取的。自从患上阿尔茨海默病,外婆只记得妞妞。她认不出眼前的我就是她日思夜想的妞妞,对我笑着说:"妞妞喜欢海棠花。"妞妞和海棠花,是她全部的生命。

云轻轻覆盖了青色的天边,雨势渐小。我透过窗户望着墙角的那株海棠花,自从外婆患了病,它好像也病了。它已经三年没开花了。

试问卷帘人,却道海棠依旧

思绪随着雨声渐渐飘回到遥远的从前。

我从小在外婆家长大。外婆家坐落在山脚的村庄，那里宛如一幅水墨长卷，青砖黑瓦，院墙斑驳，老牛拴在古老的槐树下，拖着长音"哞哞"直叫。黄昏时分，炊烟袅袅升起，飘着炉膛柴火的香气，带给小小的我无尽的温暖和希望。放学后，我迫不及待地推开柴扉："外婆外婆，今天吃什么呀？"外婆笑着将最后一盘菜端到海棠树旁的小饭桌上："妞妞，快来洗手。"我帮外婆摆好碗筷和小马扎，外婆夸我："妞妞长大了，懂事了，外婆没白疼！"夕阳染醉半边天色，倦鸟归巢，老牛在槐树下打着瞌睡。有外婆，真好。

外婆觉得我上学辛苦，每天变着花样给我做饭。油焖大虾、煎鱼、羊肉汤、萝卜丸子、黏米饼……这些都是外婆的拿手菜。我感冒生病，她毫不心疼地把家里的鸡杀掉，为我煲香醇浓厚的鸡汤。"妞妞啊，上学归上学，千万不能饿着自己！"外婆总在我的书包里备好她自己做的米花糖和雪梨汤。吃饭时，她一个劲往我碗里搛菜。

"多吃才能长高。"

"外婆，我吃不了这么多。"

"妞妞这么漂亮，多吃饭才能好好长大。"

海棠花开得正旺，火红的花瓣似炉膛里跳动的火焰，微曲的花蕊似群抱团的小娃娃，绿叶半遮住它们如玉的脸颊，碎玉般的花瓣随风飘到小饭桌上。外婆抬手掐下一朵簪到我的耳后，拍着手鼓掌，混浊的眼珠细细端详我，像在看她最满意的作品。

"妞妞啊，你比海棠花更美。"

那年春光正好，我笑，外婆笑，海棠花也笑。

知否，知否，应是绿肥红瘦

雨渐渐停了。村庄在风的吹拂下静静地呼吸，像在沉睡。思绪被拉回现在，我坐在床沿上，细细端详着外婆的脸。她满脸的风霜是岁月用力雕刻的痕迹，花白的头发稀疏地贴在松弛的头皮上。外婆微张着嘴巴，睫毛轻轻地抖动。突然，她身体抽动了一下，紧接着睁开了双眼。

她坐起，疑惑地打量我："你是谁？"

"外婆，我是妞妞呀。"

"妞妞，"她抠着手指，自顾自念叨着，"我外孙女也叫妞妞。"

我为她穿好外套，系上扣子，牵着她走到院子里呼吸雨后清新的空气。她任由我牵着，像个孩童。这时，我惊喜地发现，那株原以为枯死的海棠树竟然长出了两朵浅红色的花苞，它们顽强地承受着雨珠的重量，在风里轻轻抖动。

"外婆你看！海棠花！"

她呵呵地笑:"妞妞喜欢海棠花。"

"是的,您的妞妞喜欢海棠花。"

我的眼泪不受控制地涌出。外婆老了,海棠树也老了,它见证了我童年快乐的时光,留下了爱的痕迹,风刮不倒,雨淋不湿。爱,本身就是无解的命题。

知否,知否?时光流逝,亲情永恒。

我挤出一个大大的微笑,说:"外婆,您比海棠花更美。"海棠树仿佛听懂了我的话,在风中快乐地摇。

指导教师:宋晓兰

本文获决赛特等奖

点 评

作者巧妙运用李清照的词《如梦令》作为文章的线索表达命题主旨,把寻常的祖孙之情娓娓道来。在海棠花的映衬下,读者品味着此情的醇厚浓烈。本文在写作上践行了"让情感有所寄托",在感情上让人能读出其真情实感所在:海棠花见证了外婆渐渐老去的过程,见证了"我"在外婆呵护下的成长。那海棠花正是绽放的情感之花,"那年春光正好,我笑,外婆笑,海棠花也笑",让人感受到世间的温暖与美好。读诗词,学传统文化,读写一体,能做到如此,足矣。

(桑哲 高校教授)

那一抹晚风

□ 山东省临沂第一中学北校区　柏佳言

世事嘈杂纷扰,唯你携我回归最纯真的自己。

——题记

五月的天,盛着灯红酒绿与霓虹,载着车水马龙与喧嚣,挟着惠风和畅的晚风,也藏着轰轰烈烈的盛夏……

但它还留着一样东西,那是关于你的,且独我一份。在我的世界中,蛰伏的蝉鸣、斑驳的树影、拂过的晚风、流经的河水,都是你给予我的。我很坚定,四月的芳菲也许将尽,但五月的你会长久地烙在我的心底。

我有一个清晰的梦,温柔且绵长。童年时的我总喜欢闷在老房子里,沉浸在一堆又一堆的连环画里。伯伯对此最是看不惯,扬言要带我去撒撒欢,一改我这个闷呆子的形象。起初我不信有什么可以比得上手里那些缤纷又有趣的画册子,直到伯伯夺走它们,带我去你居住的地方,我才后悔没能早些遇见你。

你住的那片树林,就在老房子的屋后。当我第一次踏入你的居所,我心中沉睡的精灵一下子被唤醒了。我从未见过那番光景:阳光透过叶隙洒下奇形怪状影子,灌木丛时而骚动沙沙作响(后来我才知道那是兔子在东跑西窜),扣人心弦的乐曲回荡在高大的树丛间(我怎样也找不到声源)。伯父告诉我,那是蝉在唱歌,可以抓它。我听着来劲儿,拽着伯伯就跑,求他给我捕一个瞧瞧。伯伯挽起我的裤管,伸手把我架起来,这样我正好就能够着那稀奇玩意儿,一扑一个准,真是太酷了。快乐的时光像是一场梦,来得突然,去得也快。余晖染着灿金的树叶,我们走在河边。晚风迎面扑来,令人一往情深。

后来,梦醒了,我到市里上学。争分夺秒抢时间成了我生活的常态。恍惚间,我开始迷惘,不知所措,看不到方向,也不清楚自己日复一日地埋头苦学有何意义。终于,那天下午,我决定去学校的树林转转。

走进树林,周围安静了许多,我暂时忘却了烦恼。然而,当我抬起头,向前望去,挂着稀疏枯叶的树枝掩映着校外的高楼大厦,紧接着,校内的上课铃声传来,我心中的弦再次紧绷,弥漫的薄雾没能散去。

五月的天再次来到我的世界,我心中自发地想起了你,想再看你一眼,找一找心中的那条路。

于是,放假时我又回到了老屋,伯伯已是满头白发。我殷切地向他发出邀请:"伯伯,我们去林子里转转吧。"

这一次,是我拉着伯伯去的。我实在是想念你,想让你来抱抱我。

我再一次踏进那片树林,阳光透过叶隙洒下斑驳的影子,骚动的兔子恰好蹿入灌木丛,此起彼伏的蝉鸣声依旧在树梢间回荡。我知道,你来见我了!我开始踏着松软的泥土,沐浴在你的光辉中,聆听着你的声音,儿时的过往在脑海里一幕幕浮现。走到一处,我又看见了那个小家伙,我知道这是你给我的礼物。我没有再碰它,只是驻足欣赏,驻足留恋,驻足回忆起那段澄澈而又快乐的时光。

我在你的怀抱里找到一片空地,拍拍衣角,轻轻坐下,想和你多待一会儿。突然,我顿悟了,心底的迷雾开始褪去,那条路渐渐清晰可见,通往最真实、最纯粹的自己。你给了我答案,让我知道自己想要什么。我要追随最初的梦想,坚守最纯真的自己。原来,只要听从内心,就能找到属于自己的那片林子,那里一定有属于我的痕迹。纵使前方荆棘遍野,那也是我最纯朴自然的本心所在,亦是最贴近自我的逐梦之路。

而你,载着我孩提时的天真,盛着我童年的纯朴,在多年后的今天与我再会,引领我在嘈杂中蓦然回首。原来真实的自己就在灯火阑珊处……

《大象席地而坐》中说道,这世界是片荒原,每个人都是荒原上漂泊的鬼魂,生而复始,孤独无依。但我庆幸遇到了你,你温暖了我的时光,惊艳了我的岁月,带我在纷扰的世间流转,与最本真的自我相遇。

我站起身,向河边走去,余晖再一次染红了树林,河面波光粼粼。这时,那抹熟悉的晚风又一次扑面而来,萦绕着的是你的气息。起风了,我慨叹曾经难以自拔于世界之大,也曾沉溺于梦中情话,而现在的我,无畏世事嘈杂烦扰,只因认识了你,居住在树林里的精灵。

是的,仅仅那一抹晚风,也让我无比动容。

指导教师:薛明扬
本文获决赛一等奖

点 评

关于童年和逝去的岁月,每个长大了的人,都会或多或少地在某些时刻涌起"越长大越孤单"的感觉和"回得去的故乡,回不去的童年"的感慨,而这一切皆源于年少时纯真的眼里最初岁月的美好。一片小小的树林,能唤醒心中沉睡的精灵,那里的风轻拂,蝉嘶鸣,兔子东跑西窜;那里静谧而丰富,使人的身心不由得放松,得以自由自在地与自然同呼吸。然而成长必然面临离别,与童年的土地作别,去与繁华、喧嚣、争夺、急躁接轨。越如此,那树林、那晚风在生命中留下的痕迹便越珍贵。

(王芳 教师作家)

寻　迹

□ 江西省于都中学　张钰婍

　　记忆中，我的人生冷不丁地开启，就像那块空白的电影银幕上突然出现了一个女孩，从草丛中站起，惊动了立在叶间的蜻蜓，然后拿着松果或小虫，反正是独属于孩子的惊喜，迈着琐碎而不匆忙的步子回家。随后映入眼帘的是脚下那条小道，午后的蝉鸣，斑驳的树影，以及外公放在门口对联旁的扫把。孩子的脚步停了下来，她痴痴地望着门楣上的"光荣烈属"和"军人之家"牌子。也许当时的她并不理解这些方块字的含义，但她很快就会明白。

　　这是我记忆的开端。午后眷恋着世界的阳光、闪闪发光的牌子……这些东西好像从一开始就刻在了我的脑海里。

　　我们村是名副其实的"红军村"，几乎家家出军人，户户有红军。村里的孩子大多听长辈说过自己家里红军的故事。我印象中的小太爷，年轻、幽默、勤劳且能吃苦，曾随大部队北上长征，并立下赫赫战功。年幼的我问外公："小太爷什么时候才会回来啊？"外公只是收起笑容，默默地将视线投向远处的青山。

　　在我们家，能够证明小太爷曾经存在过的痕迹中，有一张烈士证明书，上边写着"生卒年不详"和"北上无音讯"，一封被反复翻阅的、他拜托别人代写的家书，以及外公和妈妈故事中的伟岸身影。而在我们村的其他人家中，烈士的唯一痕迹就是那张冷冰冰的烈士证明书。外公曾委托他外出打工的朋友打听小太爷的行踪，但最终一无所获。就像他的父亲将任务交给外公一样，外公在年老体衰后，也将这个寻亲的任务交给了下一代——我的母亲。如果我的母亲没有完成任务，这份近乎义务的责任将会继续传给我。只要我们家的子孙还在，香火不绝，我们家就会一直寻找下去。

　　家乡的山太高太密，挡住了外界讯息传进来的路。因此，母亲刻苦学习，努力走出大山，来到了县城。后来，她加入了长征源合唱团，跟随大部队的步伐，将长征组歌唱遍了二万五千里的路。留在外公身边的我，也在成长中渐渐明白了那些坚持的意义。在东方欲晓中，外公用沙哑的嗓音唱着《十送红军》；在正午艳阳下，他戴上老花镜，仔细端详并翻阅那封泛黄欲碎的家书;在临睡前,他反复擦拭毛主席的挂画,给我讲四渡赤水出奇兵的故事。他爱生活,爱和平,因为他深知现在的生活是由那些战士的鲜血换来的,也是用他亲人的鲜血换来的。

我的母亲,她行走万里,到过腊子口,站在泸定桥摇摇欲坠的铁索旁,参观遵义会议遗址,最后在湘江战役纪念馆里刻着烈士名字的长廊中找到了小太爷的名字。

年幼的我只记得,外公接到母亲来电,瞬间哭得像个孩子,然后带着我前往湘江战役纪念馆。在一个微雨的清晨,他站在那座刻着他亲人名字的石碑前老泪纵横,用刻满岁月痕迹的手紧紧地握住我的手。他久久地跪在石碑前,任雨水打湿他的头发和衣裳。在这一刻,我感受到了小太爷的痕迹。

那场太过惨烈的战斗让近乎一半的红军战士永远留在了那里,小太爷作为师长身先士卒,未能幸免。在时间的冲刷之下,曾被鲜血染红的湘江水重新变得澄澈碧绿,焦土重新长出了小草与树木。

我们带着一碗湘江水和一捧湘江土回到家乡,撒在了烈士陵园里小太爷的墓碑前。终于,这里也有了他的气息。

也许曾经的我会告诉你,红军战士们走了,什么痕迹都没留下。时间是块无情的橡皮,会擦除它认为太过久远的东西,让那些本就淡淡的字迹近乎于无。可是,他们的痕迹永远留在了这片红土地上,在山头鲜艳的杜鹃花里,在门头上挂着的"光荣烈属"牌子中,在许多如外公一样的老人口中,在万里寻亲的路上,在清明时节落在小太爷墓碑上的绵绵细雨中。

我知道,哪里都有他的痕迹。他的痕迹不需要刻意寻找,在纸上,在碑上,更在我们每一个红军后代家中的故事里和我们的心里。

指导教师:肖云生

本文获决赛特等奖

········· ·
点 评
··········

弘扬和传承红色文化,不仅要依靠教材,更要从身边开始,从家族、家庭出发,在自己的家乡寻找,讲好红色故事,赓续红色血脉。一个宏大的革命英雄故事,一个红色家庭的故事,一个家族几代人的故事,被作者讲得毫无"痕迹",让我们真正感受到了以小见大的艺术魅力。循着些微痕迹,我们走进了英雄的家庭,走近了英雄的过往,融入了那个革命时代的洪流。即使身处当今美好时代,我们也不能擦除革命先烈的痕迹,因为英雄的痕迹无处不在,跨越时空。

(桑哲 高校教授)

老屋的木头味

□ 福建省泉州实验中学　陈雨霏

　　老屋的一切都是由木头做成的,木头的地板、木头的砧板、木头的床、木头的橱柜,就连报纸和书页上也有淡淡的木头气息。我常常想,它们或许来自同一棵高大的树,连着相同的感官与脉搏,会产生相同的感受,会在没人知道的地方窃窃私语,诉说着红棕与碧绿的过往。

　　厨房的窗棂蒙上了厚重的炊烟,桌子、椅子与人的气息融为一体。当火星与木材接触,老屋的每一处缝隙就填满了木头味,连同生活在这里的人,心底也刻下了淡淡的木头痕迹。

　　小小的房间里,我有两样木头做成的大家具:一张床和一个衣柜。它们的年龄都比我大,多年前由不知名的木匠亲手制成,质量上乘。温暖的房间里,床散发着好闻的木头气息。无论什么材料的衣服、被子,只要在衣柜里放上一段时间,都会带上一股木头的清香。冬天,母亲会把与樟脑共处半年有余的棉被从柜子里取出来,在阳光下晾晒。晚上,裹在被子里的我嗅了嗅,嗅到了好闻的木头气息,嗅到了被折叠无数次的日光,嗅到了一代代人平凡的过往。那时的棉被还由母亲手洗,无香的肥皂搓揉过每一缕纤维,让棉被以最干净、最原始的模样接受阳光的洗礼。无数次,我从尚未干透的棉被下钻过。后来,我常常购买紫罗兰味的洗衣液,尽管它们有些许助眠安神的功效,但我始终觉得缺少了本真的味道,许是自己从小被阳光和木头的天然气息宠溺惯了。

　　离开老屋多年,木头味也逐渐离我远去。高档的油烟机吸走了炊烟,不锈钢家具取代了木制家具,虽然还有一些原木的物件存在,但已不是熟悉的味道了。厨房变得越来越大,越来越整洁,然而母亲逐渐老去,如今她的身高已比我矮了半个头。从前,她是那么高大,总是站在光线明亮处,而现在厨房的位置是那样可恶,傍晚时分,当她煮饭时,只有欲颓的夕阳余晖从高楼的缝隙间投射下来,浅浅地洒在她日渐干枯的发梢上。

　　我的味觉和嗅觉逐渐退化,童年时对木头味感知的敏锐渐渐消失。我愈发焦虑、暴躁。凌晨两三点,我倒在床上,黑暗中只感到一阵头晕目眩。高楼里的空气是那样冰冷,再也没有木头的香气为我舒缓一二。我想要找回木头的味道,抚平不安的灵魂;我想要一束光照进我的身体,照亮内心深处木头味的痕迹。然而,在茫茫人海中、车水马龙中、高楼林立中,我始终找不到午后斜阳温暖的倒影。

年幼时认为永远不会改变的格局,如今在我眼前一点一点地瓦解。老物件滞留在泛黄的光阴里,儿时的领航者们也不知从何时起不再前行。

大多数时候,我情愿生活在对木头味的回忆中。这无关现实与理想,只是一种真挚而纯粹的愿望。我想要回到那些终将逝去的人与物的身边,聆听往日的微风细语。

某年冬天,下着小雨,不一会儿,我全身就被淋湿了。我撑着伞穿过拥挤的人群,跌跌撞撞地走向母亲的车。车上弥漫着暖气,那一刻,我只想躺在皮质座椅上睡一觉。母亲递给我一件绿色与橘色相间的格子衫:"这是从老屋箱子里翻出来的,羊毛的,很暖和。"我把它抱在怀里,不由自主地凑近闻了闻。那一刻,童年的木头味跋涉了十几年的光阴,再次萦绕在我身边。我在脑海中努力搜寻那只木箱的痕迹。

那是十几年前的某个夏日,老屋的窗棂在热风里被吹成了波浪形,骄阳透过糊窗的纸,在红木地板上投射出一道又宽又长的金色光带。年幼的我站在那道光里,头发被晒得滚烫。

木头味涌上来了,小路尽头的老屋及其周围的一切清晰起来了。

回家吧,我听见老屋在低吟。

指导教师:陈慧琳

本文获决赛特等奖

. . . .
点 评
. . . .

童年、老屋、木头、阳光、人烟……自童年至青春,人生尚短暂,经历亦不复杂,但可以产生足够的回味与回望、足够的陈迹与痕迹。前提是作者不但有细腻的感受能力,还修炼出了相应的语言呈现与表达能力。此文与作者这种能力可互证。"人生到处知何似,应似飞鸿踏雪泥。"这是苏东坡飘逸、伤感、深邃的痕迹意识。"木头味涌上来了,小路尽头的老屋及其周围的一切清晰起来了。"这是青春年少的作者执着清醒的痕迹意识。

(夏立君 作家)

岁月悠悠,墨香留痕

□ 江西省龙南中学　龚玉

天空不曾留下飞鸟的印迹,而我的生命中却留下了墨香独特的痕迹。

步入高中,我暂时告别了我的书法学习。在最后一节课上,我担忧地问老师:"暂时的告别是否会让我多年的坚持付诸东流?"老师明确地告诉我:"学过的东西总会在你的生命里留下痕迹。"

岁月无脚,而人却在不停地前行。我逐渐发现,一路都有书法的风景。

墨香留痕,留在笔尖方寸中。

在生活中,写得一手好字从来不仅仅是为了应对考试,而是我用笔墨勾勒出心中想要的形状,展现"字如其人"的性格特点。中国书法家协会主席曾在书法大会上为少年们题词:"写好中国字,做好中国人。"颜体的刚健峻拔体现了颜真卿正直的品格,而苏东坡字体的飘逸潇洒体现了苏轼旷达豪放的性格,这正是书法可以传达中国人精气神的原因所在。想到这儿,我掩卷沉思,以我手写我心,性格中的柔与刚尽在其中。

墨香留痕,留在宁静淡泊的追求中。

"关上手机,放下杂念,把手放在桌上,静坐一分钟。"这是每节课前老师的要求。每当此时,我便让自己化作一摊水,感受脚尖承载着的重量,感受到自己实实在在地存在于这个世界。不一会儿,我的杂念如烟般消散。

值得一提的是,墨确实有香。相传,古人为了让读书人静心除躁,会往墨中添加麝香等成分。摊开纸张书写时,清香扑鼻,这也正是古墨能治病的原因所在。

如今,我常点亮台灯,让光线自由地散在书页中;打开墨盒,让墨香氤氲在空气中。在书与我之间,我感受着心为书动、笔为心写的美妙律动。在这样的美好中,我感受到心如止水,世与我为一的宁静。

每当遇到难解的事感到心烦意乱时,我便学着金一南将军说"做难事必有所得"时的语气对自己说:"习书人必能静心。"心中默念不过三遍,魔力即刻生效,心情慢慢归于宁静。

这种心如止水、专注如流的体验让我倍感幸福。我常常幻想自己未来的职业,却总是离不开对"能静静思考"的期待。我的活力——青春的美好,并非在热闹中迸发,而总是在平静中如溪流般淌过。这或许是天性使然,但墨香无疑也在潜移默化地滋润着我的生命。

墨香留痕,留在一苇坚韧中。

常言道:"生如逆旅多断肠,一苇坚韧以渡江。"不同于音乐、美术,书法对天分的要求并没有那么高,习书人始终是自由的。只要坚持走下去,总会有柳暗花明的那一刻。我始终难忘老师教给我们的荷花理论。他说,池塘里的花并不是每天开差不多的数量,而是第一天也许只有一朵,第二天也许是两朵,每天都加倍增多,但若当荷塘开满一半时放弃,就难以欣赏到第二天的荷花满塘。努力和坚持也同此理,离目的地只有一米时放弃,那么咫尺也会变成千里之遥。

怀揣着这样的信念,我写下了一笔又一笔,走过了寻梦路上的一站又一站,正如徐志摩所言:"寻梦,撑一支长篙,向青草更青处漫溯。"少年的我涉世未深,对眼前的世界有期待更有担忧,但心中始终有个声音在回响:"人生如字,专注这一笔,一笔一笔写下去。"

时间与历史在城墙上留下斑驳的印记,而墨香在我的人生中留下深深的痕迹,逐渐内化为我生命的一部分,滋润心田,涵养品性。

岁月悠悠,墨香留痕,我意自平,我心自定。

指导教师:廖菁

本文获决赛一等奖

点 评

由从书法中悟到"学过的东西总会在你的生命里留下痕迹"引出对痕迹的思考,再具体以"墨香留痕,留在笔尖方寸中"和"墨香留痕,留在一苇坚韧中"为分论点展开论述,作者打破寻常议论文的写法,以生活中的场景为引子,使文章的表述更加通俗易懂、深入浅出。作者选择以书法这一传统文化的精华为喻体,则更添文章的底蕴,使最后的升华更有说服力,也更意味深长。

(王芳 教师作家)

三角梅树下的我们

□ 福建省厦门集美中学　张楚璠

　　我的阿嬷爱唱梨园戏,这是她阿嬷教给她的。我的阿嬷,无论何时头发总是梳得整整齐齐,说话轻轻柔柔,细长的柳叶眉下一双杏眼,总是笑盈盈的。阿嬷手腕上戴着一副麻花纹银手镯,每当手摆动起来,两只镯子碰撞,发出清脆的响声。

　　阿嬷有一台录音机,里面存着的是她年轻时唱的戏曲,她说:"做人啊,就是要留点痕迹,要是没有这录音机,谁知道我爱唱戏!"闲来无事时,阿嬷总爱用录音机放戏曲听。因为太过老旧,录音机播放时会有嘈杂之声,岁月在声音里留下了刺耳的痕迹。但当阿嬷年轻的声音出现时,一切就都被掩盖了。

　　录音机里,阿嬷的声音是那么悠扬婉转、含情脉脉。"月照芙蓉色淡,恍惚梧桐声悲。西风飒飒,孤灯杳杳,独对月朗共星稀……"

　　而我身边上了年纪的阿嬷相较于年轻时,声音里多了一份嘶哑。后来,我去城里上学,便离开了阿嬷。多年过去,我终于回来看望阿嬷。我长得清秀,已褪去了幼时的稚嫩,不再是当初的那个小男孩。阿嬷看着我,戏说道:"你现在长得俊俏,扮个旦角儿肯定好看。"我连忙摆摆手回道:"阿嬷,您可别开我玩笑,我是个男孩子!"我转头瞧见了桌上的录音机,铁锈已经生出,按钮也脱了漆。尽管如此,这个留有阿嬷人生痕迹的录音机依然被阿嬷像宝贝一样护着,说什么也不让换掉。"阿嬷,您以前的戏服长什么样儿呀?只听过您唱戏词,从没见过您穿上戏服唱一回呢。""带你看看!"阿嬷领着我,走进了她的卧室。

　　阿嬷从床下拉出一个棕色皮箱,尽管岁月在它的表面留下了斑驳的痕迹,但皮箱依然保存得十分完好,也很干净。箱子上挂着一把白色的老式铜锁,沉甸甸的。阿嬷从胸口掏出一个绣着精致小花儿的布包,从中拿出一把钥匙。"咔嗒"一声,箱子开了,映入眼帘的是一套戏服。阿嬷将戏服拿了出来——金色的云肩周围缀满了串珠的流苏,下身是件淡绿色的衣裙,外罩一层金色的薄纱,宽大的袖面上绣着紫红色的花朵,还用金线点缀。我看着这身戏服出了神。不知何时,阿嬷将戏服披到了我身上。

　　我穿着戏服走路,串珠的流苏随着步伐摆动,金色的薄纱扬起,在阳光下十分耀眼。

阿嬷望着我,静静地陷入了回忆,年轻时的痕迹慢慢浮现了出来……

阿嬷微蹙着眉,脸上挂着笑意:"刚刚见你穿这身戏服,我好像看见了年轻的自己。我像你这么大的时候,我的阿嬷就常常在门口那棵三角梅树下教我唱梨园戏。"我望向门口院里那棵开花的三角梅树,花瓣玫红,花蕊淡黄,然后牵起阿嬷的手,走到树下。她笑了笑,手把手教了我几句梨园戏的唱词:"月照芙蓉色淡,恍惚梧桐声悲……"

我慢慢发觉,梨园戏已在我的生命中悄然留下了痕迹。梨园戏是阿嬷在我心中最具体的描述。我转头看见阿嬷眼角噙着的泪水——她大概在感慨,感慨自己一去不复返的青年时代,感慨如今的自己也像她阿嬷一样,在三角梅树下,教着自己的孙辈学习这个在闽南地区传承多年的梨园戏;她大概在想念,想念自己儿时与阿嬷学习戏曲的时光。时间挥一挥衣袖,不带走一片云彩,不留下半点痕迹,怎能证明来过呢? 我幡然醒悟:阿嬷的录音机便是她最好的痕迹,存在里面的不仅是声音,更是她的青春年华和她的满腔热爱!

一年一度的庙会来了,《陈三五娘》这出戏缺旦角儿。我转念一想,不如我去演吧,阿嬷的生日就在这天,也算给她的一份生日礼物!

各种形状的石头、红砖和瓦砾构筑成了院子的围墙。顺着大门进去,一棵三角梅树立在中央。树下,我轻抚云鬓,头上斜插着一支兰花珠钗,身着阿嬷的戏服,脸上打了面红,涂了胭脂,粉粉的好似初绽的蔷薇。抬眼间,我仿佛看到了阿嬷年轻时的样子。

锣鼓声响起,我脚踩莲步缓缓登台,手呈兰花状指向前方;锣鼓声愈演愈烈,我长袖一挥,用闽南语唱出戏词:"月照芙蓉色淡,恍惚梧桐声悲……"

台下,我看到了阿嬷微偻的身影,她一边跟着我唱,一边为我打着节拍。她与戏曲在一起时,总是那么神采奕奕。她在戏曲的世界里尽情着墨上彩,努力展现自己的美丽动人。而我,将沿着阿嬷留下的痕迹,继续在戏曲世界里绽放光彩。

树在开花,风在摇曳,我们四目相对,一切都那么美好。

指导教师:王蓁蓁

本文获决赛特等奖

点评

爱唱梨园戏的阿嬷在岁月里老去,老旧录音机里却留下了她生命的痕迹:年轻时悠扬婉转的唱戏声。阿嬷引导作为男孩的"我",穿上她从前的戏服,一招一式地学唱梨园戏。"我"虽然并不十分情愿,但最终也感受到了戏曲的美好,理解了阿嬷对她生命痕迹的珍视里,还寄托着一份对传统文化的热爱。文章在一老一少间展开布局,有故事,有张力,有情怀,扣题自然。

(夏立君 作家)

痕　迹

□ 广东省惠州市第一中学　周之岚

2011 年×月×日 天气:晴

我是一面镜子,也是我们镜子国的一员。在我们镜子国啊,每一面镜子都可以互相走家串户,只要有镜子的地方,我都可以到达,可以看见。今天对我来说是一个重要的日子——终于有人将我从这暗无天日的镜子店买走了。来者是一位老婆婆,她费力地将重量不轻的我从架子上搬下,气喘吁吁地把我抱回了家。这时我才腾出时间来瞧一瞧老婆婆的脸。老人有标志性的白发和松弛的皮肤,唯一不同的是老婆婆脸上的笑,像积蕴了一春的暖阳。

不一会儿,老婆婆领着一个睡眼惺忪的小女孩来到我面前。老婆婆拿起梳妆台上的梳子,在她的头上篦啊篦啊,半晌,就梳了两个麻花辫。辫尾的红丝带翻飞,像两只嬉戏的蝴蝶。小女孩这下精神了,站在我面前转着圈儿欣赏自己的模样,最后向婆婆勾勾手。婆婆弯下腰来,小女孩稚嫩的手臂缠上老人的脖子,悄悄地耳语了一句:"外婆,谢谢你!镜子真好看啊!"听了这话,外婆笑得咧开了嘴,露出一排不是很齐整的牙齿。

透过纱窗,一缕温暖的阳光照了进来,光与影在地板上玩捉迷藏。阳光留下的痕迹,不知是不是外婆笑容中积蕴的春阳。

2014 年×月×日 天气:多云

时光荏苒,转眼间,女孩已经上了人类世界所谓的"小学"。随着年级的升高,两只红蝴蝶在路上翻飞的时间也越来越早。现在我是一面小镜子,在女孩的书包里。我估计着,应该快到放学的时间了。果然,外婆从远处走来,女孩眼睛一亮连忙向那边招手,两只红蝴蝶一上一下地跳跃着。外婆加快脚步,走到女孩面前,却没有像往常那样接过女孩的书包,而是神秘地将双手放在背后:"好孩子,猜猜外婆给你带了什么啊?"女孩催促外婆拿出来让她看看。外婆摊开双手——噢,原来是两条新头绳。外婆给女孩系好新头绳后,我以为女孩会像我们第一次见面一样,在镜子前打转欣赏自己的发型,可这次她却只是低头检查了一下头发有没有弄乱,然后低下头轻轻对外婆说了句"谢谢外婆"。回到家,女孩将红头绳系在我的镜框旁。阳光透过纱窗,光影依旧,但我觉得有什么在悄然改变。

2022 年×月×日 天气:阴

"泥上偶然留指爪,鸿飞那复计东西……阿——嚏。"时光匆匆,我的女孩长成了亭亭玉立的少女。今年,她将参加一场名为"中考"的重要考试。书桌上的灯光,叫人昏昏欲睡。少女正忙着复习,沉重的课业压力让她喘不过气来。

"吱呀——"门轻轻地开了,外婆走了进来,走到少女的桌旁。"孩子,你看你学的,怎么把头发都弄乱了?我来给你梳一梳。"

"不是叫你不要随便进我的房间吗?"女孩突然站了起来,秀气的眉毛拧成了一团,"每天都来打扰我学习,我成绩下降得这么快,全都是因为你。还有这个,我不是小孩子了,不需要!"少女一挥手,外婆手上的梳子向我飞来。"哗啦",我的一角碎了。少女摔门而去。外婆缓缓抬头看向我,泪水在眼眶里扑簌簌地打了几个转,最后落了下来。窗外,天空像蒙上了一层灰色的毛玻璃。我多想伸出手去,抱一抱少女和她的外婆,可是我只能盯着我身上破碎的痕迹,无声地叹息。

2030 年×月×日 天气:晴

时过境迁,相顾无言,唯有泪千行。窗外的风景,换了一轮又一轮。高中、大学、工作……我的少女,终于要出嫁了。今天,她穿着白色的婚礼裙,显得如此美丽而端庄。

她端起一个白玉做的罐子,放置在梳妆台上。她又从抽屉里拿出那把曾将我打碎的梳子,一下又一下地梳着自己的头发。她看着镜中的自己,流下了眼泪,泪水滴在那晶莹的白玉罐上。我知道,这一定是人类世界中某首诗歌所描绘的场景:我在外头,亲人在里头。

梳完头发,她擦干眼泪,看向晴空万里的窗外。我多么想问问她,是否还记得那个阳光格外温暖的早晨,光与影在地板上留下的斑驳痕迹;是否还记得一个下午,有两只红头绳系在我的镜框上;是否还记得,碎片掉在地上刺耳的声音……

但我想,她一定是记得的。毕竟,那都是她与她最爱的人在岁月中共同度过的欢笑与争吵、踩过的落叶、看过的新雪,以及所有留下的深刻而不可磨灭的痕迹。

"嘟嘟——"楼下婚车的鸣笛声在催促她。她将目光从窗外收回,轻轻弯下腰,贴着白玉罐,轻轻地说了一句:"谢谢你。"

指导教师:郭日晟

本文获决赛一等奖

点 评

    时间如镜,照见外婆与少女,照见成长与叛逆,照见亲历与憧憬,照见隔代的亲情与隔不断的思念。作品独特的日记体例和一面穿越时空的镜子的设置,为写作拓展了空间。作者精心裁剪时间的片段,细心描摹各个片段上的情愫。岁月留痕,生命中不可抗拒的是流逝的时间,生命中永恒珍贵的是隔不断的亲情,而让亲情留痕的是作者的巧思与妙笔。

（谢锡文 高校教授）

无痕，永痕

□ 黑龙江省哈尔滨市第六中学校　刘诗越

　　爸，你是我儿时虚幻记忆里的朦胧烟雨，是飘散于空气中永远存在的粒粒微尘。

　　爸，让我单方面给我们的关系下个定义吧：有着血缘关系但未曾相熟的陌生人。好像也并非如此，我应当在你的生活中真切地存在过两年。但抱歉，上天没能让我留存三岁前的记忆，也就残忍又善良地剥夺了我对你的一切印象。残忍，残忍得令我怨这上天不公；善良，善良得让我无痕可觅，以至于思念的痛无处释放。

　　爸，其实我好像记得你的背影，在那一直不知是梦境还是现实的记忆里。妈妈在我的左边，你在我的右边，她拎着一袋吃的，而你拿着一兜玩具，我们在一起看起来很幸福。走到十字路口，雾浓了，我看着你把玩具递给妈妈，松开了我的手，不记得有没有说再见，总之你就离开了留在原地的妈妈和我。在那样虚幻的空间里，我们三个人一起走的那段路在我的心里没有尽头。

　　爸，妈妈以前也这般不愿提及心事吗？她真的好喜欢自己担着一切事情啊。我有很多想问的，可我知道她一定不愿和我讲。她的性格其实有点拧巴，你觉得呢？她什么时候会和我讲讲你的、你们的故事啊？我希望她不讲，只是因为她还把我当成小孩子。你们的故事一定还不错，对吗？

　　爸，你明明可以在我的生活里出现，为什么我们却是陌生人呢？我偷偷告诉你，我之前用妈妈手机看到了你过节给她发的祝福。尽管有些客套，但我挺高兴的，证明你们关系还可以，证明你还活着。可我心里又冒出了好多好多的问题。你在哪儿？你过得怎么样？你应该和妈妈差不多大吧？这么多年，我没有一个可爱的弟弟或妹妹吗？你肯定不是因为什么事情忘了我，或许你也把我当成小孩了吧？

　　爸，我今年十七岁，你还记着吗？没有你的十五年里，我好好长大了。都说女孩随爸爸，那我现在一米六八，你应该很高吧？最关键的是我认为自己真的还挺好相处的，我很会哄舅舅的儿子，和妈妈一样，都很坚强。你要不要在我的生活里留下点痕迹？我不觉得晚。如果你来，我会认为一切都刚好。在我即将长大成人之际，你坐在我的对面亲口聊聊我的身世，就是我能收到的最好的成人礼了。

爸，我考上了省重点高中，学校又大，风景又美，你要是来一定会犯迷糊。你会为我感到骄傲吗？爸，我那天在全校师生面前发言了，是校会主持人。老师拍的照片显得我有点傻，你会觉得可爱吗？爸，我从来没想过第一次把心里积压的零零散散的话摊出来会是以这样文字的方式。你会想看的，对吗？

爸，我没有常常想起你，你会怪我吗？我觉得我是个非常幸运又幸福的小孩，不愁吃穿，偶尔还能买点自己喜欢的玩偶，每天上学和大家也笑得很开心。老师们很喜欢我，家人们很爱我，哪怕缺失了你的陪伴，我还是觉着很幸福。对不起，我是个自私的小孩，在看到二舅给弟弟摝菜的时候想起你，在看到大舅为哥哥的恋爱操心的时候想起你，在看到路边一位父亲让他的女儿坐在肩头的时候，我羡慕那个小女孩，羡慕她站在英雄的肩膀上看世界。我再强调一下，是羡慕，不是嫉妒，我已经是个挺高的人了。

爸，唯一一次和家里人聊到你，是 2014 年在舅妈家的小屋里。她悄悄问我："恨他吗？"说实在的，十七岁的我真想不起八岁的我是怎么回答的了，只记得我不争气地哭了，现在的我也说不清那是一种怎样的情感。爸，我好像没有资格恨你，法律意义上你就不是非得来看我，你也是第一次做爸爸，第一次过你的人生，所以无论什么原因让你做出这样的选择，我都不恨你。我已十七岁，不会耿耿于怀八岁的答案。

爸，幻想了那么多，幻想如果你在我的身边会有多好，幻想今后要是能见一面该有多好。但我真的不敢想象真正见面了会是怎样，希望我别又不争气地哭了，因为无论见到的是你，还是从过去到日后一直陪伴你的"家人"，对我来说都是件非常值得高兴的事。爸，这十五年我过得很好，所以我无比希望你也是，只要你过的是自己选择的人生，就无所谓失去的代价。爸，还是第一次说这个称呼，十五年就十五年吧，我叫过瘾了，你的女儿，我未来绝对美好而光明，希望你也一样。

我不怪你的无痕，我深知它是不可避免地有痕，从过去到未来，你一直都是悬浮着包裹着我的微尘，我不会因此而介怀，我也不会因此而忘却。

爸，找个机会见我一面吧，我希望你在我的生活里留下新的痕迹。

爸，让我有机会亲口叫你一次吧。

爸，明天见，在明天的明天……

指导教师：艾燕

本文获决赛特等奖

对十七岁的作者来说，"爸"竟然是十五年来"第一次说这个称呼"。在写作的激发下，那个没有痕迹而永远留下心灵痕迹的"爸"蓦然清晰起来。经过艰难的回忆、苦心的寻觅、心灵的长期酿造，淡得虚无的痕迹此刻终于转化成一个现实人生中缺失的称呼。本文让这窖藏已久的情感喷薄而出，每一段都用"爸"领起，以向"爸"倾诉、写信的形式表达刻骨铭心的思念、小心含蓄的幽怨和想与之见面的渴望。"爸，我没有常常想起你"这一段欲扬先抑，波澜不惊，深情款款，令人动容。

（李剑锋 高校教授）

碗　痕

□ 山东省蒙阴第一中学　孔玉涵

　　碗,是我们日常生活中必不可少的东西,对于它,各人的爱好也不尽相同。有人喜欢白色的,有人偏爱光滑的,有人中意方形的,可我最爱的,却是那些带有缺口、留有岁月痕迹的碗。

　　雁过留声,雨过留迹,每个碗上的痕迹一定都有它自己的故事。因为经历过,所以懂得;因为懂得,所以更乐意去一遍遍回味品尝那痕迹背后的苦与乐。而最让我回味无穷的,是那两只永远放在橱柜角落里的碗。

　　那是一只淡粉色的碗,圆润的身体上一只鸟儿欲展翅高飞,十分可爱。美中不足的是,那鸟儿的翅膀似乎缺失了一小块,露出一点白色。那是姑姑家的碗。

　　犹记儿时最快乐的事情便是在姑姑家和表弟一起东奔西跑,我俩像永远停不下来的两只小野兽。那天也是一样,我右手高举着一只碗,仰起头来大喊:"弟弟,弟弟,快到碗里来!"可弟弟哪里会束手就擒,他拔腿就跑。你追我赶中,只听"砰"的一声脆响,碗磕在了桌沿上,一小块碎片掉落在地上。我呆住了。完了,闯祸了。我急忙向四周看去,想要寻找栽赃陷害的对象。弟弟?不行,我们可是好朋友。小花猫?不行,我舍不得让小花猫挨打。我思来想去,觉得谁都不合适,急得直跺脚,快要哭出来了。或许姑姑看不出来?脑海中其他想法也一一闪过,刹那间,我有了自己的决定。

　　姑姑回来了。听到门响,我小心翼翼地端着碗,慢慢朝姑姑走去,然后鞠躬道歉:"对不起,姑姑,我不小心把碗碰坏了。"幼小的我只觉得天似乎要塌下来,眼泪不受控制地涌出。后来,我得到了一个拥抱,眼泪也被轻轻拭去。原来诚实是粉色的,我泪眼婆娑地想。再后来啊,那只碗被搁置起来,成了我的专属,每次用它,我都会想到粉色的诚实和那缺失翅膀也能飞翔的小鸟。

　　那是一只青色的碗,放在阳光下更显晶莹透亮。唯一让人遗憾的是,碗沿上有个小缺口,我细细端详着它,思绪回到了那个阴雨连绵的下午。

　　餐桌上一片沉默,小花猫似乎也感觉到了这气氛的不对劲,摇着尾巴向外走去。整个房间呈现出一种暴风雨前的宁静。突然间，轰隆一声巨响，打雷了，争吵声一波盖过一波，却怎么也吵不出个结果。混乱间，我碰倒了一只碗，"叮"的一声，它成了尖锐的武器，直戳我和妈妈的心底。这场暴风雨最终在摔门声中结束。我仰躺在床上，任凭泪水打湿了枕头，那晚注定是个无眠夜。

我顶着一双红通通的眼睛走出房间，却瞬间被门外的香气吸引。桌上丰盛的早餐一如既往，厨房里妈妈忙碌的身影一如既往，只不过那句"吃饭了"却带着半分沙哑。一股酸涩猛地冲上鼻腔，而当我看到桌底那只被遗忘的碗时，我没再忍住，哭出了声来。我紧紧抱住妈妈，手里握着那只碗，泪水一遍遍流过脸颊，似是为了那个破口的碗，又似是为了其他什么原因。我感到有水滴落在我的头顶，同时有一双温暖的大手在轻轻抚摸。原来，包容和退让是青色的，妈妈的爱也是青色的。后来啊，那个破口的碗成了我的最爱。

碎掉的碗不计其数，那些经历过意外而幸存下来的便显得尤为珍贵。每一道碗痕都承载着它们自己的故事，或许是家人间的爱，或许是其他难能可贵的东西。也许碗痕会随着岁月的流逝而被磨平，但那些藏在缝隙中的故事永不褪色。

嘘，让风小点儿声，我们来聆听碗痕的故事。

指导教师：宋慧

本文获决赛一等奖

点 评

选材与构思的巧妙无疑是本文最大的亮点。选择有缺口的碗彰显痕迹，无疑是一种胜利。因为缺口显而易见，而痕迹于细碎的生活中彰显出静水流深的力量；往缺口灌注温情的故事，又使文章充满了细节的张力。是什么使痕迹得以永恒，值得记住、不被抛弃呢？那就是痕迹里蕴藏着的绵绵不绝的爱，它让痕迹有了真正的意义。

（王芳 教师作家）

老墙上的红印迹

□ 四川省攀枝花市第三高级中学校　毛若渑

我家住在铁路边。

小时候，每每完成作业，我就爱搬着板凳坐在院子里看来往的火车，有时也会走到铁路边，窥探一旁的隧道。隧道很黑，只有洞口有些光亮，而那渗水潮湿的边墙上，有着用宋体粉刷的几行红字。

那时的我自然不懂什么是"宋体"，只是觉得它有棱有角；也不理解几行红字的意思，只是感觉它庄严神圣。奶奶不肯解释，始终以"你长大就懂了"这样的话搪塞我。多少个月圆的夜晚，她静立在院子里望着隧道口，目送着红色的客车、绿色的邮车与灰褐色的货车，任由风拂起她的头发，任由月光染白她的青丝。

我想，她大概还是知道些的。

后来，我到县里念小学，学会了读书写字，却仍保留着看火车驶过时的习惯。那时，铁路上还跑着深黑色的蒸汽机车，每次见它吞吐着烟雾驶出隧道口，我都忍不住遐想：这车厢里的人，他们从哪儿来？又到哪儿去？我又何时可以像他们一样，乘上这钢铁长龙蜿蜒于群山之间？

小学毕业那年，我与几个伙伴又一次来到隧道边上。边墙上的红字比起几年前模糊了些，我拿起手电筒，一个字一个字地识读："排除万难，争取更大的胜利！"

这正是那个火红年代的流行语。

上中学时我去了市区，逐渐远离老家，沉浸于现代化的世界。新闻里关于铁路和火车的资讯并不鲜见，我却再没关心过它们，而是把目光聚焦于九门考试科目和每天东升西落的太阳。暑假我回到老家，更准确地说，是建筑工地。

下游的一座大电站获批准开工，我们村被划进库区，几年内要集体搬迁，而旁边的铁路也将于年末停运，归于沉寂。奶奶比以前更频繁地站在午夜的院子里，打量着我们的家，打量着隧道与铁路。

"建国，我们要搬走了。"无数个漆黑的夜里，她呢喃着。

电站施工队的卡车从乡道穿行而过，那年寒假，我站在院中，目送最后一列火车经过。拆迁队来了。他们取下一段段锈蚀的老钢轨，抽走一根根黑褐色的枕木。突然，奶奶拉起我，快步走到铁路边，面向隧道。

"你爷爷建国以前是铁道兵五师的排长——我本来不想跟你讲这些，现在，不得不讲了——他带的兵，个个都是施工的好手。后来啊，他们接到命令支援大三线，全师都投入到了这条铁路的建设。这个隧道，就是他们打通的。"

"那爷爷呢？他为什么……"

我侧目，奶奶已红了眼眶。

"当年隧道塌方，你爷爷不顾自身安危，执意带头排险，结果洞里的一块巨石掉了下来。他一把推开旁边的许班长——哦，就是你许胜利爷爷——自己却……你看那洞口的红字，就是你爷爷和许班长亲手写的……"话未尽，奶奶已泣不成声。

村子还是搬走了。县政府在县城修好了安置房，并派车来接送村民。离开那天，奶奶从隧道口带走了几块路基石。只有我注意到，那石上好像有些红色的痕迹。

在县里安置好的那天，正是我的生日。奶奶像往常一样，给我包生日红包。我接过，背面是一行手写的宋体字："排除万难，争取更大的胜利！"我沉思良久。

再后来，我升入高中，参加了学校组织的研学活动"重走成昆线"。

我走在队尾。当队伍走进那处隧道时，我抬起头，泪不自觉地落下。那几行字，已被重新粉刷，在新安装的照明灯下，显得格外鲜艳。

隧道另一端的老货站被改造成了展览馆。讲解员介绍着一件件当年修路的用具，直到最后一把硕大的镐。

"这是原铁道兵五师三团六营八连一排排长李建国烈士使用过的镐头，由原铁道兵战士许胜利先生捐赠送展。"

我停下脚步，凝视着那件文物。几十年的历史给它的表面留下了深深的痕迹。忽然，一双手落在我的肩上。我回头，只见他身穿绿色的军服，头顶红色五星，佩戴的军衔彰显着他的排长身份。

"——爷爷！"我刚要喊出声，那人却不见了。我独自一人站在空荡荡的陈列室中。

我想，我知道他去了哪里。

我飞奔向一座圆形拱门，推开铁门走进去，缓缓踱步到一块石碑前：五师三团六营八连一排排长，李建国烈士之墓。

我轻轻拭去石碑上的灰尘，抚摩着它的每一处棱角——像方才幻境之中，他轻抚我一样。

我绕至碑后，拿出备好的红油漆，一点点地沿着历史的痕迹描摹。过去的一幕幕场景再次映入脑中，随着笔的走动而闪现。

画面戛然而止，我的笔也随之停下。石碑的背后，是一行字，如当年一般火红、热烈："排除万难，争取更大的胜利!"这行字如同那堵老墙上的印迹一样，深红色，宋体，端庄、厚重。

　　我站起身，望向烈士陵园的大门，队伍中的那些校服蓝变成了橄榄绿，红旗上的班级号变成了五角星与"八一"……

　　我走出烈士陵园，轻轻掩上大门，沿着铁轨的遗迹，望着山腰新铺铁路上飞驰的"复兴号"，缓缓闭上双眼。我想起那墙上的红字，那烈士陵园中的墓碑，那展览馆中的旧镐。再睁眼，我只看见前面埋头打电钻的身影。我低头，沉默良久。

　　历史，不应只被陈列;精神，应当世代相传。

　　别让历史的痕迹，成为未来的悲歌。

指导教师:谭锦

本文获决赛特等奖

点　评

　　新时代的青年，对大三线建设可能不太了解。作者化陌生为熟悉，通过"我"与奶奶的对话，讲述了以爷爷为代表的铁道兵开隧道、修铁路的故事，表现了他们不怕牺牲、甘于奉献的精神。题目中的"红印迹"，就是用红漆粉刷的"排除万难，争取更大的胜利"。作者以此为叙事线索，用爷爷的典型事例，串联起自己幼时、小学、初中、高中等不同阶段对这种精神的认识与理解，呼吁"历史，不应只被陈列;精神，应当世代相传"。在讲故事时，如果作者尽量避免主题先行，把精力放在对人物事迹的铺叙与细节的描绘上，文章会更有感染力。

（黄玉兵 教研专家）

迹在我手,忆于我心

□ 辽宁省义县高级中学　汤松燃

夏日的中午总是让人感到憋闷和烦躁。闲来无事,我便翻箱倒柜,聊以解闷。这是一个大书柜,里面堆满了早已不看却又舍不得扔的旧书。在书柜中的一个小角落,我看到了一个小笔记本,封面手书"中医学习杂记"。捧起,拂尘,翻阅。这略显过时的小笔记本,是我跟姥爷学习中医的痕迹,它帮我打开了记忆的闸门。记忆如潮水般涌进我的脑海,清凉了我原本烦躁的内心,让我想起了与姥爷的点点滴滴。

溯·缘起

白大褂、听诊器、老花镜和黑布鞋,一直是姥爷的标配。姥爷在步行街上开了一家小医馆,没有过多的宣传。门外步行街熙熙攘攘,门内的空间弥漫着浓郁的药香。儿时的我,就整天泡在这不足五十平方米的医馆里,看姥爷诊病,与姥爷侃大山。姥爷似乎是一本百科全书,只要我向他提问,尤其是关于医学和药理的问题,他总会滔滔不绝地讲述,眼中放光,白胡子在阳光的照耀下一闪一闪,活像书中的爱因斯坦。因此,我崇拜姥爷,也对中医萌生了兴趣。我脑子一热,把学中医的想法告诉了姥爷。他喜笑颜开,胡子一颤一颤的,鼓励道:"孩子,要坚持住哦!"我重重地点点头,开启了我的学医之旅。

惘·昨夜西风

那天一大早,我准备好一个笔记本,来到小医馆,让姥爷教我认药材。我把预习的成果讲给姥爷听:"药有八百八味,甘苦涩甜,人参、当归、枸杞、柴胡……"姥爷笑着拍拍我的头,说我"空发大论",让我从最简单的分类学起。他挑出菊花、桂花和金银花,让我记下它们的异同;他总是让我先说我发现了什么,而后才向我娓娓道来。起初我对这种辨识任务很感兴趣,但几周后我就不耐烦了。我盯着极其相似的几味药材,胡乱地翻着笔记本,甚至产生了想撕掉笔记本的想法。我抱着头,瘫在椅子上,对未来的学医之路逐渐感到迷茫。这只是最简单的识药工作,还有诊病、切脉、配药、熬汤……我绝望地叹了口气,忽而又感到愤恨,将笔记本撇得老远,无助地盯着墙面上的"药"字看。

恒·为伊憔悴

姥爷发现我开始变得不耐烦后,什么也没有说,而是拉着我到门口,让我读出门上对联的字。"但愿世间人无病,宁可梁上药生尘。"这十四个字如锤子般震动了我的心。"为医者,必有责任。有责任在肩,所以要坚持下去。我对你说过的。"姥爷一改往日的笑容,"从明天起,你开始看我诊病。"我似懂非懂,愧疚地点了点头。

姥爷会先根据患者的身体状况初步判断病症(他很少有失误的时候)。继而,他用听诊器听患者的心跳,兼以切脉,往往能够一针见血地指出病症所在。开药时,他只选那些能够治本却不贵的药材,亲自给患者熬好,患者只需定时来取即可。一天下来,姥爷累得满头大汗。我看着姥爷穿梭于药架与药房之间忙碌的身影,心中不禁感到一阵酸楚。我想起患者脸上开心的笑容,想起他们紧紧握着姥爷的双手,突然明白了姥爷口中所说的"医者的责任"。于是,没等老人开口,第二天,我又拿起笔记本,写下了"悟之恒之"四个字,坚定地走向药架,继续识认药材,心中充满了无尽的力量。

忆·蓦然回首

从小学六年级到高中,我记了厚厚的几十页内容。读高中时,我们搬离了小县城,姥爷只好匆匆结束对我的中医教育课。临别前,他在我的笔记本上写下"笃行精辨,尽责无愧"八个字,让我不要忘记中医药以及中医精神。然而,随着学业的加重,那段珍贵且厚重的时光被封存在了记忆的最深处,标志着我学医之路的笔记本也被"藏之名山"。后来,我翻箱倒柜时发现了笔记本,于是翻看之前的记录,才渐渐想起学医的过程。

尾声

我合上笔记本,久久凝视着它。它是我学医的痕迹,不仅唤起了我的学医经历,更让我想起了医者的责任与学医的意义。我心中思绪万千,眼神却无比坚定。夏天的风不再狂热,充满了蓬勃之力;夏天的烈日不再是恶魔,而是为我照亮前行之路的骄阳!

指导教师:鞠艳华

本文获决赛一等奖

点 评

作者用小标题的形式,将"我"跟随姥爷学习中医的经历串起来,线索清晰,结构紧凑。这不仅是一段学医识药之旅,也是一段寻找人生力量及感悟人生责任与意义之旅。本文的线索、情节、主题较好地被糅合在了一起,引人入胜。

(刘忠华 高校教授)

痕迹，永远停留的那一刻

□ 山东省寿光现代中学　刘晨曦

柔和的春风拂过老屋外的栗树，时钟报时声响起，南墙上的痕迹永远停留在了那寂静的一刻……

和所有老人一样，我的奶奶也总爱给我量身高。无论四季寒暑，每次回乡，她总会用只有指肚大小的红粉笔在南墙上画下我成长的痕迹，哪怕没有长高，她也依然会在那已被描过无数次的痕迹上再添一笔。

岁月不居，时节如流。父母的工作愈发忙碌，无忧无虑的小孩踏入了初中的大门。需跨越两省、花费八小时车程去见奶奶的仪式也被按下了慢放键，从每年两次变成了两年一次。无尽的思念总在宁静的夜晚将我的思绪带回那段美好的记忆，奶奶的笑容与身影在我的脑海中不断浮现。

睡梦中，时间好像回到了我十二岁那年的夏天。我坐在返乡的车上，窗外是那个小山沟独有的山水风光。左摇右晃，穿过那架仅有两米宽的小木桥，跨过无数个被来往车辆凿出的小土坑，奶奶的老屋终于出现在眼前。一个矮小的身影站在院子中央，左挪一步右挪一步，迫切的眼神仿佛能望穿百余米的距离。车子渐渐开近，奶奶的身影渐渐清晰。她还是那副模样，好像一点儿都没变，依旧是花背心、黑裤子，夹带着白丝的黑发上别了两个黑色的小发卡。她远远地站在那儿，眯着眼睛微笑。家的感觉在那一刻点燃了我的心，一瞬间，眼前炽热而明亮……

然而，梦的美好终究无法照进现实，成年人的痛苦总是有无数种，说不清，道不明，每一次回乡看奶奶的愿望总会被各种困难所阻挠。一年，两年，我们只能通过视频通话来维系情感。直到那年春天，故事的轨迹发生了变化。

那年春节过后，爸爸突然通知我们他要回老家。我本以为靠视频通话与奶奶聊天的日子终于结束了，爸爸却说，此行仅他一人。失落的心情再次笼罩了我，无法与奶奶见面的遗憾使我在爸爸离开的日子里感到失落和颓废，一连几天食欲不振。然而，或许在大人眼中，小孩子的生活只需不间断地学习，没有人告诉我爸爸突然回乡的原因。直到那天,奶奶真的走了,我才知道,原来奶奶已经病重很久了。

时隔两年,我终于如愿回到了奶奶的老屋。原有的寂静与美好仿佛都随着屋子的主人离去了。屋后的菜田只剩下干裂的黄土,栗子树上未结一个果实,就连林间的那条小河都失去了清脆的流水声。我与那只小黄狗静静对视,无声地互诉着失去奶奶的悲痛。

慢慢地,屋前奏起了哀乐,我茫然地看着来来往往的人群,任凭大人指使。我不懂那些所谓的风俗,也不懂为什么有那么多人会坐在桌前无所谓似的喝着我倒的茶水,嗑着瓜子。我只知道,我的奶奶再也回不来了。我站在爸爸身旁,看着各位伯伯、阿姨在堂前躬身行礼。爸爸指着奶奶的灵棺,哽咽地告诉我:"这是你的奶奶,以后再也没有人喊你大孙女了!"一瞬间,无数支暗箭射中了我,撕心裂肺的痛使我泪如雨下。

我冲出大堂,来到无人的南屋,望着那一条条用红粉笔刻下的痕迹,脑海中一遍遍闪现奶奶和我一起喂小狗、捡栗子、做糍粑的场景。泪珠一颗颗滑过脸颊,我抚摸着那一道道被描过不知多少次的痕迹,用床头的红粉笔最后一次给自己画上了身高线。

钟声敲响,清风吹拂。痕迹,永远停留在了那一刻……

指导教师:马美霞

本文获决赛一等奖

点 评

指肚大的红粉笔,刻在南墙上年年长高、平淡无奇的印迹,却寄寓了一代人生命中最持久的感怀与最辽远的思念。作者用最细小的印痕,写自己的思念,却传递出了一代人共同的生命记忆。隔着空间与时间的隔代亲情,每一代人都会用不同的痕迹去叙说,而本文的叙说方式,融会了我和奶奶共同度过的全部时光。时光中的每一道刻痕,细腻真切,刻骨铭心。

(谢锡文 高校教授)

挑 痕

□ 福建省漳州第一中学　刘诗盈

我是一个极端念旧的人。

极端的想念,便产生极端的痛苦。

我又妄图留住一切,留住我所有的春天。我收集上课的小纸条、自主招生的准考证、外出游玩的门票、登机牌。

它们存在,它们逝去又留存。

小时候爸爸妈妈忙,童年模糊的记忆影像也少有他们的身影,于是外公成了我童年时光中的巨人。

外公是一个幽默的小老头儿,他会折风筝,会教我叠小纸船,会踩着吱呀作响的自行车带我游遍全城,会在幼儿园的门口为我每天准时递上一瓶 QQ 星。

外公是我童年的全部。

老房子的客厅空空荡荡,只有白而透亮的瓷砖、老旧的电视、泛黄的枕套,还有那在全城各处响起的吱呀作响的自行车声。童年只剩这些。

后来我们搬了家,锁上门,我背起书包,坐上崭新的小轿车,把外公连同我的童年轰的一声关在了身后。

再后来,外公收拾行囊回了老家,一切有关他的种种都成了道听途说,他的一切痕迹都被关在了老房子的门后,无声无息,再也唤不起我的半点温情。

"你外公牙齿都掉光了,吃不了肉。"

"老家的邻居又在找事了,你外公怎么办啊?"

"你外公很想你,周末要不要回去看看?"

"这是外公带来的鸡蛋,我让他过来一趟他怎么也不肯,非要赶下午那班车回去。"

…………

"你外公得了癌症。"

天呐,这是上天的惩罚吗?惩罚我抹去痕迹,惩罚我关上记忆,惩罚我一次又一次拒绝登上回老家的车,惩罚我跳下吱呀作响、链条生锈的老式自行车,惩罚我的凉薄和绝情。

在昏暗的面馆里,我抬头看向妈妈红了又红的眼圈,原来这不是一场梦。

那日我抬头望天,心里反复默念:"让外公好起来,好起来。""让时间原谅我一次。""让我重新留下痕迹。"

外公的病其实并不严重,很快他便痊愈出院了。然而,我高估了自己,好了伤疤忘了疼,再一次把有关他的一切锁进老房子里那扇破旧的铁门之后。

我究竟凭什么获得幸福呢? 我从不珍惜眼前人。

或许事情也有转机,我似乎从此陷入了愧疚的旋涡。

愧疚于一减再减的回家次数,愧疚于一次次漏接的电话。我又四处宣扬我的愧疚、我的高尚,却再没有回头看他一眼。

寒假回家,我又例行公事地催促着妈妈离开。在昏暗的房间里,我窝在木板床上玩手机,身边立着早已收拾完毕的包。

外公进来了,他望着我。

他就那样静静地望着我,嘴巴微张却吐不出一个字,混浊的眼睛里是近乎哀求的战栗。

那一幕似曾相识,在哪里呢? 是在几年前关上病房门的那一刹那吗?

所以我碌碌终日地收集,是在收集什么呢? 我把那些纸片视如珍宝,却未在心中留下丝毫他这眼神的痕迹。

我垂眸,不敢再望向他的眼睛。

那目光承载了太多太多,有我那充满他身影的童年,有他弯下眼角炫耀曾经带我去这儿去那儿的光芒,有他驮着一个又一个麻袋坐上公交车的期待……

那是我遗忘的、逃避的,那是热衷收集的我从未留下的。

但那眼里当下是我,是战栗,是哀求,也是当下凉薄的我与儿时灿烂的我最无声的对峙。

那一瞬我又想起某年在他生日那天,破天荒地给他打去电话,外公接起电话探寻的语气和听到我那句"猜猜我是谁"之后陡然上扬的声调。挂断电话后,我才发现这个换了这么年的号码之前从未给他打过电话。

那眼里的战栗深深映到我心底,成为一道伤疤。我望着他脚下的人字拖鞋底沾满了菜园的泥,我看见院子里五颜六色的塑料袋上挂着新鲜的水珠,我看见外婆扶着小板凳数鸡蛋,嘴里念念有词:"来都来了,怎么也不多待几天……"

我一遍又一遍地忘却,一遍又一遍地故技重施,一遍又一遍地给过去留下厚厚的灰尘,一遍又一遍地辜负。外公却一眼拂去了我心头厚厚的灰尘。

原来这些痕迹一直存在。

我终于抬头，我终于没有再一次无视他欲言又止的挽留。

"我不走了，外公，我不走了。"

"我还能再坐一次那辆旧自行车吗？"

我一次次按捺心中的雪。

它们过于洁白，过于接近春天。

指导教师：王龙祥

本文获决赛一等奖

点 评

全篇以痕迹为线索，语言生动，情感浓郁，作者将内心的纠结、矛盾，与重新理解、最终释然，写得婉转缠绵——这是对外公的理解、对生活的理解，更是对生命意义的理解。作者紧紧围绕自己与外公之间亲情的亲近—疏离—亲近(升华)这一主线，疏密有致地娓娓道来，引着读者出入于老屋，出入于外公的心扉，最终实现自己对外公的理解与回馈。

（刘忠华 高校教授）

东南角的小石塔

□ 山东省临沂商城实验学校　杨淑然

　　淅淅沥沥的雨水退去后,初夏的空气中弥漫着泥土的潮湿气息,叽叽喳喳的家雀渐渐回来了。院子东南角的桂树,正尽情舒展着翠绿的枝叶。树下,我的小石塔,正坚守着它的一寸小土地。

　　十年前,气温好像没有现在这般高,平日里没有空调,在树荫下乘凉也很惬意。当时雨水很多,我们一群玩伴偶尔会在暴雨天,身穿雨衣,享受暴雨带给我们的欢乐。

　　那雨来得快,去得也快,天刚放晴,我们就在我家东南角的桂树下抓小昆虫。抓完后我们就想,要把它们安顿在哪儿呢?于是,充满智慧的我们,决定给它们搭一个小石塔的"秘密基地"。

　　我们的石头可不是普通的石头。它们来自五湖四海,有的是从泰山上带回来的,有的是从浙江带回来的,有的还是路边的鹅卵石,总之,它们都有自己的棱角,有自己的个性。

　　孩童时的想法如暴雨般来得快,去得也快。那个独属于我自己的童年夏天过后,我们几个玩伴也渐渐散了,之后我很少去看那处秘密基地,也不知那小石塔里的小昆虫,是否也像我们一样,走散了。

　　又是一年初夏,与往年不同的是,这一年我迎来了比我小九岁的妹妹。起初,我还不懂,只知道家里多了一个可爱的小宝宝,后来我渐渐发现,童年要与别人处处分享。

　　薄暮时分,树荫下的两个孩子在堆石塔。我和我的妹妹几乎分享了一切,包括我的小石塔。那一年秋天,桂花开得正旺。沁一口桂花香,听桂树摇曳的声响,恍若身处人间仙境。你别说,和自己相差九岁的妹妹一起堆石塔,也会感受到不一样的可爱。

　　然而,可爱不会一直都有,仙女也会落入凡间。当我慢慢步入青春期,平淡的生活难免会因争吵而掀起涟漪。

　　我在家中孤军奋战。姐妹的争吵父母介入其中,他们给我扣上了"不懂事"的帽子。青春啊,难啊,难啊,难与父母相处。于是,在我家院子的东南角,你总会看到,一个女孩,或拿着两块石头磨啊磨啊，或在堆小石塔。

从黄昏至夜幕降临，从春末到秋初，我将我的心事藏于石塔，或喜或怒，或阴或晴。那是独属于我的秘密基地，任凭风吹日晒，一直都在那里。

年近十八的我，凑了时间的巧，在今年的初春，迎来了第二个妹妹。我看着母亲对她细致入微的照顾，回想起九年前，那时也如今日。那么十八年前呢？是否也是这般？我想一定是这样。我听着母亲对妹妹的谆谆教诲，对她有些急躁的责骂，仿佛看到了昔日同样被责备的我。我的妹妹会不会像我当时一样，认为父母会偏心，会不爱自己？

风吹来了初夏的温度，我感受到了父母独特的爱。在我们成长的不同阶段，父母的爱是不同的。孩童时期，他们给我们自由，允许我们淋那暴雨；青春时期，他们望子成龙，忍不住想多说我们两句。但爱，不会因为孩子变多而转移。

我的妹妹会不会像曾经的我一样，把父母列在敌军的行列，一个人度过那想不开的青春？

院子里，东南角，桂树下，那小石塔变得有些光滑，时间磨砺着它，也磨砺着我。过去十年，它一直在那里，在我的心头留下了永远的痕迹。下一个十年，我愿将它与我的妹妹分享，让它守护她的童年。

指导教师：孙梦雨

本文获决赛一等奖

· · · · · · · · · · ·
点 评
· · · · · · · · · · ·

童年搭建的小石塔，是烙印在生命深处最初的情谊。作者巧妙运用这个童年的痕迹，将亲情的印痕耐心铺延，别有新意地切入"姐妹亲情"和"分享与爱"的话题。这一主题是这一代人必须面对的生命成长，其真切的体验与真实的感悟发人深省。

（谢锡文 高校教授）

忘却的痕迹

□ 山东省济南西城实验中学　张天择

痕迹是什么？一位考古学家可能会说，痕迹是古老的土层下沉积的化石。物理学家可能会说，这是光穿过单缝再穿过双缝时在感光元件上留下的干涉条纹。但对于一个普通人来说，痕迹似乎就没那么具体了，它仅仅是一个人在生活中无意捕捉到的世界碎片。

然而，人类也许就是一种奇妙的生物。理性的工业机器还做不到用几个小碎片拼起一个物件，但人类却能依靠大脑拼出一个几乎完美的回忆。也正因此，我们习惯了用一件小事推测人心，用双方的证词努力重现事实真相，用题目给的残缺不全的几个条件拼出几个无趣题目的答案，用几个小小的瞬间拼凑出一个过去还不错的人生。

虽然我可以在这张两千字的稿纸上继续扯点儿关于什么是忘却、什么是痕迹的废话，但是这样做仅仅算在稿纸上雕花——白搭，所以还是停下来，回头审视一下我们的人生吧！马云至今仍能回忆起肯德基招门店人员要十三人而他恰好排名第十四的故事，他坦诚地认为那是一次宝贵的经历；许多已经上大学并参加工作的人也会向后来人讲述高中生活的美好。然而，讽刺的是，现在的"灵活就业"和"慢就业"青年并不认为被公司拒绝是件好事，而那群正在上高中的青年也总认为这段日子不好过。那么，这到底是为什么呢？

阿德勒曾经说过，对于一个人来说，过去并不存在，存在的只是个体对记忆筛选后制造的回忆。我们基于自己的目的，刻意筛选，刻意遗忘，创造了一个个自己想要的过去。至于那些忘却的痕迹，我们似乎从不关心。

社会的大潮也在不断地告诉人们，不必过分关心过去。似乎有个人也是这么想的。十年的教育，加上因大量刷题而没有时间读书思考的大脑，再加上家长和周围人的"临门一脚"，以及一场"决定性"的考试，把他踹进了一个新社会。

他习惯在新社会生活，天天在宿舍里睡到早上十点，成功地逃了一节早晨八点的宏观经济学课程。他会拿着笔袋和本子，带着两条可以当作枕头的胳膊，从一间教室睡到另一间教室。课堂上的内容如流水般涌入他的大脑，却只在一个神经元上雕了个稿纸花，然后还冲走了其他神经元上的真实印记。"冲掉，冲掉。一定要冲掉！"也许他内心真的这么想，那么在这一点上，他也是个行动的巨人。

他不需要痕迹，因为有了痕迹就有了一份新认知，就能把他再一次拉向客观现实。如果他真的有能力，他应该回到文艺复兴时代的欧洲，骑上母羊，拿起锅盖和树枝，给当时的意大利文人和未来的全人类再创作一本《堂吉诃德》——这才是纪实之学。忘记历史是一种背叛，但对他来说，记忆乃至和记忆有关的一切，才是一种背叛。反乌托邦的作者总是担忧国家有组织地进行对历史和记忆的消除，但他们未免太没想象力了——多数人的自发行为同样可以做到这一切。

他有时会被学校拉着去参观纪念馆。进入南京大屠杀纪念博物馆后，他声泪俱下，心有怒火，仿佛这团怒火将流向原野。然而，走出纪念馆，他立刻被手机推送所吸引，开始浏览"日本旅游指南"和"日本绿卡指南"。在十九世纪的美国，人们仍处在印刷机时代，习惯于对事物持有个人立场，热衷于唇枪舌剑，以理服人。如果让他来，他也绝对是个好手。这确实是"最伟大"的时代，我们似乎回到了古希腊，但那是一个诡辩的时代，一个无痕迹、无记忆、无立场的时代，也是一个刚处死了苏格拉底的时代。

有时，那些被忘却的痕迹会在他的梦里出现，试图唤起他的记忆。但他总会翻过身去，继续去用忘却来创造，创造伟大的、传奇的、长久和平的一生，创造一个抽象的、无细节无痕迹的美丽新世界。

指导教师：王丹

本文获决赛特等奖

点 评

记忆于好坏是有选择的，而现实似乎无法选择，于是作者穿梭于历史：文艺复兴时代甚好，但有乌托邦的欺骗；抗战时代甚恶，但左右不了现实的走向；希腊时代伟大，可恨"处死了苏格拉底"。到底应该选择什么？为了一个"美丽新世界"，那些不让或者无法选择的痕迹终究会真实地"在他的梦里出现"，对于人类或者个人来说，那是没有屏蔽主观思想感情的纯粹的客观历史。作者跳出框梏思考历史、记忆、痕迹，用带着感性的理性笔触揭示它们的真实特点，逐渐深入，又不脱离现实。文章的哲理意味渗透着人文情怀和现实关怀，难能可贵。

（李剑锋 高校教授）

木香墨染

□ 江西省赣州市赣县中学　郭沐铷

书墨，淌于木脂坚石之间，稳重深邃，黑而舒心。

梨木，出于百艳万香之上，馨秀清雅，白而怡人。

一碟书墨盘、一张梨木桌，加以羊毛帖、圆木笔架等琐物点缀，自成爷爷房内四十年如一日的良辰美景。

打我记事起，爷爷的书法便自成一绝。要不然，怎么会有满书架的名帖名碑、整抽屉的废纸残笔和一木箱的证书奖章？那个书香馥郁、貌不惊人的小木箱于暖阳中熠熠生辉，其无形的光芒令牡丹动容、香草失色。那是古典文化的容颜，是千年流转的氤氲，经久不衰。怪不得小镇的人们都说："这老人风流一世，字也潇洒一世。"

我八九岁时，爷爷成了我的"书法家教"。我常找一个夏日晴朗的清晨，告别忙碌的父母，背起小书包，一路慢慢悠悠、晃晃荡荡前往爷爷家。那时夏风正好，屋外叶子哗啦啦地响着，世界被风声和蝉鸣包围，屋内茶香萦绕，一老一小各握一支狼毫，一同接受书法的熏陶。

出生于文化家庭的我自是有少许天赋的，字形还算端正，外人皆赞好，然而爷爷看了直摇头，说太过呆气，没有精魂在其中，这样的字是不会吸引人的。他掀开墨迹斑斑的羊毛毡，说这样的字才可能留得住几缕魂。我顺着他指的方向看去，梨蕊白的木桌上，却是墨迹斑斑，在书房中格外突出，刺痛了我的双眼。我惊讶地问："怎么变成这样的？"他一如既往不苟言笑地回答："都是练习写点练成的。"一般人喜欢平稳安心的横、笔直规正的竖、锋芒毕露的撇，抑或一波三折的捺，而爷爷独独钟情于点——它们或棱角分明，或圆滑饱满，或刚挺秀美。只要是点，他都喜欢。"喜欢点，喜欢它的千变万化，无论何字都可容纳其间；喜欢它的端正利落，只有用最足的力气才可点出其姿；喜欢它的低调娴静，虽然小小一个，但万不可略去，否则字失其形。"

"以后啊，你也从点开始，一笔一笔，一字一字，慢慢练，写出风韵。"爷爷说道。

"可是，桌子都黑啦，多不好看！"我几近哭泣。

爷爷叹了口气："傻姑娘，你不懂。梨木虽白，但白不纯粹；墨水虽黑，却黑不彻底。墨透木，木渗墨，香味方可混合，故墨痕之美，独一无二。你太小，只知凡事非黑即白，却不知生活从来是黑白兼有的。在夹缝中生活，活出一片自己的模样，方为生活之道。这个世界，是很复杂的。"

这段话在我的心头萦绕不去，时隔五年仍记忆犹新。

当时我不懂，现在我懂了。承蒙祖上官至丞相之恩，出生书香世家的爷爷对得起家庭，凭一己之力考上离乡一千里的大学，二十岁出头便打下一番天地，风流倜傥，不乏才子之谓，但也因此遭人妒恨。五十年前名满古城，五十年后云淡风轻，爷爷像是一道墨痕，穿透时光节点，覆盖生活夹缝，清香萦绕人世。

爷爷去世后是连绵一周的阴雨，漫天白与黑交杂，像年少时被打翻的墨，像墨渗入桌上的白。老房子的那张梨木桌被我执意留下，墨迹尚存，未被时光的洪流所冲淡，点点如星，香气馥郁。

我想，它永远不会散去。

我想，它永远不会逝去。

指导教师：郭艳华

本文获决赛一等奖

点　评

"生活从来是黑白兼有的。在夹缝中生活，活出一片自己的模样，方为生活之道。"爷爷在书法墨痕中悟出生命的哲学，指导着"我"未来的道路。在梨木桌上留下的书法痕迹里，家族的历史和古老的文化一一呈现，令人身处画卷。书法的一笔一画都渗透着中国的智慧，梨木桌、毛笔与毛毡则营造出古典的氛围，使人沉醉于优雅、宁静、迷人的情境中，感受到墨痕里悠远的时空和代际的更替。大抵好文章皆如此：有故事，劲道；有文化，深厚；有时光，绵长；有回味，甘甜。这一切又何尝不是痕迹本身？本文内容与形式高度统一，主题随之提升。

（王芳　教师作家）

撕不去的贴纸

□ 福建省厦门外国语学校　周晏冰

　　家门上、墙壁上的贴纸是我幼时想象力泛滥的杰作，翘了角，卷了边，氧化发黄——怎么也撕不干净。即使撕了，半截纸纤维也会顽固地坚守那一方领土，而老化的双面胶则与墙皮缠缠绵绵、难舍难分。

　　在我幼时的记忆中，父亲的身影很少出现，多是母亲在我身旁。我抱着母亲带回来的早教书刊和它附赠的贴纸，在小小的房子里兴奋地横冲直撞，像失去了导航的喷气飞机，将"尾气"（这里指贴纸）毫无章法地排放到家中的各个角落。我忘了母亲是否为此而责备过我，或是无奈地略过，但无论如何，我对我的杰作抱有十一分的满意。

　　我在脑海中搜索童年时期名为"父亲"的画面，其中百分之九十出现的都是那半张空出来的床。两米多宽的床足够挤下一家三口，而平时我与母亲在晚上睡去，只在睁眼时看见满是疲惫的父亲。母亲与祖父母总与我开玩笑，翻来覆去无非是说我们与父亲生活在两个时区，睡在一张床上却不曾见面。所以父亲对我那些"尾气"杰作的夸奖是被我留档珍存的宝贵画面之一，标题为"父亲的赞许"。

　　长大了些，我也没有失去贴贴纸的机会。在我上小学一年级时，小姨步入了婚姻殿堂，他们一家搬进了新房。虽然我不曾参与过什么装修工作，但当他们拿出五彩缤纷的装饰贴时，我的双眼闪烁着痴迷的光芒。如果说小的贴纸是小孩子们的日常爱好，那么那样巨大的贴纸无异于让我步入了天堂。阳台门上的粉色圆圈，电视柜柜顶的埃菲尔铁塔，客房中布满了蜜蜂与兔子图案的身高尺等，这些都有我的功劳，留下了我的欢声笑语。

　　小时候，我坐在姨父的摩托车后座上兜风，去买面包和牛奶。脸颊旁呼啸而过的夜风往往引发我的畅想——人们逗小孩子时总喜欢问他们未来想与什么样的人共度余生，而我的回答总是脆脆的一声"姨父"。只因他不同于父亲，他是可见的存在，始终陪伴在家人身边。他幽默、洒脱，与小姨的互动就像高中同桌间的打趣。我甚至经常开玩笑说姨父是我的"亲爸"，而这个称呼起源于我们回老家时一起去电玩城、儿童乐园玩儿扑克牌和飞行棋的美好时光。

一次又一次，我看到墙上发黄的花朵，就会想起"喷气飞机"与"父亲的赞许"。电视柜柜顶的埃菲尔铁塔，就像有声电影的播放键，不断循环放映着只有姨父才能够得着的那张高达一米八的小蜜蜂贴纸的画面。

我手握着一张泛黄、褪色的合照，看着上面的一家三口，读出那三双交缠紧握的手指间萦绕的叫"永远"。这张照片或被夹在钱包里，或被糊在镜子的对面，那是他们在包容与退让中，用以人生为周期的指针刻下的痕迹——直到最后，那根指针缓慢地重归于零。

母亲说她和父亲离婚了。同样是在深夜，临睡前，在那张承载了两个人与空气的床上。

我其实并不感到意外。那几立方米的空气无法承载两个相爱的人。母亲说她失去了陪伴，换来的是日复一日的冷暴力。

我的审美早已发生了变化，那些墙上的"尾气"着实让我觉得碍眼——尤其是父亲搬出去之后。这并不是说父亲在我心中的地位降低了，而是那些痕迹已经不再是轻松愉悦的象征。每张作品上面都用醒目的红色书写着诞生的日期，似乎在宣称过去从未逝去。

然而，它们又偏偏无法轻易撕去，要么留下白纸，要么留下碎了的胶纸，贴纸撕去后留下的丑陋更加让人闹心。

于是，我们只好在那些贴纸的陪伴下继续生活。

它们还是在默默地观察着我们的生活。母亲晋升为副教授，我则被顺利保送进了重点高中。那些幼时的痕迹，始终如一地躺在那里。

小姨也离婚了。原因是姨父的不忠与家暴。

我不禁瞠目结舌。

或许该称呼他为"前姨父"，我对他的印象从未有过一丝负面因素，然而如今，我却觉得当初嬉笑的回答充斥着荒唐。

尽管我们在家中创造了新的记忆，但墙上的贴纸从不曾被抹去，因为它们是记忆长河中一块浓墨重彩的痕迹。

指导教师：徐可

本文获决赛特等奖

点　评

孩提时代的贴纸形成了痕迹，这是"我"成长中的痕迹。这痕迹留存在岁月里，是"我"的创造与记忆，看似缥缈却又真实。岁月又强加给了"我"另外的痕迹——父母及小姨夫妻的离异。这痕迹不在墙上，在心里，在生活里，在更深刻的地方，这痕迹是对大人也是对"我"的磨难与考验。人生的两种痕迹自然衔接，于是行文有了空间，主旨有了厚度。

（夏立君 作家）

且听风吟

□ 甘肃省武威第一中学　郭轩辰

　　一缕炊烟袅袅，三两飞鸿掠影，八九近邻谈笑，再加上一柄锄头、一方梨园，这几乎便是印象里故乡的全部。如果说还有什么，那一定是故乡的风了。

　　老一辈的人讲，故乡是风吹出来的。起初只当是老人们信口胡诌的玩笑话，近些年记起来，倒觉得是极富诗意的智慧。故乡的风一呼一吸，延宕亿万年，从远古吹来，吹至街角巷陌、繁华市井，吹至巍巍山峦、绵绵江河。风或温柔或野蛮地用它宽厚的肩脊拥抱着故乡的黄土，拥抱着素面朝天的乡村；用它皲裂的双足深一脚浅一脚地踩出一条长而深的沟渠，流经每个故乡人的心田，留下一道道水痕，就这样把乡情刻在人们心里。

　　风也许没有形状，但一定是有颜色的。它可以是秋天麦穗的金黄，可以是远山近岭的石青，可以是斗拱飞檐的朱红。风杂糅着各种颜色，泼墨成这多彩的故乡。

　　印象里的风从来不知疲倦，撕扯着喉咙呐喊。风声呼啸而至，万马齐喑，蔚为壮观，令人只觉没来由地心慌，全然不似诗情画意的烟雨江南。

　　幼时的我被风吹得皮肤皲裂不堪，帮着家里人干些重活儿丝毫不觉疲累。长大后，我去了别处生活，皮肤并未得到改善。每逢被夸能吃苦时，我一想这是故乡的风吹来的，倒也悠然自得。

　　姥爷的梨园是我童年的娱乐场。弹弓打鸟，举着木条扮大侠……近些年这些事常常萦绕在梦间，我觉得自己把根落在那儿了。由于故乡的风实在凄厉，姥爷在枝干与枝干之间、树木与树木之间系了许多绳子以防其倒伏。他同我讲，这独木难成林，即使成林也不往一处使劲儿，那就不过是一群烂木头。这话我铭记在心，与人交往时常念起来，混了不少好人缘。

　　可故乡的风不是总爱这片土地。一夜疾风骤雨，梨园的收成毁了大半。姥爷行至园前，愣了半晌后大笑起来："好风！好雨！这下那些不抗风的孬枝总算绝了。剩下的硬枝条、好梨子，跟老汉过好日子！"他的手微微发颤，笑容却是发自内心的灿烂。因此每当念起故乡的风，我总要加上一句："那风怎么能吹得倒故乡呢？"

前些天我回了趟故乡,先去了老屋。许久没人住的屋子稍显破旧,屋顶堆满了陈年的枯枝烂叶,一些渗透到了梁瓦之间的缝隙。我搬来一把梯子,取来一柄断了把的扫帚,爬上去清扫,却看见身下有只燕子衔走扫落于地面的枝条,飞上梁来筑巢。没等它架稳那根枝条,故乡的风又来作祟,将其先前架起的八九根枝条掀翻。这燕子也没灰心,转眼又飞回地上,周而复始地进行着它的筑巢大业。这是生命的礼赞,这是万物的灵韵。

坐在庭院中,风又变得闲适起来,我双眼微眯,进入了梦乡。梦里,我变成了一叶荡在故乡沟渠中的小舟。青山无言,绿水静流。我就那样静谧地靠在岸边,经过几万年风蚀,最终化成了风的影子,跟着故乡的风在人们心里镌刻下故乡的痕迹。时光不语,我悄然游荡,看尽故乡的繁华。正得意间,然而,风又变得凄厉起来,生生把我从梦中揪醒。

醒来已是傍晚,我赶忙快步走向梨园。一轮明月远远地悬在远方,不偏不倚正好镶在梨树的树杈间,好似一枚精妙绝伦的玉佩,只等太阳一落,就用清冷的光辉轻抚人间。

我轻轻枕在田埂上,风穿过整片梨园与我相拥。月亮一点点从天边移至我的视线中。故乡,留给我的太多,值得回味沉淀,而其中故乡的风打磨了我的品格。这些痕迹伴随着我的一生,无论我走到哪里,耳畔总萦绕着故乡的风声。我想着想着,眼角滑落一滴泪水,浸湿了一小片黄土。风一拂而过,带走周遭的尘土,却独留那一小片岿然不动——这是我留给故乡的痕迹。

故乡的风依然吹着,一呼一吸,延宕了时光,塑造了乡人。我听着风声,趁着云霞明灭、星光未起,又一次进入了梦乡。

我想我会走得很远。但无论走到哪儿,跟随故乡的风,我一定能找到自己的根,那是初心所在。故乡的风吹过的地方都留有我的痕迹,我成长的路上也都有故乡的风留下的痕迹。时光不语,我与故乡的风相拥,马不停蹄地奔赴远方。

指导教师:倪琴贵

本文获决赛一等奖

. . . .
点 评
. . . .

故乡是生命中永恒的底色,故乡的风吹过的地方都有"我"的痕迹。本文描写故乡的风,"一呼一吸,延宕了时光,塑造了乡人",是故乡给'我'的痕迹让'我'得以马不停蹄地奔赴远方。在作者笔下,故乡的风像一首磅礴的诗,在时间上吹过乡村的历史,在空间上吹过山峦河流,最后落在故乡的梨园。时光流逝,梨园残败,但从前的宁静与从容依然还在,宛如诗的标点,一直留在人的心上,伴随人的一生。语言灵动是为了承载故乡的风的调皮,视野的开阔使故乡的风有了灵魂的自由,一切用语都恰到好处。

(王芳 教师作家)

生命镂刻的印痕

□ 山东省临朐中学　胡语宸

伴随着"吱呀"一声响，我缓缓地推开卧室沉重的门扉，走进这个熟悉又陌生的房间。屋中无人，寂静无声，我却渐渐失了神，仿佛又看见了那个忙碌着的单薄背影，看见了她平凡生命留下的难以磨灭的印痕。

房间风格质朴，装潢简单，但日用品很多。床上的被褥样式虽然老旧，但摸上去异常舒适——刹那间，我想起了我也有一套这样的被子，是上初中住宿时外婆亲手为我制作的。我仿佛看到了一个满头白发的老太太，眼中满是慈祥，在做着她拿手的针线活儿。如今被子还在，人却不在了，真是物是人非。

衣柜敞开着，里面却空荡荡的，仅挂着几件衣物。其他的衣物在不久前都被捐赠了出去。一旁的桌上放着一台旧收音机，后面是一张全家福。我拿起照片，目光定格在上面。照片上几个勉强扯出一丝笑容的人却笑得比哭还难看，让人心中无端涌起酸涩之感。怎么会有人在和家人团聚的时候，还摆出一副要哭的模样？照片中央的老人安静地端坐着。虽然她的头发因化疗而稀疏，身板因无法进食而枯瘦，心灵因病痛而疲倦，但这一刻，她眼中流露出的却是满足。我捏着照片的指节发白，然后又松开。

看啊，那由细密草秆编织而成的锅盖，是外婆亲手教我母亲完成的；听啊，那款式陈旧的收音机播放的京剧，是外婆在病中消磨时光唱过的；嗅啊，那布满褶皱、散发着泥土气息的纸币，是外婆在田地里辛勤劳作换来的。房间是这样狭小，岁月是那样残忍。时间也许会冲淡这些由生命镂刻而成的印痕，但冲不淡绵长的思念，哪怕一丝近乎于无的痕迹都能轻易勾起我们的回忆。

犹记得母亲在葬礼上痛哭过不知几次后的那天，她进到这间房，然后出来，愣了一会儿后告诉我们，她总觉得外婆还在，还没有离去。我顿时感到心头一颤，却不知道该怎样安慰她。生命留下的痕迹让存在成为一种习惯，如今回想起来，我们才恍然意识到斯人已逝，再无昨日音容，只余下生人对着那些印痕独自茫然、徘徊、惆怅。

比起生活中的痕迹，心中的印痕无疑更加难以消逝，那是铭刻于骨血当中的记忆。

姨姥姥曾告诉我,她是家中最小的女孩,那时的外婆作为大姐,总是无微不至地照料她,为她织衣做饭,既是姐姐又像是妈妈。母亲手机中的相册至今仍珍藏着外婆健康时的照片,姨母酒醉后还会对着外婆生前的影像哭得肝肠寸断。这些遥远的痕迹早已留下深深的烙印,被小心地珍藏在心中最柔软而隐秘的一角。

光阴是天地间最无情的那块顽石,人的生命都如过客,如流水般从它身上淌过。生命虽然短暂而平凡,却总能在顽石之上留下一瞬的蚀刻,因为只要我们还在有限的光阴中行走,就会一直将那已逝的故事传颂,如同歌唱那朝露未晞时的晶莹闪烁。痕迹虽浅,但回忆不朽。

我合上了那扇门,却合不上生命的印痕和思念的铭刻。也许旅行的清风会听见我的呼唤,将它带至彼方遥远的天空。

指导教师:公娜

本文获决赛一等奖

点　评

本文画面推动感极强,细节纤毫毕现,作者的笔像一把刻刀,一笔一画刻出了外婆的一生,试图为她留下来到过这个世界的证据。这很好地诠释了痕迹的意义,即存在的意义。作者对于痕迹的珍藏,表面上是对外婆的留恋,往深里看,何尝不是对已经逝去的时光里的自己的执念?这样的相互映照的写法,减轻了文章怀念的意味,而多了一份明澈的思考,使最后两段的思考自然而然、水到渠成。人类关于时间与存在的追问从未停止过,无论是名垂青史还是遗臭万年,无非是要让个体的存在更长久一点儿,而存在的凭据就是那些痕迹。在那些痕迹里,留存着美与丑、爱与恨,代表着人间的一切。文章由小见大,很见功力。

(王芳 教师作家)

知有痕，亦须不囿于痕

□ 广东省东莞市东华高级中学　林雪淇

"人生到处知何似，应似飞鸿踏雪泥。泥上偶然留指爪，鸿飞那复计东西。"在我看来，苏轼此诗道出了两重人生感悟：一是风去有声、雁过留痕，生命中的一切都会留下印记；二是声遗风逝、迹存雁远，不囿于过往痕迹方能奔赴前程。以苏诗两重内涵为基石，我们不妨以更科学的心态面对痕迹，书写自我的人生之章。

静观"人生无痕论"，我说："人生有痕。"

有人说："日光之下无新事。一切发生的事情都在过去发生过了。"还有人说："能被历史记住的人和事情寥寥无几，多数人的生活只能感动自己。"初见之下，这些言论似乎是"残酷真实""人间清醒"，然而，如果我们真这样想，认为没有新意的痕迹不是痕迹，认为痕迹的存在只能以宏大的历史来确认，而忽视平凡人的痕迹，世界岂不就太冷漠，生命也不就太悲观了吗？我认为，痕迹存在于每个个体身上。它可以是出现在这个个体生命中的人，即使是过客，也有记忆的留存；它可以是发生在这个个体身上的事，虽然会淡忘，但是余温尚存。因此，人生有痕，不是被别人发现的痕迹，而是存活在这个世界上时，每个人在每分每秒留下的自我证明。

审察"有痕无用论"，我说："意义自在人心。"

哲学家说："我是过去的我的排列组合。"心理学也坦言："过去的经历是人格塑造的源泉。"它们共同肯定了过去在构成现在之我时的关键作用，而痕迹，正是过去的投影。我们在玩耍中受伤，留下了伤疤的痕迹，于是习得经验，懂得规避伤害；我们从小受爸爸妈妈的严格教育，留下了好习惯的痕迹，于是形成良好观念，能够行稳致远。痕迹影响我们的人生理念与人生选择，进而影响我们的人生轨迹。而另一些时候，痕迹更多地寄存着精神，铭刻着怀念：小到一本批注过的旧日读物，一件曾经非常重要的人赠予的礼品；大到面目全非的圆明园，南京大屠杀国家公祭日的设立。我们在痕迹中感怀过去，追念师友，常常又生发出伤感之类的情绪——正如王羲之所言，"虽世殊事异，其致一也"——然后得到启示或力量。因此，痕迹的意义不源于它具体的表面存在，而源于它抽象的内核存在。

我们留恋痕迹，但有时，我们刻意地忽略痕迹，此即"不囿于痕"。

我们常常看到一些抹去痕迹的努力。比如，锁上亡故之人的房间；又比如，藏起考砸了的试卷。有时我们无法抹去，就会以买醉来短暂忘却，或者逃到一个新的环境中，强迫自己做转移注意力的事情。这些都是因为痕迹容易让我们沉湎于过去之中，尤其是沉湎于过去的情绪里，而沉湎又让我们难以走向未来。每当这个时候，脱离痕迹营造的幻梦就成了最要紧的事。消除、忘却、转移是人们常用的三大办法。而我认为，无论哪种办法，都要以解开心结为目的，这样才能真正起效。是以，不囿于痕是一种豁达的人生态度，需要我们不断积极地修炼。

如果将人生比作一本人物传记，那么我们的出生便是传记的第一页。随后在年龄的增长中，无数人来了又去，无数事走近又走远，在书的字里行间留下痕迹。而我们既是这传记的作者，又是读者。书越厚，前面的情节就越记不清晰。可是，那些页码就在那里，只会在那里，每次回看，都能勾起对过往的记忆。

知有痕，亦须不囿于痕。正如此刻我坐在这里，书写我过去的积淀，但当铃声响起，我也要抽身而去，不复回头。

指导教师：牟茜

本文获决赛一等奖

点 评

作为议论性散文，本文凸显了思辨性。作者以"有痕"和"无痕"为人生矛盾着的两个方面，设立了"有人"与"我"、"宏大历史"与"平凡人生"、"过去"与"现在"、"存在"与"意识"、"肯定"与"否定"、"知有痕"与"不囿于痕"等至少六组相互对立又相互依存的概念，或阐释，或解析，或思辨，或例证，或对比，或引申，使文章充满了哲学与思辨的气息。本文摆脱了常见考场作文的议论模式，笔力纵横如跑马，汪洋恣肆赛奔雷，章法严谨，开合有度。以苏轼的诗起笔，疑似人生感言；以"我"与"有人"相对，又似一场辩论。"存在"一词被作者反复勾描，让读者感受到了哲人的托腮冥想，又仿佛看到了一个诗人。

（李岫泉 特级教师）

柳柑墨痕

□ 山东省泰安第一中学　肖一诺

一

灯湿火暖，前夜方歇一场急雨。雨霁无痕，今晨又掬一捧腾腾初阳。柳州的夏恣肆得太过晃眼，前些日子种下的小柳树生机勃勃。我轻掩小窗，眯起眼睛细细打量，似乎能从它们身上沾染几分活气。

活气是总要随着岁月的磨洗一点点销声匿迹的。前些日子漫步清冷的小石潭，崔氏家中两位小生阖目展颜，激动地大赞那里灵气蔓延。我静立不语，无名的寒意从那早已不再温热的心里溢出——不可久居，记之而去。

盏中春茶未滚，我起身端一壶沸水浇下，青叶翻涌。自打到任柳州，我莫名生了爱观叶的意趣，或许心境未老，总想从象征着生命有痕有迹的芽生枝落里寻觅出些许情味。于是栽柳，堂前屋后，万条丝绦，一路种到柳江，江白叶绿，明日鲜鲜。也种柑橘，贪恋青黄下的洌香。只是树的生命太长，五百岁为春，五百岁为秋，扎根便把日子流淌的痕迹实实在在刻在环环绕绕里。我柳宗元的生命太短，卌六载，冬夏朝暮就是全部，日子流淌的痕迹抓不住，根也扎不牢——漂泊于长安，迢迢于柳州。元和十年，人生晚秋。

放下手边盏，端起小毫笔。少时写了许多文字，皆负壮气奋烈。彼时肩膀太实，总想挑起一切，立志朝堂上的绯色袍，总有一天要穿到河东柳氏族人的身上。再翻旧日文字，凌冲九霄的意气从卷页中跃出。那年孟春，我年纪轻轻便做了父辈们一辈子才会做到的官，于是春风得意马蹄疾。

风止火熄，留我憾守春烬，独观春痕。

念及此处，颇感戏谑有趣，我终于落笔："柳州柳刺史，种柳柳江边。"

二

据说，一棵柑橘树从种下到结果需要四年。那爱种柳的柳刺史，门旁侧道几棵柑橘树颇为繁茂，有趣，有趣！故人在笑。

生平最爱讲雁过无痕的我，终于在故人面上的沟壑里，看见了时间的答案。月幽人静，我第一次坐下，窥镜自视，岁月将流淌的痕迹刻在我的脸上，就像我曾经羡慕过的树的圈圈年轮。

可年轮足了便是结果。我栽下的柑橘树经历四个春秋便有黄澄澄的果实盈枝。彼时的我呢，沟壑满目，可还苟于世哉？

"我还能吃上我种的柑橘吗？"

"你说这日子，将我一腔锐气掠走又偏偏在我颊上刻痕……"

心绪难平夜，叙文以抒怀。我点墨记下元和八年，窗外喷雪之色般的柑橘树，我像少年时盼望功成名就那样盼望小柑橘快快长。

三

元和十年的晚冬，北风寒彻，柳枯柑颓。拖着衰朽残躯，我从梦中惊起。梦里天地俱静，我寒江独钓，醒来柳未抽芽，柑未结橘。

其实梦里还有许多东西：少时，我在书院就读，先生皓首穷经，讲世间万物川流不息；科考路上结识个刘氏子弟，两个无兄无弟的影子从此互为知己、相伴一生；我曾春风得意、风光无限，亦被贬永州、痛别老母。

我睁眼，只有风声呜咽。

我种着柳柑，数着年轮，度着春夏，抚着皱纹。我知道人间再施舍给我的日子不多，于是一边劝慰雁过无痕，一边拼命寻找生的痕迹。如今始觉，记忆之长河汩汩向前，每向前淌过一寸，便在我心刻下一痕，在纸上添过一痕。

柳掩柑映，我捧起满是划痕的、在岁月里染了文墨的心，唯有泪千行。

憾守春烬，妄攀秋华。

如今，静逝冬风。

我听他们叹气过很多遍，说我熬不过这个冬天。我起身挣扎着开窗，外面寒风凛冽，柑橘树枝丫光秃。我努力想记住它们曾经繁茂的样子。

"原谅我太早就无痕无迹，收了声响。"再垂目，风声疏，柳江枯。

这是我到任柳州的第四年。

四

这本泛黄的文集被太多人翻了太多遍。

元和十一年春,青柳融暖江漾漾。同年秋,黄柑挂苍枝荡荡。

墨是如此绵延,如此长久,携着柳柑香,无声无息延宕千年,融在一代又一代人的骨血里,刻下一撇一捺的痕——柳柑痕、文心痕、华夏痕!

岁月流淌,故欲寻觅痕迹。

柳柑墨香,此生自会留痕。

指导教师:李光勇

本文获决赛一等奖

. . . .
点 评
. . . .

本文构思巧妙,意趣盎然。作者化身柳宗元,以其贬为永州司马和赴任柳州刺史这人生两大重要节点,展开合理想象,进行叙写。尤其是借柳宗元之口,书不平人生,抒难平意绪,充满人生况味,含蓄地抒写了柳宗元的心绪及其隐约变化,较好地表现了"柳柑痕、文心痕、华夏痕"这一主旨。此文还有一个亮点,那就是语言文白交错,句式多用短句,含蓄而隽永,使语言形式与内在情绪较好地结合在一起,读来耐人寻味。

(刘忠华 高校教授)

心　痕

□ 云南省普洱市第一中学　李亭逸

"哎呀，我的乖孙女回来啦？快让奶奶好好看看。"熟悉的声音从平板电脑里传出。

我换了鞋，走进卧室，打开电脑，奶奶那温柔和蔼的面容便映入眼帘。我看着屏幕里那灵动的眉眼与记忆中那再不会改变的皱纹走向，不知多少次想真正透过屏幕去拥抱她，也不知多少次想要回到过去……

是的，奶奶其实已经走了大半年，我舍不得她，于是在电脑里让她重获新生，陪我继续行走于这充满裂痕的世界。虽然程序存在不少漏洞，但我相信，只要不断修补，这些裂痕总是能修复完的。

我打开程序，先用了 3D 技术，让奶奶由照片变为了电脑里会动、会笑、会说话的模型，接下来导入语言模块并运用物联网技术，让奶奶能够根据我的动作做出判断及相关反馈。

这是一个极其复杂的过程，但奶奶"仍然活着"的这个信念，让我愿意去反复修补漏洞。幸运的是，我总能找到问题所在。

我想要的是个完美无痕的奶奶。

无痕，即尽我所能复制奶奶的所有。我打开相册，一页页地翻过，在回忆这壶浓厚醇香的老酒中，探寻往日的她。这壶酒几经沉淀，味道有些辛酸，却总让我无法放弃企图"复活"奶奶这个天真的想法。

过了些日子，当我再次踏进家门时——

"回来了吗？快过来，奶奶的小心肝。"电脑里的奶奶添加了多样化的语言模组，"在外面工作怎么样？是受欺负了吗？有什么事尽管和奶奶说。"

我明白这只是程序，但我还是把一天的烦心事告诉了奶奶，就像曾经，我枕在她的大腿上，她用带茧的手轻轻拂过我的脸，然后有节奏地拍着我的背。她使我安心，她的话语蜻蜓点水般在我的心海掠过，让它泛起一圈圈涟漪。我说完，好受了些，但不知为何，心里还是空落落的。是因为没有奶奶的肩膀和大手了吗？这似乎是程序无法做到的事。

但我不甘心,于是又对程序进行了修补,完善了语言模块的裂痕,使她真实。

我想要的是个完美无痕的奶奶。无痕,即她能为我做事。为了让奶奶能够远程"操作",我购置了一些新家电,将其与电脑系统相连。

在模块反复测试成功后,每当我回到家,家里总会有奶奶"亲手"准备的饭菜。"乖孙女回来了?快快吃饭吧,今天有你最爱喝的排骨汤。"饭厅餐桌上,果真有一桌子热菜,只不过是家用机器人从微波炉里取出来的。

我又匆匆走进卧室,把奶奶"请"出来。餐桌上的一人一电脑,让冷清的饭厅又有了些许温情。"你奶奶我啊,平生最大的愿望就是希望你好好地长大,成为独立的大姑娘。你小时候,唉,经常生病,之前那次你发高烧可急死我们老两口儿了……"我吃着可口的饭菜,听着电脑里奶奶叙旧,某一瞬间竟真以为她还活着,还能够坐在我身边……

偶尔系统也会出问题,让我饿过几次肚子。因为奶奶生前,饭菜与温情从不缺席,于是我又对物联网模块进行了大量调试,修补了程序裂痕。

我想要的奶奶,并不完美无痕。

那是大年三十的晚上,我外出工作返程途中受了凉。一回到家,我便拉开鞋扣,拽下身上的包,拖着沉重的步子,狠狠地倒在了沙发上。窗外鞭炮声阵阵,烟火缤纷,疲惫的我听不见电脑里的声音。

再次醒来是后半夜,周围的喧闹声稍有平息,卧室里传出奶奶的声音:"孙女回来了?快快吃饭吧,奶奶在等你呀。""孙女怎么还不过来?奶奶已经做好饭了。"此时的我,强撑着身子从沙发上爬起,蹒跚着走到卧室门口,忽然栽倒下去,眼里的泪珠瞬间如断了线的珠子滚落。电脑里依旧是奶奶机械的声音……

那一刻我才意识到,奶奶真的离我而去了。这些程序裂痕,是不能修补的,我早该发现啊——

我早该发现,奶奶的手是无法触碰的;每次奶奶做饭,总习惯放很多香油,在那个香油还是奢侈品的年代,她总是往我的碗里多倒;每次我生病,她都在我身边,用她的额头抵在我的额头上,告诉我会好的……

我知道了,程序无法替代奶奶。一如既往,我发现了程序漏洞——心痕,无法修补。

我再次爬起,缓缓走向电脑,打开屏幕。

"孙女总算来了。"

"嗯,奶奶,我要出差了,很久。"

"唉,再多聊——"

我闭上眼,关掉了整个程序。

指导教师:杨晓婕

本文获决赛一等奖

・・・・・・・・・・
点 评
・・・・・・・・・・

　　本文最大的特点是推陈出新。缅怀祖辈是中学生写作最常见的题材，但本文别开生面，在高科技背景下，以虚拟现实技术"复活"了奶奶，将奶奶的音容笑貌活现于屏幕，甚至借助物联网技术让奶奶做出了最可口的饭菜。这种新的怀念方式令人耳目一新，读者不能不被作者丰富的想象力所征服。本文另一个特点是采取了"双螺旋结构"。作者以"裂痕"和"无痕"这对矛盾为线索，二者交替出现，以"心痕，无法修补"终结，将读者与祖孙二人的情感共鸣推到了让人泪奔的边缘。

（李岫泉 特级教师）

缝进纽扣

□ 山东省临沂第四中学　徐箫

剪一缕回忆的线,用心捻平;撷一枚爱的纽扣,将血脉与传承慢慢缝合,只留一丝线头记录岁月的痕迹。

"闺女,你校服上的扣子我帮你缝上了啊。"妈妈走过来把校服递给我,她缝得好看极了,只是纽扣上遗留的线头让我不禁手痒。我凑过去,小心翼翼地捏住线头轻轻一拽,"哗啦",纽扣散落,铿锵如一地碎冰。原来,纽扣没有系结。我望着手中孤零零的线头发呆,线头自然地随风飘动,我的心也跟着飘回了小时候。那时,我最爱看姥姥缝扣子,她灵巧的双手不停地舞动着长线,在衣服上落下密密匝匝的针脚,创造着奇迹。

午后,阳光慵懒,我搬了两个小板凳,严阵以待地坐在阳台上,等待一场充满仪式感的表演。姥姥提着针线盒,怀里抱着我的衣服,从房间的另一头蹒跚走来。阳光温柔地散落在她的身上,留下一些痕迹。姥姥坐在我身旁,戴上老花镜,低头看了看针,又顺势调整好眼睛与老花镜的角度。她缓缓取出一个线轴,把线从上面一圈又一圈地绕下来,左手拿着线轴,右手拿着线,用牙齿轻轻咬住线的末端,线就被取了下来。坐在一边的我瞪大眼睛盯着刚刚被咬下的线,有些迫不及待。"我帮姥姥穿线!"我学着姥姥的样子,一手拿针,一手拿线,笨拙的小胖手不听使唤地摇晃。好几次眼看线就要穿过去了,却又飞快地从一旁溜走,我不由得噘起了嘴。"小丫头,咱不能着急,看我的吧。"姥姥慈爱地说。

只见姥姥捏住线头,迅速地将线穿入针鼻儿,另一只手轻轻捻着,捻平了线,也捻平了我焦躁的心。我趴在姥姥的腿上,两只眼睛一眨一眨的,似乎想把姥姥的每一帧画面都印在心底。姥姥的手很灵巧,宛如一对翻飞的蝴蝶,动作自在而流畅。姥姥缝着她的扣子,我则安静地趴在她的腿上观看,我们彼此沉默,享受着这美好的宛如油画般的当下。

当最后一枚扣子缝好,姥姥心满意足地看着她刚刚完成的"艺术品",嘴角弯起了浅浅的弧度。我迫不及待地抢来穿上,却没想到一用力,刚缝好的扣子就被我崩掉了,只剩一根线头在风中摇曳。我看了哇哇大叫:"姥姥,您这扣子怎么没系结啊?"姥姥疑惑地翻看我的衣服,说道:"怎么会掉呢?系结就不好看了呀!"然后,她又在我身上缝了起来。

"姥姥,好痒啊!""你别动,再动我就扎到你了哈。""哈哈……"我们笑着,连姥姥的眼镜什么时候掉了都不知道,只有姥姥额上的皱纹宛如一朵盛开的菊花,留下了幸福的痕迹。

"丫头啊,扣子不系结是因为我们不能绷得太紧,太紧了以后如果发现缝得不好就无法重新缝制了,留下一点儿线头是为了提醒自己这里已经缝过了。"姥姥抚摸着这些纽扣,眼睛看向我,充满了无尽的爱与温柔……

"闺女,你的扣子我不是刚缝好吗,怎么掉了?"妈妈疑惑的声音飘荡在耳边,打断了我的思绪。我举起那个线头,一脸期待地问她:"妈妈,为什么您缝扣子不系结呢?"妈妈脸上的疑惑瞬间消散,取而代之的是几分明朗和羞涩:"系结不好看啊,系太紧以后就没有机会重新改正了;不系结不会在衣服上留下压痕,以后依然好看。这是你姥姥教给我的。"听到这些熟悉的话语,我的心中波涛汹涌,长久的疑惑终于有了答案。

不系结,不仅是姥姥和妈妈缝纽扣的独特方式,更是她们之间心照不宣的约定。一枚不系结的纽扣,成为爱的最好见证。每当我穿上校服,总会低头看一眼那个飘着线头的纽扣,它似乎在告诉我:不要给自己的人生系结,不要绷得太紧,总有机会重新开始。

走过平湖秋月,历经岁月山河,最是那一枚纽扣、那一个线头于我心底留下了深深的痕迹。昼夜更迭,不舍爱与温柔。

指导教师:袁春

本文获决赛一等奖

. . . .
点 评
. . . .

　　一枚不系结的纽扣,连起三代人心照不宣的约定。约定在一针一线的缝补中,传递不系心结的爱;在一言一语的日常中,传递"不紧绷"的生活。可贵的是,三代人,不费言辞,却彼此懂得。这份懂得,借由作者精心设计的倒叙与插叙,细致描摹的针线盒与手中线,以及恰到好处、要言不烦的亲情对话,自然而然地让针线和纽扣留下的痕迹渗入了生命的成长。

(谢锡文 高校教授)

第四辑

「土」的体验与思考

决赛命题与写作点拨
（高一高二组 B 卷第一题）

□决赛命题

费孝通在《乡土中国》中写道："从基层上看去,中国社会是乡土性的。……那些被称为土头土脑的乡下人。他们才是中国社会的基层。我们说乡下人土气,这个'土'字却用得很好。'土'字的基本意义是指泥土。乡下人离不了泥土,因为在乡下住,种地是最普通的谋生办法。……靠种地谋生的人才明白泥土的可贵。城里人可以用土气来藐视乡下人,但是乡下'土'是他们的命根。"

现代汉语中,"土"字有两个含义:作为名词,可以组成"土地""尘土""故土""乡土""国土"等词语;作为形容词,"土"常常和"洋"相对,形容民间的、本地的或不合潮流的事物,如"土话""土特产""土办法""土专家"等。

请根据以上材料,结合自己的生活体验与思考,选择一个角度,围绕"土"写一篇文章。

□写作点拨

《乡土中国》是社会学家费孝通的代表作,也是高中语文必修课本中的内容。尽管高中生通常都对它比较熟悉,但仍有必要对其进行深入的思考和阐发。

即便孤立地看,这段选自《乡土中国》的内容也是很值得思考的:一方面,"土"是乡下人的命根——其实,土地不只是乡下人的命根,更是所有人生存的根本;没有土地,没有农民,所有人的生存都是大成问题的。无论多么繁华的城市,无论多么高贵的人物,都不可能有一天离得开土地的产出。

但另一方面,"土"也使乡下人显得土气,以至于被城里人嘲笑甚至驱赶——农民为人类提供生活所需,但他们自己却未能得到令人羡慕的生活! 他们的土气,既和他们的工作方式有关(每天和泥土打交道,很难保持衣着的整洁),更和社会财富的分配有关(他们的付出未能得到应有的回报,他们没有条件将自己装扮得更干净、华丽)。

按照上述思路，我们足可以生发出像样的文章了。只要所选择的具体事例、材料是真实可靠的，围绕这一主题写出的文章就应该容易成功。

　　为了适当降低审题的难度，给学生更多选择的余地，我们在原材料之后又增加了一段解说，更明确地给出了"土"字的两个基本义项，即名词性的"土地""尘土""故土""乡土""国土"，以及形容词性的组合"土话""土特产""土办法""土专家"等。这里所提供的每个词语，都可以成为选题立意的基础和结构文章的核心要素，这就等于扩展了选择题材的范围。

　　值得注意的是，题目的要求是围绕"土"字来写文章，也就是说，无论是名词还是形容词，都要以"土"（而不是整个词语）作为核心元素。

　　如果是"土地"之"土"，那么农民赖以生存的田地，城市里栽花种草的土，都可以成为文章的中心话题；如果是"尘土"之"土"，那么角落里、书本上的尘土，旅行者衣服上的土，都可以用来引出背后的故事；如果是"故土"之"土"，那么庭院树下、井台旁边、老屋侧畔的土，都可以承载沉重的故乡情结；如果是"土话"之"土"，那么方言中那些特有的风物、称呼，甚至腔调、音韵，包括有时让人感觉不那么雅致的说法，其实正是原乡特有的文化符号，也是很多人难以抹掉的身份标记；如果是"土办法"之"土"，实际上可以体现群众的智慧，简单却有效；如果是"土专家"之"土"，则往往可以印证来自民间、来自实践一线的劳动者，也许会比那些高高在上、满口名词术语的洋专家更能解决问题。

　　总之，题目的要求是围绕"土"来写文章，目的就是让学生将眼光聚焦，找到核心特征或细节。如果笼统地说"故土""土话"，而不是强调"土"，应该说算不上真正扣题。

　　同时，对于那些比较常见的话题内容，还应该注意文章主题的升华。作为名词，"土"代表了生命的本源、本真，或者表达了羁旅的惆怅；作为形容词，"土"则突出了与"洋"的对立。如果只是为写"土"而写"土"，那也算不上好的作品。

　　这个题目本来应该有很好的写作空间去发挥，这里所选的获奖作品就是例证，但遗憾的是选择此题目写作的人较少。评委会认为可能是高中生的生活离乡土较远，他们成天埋头在教室里，对自己生活的土地不熟悉，特别是城市中的孩子，更是对"土"的生活缺少经历，那么对"土"的概念也就陌生了。

父亲的土

□ 安徽省合肥市第四中学　张顾菡

父亲身上总是沾着一股"土"味。

也许是大西北尘烟弥漫、黄土漫天的缘故，风会从这片贫瘠的土地上卷起一切扬得动的碎土尘沙，灌进家中，无孔不入。父亲常叼着烟，跷着腿倚在院子里的土砖上，望着眼前远方的土地。

广袤的土地上，风在吹拂尘土，树在撕裂天空。从狭小的窗户缝里嗅见的略带干燥的土味，和那烟斗里飘出来的有些呛人的烟味，是我对父亲最为深刻的与气味有关的印象。

秋天是最难熬的，也是最令人喜悦的。北方的冬麦到了成熟的时节，父亲每天早上叼着烟斗去麦场打麦，我就搬着凳子坐在院子里碾着脚边的细土消磨时光。当困意爬上院里枯树的枝头，父亲便从那尘烟里出来了。他拍拍我落上尘土的头发，在自己旧得破了洞的衣角上抹抹手，再把我放到他的腿上，用脖子上搭着的那块发灰的毛巾使劲儿擦擦我的小脸。父亲的土腥味弥漫在我的鼻翼间，让我安心无比。

他给我指北斗星的方向，告诉我冬麦和春麦的区别，教我怎样从井里打水，给我讲这片土地上的故事……

我在他的怀里抬起头，忽然问："爹，这土地外头是啥呀？"

他沉默良久，像以往那样望着远方的土地，说："土地的外头，还是土地。"我听不懂，不说话。

过了一会儿，父亲重重地拍了拍我的肩膀说："娃以后要出去读书嘞，不要在这里困一辈子呀。"

我点了点头。安静又荒凉的夜晚，我在父亲满襟尘土的怀里睡着了，我不知道他到底望这土地望了多久。

后来，从很远的地方来了一辆车。我坐上车，背着父亲帮我收拾的沉重的书包和行囊，透过车窗看见了父亲。他站在院子里那棵将要枯死的树下，不再望着土地，而是望着我。他朝我挥挥手，然后连同那个院子、那棵枯树以及西北的黄土一起，渐渐隐于尘烟。

我到了南方的一座城市读书，这里有我从未感受过的湿润。下雨后，这里总是弥漫着一股泥土的腥味。我从西北来时身上沾有的干燥的土味，在这水乡都化作了泥和水。那烟土的味道，消散开了。

父亲时常打来电话，几千公里外的乡音从听筒里传来。同学们围在一旁听着，模仿着父亲那奇怪的方言，笑作一团。我感觉脸上一阵灼热。那几千公里外的黄土似乎又在此刻向我席卷而来，将我淹没。我用清水洗着脸，却总感觉有着怎么也洗不净的尘土。

我开始抗拒父亲的电话。几次他提出来看看我的请求，都被我干脆地拒绝了。我害怕那顺着电话线传来的尘土味，害怕同学们看到父亲破旧的衣服，害怕土气的父亲让我在这座城市里丢面子。父亲好像也察觉到了什么，他的电话越来越少。

后来，我时常感到身体不适。某次课上，我突发胃痛。校医查不出什么问题，只好让我回宿舍休息。在异乡宿舍的床榻上，我捂着腹部忍着不适，突然怀念起家乡土灶上传来的烟火气息。儿时每每身体不适，父亲都会在土灶上给我做一碗糁子糊。谷物的香气加上不可避免落入碗中的土，让此时身在异乡的我格外思念。

泪眼蒙眬之中，我透过宿舍的窗户看到了一个熟悉的身影，在校园大门口传达室的灯光下闪烁。是父亲！我有些难以置信。他将一袋东西交给老师后，双手局促地交叉在身旁。我听不见他跟老师说了些什么。就在他即将转身离去时，我再也忍不住了，透过窗户大喊一声："爹！"他快速回过头，在一阵张望后寻到了我的身影。他笑了，向我挥了挥手，就像当年他送别时一样，然后佝偻着背，仿佛刚学会走路，一步又一步地走在干净的没有尘土的街道上，带着他与这个城市格格不入的土气，再次隐于尘烟。

后来，老师将袋子转交给我，里面是一小兜黄米，和一袋我再熟悉不过的家乡黄土。老师说，父亲那晚告诉她，孩子是水土不服，吃点儿家乡的黄米，用家乡的土泡点儿水，很快便会好了。

这是家乡的土方法。父亲用他的"土"，安抚着他身处异乡的孩子的不适和孤独，而他隐藏在电话里和校门外的"土"，则是在用那双西北汉子粗糙的手小心地保护着我的敏感与自卑。

我拿起听筒，给父亲拨去了一通电话。"爹，您下周得空的话，再来学校看看我吧。我请您吃饭。"电话那头安静了一会儿，接着传来了父亲浑厚又难掩喜悦的声音："好！"

这一次，在听筒里，我听见了父亲的呼吸声，听见了西北风的呼啸，闻见了父亲身上的烟味，闻见了那干燥的土味。我仿佛又一次站在了那片土地上。漫天的黄土之中，我看见了父亲。他站在尘烟之中，正望着我……

指导教师：刘强

本文获决赛特等奖

点　评

　　这是一篇感动人心的文章,从生活在西北大地上"与生俱来"的土,写到挥之不去的乡下土气,再写到让人感受到母亲般温暖的故乡的土。作者用细致的描写,给我们描绘了一幅西北的广袤景象,塑造了极具典型性的"土气"人物,展现了人在面对不同意义的"土"时的复杂情感。故事本身可能略显俗常,但作者讲故事的能力不同寻常:一是细节描写有独到之处,如"父亲的土腥味弥漫在我的鼻翼间,让我安心无比","土腥味"与"安心"反差强烈,耐人寻味;二是很多语句富有张力,一句"土地的外头,还是土地",就颇引人深思,它给人一种未来可期的感觉,也带给人一种沮丧的情绪。走出眼前单调的土地,是另一片不同的土地,总想着"走出黄土,大有作为",但始终不变的,是人与土地密切融合,是割舍不开的故土情怀。

(尤立增 特级教师)

老树·去乡·恋土

□ 江苏省睢宁高级中学　袁梓瑜

姥爷死后，父母决定把姥姥接到城里生活。

在我的印象里，姥姥始终温厚、沉静，很多时候我甚至会因为她这种极端沉静造成的沉默而忘记她的存在，仿佛姥爷和我们这些小辈是光，而她是我们身后的影子。因此当听到她在电话里冲动到变了调的声音时，我怀疑从前所见和现在所听的不是一个姥姥。

"这次说什么也不听你们的！"

"我不需要你们管，这几亩地不至于把我饿死！"

"我死也要死在这里！"

我想父母大概也未料到姥姥会有如此激烈的反应，可他们的行为又有什么大逆不道之处呢？母亲是计划生育前鲜见的独生子女，她和父亲在城里都有朝九晚六的工作，周末甚至挤不出时间回一趟乡下。现在姥姥孤身一人，又到了享受天伦之乐的年纪，为何如此不通情达理呢？我决定去乡下和姥姥沟通，于是在一个凉风习习的下午踏上了归乡的旅程。

姥姥的家其实距离城区并不远，骑行下来也就半小时的路程。可是在这短短的距离里，城区的那种燥热、拥挤、市侩和逼仄被逐渐剥落，种满麦苗和油菜的田畦越来越宽阔，我突然惊觉自己原来是闯入桃源的武陵人。脚下的路越来越窄，我不得不推着自行车行走，可还是不小心一个趔趄滑跌在田里。或许是刚下过一场雨，钻进裤腿和鞋里的泥土温暖而潮湿，固执地黏在我的身上，使我忽然产生某种错觉，仿佛它在环抱着我，而我同它再也不会分离。

到姥姥家时天色已晚，黄昏的阴暗使得姥姥一开始没认出我来。我只好用很大的声音解释自己是她的外孙，并走到她身边以示证明。姥姥对我的到来十分欣喜，连忙颤颤巍巍地打开灯仔细地端详我，塞给我一沓沾满泥土的小面额纸币，说要给我当零花钱，然后又去厨房给我准备饭菜。我跟着她走进厨房，看到这里的格局与先前记忆中的完全不同,于是想起去年厨房倒塌过一次,当时姥姥正在做饭,侥幸躲过一劫。父母当时就心有余悸地让老人家搬离,但姥姥坚称这是故乡的土地神对她的庇佑,否决了搬离的提议。

待到饭菜端上餐桌,天已完全黑了。我还在考虑如何劝姥姥时,姥姥先开了口:"你是来劝说我进城的吧?"我老老实实地点头承认。姥姥微笑着说:"你们年轻人都不懂这些了,但是姥姥和你姥爷往上数,谁不是一辈子靠这土地过活?我出嫁后和你姥爷始终生活在这儿,一辈子育儿、种地、收成。这几亩地能让我活到现在,我已经对它有很深的感情了。姥姥今年八十五岁,能过'七十三''八十四'的坎,全仰仗着这片土地。我现在啊,好比门前的一棵树,连根拔起来再被种到任何地方,都不如在先前那块土地上滋润,活不长啦。你爸妈的心意和想法我都明白,姥姥再考虑考虑吧。"因驼背而显得身形娇小的姥姥,讲这话时却掷地有声。灯光洒向地面化为万缕丝线,将她的轮廓勾勒得熠熠生辉。一辈子没受过正规教育却爱看书的姥姥此时仿佛成了流落民间的哲学家,谁又能否认这位哲学家说的话呢?

回家的路上,我在黑暗中骑行,却好像忘记了对黑暗本真的恐惧。我感到脚下的土地释放着无尽的热量,温暖的气息伴着泥土的清香护送我安全到达了目的地。

姥姥最终还是没能拗过爸妈,半年之后离开了那片她已待过半个世纪的土地,来到了城里。离开乡下的那天,她当着众多晚辈的面儿,伏下身子,对着老屋和姥爷坟墓的方向磕了三个响头,宛如一种悲壮而庄严的古老仪式。

或许是来到城里的日子既孤独又乏味,一年后姥姥在身体健康且没有任何征兆的情况下辞世了。整理她的遗物时,我在衣柜的最深处发现了一包从乡下带来的泥土和一个本子,残破的封面上写着三个歪斜而又不失工整的大字"诗抄本"。我从来,从来都不知道姥姥读诗。

翻开第一页,是一首《悯农》:

> 锄禾日当午,汗滴禾下土。
> 谁知盘中餐,粒粒皆辛苦。

下面是一行备注:"土者,供人生息,给人衣食,是谓人之本也。"

我抑制不住地哭了出来。城里人轻视的土地,何尝不是一本记录着农村人一生历程的大书?泪水滴在纸上,蓝色的墨水逐渐晕染开来,仿佛昨日未干的泪痕。又一棵老树被连根拔起,以后,这样纯粹生长在泥土里的树还有几棵呢?

指导教师:陈彬

本文获决赛特等奖

······
点 评
······

　　《老树·去乡·恋土》一文让人不禁想起"树犹如此，人何以堪"。树木被土地滋养着，年年岁岁，终成老树；土地亦哺育着人们，朝朝暮暮，看尽世态万千。"树挪死，人挪活"，树离开了脚下的土地，空留生命陨落的结局；而人离开自己土生土长的地方，可能会获得无限生机与活力。尽管越来越多的人，向往城市，来到城市，留在城市，可若是回首，会发现一生飘零在半空。文中的姥姥告诉读者另一个答案：生于乡土、长于乡土、老于乡土，才是一个人脚踏实地的一生。然而，当儿女的孝心与老人意愿相违，老人"背叛"了乡土，却也落得生命陨落的结局——这使得今天的我们去思考：城与乡，父母与子女，什么才是真正的天伦之乐？

（尤立增 特级教师）

蓬之有心死也知

□ 江苏省苏州第一中学校　俞嘉

我在地理课上学到了"现代智慧农业"，里面成段的篇幅详尽地分析着"垂直农业"的非凡妙处，增产、少虫害、少污染……我惊异之余突然发现了其中关键：原来现代种植几乎不要泥土。

叹息片刻，我合上了地理书，回味着阳春三月乡下祖母家金花菜的清甜，脑中猜想着老人家若得知这种"无土种植法"后会有的反应。想必祖母会拿出早年生产队唱打麦号子的气概，大喝一声："没心眼儿的崽儿，敢吃没有土的东西吗？"

我想起台湾作家林清玄带着些许无奈写下自己换了新房后乡下父亲的反应。他的父亲激动地大吼道："伊娘咧！你居然敢住在这无土的所在！"原来父亲从乡下背来一整袋红心番薯，却发现新房里没有它们的居所！金花菜和红心番薯生在一方水土里，殊不知世间属于它们的乐土逐渐消失殆尽。曾经，我的祖辈用双脚丈量出大地一寸一寸的厚重与希冀，我的父辈日日在田野里捉得住乡土醉人的魔力，而今，我在钢筋混凝土的大楼里吃着在化学药剂里长大的时鲜，远离了我的祖辈，亦远离了我的父辈。我身前的人们是根植于地的陌上青草，有着泥土般的安分与稳定，而我身后的人们是剪了根的蓬草，在轨道与柏油路间来去不定。

我想起了我的故乡，那是一湾江潮荡涤百年的地方。遍生的芦草俨然漫过海潮无界的远方。临近是高邮，高邮多小楼。山南水北为阳，不知故乡是否得了这向阳之处的加持，总能如约为乡人奉上泥土的馈赠——汪曾祺笔下的各色野草、上好的咸鸭蛋、野枸杞等。三月三的灰条菜，六月六的清焖鹅，九月九必吃的蟹黄豆腐……泥土和时令约束着在土地上谋生之人的一举一动，一次次教化着他们土地的重要：伊娘咧！怎可去无土的所在！

翻开地理书，未尝不是带着半点儿心酸地继续往下读：把新生的根芽，插入配有钾、氮、磷元素的药剂培养液中，若发现叶黄枯萎，则定量分析，补足元素——却还是离土！我又是一声叹息，遥想那日祖母好脚力，徒步进了小城，一头挑着新剥的野菜，一头挑着新结的南瓜,颇有几分自豪地出现在了一尘不染的家中。祖母开始抱怨:一是上楼乘电梯,同电梯的人嫌弃她的土布鞋踩脏了地;二是她发现上次给的野菜居然没有吃。我们一家三口犹如忘却思考的根根蓬草,看着难得戴上老花镜的祖母恼怒着挑出坏的野菜,将其丢进垃圾袋。一棵不那么青绿却赖着乡土的陌草教训着她不懂事的蓬草后辈,那泛黄的叶片莫不是因离土思乡而憔悴?我想问问老师,何不把它种回泥土?然而此时,周围同学已纷纷翻页而去。

打开地理书的扉页,我用笔尖不由自主地勾画出一个大大的"土"字。"土"可拆成一个"十"字和一个"一"字。那一横一竖交错在一起,何尝不像五柳先生笔下的"阡陌交通"?而底部的"一",似乎是起,亦是终。现代社会里没必要那么看不起别人,也没必要看轻自己。心中有土的人,土气意外成了不合潮流的不通达。回乡难成衣锦,近乡突感情怯。陌草离家,终成征蓬。九百六十万平方公里土地上,人人都是流动的乡土。庄子在《五石之瓠》里自称有五石泛江湖的逍遥,讥笑惠子只重实用的"蓬之心"——殊不知它也是乡土的印记。脱离了泥土的蓬草,摆脱了那个"一",转身陷于交错的"十"中,这是泥土的迷宫。蓬中空,无心,到处飘摇,不知归处:伊娘咧!怎有人在无土的所在!

看着祖母的挑挑拣拣,父亲沉默许久,开口道:"和我们住在城里吧。"祖母敧斜的身影缓缓从纱窗漏出。我知道祖母不会离开她的泥土,可她只是沉默,像泥土从小教会她的那样,只是沉默。

我翻着地理书,忽然在底页上看到了自己不知何时抄写的小诗。"自从我们来到这个宇宙,便在这颗星球上重构了自身。"这是葡萄牙诗人佩阿索的作品。尘归尘,土归土。我们匆匆又匆匆,为重构自身而奔波,却在无意中重组了乡土。死去的蓬之心真正倒悬着把根扎在无土的空气里。征蓬出汉塞。失了脚下的土里乾坤,茫然在看不见乡土的地方流放,蓬之心啊,你生来便不通达!可你的固执,何尝不是一心一意扎入寸草的执着?寸草也罢,寸土也罢,那五石而泛的自在里,哪一处有漫天漂泊在九百六十万平方公里的蓬草?我恍然听见绿叶被欺骗后的哭泣,那是带有泥土记忆的蓬草,生在同样离家的我们的心里:伊娘咧!我的双脚从未踩过土!伊娘咧!我生长在无土的所在!

"我要回家看着地。"祖母愤愤转头,口中念叨着,"他们要收地,盖什么智慧农场。"蓬草们交换着眼神,苍白地笑。

祖母不会想到,智慧农场竟是不要土的。我想,且随蓬之心吧。泥土终会去而复返,而精神里扎根乡土的中国,连同埋入种子的心,死后亦是归入土中的"一"。我们的气质,永远是土里的蓬之心。

指导教师:张磊

本文获决赛特等奖

点　评

　　文章引经据典,视角宏大,描写细致,语言优美,读来颇为流畅,充分展示了作者平日里深厚的素养积淀和富有个性的文学感受力。文章的切入角度新颖独特,从书上读到的"无土种植",到"无土居住",牵系起对生活、传统的思考,将读者带入贯穿古今中外的神思。作者还将课内外所学打通——地理课本、《五石之瓠》、佩阿索的诗——讲出了人如蓬草,有蓬草身上的失落、漂泊,亦有气质永属于土的"蓬之心"。

（尤立增　特级教师）

土喇叭

□ 江苏省郑集高级中学　朱田宇

父亲在我们那一带吹喇叭是极有名的。

在我的认知中，喇叭是土的，所以吹喇叭的人也是土的。不单我一人，就连村里的妇孺也都如此认为，因此，大家都叫他"土喇叭"。久而久之，父亲便失去了真名。

我是父亲靠吹喇叭养大的。他年轻时只是乡里的一名无名小卒，当有了嗷嗷待哺的我，养家糊口的责任就落在了他的肩膀上。即便这样，他也没有为了赚钱而放弃吹喇叭。后来，他吹喇叭渐渐有了名堂，每逢婚丧嫁娶，大家都会找父亲吹上两曲，因此他赚的钱还勉强够养活我们。

但我并不感恩喇叭。

我认为我应该学那些优雅的西洋乐器，至于喇叭，是土玩意儿，会把我也变土的。可父亲却立志要将我培养成吹土喇叭的接班人，因为爷爷是，他是，所以我也必须是。

从记事起，我便在护城河边、阴山脚下，冬练三九，夏练三伏。无人的村头、空旷的麦野都是我练习的场地。台上的喇叭声响彻天宇是我鲜有的时刻，因为更多的时候，我在台下没日没夜地练习。

所以，我恨土喇叭，更恨"土喇叭"。

终于，等到十八岁那天，我鼓起勇气告诉父亲："我不要再学土喇叭了！"父亲先是一怔，而后低下了头，脸色平静得如一潭死水，似乎早已预料到，淡淡地说："你走吧。"一旁的爷爷却把拐杖敲得咚咚作响，脸上充满了愠色，眼睛瞪得我发怵。但为了显示我的决心，我向上直了直身板。最终，爷爷狠狠地向我抛出一句话："我死了你都不要来见我。"听到这话，虽然我的心在隐隐作痛，但我还是拿着事先准备好的行李摔门而出。

正值太阳落山，没有归巢的乌鸦，没有声音嘈杂的画眉，只有空旷的田野和无尽的道路。

天黑时，我才坐上驶向城里的车。夜色如墨，清凉的月色照在我平日练习吹喇叭的那块田野、那处村头、那条溪流，顿时我心中最柔软的地方像是被撕去了一大块。

我应该开心啊!终于摆脱了土喇叭,摆脱了父亲,也摆脱了枷锁与束缚。我勉强挤出一丝微笑。

到了城里的一处酒吧,我本以为能彰显我的音乐天赋,可我不会打碟,不会弹吉他,更不会弹钢琴什么的,唯一会的土喇叭却是那样的格格不入!我只能做些洗刷的活儿,看着台下如云却不属于我的观众,心想,在村里吹喇叭也会有这么多的村民来看我吧?

我望了望窗外,霓虹灯照耀的城市里看不到月光。我想家了,想吹喇叭了,也想"土喇叭"了。一天,我乘着末班车回到乡下,看到无尽的麦田,心中缺失的那部分又回来了。临近家门,我放慢了脚步,被眼前的一幕吓住了:门口白绫飘飘,数十位喇叭吹奏者身着缟素跪在灵堂前,这些人或是爷爷的徒弟,或是父亲的徒弟,眼泪倏然经我鼻尖滑落。

月光下,我看见一个落寞的背影,在大风中正襟危坐,那是父亲。我默默地靠近被大风吹得鼓鼓的那抹白,伫立了好久。父亲终于把一句话随烟雾一起吐出:"还嫌喇叭吹得土吗?"我扑通一声跪在地上,失声痛哭。

黑夜中,父亲熄灭了手上的光亮,转身看向我的眼睛:"我对不起你,勉强你学喇叭,但它虽是土乐器,却是我们家的传承。你爷爷当家时叮嘱我一定要把它传下去,所以当年再苦也没敢抛弃。我知道你心气儿高,也怨恨我,但我不得不说,我希望你学好这土乐器,传下去,成吗?"

这一次,我说不出"不"。

送丧的队伍浩浩荡荡,我和父亲噙着泪水,用力吹奏着土喇叭,将满天的白花吹上了云霄。

此后,再值婚丧嫁娶,大家不找父亲了,而是找我这个"土喇叭"。

指导教师:王蕊

本文获决赛一等奖

· · · · · · · · · · ·
点 评
· · · · · · · · · · ·

构思见智,行文见巧。文章标题看似普通,却足见作者构思的智慧。一是标题很好地抓住了写作材料的核心要素,体现了作者审题的准确到位;二是题目贯穿全篇,是文章的线索,"土喇叭"既指物,也指人,作者的情感寓于其中,自然而贴切。文章围绕"土喇叭",由最初的"用心练习"到"决然放弃"再到"倾心重拾",真可谓一波三折,理趣横生。其行文之巧,不得不令人佩服。细节描绘,暗含情理。本文非常注重细节描写,如放弃土喇叭时,父亲的无奈、爷爷的愤怒及我的决绝;重拾土喇叭时,爷爷葬礼上我的泪水、黑夜里父亲的乞求……一个个细节直击人心,其情其理,毋庸赘言!

(郑晓君 特级教师)

指缝间的土

□ 浙江省杭州学军中学紫金港校区　谢安之

我曾经非常讨厌爷爷指甲缝间的泥土。

他用黝黑粗糙的手掌摩挲我的面庞时，我会快速地扭开头，避免与他不解又宽容的双目对视。他用沙哑又高亢的方言呼唤我时，我藏匿在湿润的草丛中，凝视着他棕黑色的瞳仁与土黄色的皮肤，不吱声，直到日暮时分，才慢慢地慢慢地越过田垄，想着回家后怎样躲避爷爷那满是尘土的手指——他总是喜欢在我的脸上一拧一扭。

又是一年酷暑，我在父母的反复催促下决定回乡，路上经过了一座又一座的青山和一簇又一簇的烂漫山花，心里却布满了尘土，偏执地不喜欢爷爷疏白又倔强的头发，不喜欢他指甲缝间的泥土，甚至讨厌他每一寸肌肤里沉重的土气。爷爷和他的老黄牛都叫"福贵"，他们的命运何其相似。爷爷的生活也许少了几分戏剧性的悲情，却也深深扎根于苦难的土壤——幼年丧母，娶了一个多病的媳妇，老来得子。烈日下的空气滞涩黏腻，爷爷和他的老黄牛绕着圈儿耕地，缓慢又执着。拖拉机的轰鸣声划破了沉寂的空气，父亲加入了爷爷收割的行列，用的是硕大的收割机。父亲高大威武，而爷爷的身躯却在棕黄色的土地上，在金黄的海洋中，在碧蓝的天空下，显得那样渺小又佝偻。

机器轰隆作响，爷爷气喘吁吁，黄牛摇着尾巴驱赶虫蝇，现代文明与千百年来"日出而作，日落而息"的农耕文明在这一刹那交汇于故乡的土壤。爷爷指缝间的泥土在我眼前飞速掠过，一弯又一弯。我沉默地望着爷爷，我们之间的空气仿佛不再凝重。

回城的车上，我做了个冗长的梦。梦里有一个少年，依稀是爷爷的眉眼，就像闰土一样在瓜田刺猹。新月洒下清辉，在他浓密的黑发上熠熠生辉。后来，他开始小声啜泣，呜咽着讲述他幼年丧母的惶恐，所幸他仍能用双腿丈量土地，烈日炎炎下一头黄牛陪着他。画面自此变为黑白且无声，沉默的中年人给多病的妻子熬了药，又扛着耙在田里反复做着相同的动作。稻生稻熟，云卷云舒。他的头发日益花白而稀疏，他的身躯佝偻着，快成了一个圈儿，正如那方他耕作的土地。他好像背着沉重的躯壳，最终伏下身子，将手指扎进土壤。明朗的新月照亮了原野。

梦醒后的生活依旧平凡。只是在教表妹读"汗滴禾下土"时,我猛然停顿了一下,那一弯新月形的土壤明晃晃地刺痛了我的双眼;只是父亲再用乡音与乡亲絮语时,我不再厌烦;只是在某个炎热的午后看到《乡土中国》时,那次打破了我与爷爷之间障壁的回乡之旅,忽地又闯入了我的心房。

那次返乡,我们下决心要将爷爷带回城市。锈蚀的铁锁沉重地垂在门前,老黄牛被送给了对门的乡邻,爷爷沉默地眯起双眼眺望着远方黛色的山峦,审视着脚下与他一般沉默的土地。这个生于斯长于斯的农人的儿子、土地的儿子,又在思忖些什么?不同于海员归家后的温馨与踏实,从未与土地分离的爷爷,此刻俯视着自己与生俱来的锚点与坐标。对于从未远行的他,眼前的土地该有多大的吸引力!

也许这一切只是我的臆想,也许他混浊的棕黑色瞳仁中只有土地般广袤的茫然。他当然不知道,他患上的病是阿尔茨海默病;当然也无从知晓,眼前深情又忧伤地望着他的姑娘,是他的孙女。他唯有慢慢蜷曲,凝缩,好像要化为不知何时坍塌为尘埃的果核。核里裹着浓郁的眷恋和滚烫的思念,核里住着一头老黄牛。

又一个午后,阳光过分明媚,我坐在爷爷的床前,为他修剪指甲。他的手掌依旧宽厚,层层的沟壑让我想起田野间的阡陌,然而指缝间没有了泥土。我遂启齿道:"爷爷,你指甲缝间那一弯小小的月亮去哪儿了?"他空洞又木讷地笑了,瞳仁失却了往日的顽强,阵痛似乎也被抚平。月光下啜泣的男孩、月光下流泪的媳妇、月光下站在田垄上沉默的中年人,穿越了漫漫的时空长河,走过了一片又一片如圆圈的土地,与眼前这个指甲缝间不再有泥土的老人,一起朝我走来。我疯了似的敲响了父亲的房门:"我们带爷爷回家吧。"

不再是尘土飞扬的心路,不再是空间坐标的单向位移,一种若即若离的乡愁漫上了我的心灵堤坝。我攥住了爷爷冰凉的手。一根粗壮的麻绳探向我,带着父辈的温度。爷爷抓住麻绳,父亲也一样,我将手探向麻绳,握住它的尾梢。我看见祖祖辈辈指缝间无数的新月,于是更用力地拽着麻绳。我看见远方粗粝又沉重的麻绳紧紧地扎在故乡的土壤里。

我用轮椅推着爷爷,在他的手心放了一捧泥土。他大笑起来,紧握着泥土,轮椅也跟着颤动。新绿的稻田中,沙哑的笑声久久回荡。他蜷缩起来,像弯弯的新月。我站在原野上,欣喜地发现我的指缝间,也有温热的泥土。

指导教师:金梦柃

本文获决赛一等奖

. . . .
点 评
. . . .

本文结构严谨,首尾呼应,全篇围绕"爷爷""老黄牛""泥土"等关键词着笔,有详有略,有实有虚,语言优美,充满诗意。从童年的不懂事,到渐渐长大后的观察,特别是那次的归途重启了"我"对爷爷的理解,于是,便有了"我"与爷爷之间种种温馨、动人的画面。在这些画面中,孙辈的孝心值得称道!

（郑晓君 特级教师）

土 妞

□ 安徽省阜阳市红旗中学 胡雨繁

那人回来的时候,太阳一如往日拴在山头,炙热的空气熏得妈妈脸颊通红。阳光透过大黄稠密的狗毛泛出金光,尽管它被铁链束缚了自由,但那一瞬间,我觉得它要成仙了。

那人身着一碎花布裙,头上顶着我叫不出来的时兴发型,比镇上那群赤橙黄绿青蓝紫好看不知多少倍。我懒洋洋地躺在新收的谷子上,嘴里还衔着根狗尾巴草,忽见我们村来了这般诡异的人物,不禁"咦"了一声。打眼一看,那不是杨老师吗?她啥时候那么洋气了?可很快,我用接受了四年义务教育的脑瓜子想了想,杨老师分明刚刚从我家路过,骑着堪比蹦蹦车的四轮车,载了一车的纯净水回学校。她穿着黑色的老古董T恤,脸上绝对不像这人那么白净。我恍然大悟,那应该就是传说中杨老师的双胞胎姐姐——杨月。

杨老师一家四口,除了她那患病去世的爹,剩下的三个人都是我们村里人津津乐道的传奇。杨老师的老娘陈三妹,是隔壁庄百年一遇的天才,有着过目不忘的本领,三岁识千字,五岁会作诗,七岁直接上四年级,成绩永远是第一。想到这里,我这十一岁才上四年级的大龄小学生有点儿自惭形秽。但美好的一切在陈三妹十四岁时轰然坍塌,她被父母以五千元的"高价"变相卖给了杨老师的爹。骄傲如陈三妹,怎能就此认命?她从家里出逃过三次,可次次都被父母以各种理由哄骗、威胁回来,甚至有次她的母亲将两捆麻绳系在房梁上闹着要上吊。陈三妹无奈放下了她的自尊,选择了这片贫瘠的土地,十七岁时生下了双胞胎女儿。我妈提起这段往事,不禁叹了一声:"唉!她妈那个死老婆子,还上村口抱怨女儿不争气,生了俩赔钱货,还说得亏她给三妹找了个好夫家。真是讽刺!陈三妹的'好丈夫'二十三岁因患尿毒症去世,于是她去浙江打工。村里人以为陈三妹要跑了,没想到过年时她突然出现,着实吓了他们一跳。"

双胞胎姐妹在村里人和陈三妹的照料下长得很好,尤其是姐姐杨月,有着和她母亲一样令人艳羡的聪明大脑,而妹妹杨莹则稍逊色,下了狠功夫才勉强跟上姐姐的学习进度。姐姐杨月高考发挥稳定,考出了全市最高分,进了北京大学。妹妹杨莹由于紧张只过了一本线十分,去了一所二本师范学院学英语。这对双胞胎,吮吸着同一个人的乳汁长大,却终究走向了不同的人生轨道。她俩分别时在村头大吵了一架,姐姐责骂妹妹为何不报与她同市的大学,妹妹则哭道:"那里物价太高,妈负担不起的。我一个笨蛋,上哪儿不是上?"姐姐大怒:"我看你就是舍不得这地方,这里有什么好的,你忘了咱妈了吗?现在这样的大好机会,你却要自己烂在这土里,你就烂在土里吧!"杨莹用手腕擦了擦眼泪,我见到此景,连忙从围观的小孩中跑了出来,递给她几张纸。杨月皱着眉头冲我大喊:"滚开,献什么殷勤!"后面的小孩们大笑起来,我又羞又恼,杵在那里不知怎么办。后来杨莹带着我回了家,我父母关心道:"莹莹,别生月月的气,她就是想让你过得好一些,你妈妈的事你也清楚。"她脸色苍白,木然地应下:"嗯,我知道。"

后来,时光像汽车碾过的飞尘一样,迅速消逝。四年过去,杨莹不出她姐姐所料,做出了和她母亲一样的选择,回到了这片令她又爱又恨的土地,但她是无悔的。

她成了小学的英语老师兼校长。你问我为啥恁年轻的女娃当校长,我只能用和我妈一样的话回答你:"穷呗,只有她愿意领一份工资干两份活儿。"不得不说,杨老师的英语教得真好,我们这所乡村学校的英语比赛成绩竟然比市一小的成绩还突出。市一小的校长来学校挖她,她说:"不行,这群孩子没我咋办?"就这样,一天天、一月月、一年年,她白皙的皮肤晒得黝黑,曾经饱满的脸颊变得消瘦。为了耐脏,黑色 T 恤成了她夏天必备的装束。她活成了十足的"土妞"。

今天是什么好日子,城里的风竟然刮到乡下来了?我连忙去喊杨老师。她正在搬着为我们准备的大桶纯净水,只擦擦手便匆匆跟着我去了村口。见到那人后,杨老师呆愣了三秒,随后眼泪像珍珠般滴滴坠下。"土妞"见"洋妞",两眼泪汪汪!

我怎么也没想到,杨月也回到了这片土地,担任我们村的扶贫书记。后来,我们得知,杨老师选择英语专业是因为她在上高中时被人嘲笑英语发音不准,当时她郁闷了三天,然后突然告诉杨月:"姐,我要当英语老师,我不要他们嘲笑我们乡下孩子的英语土!"杨月回来的原因更奇特,她说:"我跟我在上海工作时认识的男朋友分手了,他竟然嫌弃我土!"

这两个"土妞"说得那么云淡风轻,但我知道,她们这一路走来一定很坎坷。让她们转身回到这片土地的不是这两件小事儿,而是她们眷恋着的土气,是朴素、善良、坚毅又柔弱的土气,是勤劳、忍耐、奉献的土气。

这两个"土妞"尽管痛恨这片土地上的某些顽疾,但最终决定用自己的力量拯救这片土地,于是千千万万个"土妞"在这片精彩纷呈的土地上,绽放自己……

指导教师:朱敏丽

本文获决赛特等奖

　　本文紧紧围绕"土"字，刻画了两个性格迥异、人生轨迹本不相同，最终却一起回归土乡的双胞胎姐妹形象，写出了土乡儿女对土乡的眷恋，赞颂了"土妞"成长于土乡，回馈土乡的奉献精神。本文的文字活泼幽默，人物形象刻画生动，场景和对话的描写活灵活现，体现了作者出色的写作能力。特别是类似"我懒洋洋地躺在新收的谷子上，嘴里还衔着根狗尾巴草"几句，让人物形象跃然纸上。小说中对冲突的构思也很精彩，从姐姐不理解妹妹为何要留在土乡，到后来姐姐也"转身回到这片土地"，让人物形象更加丰满，情节更加生动。本文不足之处在于结尾部分对姐姐回归动因的描写有些简单，文末的思想升华略显突兀。

（丁治民　高校教授）

长满故事的壁画

□ 江苏省姜堰中学　黄若涵

我是壁画,生在黄沙弥漫的敦煌,骆驼的脚步行至于此。

莫高窟,我的故乡,是曾经被人厌恶的地方。他们总说:"这敦煌啊,在大西北,太穷啰!"在这里,我感到世界是那么虚无缥缈。

后来我漂泊几世,终于来到了人们魂牵梦萦的圣地——大英博物馆。在这里,我被呵护得无微不至。金发碧眼的外国人为我请来了所谓的专家,他们操着一口我听不懂的英文,用着我没见过的技术,在我的脸上画洋妆,整得我像个混血儿。其实我明白,他们轻视的目光在说:"你怎么内外都这么土啊?身上满是泥土的污垢,画着一堆鬼神诸佛,内里都是 Made in China,不如我们伟大的救世主、十字架。"

在大英博物馆的日子里,没有灵魂的救赎,只有光环的照耀。我在中国馆的玻璃罩内躺了不知多少年,没有人懂我,耳边只有"咔嚓"声。我宁愿在土中吃苦耐劳,也不愿在闪光灯下苟且偷生。有的游人是金发,有的是令我心潮澎湃的黑发,可是他们只是拿着手机对我赞不绝口。我知道,这些照片定会出现在他们的朋友圈或者社交软件里,吸引一大波亲朋好友点赞、评论,但在我眼里这一切都很荒谬。还有人只是站在我的身前,抚摸着玻璃罩,叹息。他们都是过客,怀念着我的当下与过去,但我不要夸奖与叹息,不要他们的仰慕与感慨,我要灵魂的心心相印与救赎。

我希望回到"土气"围绕的敦煌。我怀念曾经在我身上轻轻抚摸的手艺人,他留下的神秘莫测的佛像或注视着众生,或俯视着渺小,透着一股万年的慈悲。他对我说:"孩子,你生在敦煌,是敦煌的魂。无论这世界多复杂,都不要离开,你就是普度众生的佛。"我怀念曾在敦煌逗留的大将军霍去病,怀念无数为我忍耐恶劣环境的文人骚客,他们费尽周折,行至敦煌,面对漫天的黄沙,从不抱怨。他们留下了华丽的诗句,从不会说我土气。

他走过来的时候,我就注意到了。他背着洗得发白的双肩包,注视着我,这令我感到十分不自在,不由得挺直了腰板。他的目光轻抚着我的伤痕,治愈着我的疼痛。但是,他走了,我终究错付了。没想到,不久他又回到了我的身边,这次,他的旁边有个西装革履的男人,似乎被叫作馆长。"你们可以回家了!"熟悉的乡音在我的心上炸裂。原来,他就是我想要找的人,他懂我。

几经漂泊,我终于要回到人们说"土"的敦煌莫高窟了。近乡情更怯,怀揣着忐忑的心情,我与兄弟姐妹们坐上了回家的车。当听到大家用不同地方的方言交流时,我才意识到我们都可以回到故土了,那里有懂我们的人。

回到敦煌,我被眼前的景象所震撼。这里已不是那个充满"土气"的敦煌,它有些许熟悉,也有些许陌生。一进门,我和一位年老的女士撞了个满怀,对方想必是敦煌研究院的樊锦诗女士吧!她用年老但仍不失细腻的手抚摸着我,好像从前那位手艺人那样,说道:"孩子,受罪了吧!我给你修复。"她在笑,我看见她的眼眸里只有尊重。她的声音跨越了千年,与那位手艺人一起奏响了时代的鸿钟。

从纪录片《我在故宫修文物》到《敦煌》,他们是垂暮之年的老人,亦是朝气蓬勃的少年。他们懂我,为我拂去沙土,使我重现光彩,得以在万年传承中永不腐朽。

指导教师:卞红军

本文获决赛一等奖

. . . .
点 评
. . . .

有些东西看着很洋,却洋得让人空虚和窒息;有些东西看着很土,却土得让人踏实和自豪。《长满故事的壁画》通过拟人的口吻,以第一人称"我",对比了敦煌壁画被劫掠到海外与回国前后的心态与感受,从而凸显了"土气"的敦煌、"土气"的祖国才是自己的根,才是自己的灵魂安息之处,进而升华了主题,表达了对祖国深深的爱。文章构思新颖,对比鲜明,描写细腻而贴切,从中能看出作者善于从历史的脉搏中捕捉写作素材。

(陈明富 高校教授)

土 殇

□ 江苏省泗阳中学　刘禹铭

人，应当感谢土。

土的前世，被唤作"壤"。那首流传千余年的《击壤歌》是这么吟唱的："日出而作，日入而息。凿井而饮。耕田而食。帝力于我何有哉？"确实，千年以来的劳动民众未必关注什么帝王将相公子王孙，他们更关注那土地，因为土地哺育了数不尽的人们。

大自然的一切造物无不受土的恩惠。一草一木、一禽一兽，行于大地，眠于大地。有一味中药，叫作"灶心土"，尽管它有一个更恬雅的名号"百草霜"，我却独爱那土里土气的小名。多好的名字！灶心土，不就是汇聚了草木的土气，冶炼出养人的元气吗？土的力量，实在不容小觑。

农业社会，土与故乡，土与家国，密不可分。《左传》曰："国之大事，在祀与戎。"艾青说："为什么我的眼里常含泪水？因为我对这土地爱得深沉。"风雨如晦的中国，这句话不知道出了多少人的心声。当抵达维斯瓦河畔的肖邦与沦丧的祖国告别时，饯别的友人赠予了他一捧家乡的泥土。俄罗斯画家苏里科夫特别钟情于绘制"祖国的草物风物""祖国的泥土"。土地，不仅是谋生之所，还是永恒的情感维系。人在土地上击壤劳作、结庐而居，土地回馈以稻、麦、黍、菽、稷等，这不是功利的相互利用，而是真挚的情感表白。土，回答了"从哪儿来，到哪儿去"的人生之问。有了它，游子有所依，征人有所归。

土的恩惠之大，确乃事实。可惜近年来土地在消亡，土地上的文化风物也在飞速灭绝。这是"土殇"，亦乃"国殇"。

我幼时常与小伙伴在田间地头嬉戏，找蚂蚁窝、采野果子都是家常便饭，然而仅仅过去了十几年，这番图景已很难再现，因为土地在消失。沥青、水泥代替了土。土，多么脆弱！

更让人扼腕叹息且悲愤不已的是，人类，在土的哺育下成长起来，却反过来施暴于土，比如垃圾填埋、大垦大拓……土，正深受其害。加纳的阿格博格布洛谢曾是一片水草丰美之地，然而过去四十年，它成为欧美四十万吨电子垃圾的坟墓。据研究，它的土壤里镉、锂、铅、汞等重金属含量超标九百多倍！呜呼！这何尝不是一种屠戮！现在的楼盘用石柱圈一块地，种上花草，就敢自诩"公园小区"，依我看，这明明是一种狂妄自大。人类，不该也不能凌驾于自然之上。土，生于斯长于斯，因此我们对于它所秉持的必须是谦恭的态度，决不能鸠占鹊巢！

土地受害，土地之上的乡土风物、社会人情自然难逃厄运。"几千个乡土古镇在消逝，工商业者们正在毁灭本在历史风波中都可以保全的一切。"1996年《联合早报》如是评论。这绝非杞人忧天。过往那种"今夜偏知春气暖，虫声新透绿窗纱""田间少闲月，五月人倍忙"的生活自然灰飞烟灭，就连一些乡间习俗都在历史长河中陨灭。鲁苏之交的山区，曾有"赊小鸡"之俗。赊小鸡的人每年挑小鸡来赊给农家，来年农家再以鸡蛋偿还。至于签字画押、记账交割，一概略去，双方只以道德约束。这样的风俗，其实很能折射出乡间生活的"土气"——朴实以至于拙，简单以至于纯。然而，在快节奏、竞争激烈的现代社会，人们不大认同那种"土"生活。于是，土字渐渐变了味，"土里土气""土味"成了一种鄙夷之语。鄙夷什么？鄙夷不合潮流。

诚然，现代社会完全退回田园牧歌不太可行，但我们务必汲取"土"生活的精华：谦逊随和、道法自然、与人为善、邻里守望。"土"的另一含义是本地的、民间的。守住了它们，就守住了家国传承；丧失了它们，就不仅是"土殇"，更是"国殇"。

所幸，许多人士保护"土"的努力渐收成效。前路漫漫，光明仍存。

让我们站在土地上，等待蓝天！而在蓝天到来前，我要追着喊着哭着笑着对土地大声说："谢谢！"

指导教师：王公玉

本文获决赛特等奖

. . . .
点 评
. . . .

作者整体上的写作思路很清晰：从"土的前世今生"写到"土殇"，再写到"土气"，最后升华到"护土"。全文紧紧扣住"土"这一主题展开。文章开头部分写得很大气，引经据典，考证了先秦时期"土"的故事，以及先民和"土"之间的关系，让现代和古代产生了切实的联系；再自然地过渡到"土地之殇"，各部分之间的衔接语言流畅自然。文章体现了作者建立在观察基础上的较为深刻的思考，不足之处是文末的主题升华稍显突兀。

（丁治民 高校教授）

我是土地的孩子

□ 江苏省无锡市第一中学　苏佳妮

我常觉得自己是土地的孩子。

我出生于北京，故乡在内蒙古，最后辗转到江南读书，彻底安顿下来。巧的是，我的名字里有一个字，用内蒙古的家乡话说就是"泥"。姥姥喜欢在她的儿孙们名字后加一个"疙瘩"，我的却怎么叫怎么奇怪。"泥疙瘩"，土里土气的，但宿命般的，我真成了一块泥疙瘩，跨越千里，接受着南北两方的哺育。

幼时的夏日午后，我和小伙伴喜欢到村后山上的树林里玩耍。最受欢迎的游乐项目是滑沙。我们找一处小陡坡，简单清理一下树杈，再爬上坡顶，在大家弯弯亮亮的注目中滑下来。炙热的阳光滤过一层层苍翠的树叶，投下斑驳的光影。我慢慢躺下，裸露的小腿紧紧贴着大地，冰冰凉凉的柔软触感让心也跟着柔软、自由起来。这里的土竟然泛着金黄，我常常怀疑它是梦的续章。这金黄色太耀眼了，我第一次感受到这片土地的神圣。

稍微长大些，我看着大地干裂的肌肤，好像明白了姥姥、姥爷脸上的担忧。然而，他们从来不会让这忧愁影响到我，总是天刚亮就起来劳作，喂猪、放牛、喂鸡，将家里收拾得井井有条。

姥爷总是用他那双厚重粗糙的手牵着我到村口与人聊天。听着他们浓厚的乡音，我总能看到姥爷提起儿孙时满脸的骄傲。他还像个老顽童，喜欢逗我，直到我开始"下雨点"才作罢。后来我看《山海情》，觉得里面的吕大有简直是姥爷的翻版，一样的喜欢出风头，一样的关爱子女，一样的勤劳、可爱。

姥姥干瘦矮小，疾病缠身，白内障、胃炎、肝病……我常常想问问上天，为什么要给身形单薄的她降下如此多的苦难。姥姥喜欢逞强，什么事都揽在自己身上，但她勤劳、慈爱。或许这就是这片土地赋予人的礼物，而我不知不觉已在内蒙古的土地上深深扎根。

假期总是短暂的，开学后我又回到了北京，七拐八弯的胡同里洋溢着我和伙伴们"咯咯"的笑声。我记得在树下的鹅卵石旁发现蜗牛的惊喜，记得在公园一小片未开发的荒地里玩捉迷藏的乐趣，记得在后院种下石榴树的期待，记得玩泥巴时摸到一只蚯蚓的心悸。在北京的土地上,我度过了童年,找到了拥抱自然的真谛。

江南更多留下的则是汗水与努力。最初,转学的不适和学业的压力令我感到格格不入,记忆中的土地忽然变成了不可触碰却魂牵梦萦的所在。然而,当我回到北京,我又忽生恐惧。看着相似的高楼,面对哥哥姐姐的些许生疏和沉默,我竟生出几许物是人非之感。我想念的魂牵梦绕的终究是那片土地——那片土地上的人和事,以及那片土地上封存的记忆和心情。

某天结束考试后,我顶着小雨走回宿舍,鼻翼间是泥土与草木的清香。我极目远眺,看到雨雾中隐隐约约的大厦亮着橘红色的光,像一座灯塔点亮了沉郁的心。我悄悄播撒下梦的种子:出去看看这片土地,看看那片土地。有人说旅行是从自己厌倦了的城市去别人厌倦了的城市,我对此不以为然。

假期我回家乡,第一眼就看到"内蒙古欢迎您"的字牌,心中又涌起久违的熟悉,与上次回北京的状态迥然不同。我已明白:珍惜脚下的土壤,享受它的哺育、馈赠与温柔,将其深深扎根于内心深处。

因为,我是土地的孩子。

指导教师:陈琪琦

本文获决赛特等奖

点 评

文章紧扣主题和材料,行文挥洒自如,潇洒表达自己情感的同时不离意脉。从塞北到北方名城,再到江南,从名字里对于"土"的呼应到日常生活缝隙里跟土地有关的一切细节,到长辈脸上的沧桑,到高楼林立里自己内心对于泥土的记忆和眷恋,文章无一不在写"土地""故土""乡土"等深植于内心的关于泥土的深切情感,对于"土"的内涵挖掘丰富而有层次,配合地理位置的转换,由浅入深、有条不紊地揭示了主题。作者的文笔细腻老到,情感描写真切而有节制,展现了极为扎实的写作功底。

(黄伟 高校教授)

洋大楼里的"土鸡蛋"

□ 浙江省兰溪市兰荫中学　陈彦希

杭州有许多占地面积超过一千平方米、内部面积超过五万平方米的超级大楼,像母亲这样来自农村的保洁员总是习惯叫这些大楼为"洋大楼"。它们体形庞大,常常需要一支保洁队伍来维持它们的光鲜,我的母亲便是其中的一员。

与母亲一同工作的大多是六十岁以上的老阿姨。在母亲看来,她们虽然年纪大,但是个个穿得挺洋气,因为几乎都是杭州本地人,自己有退休金,不用操心子女的工作,只是在家觉得清闲,顺便找份活儿干,既能活动活动筋骨,又能和同伴们聊聊天。和这些洋气的阿姨们相比,母亲与这栋位于西子湖畔的白色洋大楼就显得非常格格不入了。

母亲来自一个小县城的小村庄。几年前我的父亲在工地受了重伤,丧失了劳动能力,迫使母亲不得不背井离乡,到城里来讨生活。小学学历的她毫无背景,最后只找到一份月薪两千元的保洁工作。听说母亲要去做保洁员,我很舍不得,担心她带着乡土气息的质朴总有一天会在人头攒动的洋大楼里狠狠地出一把洋相,担心她这样穿着土气的乡村妇女出了再大的洋相也不会抱怨,更担心她出了洋相后会继续做着她的工作,努力地微笑着生活。然而,母亲显得很满足,她说:"妞儿呀,找到工作了就行。只要有份工作,好好干,不愁干不出个活头儿来。"母亲上班了,去之前还带了一篮子土鸡蛋。后来我才知道,母亲中午从不去员工食堂,都是借保安大爷的微波炉热一个鸡蛋,就这样解决了她的午饭。

母亲工作的洋大楼是个商场,每天早上十点开门,晚上十二点关门。保洁员被分为两班,一班从上午七点干到下午三点半,另一班从下午三点半干到晚上十二点。母亲常常选择两班连干,这样一个月可以多挣一倍的钱。

早上七点,母亲开始清扫。那时候商场里除了保安大爷,几乎空无一人。母亲先逐层打扫厕所,因为厕所在没人的时候才方便打扫,要是人多了就弄不干净——这是母亲总结的经验。母亲还会在厕所的洗手台上放上她自掏腰包买的一些散发着香味的净气瓶。"这样大家闻着也舒服些。"母亲微笑着说。厕所打扫完后,差不多是八点,母亲便开始拖地,这时候上早班的阿姨们也差不多来了,母亲会一一和她们打招呼,露出八颗不那么整齐的牙齿。

拖地是个辛苦活儿。商场的地板贴的是白瓷砖,极容易看出脏。母亲常常要拖上两三遍,才能确保顾客走进来时看见的地板发光发亮。

母亲有时候会停下来,看看被她拖得和镜子一样的地面上映出的自己的倒影,感叹几句:"不错嘛小刘!小小的个头儿,大大的能量呦!"土话让她想起了家乡,想起了我们,于是她又来了干劲儿,继续哼哧哼哧地干起来。

在她拖完地、擦完栏杆后,顾客陆陆续续地来了。这时,她会坐在厕所门前的长椅上稍作休息,然后再继续工作。母亲说,要是她看见了顾客,顾客也看见了她,她便会毫不犹豫地对顾客微笑一下。

"你想喔,这商场,这洋大楼,外面是白白的,里面的地板、墙壁也都是白白的,就像大大的土鸡蛋里的蛋白!但是土鸡蛋里面还有个很黄很黄的芯子嘛,我这蜡黄的皮肤不就挺像蛋黄吗?我对他们笑笑,他们感受到一些温暖,就像吃了土鸡蛋——心里暖烘烘的嘛!"

母亲这辈子没怎么走出过农村,很多东西都不认识,唯一熟得不能再熟的,就是那从小吃到大的土鸡蛋。因此,母亲的价值观也都是以土鸡蛋为基准的。母亲觉着什么东西好,便说:"这东西像土鸡蛋。"

母亲,我想告诉您,您就是那洋大楼里的一颗温暖的土鸡蛋。您用一丝不苟的态度,打造了白白净净的"土蛋白";您用热情淳朴的微笑,创造了温暖人心、富有营养的"土蛋黄";至于那蛋壳,也许是您不那么细嫩的乡土黄皮肤,也许是您不怎么时尚的穿着,但,那又何妨呢?母亲,当我一字一句地说起这些时,我是那么为您感到骄傲。

西子湖畔,晴空万里,天空像个大大的土鸡蛋,阳光温暖着数万人的心。

我想,洋大楼里有个"土鸡蛋",挺好。洋大楼里也需要这样一个"土鸡蛋"吧?

指导教师:蒋彦兰

本文获决赛特等奖

··········
点 评
··········

本文文笔细腻,情感真挚,读来令人不觉泪目。"城乡"并不是一个陌生的命题,而是萦绕在我们和我们的父辈乃至祖辈心头的命题。作者以"母亲"这一人物形象为落脚点,扎实而从容地阐释了"乡土品格"在城市的钢铁丛林中所迸发出的耀眼的生命力,折射出了中华民族勤劳勇敢的民族性格。随着时代的发展、进步,这种可贵的"土味"精神将越发为人们所珍视,因为正如作者所精心描摹的那样,它就像母亲的话语,质朴、深沉,温暖人心。

(刘耀辉 高校教授)

第五辑

关于『影』的哲学

决赛命题与写作点拨
（高一高二组 B 卷第二题）

□决赛命题

光被挡住就成了影。当我们向光而行时，身后是影子；当我们注视影子时，我们背对着光。有些事曾经在我们心中留下了阴影；有时候我们也会成为别人的影子。

请结合自己的生活体验与思考，围绕"影"（或"阴影""影子"）写一篇文章。

□写作点拨

这个题目中，关于"影"的理解有若干不同的层次。

第一，"光"和"影"的关系及其隐喻。

"光"象征着光明、希望、公平、正义，"影"则象征着黑暗、悲伤、痛苦、不公。我们向光而行，影子在身后，意味着只要我们努力向前，去争取创造更美好、更公正、更文明的世界，那么不公平的事情就会被我们抛在后面。如果我们过多地关注黑暗、不幸的事情，我们也可能会失去创造更美好社会的动力。

以此为基础，这一命题可以写成议论文，对人生中的"光"和"影"进行分析；也可以写成记叙文，用具体的事例来证明以上观点。

第二，"影""影子""阴影"在日常生活中的隐喻和转喻。

"影"可以出现于摄影及美术作品中，光和影的关系是造型的基本手段，很多好的美术作品都是光影的艺术。

"影子"和本体始终相伴，可以用来比喻两个人的关系：为了表现"我"和弟弟的亲密感情，可以说弟弟像"我"的影子；为了表达"我"对爷爷的依赖，可以说"我"像爷爷的影子。

有时候，"影子"也显示出某人某事的影响也许并不直接，却无法避开。例如学校生活中，我们或许总能看到保安的影子、保洁员的影子甚至校长的影子……

"阴影"有时指心理上受到的伤害,这自然也可以成为叙事性文章的线索。

此外,"阴影"还出现于数学中,"求阴影面积"是常见的题目要求,因此以"阴影"为线索可以串联起跟数学学习相关的事件。

我们认为,上述这些理解都可以作为记叙文的基础。

选择写这个题目的学生比较多。在决赛作文中,以论述"光"和"影"的关系来写成议论文的几乎没有,大多数学生是通过叙述生活中的故事来表现命题的主旨,并且获奖的数量比较多。这个和大赛所倡导的"生活化内容"写作理念有关。但实际上,写好议论文同样需"生活化内容",论述过程中不应尽写空话套话,而是要借助生活中的人与事去阐明一定的道理。要写好富有哲理的议论文,不仅需要生活体验的储备,更需要较强的逻辑思辨能力。请学习者好好研读命题,结合阅读获奖作品比较思考。建议你试笔练习,并加以训练,探索写作的窍门。

灯 影

□ 江苏省南京市金陵中学河西分校　郭心瑞

他看着夕阳慢慢地从远山后滑落,世界被笼罩在一片巨大的影子里,困倦地迷惘着。

日夜交替的时候,他就把所有灯点亮。人群像潮水一样涌动在对面那条小吃街上,他只好静静地数着自己的灯。有兔子形的、莲花形的,红色的、粉色的。这时他又幸福起来,在暖黄的灯影里微笑着,昏昏欲睡,直到街灯突然打开,再惊醒似的抬头。

这是一条过气的网红街。几年前,一到晚上,这里的夜市就被唤醒般喧腾起来。臭豆腐的味道洋溢着最俗套又真切的热情,把人拽进短暂抽离出现实生活的幸福里。花灯店里的花灯像店头展示的走马灯,忙碌地旋转着。小孩们亮亮的声音穿透几层灯膜扎进他耳朵里,急切地指挥要这个要那个。那一刻他倒像个神圣的使者,提着一盏燃烧着火焰的小老虎灯,弯下身子分发给渴望光明的人们。夜幕就这样睡在灯影里。在日与夜的分界线上,他就坐在一个永远是白昼的世界里,明亮从四面八方来,几乎找不到阴影。

时代就像一张网,收紧再收紧,勒得他喘不上气。

他依然坐在那里,看门前连鸟雀也不曾停留。有时他会突然感到害怕,这是一种巨大的不真切的情绪,被抛弃的困惑浮动在四周。他也会安慰自己,比如对面那家假发店常年紧锁着门。假人戴着油亮的假发苍白地立在橱窗里,嘴角投下一个带弧度的光影,空洞的眼窝好像死盯着他,吓得他一个激灵。于是他赶紧摸摸手边的一盏小老虎灯,想着这样也挺好。

街边的彩灯长长地连成一条线,从天边铺到眼前,又仿佛是从人声鼎沸的那年伸展到今天,照亮着幻想。日落是感性的高峰——他做作地想到了在手机推送的信息里看过的一句话。花灯依然亮着,不切实际的美好挤满了这间小店,映照在他脸上,投下流动的阴影,荒诞地燃烧着时光,几乎把他吞噬在火海里。

他看着夕阳慢慢地从远山后滑落,世界被笼罩在一片巨大的影子里,困惑地迷惘着。

这是这个时代的魅力,也是这个时代的无情。它永不停息地向前再向前,以燃烧的生命为动力,从不回头看那些被遗弃在过去的人。它的灯光曾经打向他们,大度地塑造出一个连灯影都没有的极昼,然后又快速地抽离,任由他们苦苦追赶却跌落回阴影里。他们甚至无法感到痛苦,只有深深的无措和迷惘,像潮水退去后留下的泡沫,在生活的蚕食中闪烁着虚幻的色彩。曾经鲜活的梦想就像假人嘴角下僵硬的光影,徒劳地刻画出得过且过的疲惫与无奈。

这是不幸的,亦是令人敬佩的所在。

他们就以一生与生活交手,像知己知彼的老友,亦是死敌。硬碰硬后的鲜血淋漓像英雄的勋章,褒扬他们无知的无畏。时代抽走光,把他们留在影子里,他们就活成千千万万盏花灯,始终亮着,从过去到现在,用灯影藏住辛酸苦辣,在迷惘和坚定里笑看极昼下新生的人迸发出生命的光,亦如自己的曾经。

天完全黑了。花灯的骨架撑出一个粗糙的形状,鲜红色的纱上缀了亮片,鱼鳞一般。灯光就从纱的缝隙里透出来,也染上红色,在他的脸上投下一片流动的灯影,顺着皱纹滴滴答答淌下。他静静地坐着,久到快睡着了。

突然,从街上很远的地方传来一群孩子你追我赶的笑声。他一下子被惊醒了。估摸着笑声太远了,于是他又闭上了眼。

就这样,他睡在自己那片灯影中,什么也不再想,只感到永恒的幸福。

指导教师:朱慧明

本文获决赛特等奖

点 评

一篇好的文章,需要达到景与情的统一,这篇小说就做到了这一点。夜晚往往是感性的高峰,摇曳的灯火和柔和的光亮会让人身心放松。在这种环境中,人们更能体会到一种切实的幸福感。文章中的主人公实际上是在一个"小舞台"上思考一个"大问题",即在巨变的社会中,面对未来的未知、身边人的脱离,我们该如何对抗焦虑,又该如何学会在纷繁的世界里找到自己心灵的栖息之所。作者抓住问题的能力较强,同时,环境和人物情绪很好地形成了统一,不显得做作。

(丁治民 高校教授)

我本站在光里

□ 江苏省常州市田家炳高级中学　刘诗瑶

我叫祥林嫂。

那天,我做了一个漫长的梦,我梦到我死了。

事情是这样的,梦中的我与现在无异,是个寡妇,却被婆婆卖给了贺家坳的贺老六;二婚后好景不长,丈夫、儿子都死了。这的确是我现在的处境,再往后我梦到自己被鲁镇人的风言风语所蚕食,他们一个个笑里藏刀,要将我吃了。抗不住这般阴影,我死在了那个风雪交加却热闹非凡的"祝福"夜。

我猛然惊醒,冷汗爬满了我的额头与脊背,浸湿了我的蓝衣襟。我怔愣了很久,然后抬头看了看窗外。天刚有一点微光,要亮不亮,像是黎明的光刚试图探出头来,便被阴云扑了过去;也像是天狼露着森森的白牙,对着太阳残忍地笑。

我挨到了第二天。

自从阿毛走后,我便整天以泪洗面,而昨晚那个梦,让我更加心悸。

大伯来收屋了,我走投无路,去投靠了旧主人。后来的一段日子里,鲁镇人听着我的事,听到最后连那一点点的怜悯也没有了。一切都像梦中一样,我仿佛只是在顺着既定的命运,背光而行,直至被阴影湮没。

一次,我跟柳妈对话,她所讲的魂灵之事是那么恐怖,但这次,我幡然醒悟:我不能再这样下去了,我不想走向毁灭。

老爷的儿子阿林有个家庭先生,常常在烧火灶旁边的桌子上教他读书写字。我虽不识字,倒也知道读书是改变人的命运的最好出路,于是我便在烧火的时候偷偷地听着,想记住些什么。

几天之后,我觉着,光听不行,我得有书,我得念书。

这天,我跟阿林聊天。

"阿林,先生今个儿怎么没来教你念书?"

"先生今日身体不佳,许是感了风寒,这几日大抵都不能来教我念书了。"

"这样啊……阿林,先生教你念的都是些什么书啊?"

阿林歪了歪头,突然笑着眯起了眼,似是特别开心:"先生见多识广,什么都知道,但这段时间却对近代科学着了迷,天天给我讲他最近读的一本书——《谈科学》,还拿来给我念,我觉得有趣极了。"

他顿了顿,撇了撇嘴说:"不过先生说我俩只能偷摸着研究,毕竟俺爹是个老监生,还得成天摊着本《三字经》在桌上打掩护。"

我默默地记下了书名——《谈科学》。

"姨,你说,那什么三从四德、三纲五常有什么好,我爹成天研究那干啥?"

我愣住了,这个问题我无法回答。而且,听惯了"祥林嫂"的称呼,阿林的这声"姨",在我心中打下了深深的烙印。

这天,我在太阳底下站了很久。如瀑布般的光流淌到我身上,心底的呐喊无声却有力量。

我活在"彷徨"里,但我不想再彷徨。

我看了看我的影子,它已经比我高大了。

我笑了,心中的郁结一扫而空,喃喃自语道:"这只是暂时的。"

我想,我大抵是找到困住我的枷锁了。

我挑了不太忙的一天请了假,来到镇上的书店,告诉老板我要一本叫《谈科学》的书。老板的表情骤然古怪起来,但见我坚持要这本书,他还是把书给了我。

回去的路上,我碰到了娄姨。她见我手里拿着本书,先是大吃一惊,然后叫道:"荒唐! 祥林嫂,你你……你,怎么拿了本书回来,女人读什么书!"

我凝视了她一会儿,半晌开口道:"娄姨,你有没有想过,女人凭什么不可以读书? 为什么不可以读书?"

"他们都这么说的啊!"

"他们? 谁们? 他们说的凭什么作数? 女人难道就低人一等吗?"

"这这……这,不对! 不对的! 祥林嫂,你这般不守规矩,死了以后是要被阴差惩罚的!"

"娄姨,我问你,你口中的阴差,还有那些牛鬼蛇神,都是从哪里来的? 难道有人见过吗? 没有! 你干吗非要相信他们存在?"

娄姨不说话了,只是呆呆地看着我。

"娄姨,你我都过得不容易,你难道真的甘愿一辈子受制于人吗?"我走近她一点。

"娄姨,有没有可能,我们本可以站在光里,而不是囿于闺阁之中呢?"我走到她面前,直直地看着她,目光如炬。

后来,鲁镇人好像分成了两派,地主家一如既往地准备着"祝福",而像我一样的底层人似乎不再那么相信鬼神了。

不过，我知道我还没有那么大的力量去彻底打开禁锢了这块贫瘠土地千年的桎梏，于是我剪了短发，请了辞，带着我这段时间读得不少的书，不顾鲁四老爷的怒骂，毅然离开了鲁镇。

书上说，有个地儿叫北平，那里文人很多。我要去那里，与那些知识分子一起，打碎罩在这个世界上空的阴影，打散那些包围了曙光的阴云。

人生碌碌，竞短论长，与其被阴影蒙住双眼，不如向光而行。

我本站在光里。我们本站在光里。

指导教师：韩旭东

本文获决赛特等奖

点　评

这篇文章的获奖说明了一个很重要的道理：当你觉得现实生活中的题材不够丰富、不够方便的时候，你就可以从自己的阅读经验中寻找话题。那些经典作品历久弥新，可以反复阅读，值得从不同角度解读、研究。一篇经典作品，可以有成千上万种读法。本文以我们熟悉的"祥林嫂"这一形象为载体，来表现人生的"光"和"影"这样一个有点大的主题：当命运将我们置于阴影之中的时候，我们该从哪里去追寻生命的光？更值得肯定的是，文章的叙述中隐晦表达了这样的观点：只有当整个社会看得到曙光的时候，像祥林嫂这样的个体才可能看得到希望的光芒，否则所有的挣扎都是徒劳的。这一点给文章本来稚嫩且单薄的情节设定增加了一定的深度。作者的用词也尽力向鲁迅先生靠拢，在向鲁迅先生原著致敬的同时，又加深了两篇文章的关联性。

（蒋成峰 高校教授）

风筝的影子

□ 山东省威海市第一中学　唐瑞彤

在一个被群山包围着的山沟沟里,飞舞着一只色彩斑斓的"沙燕"。"沙燕"的尾翼后有一根长长的线,被牵在一位老者手中。

大伙儿都管他叫"风筝陶",因为他是陶家夼出名的风筝师傅。

风筝陶在小山村的西南角有一家小铺子,外部装潢虽有些破旧,但只要你打开门往里瞧上一眼,嘿!满屋子都是精致的纸鸢,有长脖短尾的、比翼双飞的,有细长的、宽厚的,怎能不叫人眼花缭乱?风筝陶把这里视作自己的宝贝,从来不让闲杂人等进来参观。

有一次,陶家夼村主任的儿子陶十一偷偷地来找风筝陶拜师学艺——他实在是太喜欢那一只只风筝了!风筝陶有些迟疑——大家都羡慕他做得一手好风筝,可从未有人来找他学艺。

"陶十一,你当真要学?"

"那当然!从今天开始,您就是我师父!"

"你爹知道你来找我吗?"

"他,哎呀,不用在意这个……"

风筝陶望着陶十一,只见他稚嫩的脸庞在温暖的阳光下有些模糊。风筝陶好像在陶十一明亮的眼睛里看到了自己过去的影子。

风筝陶定了定神,扭头走了,没有拒绝陶十一的请求。陶十一便当他默认了,亦步亦趋地跟在风筝陶身后,站在风筝陶的影子里,抬头望着他的师父,那背影被阳光镀上了一层金边。

此后,陶十一每天放学回家都会悄悄从家后门溜去村的西南角,找风筝陶教他做风筝。风筝陶让他先学会放风筝,再学怎么做。陶十一取了一只宽大肥厚的"沙燕",撒手一扔,捏着线跑了起来,可那风筝像是灌了铅,总是倒栽下来,砸在地上,投下一小片阴影。陶十一不干了,嚷嚷着叫师傅教他怎么放风筝。

风筝陶掸了掸"沙燕"上的灰,轻轻地捧着它,闭上眼,仿佛沉睡在这片青绿中。直到耳边响起了草叶窸窸窣窣的摩擦声,他蓦地睁开眼,呢喃了一句:"风来了。"

陶十一只见师傅将那"沙燕"往空中一送,便跨开步子往前跑去。风筝像被驯服得乖巧的小动物,随着风筝陶摇线的频率起舞。风筝越飞越高,直到地上投不出影子,只剩下一个小黑点在遥远的云层中摇晃。

阳光从云层间洒落,照在风筝陶身上,在他身后投下了一片阴影。陶十一发现,师父的眼睛里,好像有什么东西在闪。

这时,一声雷霆般的怒吼在陶十一耳边炸响:"陶十一,你给老子滚过来!"

一个身材高大且魁梧的男人跑了过来,怒气冲冲地朝陶十一喊道:"我说你怎么每天晚上作业写不完,原来是跑这儿来撒野了!"

"啊啊……"陶十一被陶老爹揪着耳朵,忍着疼痛喊叫,"爹,我不想上学!反正最后也得回家锄地!"

"哎哟呵,你还敢跟老子顶嘴!"

眼看陶老爹的巴掌就要打下来,风筝陶突然像一堵墙隔开了父子俩。陶老爹堪堪收住手,没好气儿地朝风筝陶低声咒骂了一句。

"让他来跟我学做风筝吧。"风筝陶开口了。

陶十一一听,乐得合不拢嘴,瞬间忘了先前的不快,冲陶老爹撒娇道:"爹,我以后一定好好上学,保证不跟学做风筝冲突!"

陶十一说完,便躲到风筝陶背后,躲在了他的影子里。他紧紧攥着风筝陶的衣角,看着自己的影子与师父的影子融为一体,心中充满了难言的幸福。

最后,陶老爹松了口,勉强允许陶十一去学做风筝。陶十一乐得咧嘴大笑,直到晚上做梦,都梦见自己被罩在风筝投下的巨大影子里,望着风筝越飞越高……

风筝陶终于开始让陶十一做风筝了。他先挑了两根细长的竹条和一根粗短的竹条,用火烤弯,再仔细地将它们扎在一起;又摸出一张纸糊在风筝框架上,拿起笔细细描摹,从燕子头部炯炯有神的双眼,到双翼上浓墨重彩的大牡丹,再到黑白交织的尾翼……这一系列操作看得陶十一眼花缭乱。在风筝陶的巧手下,一只肥燕赫然出现,展翅欲飞。他想到师父教的口诀"颔如满弓承双颊,胸似银瓶气度轩",不禁握了握拳,给自己打气。他想,他也要成为师父这样的人。

一晃十余年,陶十一长成了大小伙子,风筝陶则愈显苍老。有一次,陶十一听说不远处的一个镇子要举办风筝节,他按捺不住激动的心情,骑着自行车,载着他年迈的师父去了。

风筝节上,陶十一大展身手,将十几年来跟风筝陶学到的技术全盘展示了出来。烤、组、粘、描……整套动作行云流水,一气呵成。一只漂亮的"比翼燕"出现了。"愿筑双栖室,撷采连理枝。"陶十一念着师父念过的诗,闭上眼,感受空气的流动。突然,他睁开了眼,呢喃了一句"风来了",便掉头奔跑起来。陶十一一直跑到风筝陶身边,看他在自己的影子中缓缓抬起头,阴影笼罩着他满是皱纹的脸,却遮不住那双闪着光的眼睛。陶十一猛然看见,一行清泪从师父眼角流出,落在地上,与自己的影子融为一体。

在他身后,是千千万万只色彩斑斓的"沙燕",在空中飞舞。

指导教师:陈莉霞

本文获决赛特等奖

点 评

文章以质朴的简笔画风格,勾勒出山村少年围绕风筝展开的学艺过程。在此,主人公陶十一如何超越风筝的影子,进而将自己的影子与师父风筝陶的影子融为一体,成为整个叙事的核心。文章不仅显示了作者对风筝相关制作技艺的熟悉,能够充分运用自己掌握的知识来从容组织叙事;更为关键的是,在叙事背后有哲思,"是千千万万只色彩斑斓的'沙燕',在空中飞舞",由此暗示出传统文化技艺的落寞,以及对传统文化传承的深切期盼。这些都是文章值得称道的地方。

(徐刚 文学评论家)

浮光掠影

□ 江苏省泰州中学　袁子淇

浮光掠影。我第一次认识这个词的时候，就意识到它将永远萦绕于我心间。如蜻蜓点水、走马观花，这个词对一个茫然行走于天地间的色盲症患者来说再适合不过。

这便是我观察世界的方式。我不懂绚丽的色彩，只能看见枯燥的、灰暗的事物，如同一片又一片的阴影从我眼前掠过。人们说，亮的是光，暗的是影子。我记住了。

我是在医院里遇见他的。两个陌生人在孤独的驱使下坐在了同一张长椅上。半晌，他和我搭话，故事就这么稀里糊涂地展开了。我随口告知他我是色盲，再问他的病症，他却支支吾吾不肯开口。

后来，似乎是我提议出门吃饭的。彼时是傍晚，街上的路灯都亮着，天色却是暗的。在路灯下，我感受到了明亮，回头，看见了拉得冗长的影子。我不喜欢影子，影子和这个世界是同一种颜色——他拍拍我的肩。

"别看影子，看光。"他说，"当你注视影子时，你背对着光。"

他说这句话是医生教他的。我点点头，没告诉他，其实在我这里，光和影子没有太大的区别，仅仅是其中一个亮些罢了。我终究只能在这个流光溢彩的世界里看到浮光掠影的存在。

之后，我们彼此成了对方在这个陌生城市里唯一的依靠。他告诉我，红色是很烫很烫的颜色，蓝色能让人想起大海，头发是黑色的，和星空一样，而白色很安详，因为……因为病房的被子是白色的。

我懒洋洋地听着，低头揣摩地上的影子。或许是从背后打来的光太过微弱，影子的边界糊成一片融化了的雪，好像要渗到旁边的地板里去。

浮光掠影。我又想起了这个词，转而又自嘲似的想起自己的人生。

某一次我抬头，看到他的眼睛。他的眼睛不算太明亮，却倒映着面前的一切，其间一定是一些我不能看见的色彩。恍惚间，我从中看到了灰暗的自己，回过神来才发觉他正歪着脑袋看我。我急忙摆摆手告诉他我没事，我只是又想到自己了。

"……想到你自己？"

"是的，想到我只能这么浮光掠影地看这个世界，觉得挺不甘心的。"我如实回答。

如果我当时发觉他眼里骤然涌现的失望，或许就会问问他怎么了，或许就不会在次日——那个大雨滂沱的日子——问他雨是什么颜色的，或许就不会在他沉默的时候说"你也厌烦我了是不是？"，或许就不会咬牙切齿地告诉他浮光掠影地在这世界上生活到底有多崩溃，或许就会在他点点头然后离开的时候拦他一把。

可是我没有。我只是在他走远之后独自一人去了咖啡馆散心，然后接到了医院抢救室的电话。

我慌慌张张地赶往医院，第一次觉得路上所有的红灯都烫得不行，下了出租车才发现，原来天空那么宽广。

医生还在忙活，交到我手上的，只有一个盒子和一封信。

展信安好。

现在你应该猜到我的病了吧？

对不起。昨天我才意识到，我向你描述这个世界的时候，只会让你感到不甘心。我以为我们是彼此的光，可原来我只是你的影子。我没有给你的世界带去一抹亮色，反而时刻给它笼罩上阴影。

你冲我发火了。我真的很想告诉你，我完全理解你的感受。我上网查过很多资料，也亲自去体验过，知道一个色盲症患者看到的世界是什么样的。可是我说不出话来，因为我发现原来自始至终，只有我在关心你。你在浮光掠影地过你的人生，也在浮光掠影地参与我的人生。我提醒你今天你要去复诊，你却不知道今天是我的生日，更不知道昨天我是翘了检查来陪你的。

别的不多说了，盒子里是你的生日礼物，提前送给你。希望你以后可以向光而行，别再看身后的影子。

当我们注视影子时，我们背对着光。

我打开盒子，戴上里面的色盲矫正眼镜，眼前如同气球炸裂般染上了一片色彩。它们在我眼前喧闹着，几乎要掩盖掉我的呼吸声和心跳声。独自一个人坐在医院的长椅上，我却怎么也记不清他的长相。他好像说过自己有颗泪痣，是在左眼还是右眼来着？那次出去吃烧烤，他嫌弃的到底是青椒还是香菇？他的生日是今天，可是今天是几号？他那天慌慌张张地藏起来的氟西汀，到底是用来治疗什么的药？

浮光掠影。我又一次想起这个词，却第一次泪眼蒙眬。我还没来得及感谢他，告诉他那些他给我讲的颜色都很贴切，我都感受到了。那块亮红色的"手术中"的标牌，是真的，很烫很烫,烧得我的心像要停止了跳动。

第二天他终于睁开眼的时候,我想,万幸,我还来得及,故事还没有结束。这床白色的被子,果然让人安心。

或许我将浮光掠影地度过我的一生,可是对那些努力成为我的光的人,我不能成为他们的影子,也不能转过身去注视他们投下的影子。那些我爱的人和爱我的人,他们的人生,我不能浮光掠影地参与。

指导教师:赵广荣

本文获决赛特等奖

点 评

文章巧妙地将"我"设置为色盲症患者,一个"崭新"的世界便呈现在我们面前。作者借助"我"浮光掠影的一生、"我"的独白和呓语,以及"他"的信件,以强烈的情感代入,写出了"我"和"他"的短暂交往。文章在有限的篇幅里,隐晦地道出了抑郁症患者的期待、失望与弃绝,并以疑似爱情的方式,表达了一种生死与共的深情。"当我们注视着影子时,我们背对着光。"作者紧紧扣住了这个题眼,其中的潜台词则极为丰富:永远向光而行,不要活在自己的阴影里,不要沉溺在自我的世界里,要学会关爱他人、关爱世界。这正是文章能够深深打动我们的地方。

（徐刚 文学评论家）

千年影

□ 浙江省玉环市楚门中学　曾泓铭

聚光灯亮起,光影斑驳。

周遭的灯光打向我,用影子勾勒出我的形状。

我,从漠漠黄沙中伴着亘古的驼铃声而来,从纸醉金迷的琼楼中伴着冷冷的笙歌而来,从狮身人面的古老沙塔而来,从高大的宝船而来,从不熄的烈火中而来……

我有如碧波山涧捣碎化开的颜色,有如象牙镂空雕琢的工艺,有如经年黄沙风蚀镌刻的痕迹,有如人类文明伊始之际的记忆。

每日定时投射的灯光照亮整个展厅,我傲然挺立着,将影子置于身后,以正面的光彩示人。

"哐!"是展厅大门打开的声音,人们蜂拥而至。他们用不同颜色的瞳孔打量着我,用不同型号的相机定格着我。我以最美的光彩、最优雅的身形展现给世人,留下每一瞬间,成为永恒。

"呼!"是话筒在待命,我看见几个人用手指着我。隔着玻璃的声音模糊不清,是讲解员在介绍我的辉煌历史。我昂起头,让隔罩外的人们看清我的面庞。

灯火通明,人群熙攘。眼波流转间,我注意到人们欣赏的眼神。他们留恋于摄向我的每一张相片,醉心于打向我的每一束灯光,却忽略了我背后的阴影。

我是瓷,是青铜,是楔形文字,是埋藏千年的古石板。斑驳琳琅、浮华璀璨、千年一瞬的凝脂膏浆化作我现在的模样。

我并非时刻浮现于世人眼中,当展厅的大门关上,人群散尽之时,便是我的时间。

灯光渐暗,展厅空荡荡的,黑色好似吞噬了一切。光止,影亦止。

我闭目沉思,追忆我的过去。

似是一场支离破碎的旧梦,风动花摇,沙随水落。好像是车轮辗转,好像是潮涌沉浮。

当我还沉于花移影弄的梦境之时,梦止。

光晕渐次展开,展厅里一片灯火通明。我又要接待四面八方来的人了。

珠簪步摇，绫罗绸缎，玉器玛瑙，我又重现在人们眼前。

光再一次打向我，影落。

灯光之下，我还是那样光彩夺目。人们惊叹地张大嘴巴，眸子里浮光掠影。可不知为何，这一次，我感受到了玻璃另一端人们眼神中流露出的悲伤，看见那里有一颗晶莹的泪珠滑落。

她走近我，手微扬，挡住了那耀眼的聚光灯，好似在轻轻抚摸着我。

她走了，空留我伫立在一方展柜内。光又落到了我身上，我静悄悄地转向背后的阴影，不知为何，我的眼角也沁出了一滴泪。

光灭，我处于阴影中。

往日的记忆渐渐浮现在脑海中，泛黄的书页展开，我命运多舛的一生书写其中。

黑空似深海咆哮，那一晚，所有的富丽堂皇和那宫殿般的大厦一同倾颓，去如烟云。

无尽的大火中，我被抓起，被粗鲁地扔进箱、袋之中。我那恍若碧波涟漪的瓶身被砸碎，那漠漠黄沙之上的塔尖被销毁，那花枝乱颤的曼妙乐章被撕裂。一把大火烧得我满是疤痕。

我仿佛掉入了暗影无尽的旋涡，天旋地转。

几世浮华，梦醒，万般皆空。

我看着团团迷影扒开伤痕，无止境的记忆排山倒海地涌向我，历历堆叠于这暗影之中。

多少文明破碎、陨落，多少文化衰败、凋敝，我嘶哑呐喊，化作玉璧上的一片斑驳。

我想起了白天的她。

几度辗转飘零、远跨大洋与山川的我，是被她牵挂着的。心微动，我忆起千年前的无数个她；无数个她，让我出现在此处。

我于暗影中挣扎、咆哮，累累伤痕不足以让我褪尽璀璨千百年的那抹色泽。我会带着记忆与使命更完美地展现泱泱古国的底蕴，唤醒那些民族沉痛的印记与回忆，让心灵不再浮躁。

亮出镀银的宝刀，铺开符文的书卷，拨动古琴的丝弦。瑶华尽盛，羽衣皆绽，千年陈迹，几世浮沉。

灯光亮起，展厅拥挤。

我转向耀眼的灯光，将背后的影烙成花，那是我的形状，千年永恒的形状。

指导教师：袁逸屏

本文获决赛特等奖

点　评

　　有影子的地方，必有亮光；而身处亮光中，也不应该忘记影子。"我"是博物馆展柜中陈列的一件件珍品，是岁月洗尽铅华后文明的结晶，是置身明暗两界不断追问存在与价值的文化符号。作者巧妙地将"我"这个具有复杂主体性的历史遗物置于光影的空间体系和历史的时间坐标中，不但出色地处理了"光影"这个话题，更在文章深处建构起了一种历史话语、文化沉淀、大国风范。一件珍品、一段历史、一种文明、一个民族，之所以被认为是伟大的，正是因为它们在亮光中有底气昂首挺胸，在阴影中有勇气反躬自省。这是作者的心声，更是泱泱大国文化自信的深情表达。

（尤立增 特级教师）

我和我的影子

□ 北京师范大学盐城附属学校　戴书含

我很讨厌我的影子。

因为它总是默不作声，像一个狗皮膏药贴在身上怎么甩都甩不掉。它被光线投在地上，任意变大变小，然后笨拙地模仿我的动作。

还记得小时候一群小伙伴玩踩影子的游戏，我着急地看着自己影子胖胖的身躯扭啊扭，却怎么也躲不过别人的脚步。烈日下地面温度极高，别人的影子好像怕烫一样在地上灵活地跳来跳去，只有它懒懒地趴在地上，被人踩了一次又一次。

于是我生气了。

回家的路上，我问它："你为什么不能躲开他们？"

影子一句话不说。

我又问："你为什么不能像它们一样灵活一点，而老是慢吞吞的？"

影子还是那样不爱说话，它贴在地上一副事不关己的模样。

我只能作罢，领着它慢慢往回走。

烈日下，汗珠一滴滴砸在地上。面对我的质问，它好像有些茫然，缩在了我的脚下。

当夏日的炽热转为冬天的严寒，我对它的讨厌再一次到达顶峰。只不过，这次它有些无辜。

冷风灌进我的领口，这天太冷了。作为一个初次南下的北方人，我被这无孔不入的寒气吓得举双手投降，认命般地在身上裹了一层又一层厚厚的衣服。

由于刚转来，我并不熟识这里的人。

我被安排擦窗，冬日的水冷得刺骨，感觉手再多碰一下就要没有知觉了。

窗户有点高，我只能搬个椅子站上去，却没注意到刚才不小心洒了水在地上。我正专心擦高处的玻璃，椅子一歪，我重重地摔在了地上。

好巧不巧，水盆被掀翻了，刚好扣在了我的身上。那冰冷的水从衣服上的每一处缝隙钻进来，冷得我不禁发抖。

全班哄堂大笑。我冷到说不出话来，趴在地上，感受着衣服一点点被浸湿，紧贴在身上。我不知道怎么办，同学的哄笑声令我抬不起头。

这时，我与我地上的影子贴在一起。我闭上眼，渴望逃避。意识一点点散去，与影子融到一起。

还有什么能比这更让人伤心呢——像影子一样趴在地上没人管。我讨厌我的笨拙，也讨厌那个永远只会令我丑态再现的影子。

那么，干脆就当一个影子吧。毕竟除了它的主人，什么人都不会关注它，甚至连一丝多余的情感也不会给它。

我像影子一样躲在墙边。

这时，整个世界不同了。在我眼中，人们变得巨大无比，他们的表情也无处隐藏——嘴角向下的嫌恶，眼睛瞪大的震惊，手指轻敲桌子的不耐烦。可即便放大这么多，我也没发现一丝一毫的担忧与关怀。就像我讨厌我的影子一样，他们看我也是充满了嫌恶，仿佛我是这个班级丑陋、笨拙、永远甩不掉的影子。

也是，谁会喜欢一个连自己影子都不喜欢的人呢？

我很讨厌这个女孩。

不愿再当她的影子，于是我从墙壁上偷偷逃走，像一场早有预谋的自我放逐式的逃亡。以后跟着谁呢？我顺着刚拖过的滑溜溜的地面向前蹭。

我看到了一个仰慕已久的学姐。她自信乐观，连同她的影子也是如此。

我悄悄问她的影子："你好，可以让我跟在你们后面吗？"

"当然没问题。"学姐的影子爽快地笑着说。

于是我就跟上了学姐。

当她走过长长的走廊时，我就轻轻地跟在她身后。

早上上学时，天边的朝霞在学姐的脸上，有着说不出的吸引力。我也被那灿烂的笑容感染，想要跳舞。

一瞬间，我之前的痛苦好像一扫而光。

学姐不小心被撞了一下。那个女孩一脸惶恐地道歉，可学姐只是微笑着说没关系。

女孩身后空荡荡的，没有影子，很孤独的样子。学姐灿烂的笑容好像也感染了她，她咧了咧嘴，扯出一个小心翼翼的笑。

我突然很难受，尽管我想一直当学姐的影子，但不管怎样，我都属于眼前这个女孩。我记得她的过去，我感受过她的喜怒哀乐。我并不只会把所有搞砸，我依然代表她的天真、她的善良、她的赤诚。

身后没有影子陪着，她该怎么往前走呢？

我闭上了眼。

过了一会儿，我睁开了眼，感到一丝不适和迷茫。我看了看身后的影子，似乎明白了什么。然后我笑了，带着我的影子，向前走去。

指导教师：曹淑珍

本文获决赛特等奖

点　评

文章把影子作为自己内心深处不那么自信的一面来加以描写，扣合作文题目中的"光被挡住就成了影……有些事曾经在我们心中留下了阴影"。文中"我"对影子的嫌恶，其实是对自己的不满意，影子集中了"我"内心所有的怯懦、不安和迷茫，伴随着成长。影子历险归来以后，重新回到主人身边，带回的是向前行的勇气。全文紧扣材料，构思巧妙；描写手法细腻成熟，所塑造的影子生动形象，体现了较高的写作水平。

（黄伟 高校教授）

生命的影子

□ 江苏省镇江中学　唐溪悦

在春天的雨夜,我能与影子对话。

犹记彼时的世界变成玻璃色,淅淅沥沥的坠落声像海的潮汐,从四面八方涌向我,然后将我吞噬。我在凌晨再次失眠,凝视窗外,觉得雨夜像孤独之神投在地上的影子。

雨中,呼吸的节奏逐渐与心脏的舞步重合一致,我仿佛在万籁俱寂中找到了慰藉——我不也是别人的影子吗?

"你真的这么想吗?"如一道闪电划过,突兀出现的声音捞起我游离的思绪。

我吓得心跳停滞了一瞬,环视四周,按下不断涌上脑海的恐怖片剧情的暂停键,壮着胆问:"你是谁?"

脑海里有道细细的声音响起:"我是你过去的影子。"

"过去的影子?"

"是的。"影子含糊不清地说,似乎下一秒就要沉沉睡去,"我需要休眠来恢复体力,所以短期内不会再出现了。"

"下一次是什么时候?能不能给个预告,突然冒出声音来真的很吓人啊,拜托。"我压低声音,神情恍惚,有一种置身电影桥段的不真实感。

"下一个春天的雨夜。"

和着微弱的雨声,影子极轻的气音和我游荡的意识缓慢去往季节深处。

站在小径分岔的记忆花园,时间、空间如经纬线交织在此。纳博科夫的小玻璃瓶盛满了彩色螺旋状悲喜合一的记忆,而我的玻璃瓶中只存有扑满尘霜的影子。失真的岁月在旋转,我沉默地看着,痛彻心扉地看着画面中的自己。那个我,上高中后失去了曾经的光环,被低迷的成绩狠狠挫败在迷雾中,于是不愿面对,选择逃离;那个我,曾写下了篇篇充满想象的文章,现在却迷失在社交的铁网中,拾不起浸满水般沉重的文学梦想,于是搁浅在过去的岸边……

够了,够了!不要再放映了!我狼狈地甩了甩脑袋,渴望这针刺般的疼痛离开我的大脑。

影子不再出声，显然已沉沉进入休眠模式，但我敢肯定这些真实细节的回放绝对是它搞的鬼。

待意识回归本体，我逃离似的去了书房。雨早已停歇，月光从积雨云的罅隙流淌而出，穿过窗，柔软又温和地落在书柜上，为那个久闭不开的红木框镀上一层银色的霜。

止步，抬头，捕捉到书柜上有东西在闪光，我鬼使神差地上前打开柜门。小苍兰的香味熟悉地拥抱我，渗入骨髓，如影子般与我密不可分。

我发现的闪光物，其实只是张反光的明信片。借助月光，我看清了自己的笔迹。

"这被岁月的重轭所制服的生命，原是和你一样：骄傲、轻捷而不驯。"

如此青涩，如此狂妄，如此桀骜。我突然有流泪的冲动，可又咬着牙憋了回去。

那时，我一定没料到现在的我只能在过去的余晖中成为影子。

四月接近尾声，又一场春雨如期而至。在此之前，我已经很少失眠，但仍在复杂的社交与淡忘的文学梦中苟且，我似乎早早失去了那份率性与勇气。

音箱倾泻出的小提琴声与夜雨声融合，像水融入了水中。我微微闭眼，带着赴约的忐忑，毫无睡意。当呼吸声、指针机械声与雨声毫不违和地交融时，影子出现了。

"你真的这么想吗？"出奇一致的开场白，让我差点怀疑掉入了莫比乌斯环。

影子问："你真的认为，你的文学梦与勇气消失了吗？"

我愣住了，刚要开口，却再次陷入记忆的旋涡。不同于上次，这回我的小玻璃瓶中充满了闪着金粉的回忆。那些恣意的岁月，那些青色的黎明，那些酣畅的文字，那些无处遁形的勇气，我以为不会再捡起的浸满水般沉重的文学梦，我以为会永远消逝在世俗偏见中的胆量，终于在过去的记忆之树上结出了酸涩的果实，像永不熄灭的火焰，经历了阴影的锤炼，变得永恒。

我的眼泪突如其来。

"放轻松，你的心实在太沉重了。未来充满诗意，时间永远分岔，通往无数的将来。"影子说。

我偷偷抹掉眼泪，问："你真的是过去的影子吗？"

"抬头。"

窗外的雨依然像世界的阴影，但我知道背后的太阳在永不停歇地绽放光芒。室内的灯让我抬头的一瞬间看见了自己，此刻，我的嗓音像被截停的列车。

我再次低下头，看见眼前的明信片上多了一行未干的痕迹，思绪像飘远的风筝被拉回眼前的一点。

"命运之神没有怜悯之心，上帝的长夜没有尽期，而你的肉体便是时光。"

"你不过是每一个孤独的瞬息。"我悄悄补充道。

黑笔在我的手上。此刻,我不再是影子。我将永远拾勇气,赴文学,从容接受生命之
影。

指导教师:包润文

本文获决赛特等奖

. . . .
点　评
. . . .

　　本文以影子为引导,以自我对话的形式回忆了曾经那个青涩却率性勇敢的自己,以细腻
的、直击灵魂深处的笔触,展现了自己在指针机械声与雨声交织的春夜叩问内心的心路历
程。影子即同"我"对话的另一个不甘于现状、不满足于平庸的真我。恣意的岁月、青色的黎
明、酣畅的文字……记忆的旋涡使曾经那个青涩却恣意昂扬的自己重新浮现。"我"终于重拾
勇气与梦想,与真我合一,不再逃避现状,决心重新执笔书写自己可期的未来。文章字句优
美,笔触细腻,层次清晰,感情充沛,实乃佳作。

(尤立增 特级教师)

水仙花之死

□ 浙江省杭州学军中学西溪校区 方伊诺

我低头，脚下的大理石地砖上，一朵水仙花正毫无征兆地绽放。

一

我不知道我的生活是从何时起变成这样的。那天体育课，我坐在篮球场边的石凳上写化学作业。阳光很刺眼，越过头顶在我的本子上投下一块阴影。

一双手拍拍我的肩膀，是同学邀请我一起打球。我刚抬起手想拒绝，犹豫几秒后又悄悄放下："好。"

然后我把本子合上站起身。同学已经抱着篮球走进场内，跃动的身影投下斑驳的影子，摇摇晃晃。我小跑几步，一脚踩上他的影子。

我的身体刹那间被一股怪力控制。我僵硬地向左转头，脚下的水泥地上，一朵水仙花正毫无征兆地绽放。

瞠目结舌。我保持着身体前倾十五度的姿势呆滞地注视着这朵凭空长出的水仙花，约莫十秒钟。同学又一次跑远，影子随着他的身体被牵向前去，我又重新回到了阳光下。我猛地回过神，水仙花不知什么时候消失了，只留下我在原地不知所措。

幸亏这都是幻觉。我摇摇头，将刚刚发生的怪事抛在脑后，奔跑着加入了队伍。

二

事实证明，那不是幻觉。之后的日子里，每当我踩上别人的影子，都有一朵水仙花会绽放。而当我试探着向后退出阴影时，它又会瞬间幻灭。

在小卖部人挤人抢购一瓶热门饮料的时候，在随着人潮抢推理社仅剩的一个名额的时候，在大课间如提线木偶一般跟着跑操队伍缓缓前进的时候，我的生活中都充斥着这朵怪异的、不会凋零的水仙花。

大多数时候，它只是默默开在影子的边缘，不张扬，也不影响通行。只不过有一次在食堂排队时，排在前面的好友使眼色示意我过去，我刚迈开腿走出一步，就被水仙花定在了原地。

它开在我前面那人的影子中央，沉默但不容分说，不允许我再往前走。于是我深吸一口气往后退，水仙花满意地消失了。我隐约意识到它想告诉我一些事情，但我没完全懂，也不敢懂。

三

这样的日子持续了半年，我已逐渐习惯了水仙花的存在。那天走在放学路上，我在人潮里亦步亦趋，忽然听到人群外一位老人呻吟着呼救。我踮起脚向斑马线望去，只见那位老人倒在路中央，手捂着心脏部位，痛苦至极。

我下意识地想大喊一声"快救人"，可话语却哽在了喉咙里。环顾四周，我惊愕地发现身边的人统统低着头沉默地往前走，仿佛老人的呼救并不存在。他们全都躲在前面人的影子里，躲避着太阳的暴晒。

我想放声呐喊，却发现自己被一块巨大的阴影笼罩了。与此同时，一朵前所未有的巨大的水仙花绽放在人群的中央，庄严而又圣洁。我毫无意识地向它走去。

四

恢复意识时，我发现自己正躺在水仙湖的湖底。我歪了歪头，看到了左手边被水仙包裹的纳西索斯。他似乎并没有看到从天而降的我，始终旁若无人地唱着一首古怪的歌。

"你爱上镜花水月反射出的卖弄，你爱上孽影魔障消失后的面容，你爱上高矮胖瘦不存在的自我。"

我站起身，一阵眩晕。我抬头往浅绿色的水面眺望，种种画面走马灯似的播放。我看到马尔克斯创作出的马孔多，在失忆症的侵蚀下逐渐变得透明；我看到加缪创造的阿赫兰，在鼠疫的人人自危中化为乌有。这些曾鲜活存在的城市，最终都变成了海市蜃楼，因为那些如影般游走的人类。

纳西索斯是第一个葬身于影子的人。我们笑他偏执荒谬，却并没有意识到自己也在步他的后尘。当人人都踏进他人的影子、社会的影子寻求藏身之地，对潮流趋之若鹜，对呼救视而不见时，那些有血有肉、有着真实感情的躯体和那些怦怦直跳的心脏又去了哪里？

冰天雪地,绝对零度。

青苔岸边,水仙花泛滥成灾。我猛地反应过来,水仙花是纳西索斯血泪的教训,更是他给即将变成影子的人类下的最后通牒。

五

回过神来,我正伫立在缓缓移动的人群中央。这些"影子人"并没有注意到我刚才十分钟的静止。

我攥紧拳头深呼吸,一次,两次,三次,然后掉转方向,咬紧牙关猛地在人流里开出一条路。汗水从额头上滴下,模糊了我的视线。

我冲出人群,径直奔向呻吟声越来越微弱的老人。之后的一切我并不太记得,我只是做了一直以来我想做也该做的事。

我只记得当老人被安全送上救护车后,我满头大汗地站起身,救护车刚好从我身边擦身而过,投下一片阴影。我抹了把汗,缓缓转头望去。

六

本该有些什么的角落空空如也。我脸上绽开了笑容。水仙花死在我找到自己的那天。

指导教师:路颖颖

本文获决赛特等奖

· · · · · · · · · · ·
点　评
· · · · · · · · · · ·

这篇构思精巧的小说,用了两个象征符号——影和水仙花。影是阴影,是从俗从众,是消极躲避运动,是破坏秩序插队;而水仙花则似乎是一种警示——希腊神话中那个过于自恋的人最终只能葬身水底。小说中设定了这样一个魔幻的情节:每当"我"准备随波逐流地走进阴影的时候,总会有一朵水仙花来警示我;当我拒绝诱惑、鼓起勇气做正确的事情时,水仙花就会消失。故事的高潮是"我"路遇生病老人时的心理斗争,当"我"终于走出阴影,克服心理障碍,勇敢地蹲下身帮助老人的时候,水仙花也就不再出现了。文章显示出作者高超的节奏控制能力,尤其是在全文叙事的紧要之处,插入了大段与水仙花有关的联想、议论,既拓宽了文章的视野,升华了主题,又使叙事有张有弛,摇曳多姿。这一点很值得我们学习。

（蒋成峰　高校教授）

"影"人而异

□ 江苏省盐城中学 严婧文

我正费力地将门前的店牌擦得油光透亮，"叮"的一声，我的思绪被拉回了现实。

"欢迎光临。"门口的红外线感应器冒出了声。我放下手中的抹布，回到店台前，嘴角挤出微笑。尽管店是二十四小时营业，可现在才凌晨五点，我心中的烦躁与困意一同袭来。

那人环顾着我的小店，我说道："本店可以装饰、改造您独一无二的影子，满足您的需求。"听了这话，她急切地想问些什么。我看到，她眼底的光闪了一下，又悄然而逝。

"可以……帮我看看我的影子吗？"下意识的怯懦在她脸上闪过，她拼命掩饰，可我还是看得清清楚楚。

我拿来影映灯。瞬间，小小的屋子一片通亮，光照在她脸上，她眯起眼，用手掩住眼睛。"这灯可以模拟阳光下的影子，但不伤眼睛，没事的。"我不禁让声音柔和些，怕吓到她。

我探头向她身后望去，是缺了一角的黑色。不规则的形状让我一下子愣住了。我见过很多影子，可这样的，是第一次看见。她有些歉意地转头看向我："抱歉，把你吓到了，这就是我的影子。"我拿来测量工具和检验笔，发现最边缘的缺角是身体上的残缺，而中心密密麻麻的光洞是心理上的伤害。"你受过伤？"我放低了声音。她不说话，撩起了左腿的裤脚，金属的光亮在影映灯下越发耀眼。我看清了，那与大腿相连的是假肢。"那天，我在去舞蹈比赛的路上……是车祸，幸好捡回一条命。"

她说得平淡而又坦然。

我想不出安慰她的话，只女子微笑着望向她闪烁的眼眸。

"帮我补成正常人的那样吧，我也想在晴天出门。"她说。

我拿来影子材料和修补刀，影子边缘的缺角很快补全，但影子中心的空洞怎么也填不上。我抱歉地笑了笑，她说："没关系，这样就行了。"我看见，她的眼睛里是星辰，是月光。送她出门后，我一个人想了很久。

"谢谢你帮我。"她的声音轻轻地落在我心上。

最近店里的顾客来得很多,夏天将至的日子是人流量的高峰期。有爱美的女孩想把影子染成彩色,有胖些的姑娘想把影子变苗条些,有不太高的男孩想把影子拉长。看着愁眉苦脸的他们满心欢喜地走出店门,我心里的浪花一阵高过一阵。我的店很快就火了,整容太麻烦,可是整影很容易,看着一个个变得完美的影子,看着"'影'人而异"的店牌,我陷入了沉思。

直到那天,她又来了。"欢迎光临"的声音响起,我往门口一望,那个女孩站在我的面前。我想,一定她的影子哪里又出了差错,于是拿来了修补刀。"我想把影子变回原来那样,我想自己的影子独一无二,我的舞蹈老师说,假肢也能跳舞。"点点星光徘徊在她眼中。

听惯了人们想把影子变完美的需求,我一时说不出话来。她那天的影子又回到我的脑海中:那样的残缺,她真的能接受吗?

影映灯下,我拆去了给她补上的一角,可当时怎么也补不全的中心空洞在变小,在自愈。我愣住了,因人而异,才是独一无二的意义。影子,不必完美。

那天晚上,一个视频传遍全网。我看见,那个女孩正向着太阳的方向翩翩起舞。裙子之下是钛合金的假肢,可这并不影响她的美。她的脸直面阳光,眼中的光与那天她提到自己也能跳舞时一模一样。

我看见,影子中心的空洞一点一点在愈合。那是生命的鲜活,是自信的力量。原来,影子残缺也那么漂亮。

我回到店里,店牌油光透亮,没有一丝杂尘。那天,我才真正找到了修补影子独一无二的意义。

从前的老顾客纷纷想让影子变回原来的样子,我便听他们讲自己影子的故事,只在原来的基础上帮忙装饰。我收起了修补刀和影子材料,留下了影映灯和装饰颜料。

从那天起,很多人来分享他们关于影子的故事。在影映灯下,他们影子中心的空洞在一点一点自愈。他们不回头凝望自己的影子,他们只向着阳光。

某个中午,我在阳光下拆去了自己影子的补角。我对那个女孩隐瞒了一件事情:其实我的影子也这样。当时,不是害怕,是同感。我面向阳光,我的左臂被照亮,金属的光亮不再那么刺眼,我不再管我身后的影子是否残缺。我知道,它会自愈,我的心理也会。光与影,一直同在。

指导教师:彭广文

本文获决赛特等奖

点 评

　　本文通过新颖的角度、梦幻的题材,写出了具有现实意义的主旨。文中的"影",不再只是寻常物理意义上的"影",它被赋予了"照见真实"的作用。当发现自己的影子有这种作用时,人们纷纷前来修补、装饰——这是人自我疗愈的过程,但也是人想要变得更完美、更符合大众"审影"标准的愿望。于是,"影"人而异变成了人影趋同,展现真实恰恰成为虚假的招牌——"影"走向了"真实"这面镜子的反面。文章结尾,无论是主人公,还是越来越多的人,都认识到了"影"所隐含的意义。这个世界不完美,我们每一个人也并不完美,不完美成就了真实,这个世界因不完美才丰富多彩。这样的立意给人启迪。

（尤立增 特级教师）

我和我的影子

□ 浙江省温岭市第二中学　陈懿

从我记事起,我的身边就跟了一团灰蒙蒙的影子。她沉默、温驯地跟着我,亦步亦趋。

一

当太阳带着醉酒的酡红隐没在山林的西面,我迫不及待地冲出小学校门,身边是相伴了数年的密友。背着印有卡通图案的双肩包,她用柔嫩的小手拉拉我,有点儿狡猾地眯起眼说:"小一,我们一起去小卖铺吧。"

女孩子的话总是说不完,一路上她都滔滔不绝,直到她的目光触及了什么,嘴巴才突然讪讪地闭上。她有点儿急促地挣开我的手。

"算了,我今天还有事,先……先回家了!"好友挥挥手之后飞也似的跑开了。

我一回头,影子静静地站在那里,像个哑巴。

二

步入高中后,我的身后仍然跟着影子。她跟在我身边的每一秒,我都像被咸涩的海水压迫着,近乎溺亡。

有一次,期中考试结束,我刚出校门,回头就看到了跟着的影子。她的注视依旧安静,但混合着夏日的燥热和烦人的蝉鸣,我的手心立刻捂出了一层热汗。

威压如晒得滚烫的海水扑卷而来,浇灭了我最后的耐心。我近乎狂暴地冲她大喊一声,在大庭广众之下。这是泄愤,更是一种被羞辱了自尊般的窘迫。

"别再跟着我!"

——声音里有一丝丑陋,非常刺耳。

三

不知从什么时候起，影子听话地消失了。我再也没有了被束缚的不自在，没有了被注视的不畅快。这时呈现在眼前的，俨然是一片新天地。

三点一线中的两个点变成了家和工作单位，我像不知疲倦的秒针，在人生的时钟上绕过一圈又一圈。没有了影子的生活是那么轻松，只是在一些深夜，看着窗外的天，我也偶尔失眠。

好想知道啊——那个习惯了跟着我的影子，离开了我又能做些什么？

四

"别再跟着我！"

孩子第四次朝我大吼，尽管他只是个十岁的少年，却早已有了当年十七岁的我的气势。终日把玩手机和电脑的他，比那时的我更沉默寡言，也更易怒。

在和孩子第十次争吵后，我还是选择跟着他，随便他向我扔出不知道第几个"别再跟着我"。

一次接他放学回家的路上，我突然觉得自己就像一个影子，在自己孩子的身后，亦步亦趋。

这是我想起影子后第一次会心地笑出声来。

五

突然想起影子，有点儿怀念。

六

我想，我要找到她。

七

关上车门，车钥匙嗡嗡地震动。我驾车穿过弯曲的山路，穿过一片又一片的密林，穿过六七岁的惊慌，穿过十六岁的愤懑，穿过影子跟着走过的每一处乡关……

车轮碾过青瓦，我在小巷间落下熟悉又陌生的足音。我无数次回到这里，不过这次身后不再跟着那团影子。

尾声

推开那扇我曾称之为"家"的大门，院子里，我的影子安详地坐着。她的面容苍老得不可思议，我努力回想她年轻时的容颜，可是脑海里回应我的，只有一张模糊不清的脸。

好像感应到了我的视线，她抬起头，望着我，一如当年那般态度温和。

我的眼前起了雾。

我想起有人说过，我们长得如此相像。

我看不清，于是，我走向她，一如她当年那样走向我。我擦了擦湿润的眼角，把想说的都说了出口：

"妈，我想你了。"

指导教师：季瑞瑶

本文获决赛特等奖

· · · · · · · · · ·
点 评
· · · · · · · · · ·

这篇文章构思独特，用"影"来隐喻一直陪伴着孩子、守护着孩子的母亲形象。此时，"影"之于"形"的寸步不离就如同母爱的亲密陪伴，作者用"形"与"影"的分离与重聚写出了亲子之间的分分合合。分合之间是作者自己对于母爱的由肤浅到深刻的理解，这是很优秀且深刻的立意。文章结构设计别致，从对待母亲到成为母亲，角色转换的过程也是对母爱从抗拒到理解的过程，视角转换自如。从不同的角色对同一份情感进行逐渐深入的理解，更有说服力且更为真实感人。

（黄伟 高校教授）

无影之影，如梦之梦

□ 江苏省苏州中学　顾嘉怡

你可见过影子的归魂吗？

没有。

影子从来只是存在的隐喻，是光的同义词。

石黑一雄的处女作《远山淡影》讲述一场关于自己的幻梦，以"我"的视角塑造"我"的影子，让自己成为过去的局外人。我一读再读，发现云雾缭绕的是故事的纠缠与时间的回环。逃出了因果论的单边重力，我才意识到，对于过去的讲述不过是此刻在时空中的投影，是对创伤的逃避。

现代文学就是影子。福贵的失去、山坡上的虎耳草、马孔多随风而去的猪尾巴，其实不是作者创造的故事，亦不是论文中的专有名词，而仅仅是我们以自己的影子塑造的他者。我们将自己藏匿在光抵不到的角落。

正如马尔克斯所说，没有所谓的魔幻现实主义，他写的都是现实。没有所谓的阴影，那只是光存在的明证。

还记得柏拉图的洞穴吗？希腊人总喜欢把真理从复杂的表象中剥离，就像我们爱把光从影子中剥离。

为何要逃避影子？为何会恐惧影子？

在我看来，影子是一种模糊而感性的浪漫主义存在。工业文明的光把所有细节都刻画得精确透亮，在大数据面前所有个体都被一览无余。当下的我们呼唤影子，正如我们呼唤真诚的直接的存在，因为我们不愿生活在没有影子的"云端"。影子的庇佑，光无法给予。它的模糊带来不确定性，从而生发出无限可能，给予文化丰腴的生长土壤和宽阔的生成空间。李白爱其浪漫，自是"对影成三人"。

没有人会在灯火通明的影院观影，因为我们需要借影子飞入梦境。我们躲在影院黑暗的巨大怀抱里，就像躲在母亲温暖的子宫中。在无光的夜晚，我们将社会性的面具丢入影的深渊，从而灵魂得以喘息。于是光与影的位置戏剧性地倒置了。在光影一体两面的叙事中，人获得了自己真实的一面。影不再是摆脱不掉的印记，不再是蜕变留下的旧壳，不再是混沌与恐惧的代名词，而是在一个又一个日夜中长成的一部分自我，与灵魂共舞。

在博尔赫斯那个小径分岔的花园里，侦探遇见了杀手，杀手遇见了被害者。故事平静地发生在那个极度对称的房子里，杀手忽然发现侦探就是他自己，就在那一刻，镜子轰然破碎。找了那么久，影子不正是镜中自己的像吗？

在不断地分裂与统一中，我们总是自己被自己异化，自己与自己搏斗，所有我们认为因蜕变而被弃绝之物，都会在更高的层次重新得到统一。光摆脱不了影，影是光的命运。

鲁迅与鬼气的纠缠，至死不休。由于他深深地扎根于阴影中，生活在同一片大地上的我们才感到他真实可亲，一如酒神于阴影中的沉淀与复活，那是光以更高的姿态回归。

故而我说，光是无影之影，生是如梦之梦。

指导教师：张兰芳

本文获决赛特等奖

点　评

作者对人生的光明和阴暗之处有较强的洞察力，并且文学经验丰富，从而能够以贴切的示例来诠释对于文本的理解，让读者产生共情；同时又富有思辨力，通过挖掘影子背后积极、正面的力量，把光与影的关系进行了立体丰富的阐释，发现并重新确立人的价值。作者把自己对于人生的理解和感悟借由光影的关系进行了揭示，对文学典故和事例的运用信手拈来，思维灵动又扣合作文材料要旨，展现了很高的文学素养。

（黄伟　高校教授）

影

人们都说虹是个疯子。

黑暗如同远方森林里野蛮生长的藤蔓勒住了她的脚踝。这是深海般沉重的囚笼，泛着充满呜咽与喧嚣的血腥味。她像僧人一样打坐。月光从倾斜的竹枝旁流下，在身旁汇成银色的水洼，而那漆黑的，便沦落成影。虹忽地睁开眼。

"缺少灵感，一定是因为影子选得不好。"她想起紫曾经对她说的。她转身打量银色水洼以外的那片漆黑，确实，有点儿稀薄。这样的影子会让编剧写出来的角色平淡寡味。虹正正身子，眉头一拧——顿时，那薄如轻纱的影便浓厚了些，看上去多了几分荒诞的故事感。长舒一口气，她拿起放在地上久得生根的笔，在白纸上点出第一缕墨痕。

当虹醒来时，紫站在病床旁翻着虹前一晚的成果。"这是致命的一次演出。虹，所有人都在看着你，看着我们。"紫双手扶住虹的肩，将她拥入怀中。"我不想让那些人看到我，"虹扯住紫的裙摆，"我只想做一个名不见经传的芭蕾舞编剧，有你在我身边，就像现在这样。"

紫抿起唇。她看着晨曦旁相拥的影子，那如同江河投身海洋、落日融于地平线的影子。那是一对灵魂在相拥。

"会的。我们必将出人头地。"紫话语中流出的渴望让虹霎时间感到些许犀利。挚友的影子落在虹的身上，她感到些许刺痛。

第一幕

漆黑的舞台中央，幕布拉起。

女芭蕾舞演员身着一袭红裙，在聚光灯的加持下，她是那样鲜活，又显得如此疲惫，仿佛在漆黑的汪洋中寻找一座灯塔……

第五辑　关于"影"的哲学　　│　241

第二幕

当一袭黑色短裙的影奔上舞台时，观众都以为她走错了地方，连音乐也变得诙谐起来，稀疏的提琴声像不时发出的嘲讽。影忽然倒地。她急切地寻找着自己的主人，发现那抹血腥的红早已脱离了视线。她尖叫着，捂住双耳，在漆黑的汪洋里下沉，不敢前进一步……

芭蕾舞剧《影》的上半段公演后，虹与紫的名字传遍了舞蹈界。人们普遍认为，这"淑女"与"疯子"是当代艺术张力最强的组合之一。

没错，人们都认为虹是个疯子，所以，不曾有人见过她。她如同紫的影子。紫若沉沦，虹便痛心疾首，以泪洗面；紫若闪耀，她便在月下给挚友以鼓舞的微笑。

"虹，我想把这出芭蕾舞剧展示给全世界的人看。"紫握住虹的手，轻声对她说。

虹沉默不语。夜幕降临，月光再次透过倾斜的竹枝流淌在两人之间，形成如舞台般流转的光影。

"我们……来跳舞吧。"虹握住紫的手。

第三幕

钢琴的声音流入红裙与黑裙的褶皱间，托起轻盈又沉重的身躯。红与黑的交织，是光与影在末世时的搏斗。黑色的影子尽力与血红的身形同频，却每次都要慢半拍。

忽然，当钢琴键重重砸下的那一刻，一些细微的变化开始蚕食整个舞池。黑影忽而变换了方向，离红衣主人而去。她竟旋出了几分如火般的恣肆。她是那样踉跄，却又如此决绝。她摧毁了自己觊觎的火红的灯塔，自己化作了自己的光。

那一瞬间，昔时火花四溅的本真自我竟在只有银色月光为伴的黑夜中，在时间的注视下，成为黑暗面的影。

是的，当黑暗与迷茫挣脱灵魂束缚的时候，黑暗包裹着虚伪的火光，光便成为暗的影。

"紫，若光成为影，影成为光，你会选择用刺眼的光吞噬影，还是用影点缀光？"

虹环着紫的腰，在月光下呢喃。

接着，她转身离去。

谢幕

当雷霆般的掌声响起时，紫才回过神来。她忙不迭地整理好那如同刺猬般张开的黑色裙摆，急切地向台下望去。

"虹——你在哪里？"

"哪里有什么虹！你是不是又写又演把脑子搞坏了？赶紧收拾东西去精神病院吧！"助理说。

"你演得太像个疯子了，得治。"

当然，观众不会在意这位天才舞蹈家兼编剧过得怎样。他们只需表明自己看过这部戏，展现出自己灵魂的深度，这就够了。

指导教师：吴春梅

本文获决赛特等奖

. . . .

点 评

. . . .

本文可谓标新立异，读来令人拍案叫绝。首先，作者采用极具挑战性的剧本形式来进行创作，整体结构像模像样，细节的处理可圈可点，实属难能可贵；其次，作者大胆地放弃了线性叙事，转而让文字在精神层面跳跃，使人读来仿佛时时徘徊于戏剧中的"第四面墙"之下，赋予了文章较强的美感；再次，作者巧妙地混淆了虹与紫存在的真实性，使得文章悬念陡生，大大增强了阅读吸引力；最后，点题之句"你演得太像个疯子了，得治"，非常有力量，意味深长。

（刘耀辉 高校教授）

影子?

□ 江苏省建湖高级中学　苗书越

又是雨。

这个小县城已经持续下了一周的雨。

阿巧已经一周没来上学了。

真闷啊,我想。周围的空气又潮又重,一时间竟让我喘不过气来。窗外黑褐色的梧桐树枝时隐时现,乍一看,竟有几分人样。盘曲的虬枝像人的手,把我摁在了狭小的角落,要求我审视自己,一遍又一遍。

我做错了吗?我真的错了吗?我烦躁地将上堂课的课本甩进桌肚。我本就是孤独而又不合群的,阿巧不在,自然更没有人愿意冲我开口。

"喂喂,那谁——"后排男生粗鲁地拍了拍我的肩膀。带着些许的诧异和更多对他态度的不满,我猛地转身:"干吗?"声音尖细又刺耳,像椅子猛地摩擦地面。"阿巧呢?她人呢?生病了?怎么这么多天没来?""不知道不知道!还要我说多少次!"背对着他,我嘟囔着。又是阿巧。这一周以来,所有来找我的人都在问阿巧,好像我只是一个通讯器,一个阿巧与外界联系的多种途径中最不值一提的通讯器。

我只是她的附庸。

阿巧——我的同桌,是班上最受欢迎的女生,没有之一。她漂亮,性格好,还有完美的家庭——温柔的母亲和文质彬彬的父亲。很多人羡慕我能和阿巧坐同桌——和最优秀的女孩站在一起,连接收到的目光都多了,一切都会同以前不一样。

或许吧,我心里这么说。撑起伞走出教学楼,我踏上了回家之路。"嘲——"一辆汽车呼啸而过,轧到路边的坑洼处,我的裤子上随之出现了一大片泥浆——或许有六英寸高,我想。就像《傲慢与偏见》里的伊丽莎白一样,我和她在雨天,让衣物沾上了六英寸高的泥浆;我和她都在张望,在雨雾迷蒙里寻找同样模糊的未来。

到家。停下。拿出钥匙。停下。

男人激动的怒号与女人不甘示弱的尖叫,一同轰击我的耳膜。金属门都挡不住家里的纷乱和硝烟味。

雨下大了，楼道漆黑一片，窗外水塘上溅起一个又一个的水花，速度愈来愈快。

良久之后，声音停止了。浓重的烟味从家的各个缝隙渗出，同时渗出的，还有一个久经风霜、年过半百、为家庭操劳一生的中年女人的呜咽声。

雨势似乎又大了几分，雨声已然变成了密不透风的击打声。我感觉有些被呛到了，再次掏出钥匙，打开家门，蹑着脚迅速躲进我的房间。

没有人注意我回家了。

似乎每个人都在自己的轨道上做既定的事，伤心也好，开心也罢。

拉上窗帘，我躺在床上，躺在无尽黑暗的深渊中，仰望。天花板那么高，又那么远。然后我突然就意识到，天其实是不会塌的。

但人心会。

和阿巧最后一次深入交流是在上周四的体育课上。自由活动的时候，阿巧兴奋地摇着我的胳膊说，她爸爸下周要去澳大利亚出差了。她说，她们一家都会去澳大利亚旅游。她说，她会带纪念品给我。

澳大利亚，我只在书上看到过。可能是嫉妒吧，我也说不清。在我意识到这种情绪之前，它似乎就已经抵达了，于是我没有给出她想要的反应。阿巧也自知无趣，甩开我的胳膊，略有些漫不经心地说："我也挺羡慕你的，成绩那么好，性格又那么乖巧，学什么都不费力……"

我闭上了眼睛。不是的，从来都不是。我学得很费力，我要通宵达旦地做很多道类似的题，才能掌握诀窍；我要背很多本作文书，才能略微显得得心应手……我好像做了很多很多自以为是的努力，近乎祈求般不想在你身边被你的光芒全然淹没，不想成为一个彻彻底底的影子……

可，于事无补。

我仍旧盯着白得有些发黄的天花板。或许早在那句话之前，阿巧就不再是我心里认为的朋友了吧。我想象着，阿巧一回家就看到的不会是永远争吵无休的父母，而是披着大地色坎肩的母亲和挺拔的父亲，他们笑着说，宝贝，我们去澳大利亚吧。

我像海边的礁石，被浪花反复击打着。我的家庭是一个秘密，我总羞于向别人提起，尤其是阿巧。我张开双臂，企图挡住一些我所谓的秘密，可我身后的每一处都有阴影，在阳光的照射下。那是我摆脱不了的原生家庭，人们也都说，血浓于水。

我喜欢待在房间里，不出门。十几平方米的小房间能给我带来莫大的安全感。人们说大象是"一切隐喻和绝望的象征"，我总认为我的身边也有一头这样的大象。面对无数森然的阴影，我需要它这样的庞然大物给我些许力量，它跺跺脚我就会想到它和缓的步伐和温柔的线条。每当你给予一个生命体特定的释义时，它就会给你一种支撑——我感受到了这种支撑的力量,并恒久地为之振奋。

大象又在楼顶跺了跺脚。你是不是会以为我要说我开始释然？不是的,我不想欺骗任何一个人。可大象给我所有的影子打上了问号:你真的是影子吗？有影子又何妨？事实上,我也知道向阳而行就能摆脱——至少暂时看不见那些影子,可我依旧踌躇。我总觉得自己的烦恼像一朵少不更事的浪花,被暗流吞噬。我既等不到答案也停不下脚步,我幼稚又偏执地相信很多事。

我安静地等待着有一天我真的能等到答案,等待着这一天突然降临抑或永远消失。

指导教师:翟红玉

本文获决赛特等奖

点 评

本文语言灵动鲜活,腔调独特,令人印象深刻。作者以纯熟的文字功力,在自我的精神世界与现实之间随意游走,成功写就了一篇散文诗式的佳作。类似的写法带给读者的阅读体验往往是破碎的、躁动的,甚至是混乱的。本文虽也存在这样的问题,但却能将场景描写、故事推进与内心独白融为一体,给人以跳跃闪动着的电影胶片之感。它们一帧一帧地滑过,最终展露出文章想要表达的内核。正是由于匠心独运,本文才会如此让人产生代入感。相信许多同龄读者都会将自己代入其中,与文中的"我"产生强烈的共鸣。

(刘耀辉 高校教授)

掌声响起来

□ 浙江省绍兴鲁迅中学　陶然若章

一

我看见耀眼的白光从镁光灯中流泻出来，在主演身后汇聚，出现了一团影。

那是我梦寐以求的位置。

台上的姑娘身着白裙，在小小的四方台上跳跃、旋转。她的影子也随着主人轻盈的身姿而灵活变换，时而舒展，时而紧缩，像雏鸟临飞前的几次振翅，坚定有力。

观众看不见主演的影，只有在替补席上的我能看到。我躲在幕后的阴影里，心中也蒙上了一层荫翳。

"你瞧，那就是舞团的笑话，台上不行台下行。"

故意拔高拉长的声音传来，像一条"嘶嘶"吐着芯子的毒蛇，在我千疮百孔的心中游走。我强忍着眼泪，憋着哭声离开了后台，不敢回头看一眼台上耀眼的身影。

走在种满梧桐树的老街上，看着阳光投下斑驳的亮斑，听着耳机里循环播放的老歌，我终于忍不住汹涌的泪。

"孤独站在这舞台，听到掌声响起来……"

我小声地和着经典的旋律，坐在树荫下的长椅上，独自安抚着灰暗的心。

远处，流水人家。瓦缝中长出的青草在风中摇曳，接成一片葱翠的绿，一直延伸到我的头顶。宽大的梧桐树叶翻飞着，沙沙作响。

"她是别人的影子，渴望有一盏明灯……"

不知为何，我哼起了乱编的歌词，自己也觉得好笑，但仍像个傻子似的唱得起劲。

脚下打着节拍，我施施然离开了街道，留下身后的影子，很远，很远。

二

短暂的心情开阔和愉悦消散后,我又回到了逼仄而简陋的练功室。

我换上舞衣,打开老旧的音乐播放器,一瞬间,夹杂着噪音的歌声和着白炽灯的"嗞嗞"声、风扇的"嘎吱嘎吱"声,填满了房间的每一个角落。

"掌声响起来,我心更明白……"

我随歌而起,应歌而落,碎步、大跳、定点转、风火轮……

我陶醉其中,徜徉其中。我仿佛看见了漆黑的观众席和乌泱泱的人头,偌大的剧院四处暗沉,只有一束灯光打在舞台中央。而那个身段优美、姿态婀娜、如蝴蝶般纤巧飞旋的人,就是我。

终于不再躲在幕布的阴影中学别人的舞步、羡别人的身姿,终于不再注视着正中央的影子嗟叹落泪,你看,那个拥有灯光和掌声的人,是我!

隔壁舞房的锁门声惊醒了我,我瞥了一下镜子,怔在原地:镜中的女孩向着灯光,脸上神采奕奕,闪烁着满足的喜悦。

三

冬春季节的流感让团里的人纷纷倒下,但最近的一场演出已经无法改期,迫不得已,团长报了我的名字。

临行前,他半是放弃半是宽慰地嘱咐我:"你的实力很强,把心态放平。"

看出他眼中的不信任,我沉默着走向后台,脑中一遍遍浮现那天晚上我喜悦的笑容。

想让我放弃吗?绝不可能!

主持人报幕完毕,我平复了杂乱的呼吸,收敛起多余的念头,迎着光走上舞台。

无视台下的窃窃私语,我展开手臂,随着音乐起势。

接下来的一切如梦幻一般,演出结束后雷鸣般的喝彩声与掌声,正后方的阴影也在晃动着为我庆祝。

那一幕幕场景,正应和着一句句歌词:

"回想初次的舞台,听到第一声喝彩。"

…………

"你的爱,将与我同在!"

悠扬而动人的歌声回荡在舞台上,回荡在我的心里。舞台中央的姑娘热泪盈眶。

四

"你真的要辞去首席？"团长的难以置信震得整幢楼都在晃动。

我强硬地点头，拒绝了他的再三挽留。

去年春天的演出，让我坐上了首席的位置，那个让我日思夜想的席位。

但今天要离开的决定，绝不是一时的心血来潮或故作清高，我只是觉得，这个地方并不适合我。

我把那台老旧的音响放在梧桐树下的长椅上，转动旋钮，熟悉的歌声顿时溢满老街。

阳光洒在脸上，我与我的影子共舞。

细碎的光随叶片流转，好像那潮涌的掌声。

指导教师：陈烨菁

本文获决赛特等奖

点 评

本文语言优美，叙述流畅，作者尤其擅长造境。作者虽然是在写文章，但显然深受电影艺术影响，脑海中想必有一套分镜头剧本。为了将这些镜头组合好、呈现好，作者还煞费苦心地找来了一首主题歌，那就是《掌声响起来》，它同时也被用作了文章的标题。随着这首歌的歌词在文中反复出现，这一组镜头也就拥有了引人入胜的节奏与旋律。应该说，正是由于作者善于从电影、音乐中汲取养分，这篇文章才拥有了别样的风采。

（刘耀辉 高校教授）

等待一场月圆

□ 江苏省盐城市第一中学　刘金玲

春意尽散,灯火阑珊。

陆游猛地从梦中惊醒,浑身汗涔涔的。缓过一口气,他暗暗想道:这日子何时是个头儿呢?陆游夜来梦多,多年前的事在梦中浮现,全是幻影。

第一场梦里,是他对"京城"的记忆。皇帝再度起用他,他只得入"京"面圣。当然,这"京城"自然不是开封,而是杭州。世人多可笑,都城没了便没了,还弄出这么一套,真是麻木得一塌糊涂。

在他陆游看来,这"偏安一隅"四字是他心中永远挥不去的阴影。

面圣后还留有几日,陆游却觉得无比漫长。其实年刚过,但街上车马慢、行人稀,人情味很淡薄。这便是他所爱的国吗?

夜中卧榻,陆游心头不静,根本无法睡着。细雨滴答,更增添他心中家国之苦。鸡鸣后,隐隐约约有叫卖吆喝声。陆游侧耳倾听,是杏花,杭州多杏花。他忽然觉得胸腔中一阵酸涩,他心中那持续不熄的火似乎快灭了。

他自恃有抱负,心向光明,哪怕身处阴影。而国人,却为何对国破家亡无动于衷?叹罢,他起身来到案台前,翻看自己这几日的草书,在纸张背面写下一首诗。写至一半,有敲门声笃笃,他不应。写完最后一笔,他整装以待,开门迎客。

梦境的最后,是诗的最后两句:"素衣莫起风尘叹,犹及清明可到家。"

回过神来,老态龙钟的陆游轻叹一声。那次面圣,像一根小刺扎在他心里。

第二场梦,在孤村中。风雨大作,更显陆游英雄本色。月初本应月如钩,奈何天公不作美,唤来风雨掩了这月色。不过这也不错,至少他不会看见如家国般残缺的月。越老气越长,陆游那报国壮志也只长不消。

是了,陆放翁依然行进在追寻光明的小道上。他也曾"楼船夜雪瓜洲渡,铁马秋风大散关"地轰轰烈烈过,所以他从未放弃自己的志向——收复失地。他即使已老,也不做主和派的影子。

他这个年纪,本该不会有壮阔的梦境,可他却在夜尽时听到暴雨声、大风声,"铁马冰河入梦来",可见他气力不减,血气尚在。梦境的最后定格在未歇的风雨处。是了,在这风雨如晦的朝代,光明的尽头是什么呢?

梦醒,陆游还在思考这个问题。或许早已有了答案,但他还是想挣扎着改变一下。

两场梦境,一场浮光掠影。可他赤诚不假,怎就落得如此光景?算来,这才月初,他所想的月圆还有好几日,而他所求的"月圆",怕是再也看不到了。

陆游一生两场病:身病与心病。身病尚可愈,心病永存矣。金瓯缺,月未圆,山河碎,心不安。身负阴影,心向光明,皆注定他此生将含恨而终。

罢了。陆游唤儿子拿来笔墨,用尽最后的力气写下一首诗;写罢,不发一言,咽气而终。家人悲恸,时人伤之。

陆游,从不惧阴影,死,也留一点光明。

....

若干年后,小楼中,正氤氲,一后生入焉,斗笠青春,素衣明净。楼里近日新添了评书。方才正讲到"陆放翁颤巍巍举着笔,写下一首诗",那评书先生顿了一下,中气十足地接下去:"诗名《示儿》。那最后一句是'王师北定中原日,家祭无忘告乃翁'。看这光景,怕是碑前连炷香都没有啊!"说罢,长叹一声。

他日,有评书先生拿这事儿当戏讲,也有人把"报国"二字声声唱响。

后生不禁感慨:一个伟大诗人的影子不过在说书者的几句话间,一个王朝的影子不过在后世只是在一纸见方的书册中。

算来今日十五,他这个后生也想看看放翁等待了一生的那一场月圆。

指导教师:杨德明

本文获决赛一等奖

. . . .
点　评
. . . .

本文构思精妙,匠心独运。陆游梦境,光影乍阴乍阳。王朝颓然的阴影,难掩爱国诗人心中炽热的光芒,这组意象在梦境中反复出现,别有一番空灵惘然。结尾把这段折叠的光影,又盛放到说书艺人的案桌上,红尘世俗之中,仍有千古知己,家国情怀生生不息。作者遣词造句文采斐然,以妇孺皆知的诗句入文,点题而不刻意;以文白夹杂的特色,来匹配《老学庵笔记》里陆游的前世今生,令人回味无穷。

(张锐　教师作家)

黑暗中的光影

□ 浙江省杭州高级中学　朱轩毅

我们排队入场，找着"几排几座"的时候像是在爬坡。坐定后，我立马摒弃了"山坡"这个比喻——我们是海浪掀起不同高度时的浪花。

现在的灯光仅供照亮通道。"是什么魔力让一群人端坐在暗箱？"我喜欢塔可夫斯基的戏谑之问。我看向深灰色的银幕，还有一排排座椅。每个人从我眼前经过，我看他们玩手机，听他们对寂静的破坏，想象每个人都像我一样在想着什么。接着，会有一瞬间连那照亮通道的微弱灯光也将消弭，一切全黑。

我自小怕黑，因此我热爱在日光下呼唤每一物的名字。于是我极早地认识了"影子"——第一个有名字而无法具体摹状之物。我摇摆着身体，注视影子的形状随意变换。

诗人告诉我，光与影同行，苦痛与快乐并存。

科学家告诉我，光有反射。可能科学一直是这样无情直白的。

银幕上闪烁着光点，一帧帧在交替，展开蒙太奇式的叙事，我与光之间的大段空间被压缩。那空间确也在的，可能是被几条一样漆黑的动脉连接着。然而我又想，银幕并非发光体，这光，只是另一种影子。

我们抬头看着屏幕。在电子白板的函数图间，有一张我的脸。数学老师总爱向每一个低下头的同学发出提醒，我感激她的活力与负责的同时，精神还是常无因地涣散。台下的我看着那个坐标图中疲倦的几何体，深知即使我抬着头，内心依旧乏力。日光与白板间，老师的讲解像牛羊在我周围无序地上下奔跑。

一个故事，蕴含滨口龙介的密度。我不禁再一次回想起塔可夫斯基的叩问。那第四面墙是如何被打破的？那黑暗中的发光体、银幕上的投影又如何成了客体？

夜晚我回家，从街角的橱窗、牌匾、自动门和车窗里，一次次看到我的影。我怀念那段和自己的影子玩上一天的岁月。现在，人被教导得活得更现实。

母亲永远比我晚到家。她问我有没有好好听课，这时我便把深陷书页中的目光移开，看到拎提袋的勒痕还清晰地留在她的指尖上。

然而夜晚还是快乐的,可以读几首诗,在文档上码几个字。我发现里尔克很喜欢用"日晷"这个意象,他说日晷的影子是神在人间的映射,也就是时间。我还没想过影子可以是神的,我原觉得那只能是自己的。

勒克莱齐奥把作家写作比作穿梭于丛林小径。我盯着所写下的文字,它们行与行之间的确像文字森林里岔出的一条条路。如果让目光失焦,我能看到我的影子投在了电脑屏幕上。它什么时候都在,晚上似乎快乐了许多。不过我没去想自己的影子,而是想着小径。我走过巴伐利亚的黑森林,在遮住天空的树的穹顶投映下,一条条小路是那么清晰可辨。我和妈妈互道晚安,房间彻底黑了。所幸明天不会没有太阳,我想,明天我会变好。

电影还在上映着,暗室里闪着光,各种声音环绕。主人公说:"人生是所遇见的不同的人在自己身上的投影。"是的,滨口龙介就是这样的导演,他安排剧中不同人物交叉相撞。当我在其中一个人物身上找到自己的影子时,便是我与他相撞了。银幕闪耀在黑暗介质中,这一介质已经不再有距离了。灯塔的光线点亮着每一朵拍打岬角的浪花。

"不义而富且贵,于我如浮云。"课堂上,语文老师同我们共读《论语》。儒学不会是浮云,那会是一朵沉淀到大地上的云。我交谈时约束自己更审时与恰当的"礼",我想放纵逃避学习时的"克己",或许源于一种文化的血在流。如果说兹维亚金采夫的《回归》讲了一种父权在子代上投射的阴影,是抑制的,那么我自己拥有的是社会选择的投影、文化血脉的投影与家族契约的投影。我把一个个句子念得有力,教室里可以听见我的回声。

我开始渐渐让函数下的那个脸影有力起来。一个周末,为了统计自己所写文章的数据,我用了函数模型。数学在我生命里开始投下影子。原先,我戏称这是一种阴影,而现在我大抵知道一个影子的珍贵了。与光同行,可放可收,这是一个代表我自己又协助我自己的影子。

电影结束,灯光亮起,全场通明,掌声雷动。人群涌动着,思想涌动着,浪花骤起。

灯火通明,然而刚刚的观影思考在每个人心底投下了一片影子,不断宕开,又紧贴着每个人自己。

文档里的字符密集,回答母亲时的声音也更有力。我思考着每个人的疲劳,伴着不断交互于学校、家庭、生活的影子前行。当我有机会回答孩提时的疑问"为什么影子无法摹状"时,我会说,因为那个影子是我自己,一个会变而又始终在路上的我自己。

星期日,我参加了日本导演滨口龙介的影展。在他的新片中,他用三个故事指出现代人的绝望出自交际的不自主性。我们给他掌声,因为他敢于为自主辩护。同样的,每一朵敢涌起的浪花,每一个敢做自己的影子,都配得上这掌声,它们都将成为黑暗中的光,让人窥得见自己。

指导教师:廖洁

本文获决赛一等奖

点 评

惊叹于作者的才华。意识流风格写作,行云流水之间扣题而不刻意,随时荡开一笔又能收回。巧借观影之遐想,横生枝节,生活片段附着哲学思考,电影时间灰烬里别有叹息。经典作品重塑了认知,作者站在更高处审题,却又能于平凡场景里勾出人生况味。韶秀之年,文笔老到,下笔于细微处见语感,有些句子浑然天成,有些句子兀自燃烧。文字之调性,使我想起王尔德的隽语;仪态万方之缭乱,让我想起黏稠的普鲁斯特。还能说什么呢? 品味、文字、格调,都有,让我们忘记了这是限于题目的赛场作文。他螺蛳壳里做道场,他白云出岫,又回到现实。他戴上镂铐跳舞,却浑然忘我,舞出了翩翩华尔兹。虽是赛场作文,我看它更像是《鳄鱼街》的舒尔茨和《城堡》的卡夫卡的复合体。

(张锐 教师作家)

画在大地上的肖像

□ 江苏省镇江第一中学　李子一

"七弦并四,渐上六徽。"清脆的琴音自我指尖泛开时,朝阳已将整座小镇映画在大地上。乐呵呵的外公半启双眼,不厌其烦地向无法赖床的小孩讲自己在田野上的故事。

琴声悠扬,时而转急,似裹挟了几十年乃至数百年历史的洪流,带我走进外公的故事里,走进一位老共产党员的记忆里。

外公出生在一个小县城,或者说是个小村子。尽管如此,我的太爷还是带着外公赶绿皮火车去天安门看升国旗。小小的外公很快淹没在人群中。他说,他只能从大人们的腿缝里窥探两眼:他看着太阳初升,把五星红旗映画在地面上;他看着红旗投射在地上的影子;他看着共和国的轮廓,看着自己所追寻的光。

"泛音止,复下十徽,渐强。"阳光毫不客气地刺入房间,把这位老共产党人的轮廓勾勒在门前新铺的水泥路上。外公抓了抓稀疏的硬发,又开始讲他的故事。

外公长大后,接太爷的班,做了镇长。当时最大的问题是如何让镇上的人家都吃饱饭。外公整日思考也未能得出个结论,或许头发就是那时掉的吧!直到有一天,外公看到外婆在给妈妈织毛巾,突然灵感迸发。一个月后,一座毛巾厂就在这片以挨饿著称的土地上开工了。只是每回我问到毛巾厂建立的过程,外公总是只说自己"面子大"。后来妈妈告诉我,那些日子外婆生病,外公就牵着妈妈挨家挨户地敲门,一遍又一遍地往上级政府跑……外公的影子投射在奔波的路上。正午,影子缩小了,妈妈就在这一趟趟奔走中成了外公的小影子。外公成了光,成就了妈妈的影。

"稍息,泛起,四六搓。"门口的片片竹叶仍闪烁着清晨的馈赠,睡不醒的橘猫翻了个身再次入眠。外公悄悄瞥了一眼正在工作的妈妈,过一会儿再瞄一眼,脸上忍不住泛起了笑容。那是最令他自豪的人。

妈妈也是共产党员。她一直都在追寻着外公的光前行,就像外公当年追寻着太爷的光一样。妈妈是一名科研工作者,她总有各种各样的契机深入田野。我还记得某次去田野探班,妈妈就站在田埂上,背着光。我看不清脸,但看到她的影子,被太阳在地上映画为肖像——那分明是成片的麦浪，是摇曳生姿的中华文化，是磅礴的信念。

"急起，七四合，六五放。"琴声逐渐激扬，我越发心潮澎湃！月出东山而生生不息，每天太阳都会升起，每天光影都会交织。一代又一代的人，向着光芒前行，而他们的影，又将指引着后人前进。日光不灭，信仰不熄，赤心不改！

"曲终。"

外公满意地起身，拍拍裤子上的尘土，向街上走去。太阳完全升起来了，城市的主人们开始往返于太阳映画的城市之上。早晨，外公的影子长长的，似乎是几个人手拉手走出来的一样。我想，那一定是太爷、外公、妈妈三人的，那是画在大地上的三代共产党人传承的肖像。

"老镇长，起这么早啊。"

"哎，去给娃娃们买早饭。"

…………

橘猫懒懒地起身，跟上外公，在地上留下了一幅小小的肖像。那是我，是追寻长辈影子的我。

指导教师：曲兆秋

本文获决赛一等奖

点　评

　　清脆的琴音仿佛画外音，伴随着作者温馨的故事。琴有古意，是传承，而一个家庭传承的是一抹光、一种信仰。在一曲琴音里，三代人的故事被娓娓道来，搭配巧妙，余韵悠长。外公纵然年迈，却依然不忘初心，葆有光华。母亲追随外公信仰，一以贯之。作为叙事视角主体的"我"，在温馨的画面里耳濡目染，秉承为苍生为百姓的信念，也完成了一次使命的交接。琴音不绝，信念永存。

（张锐 教师作家）

枷　锁

□ 浙江省乐清市第二中学　方雅禾

"娘,你看! 我抓住光了! "弟弟用陈旧的瓷碗,小心翼翼地拢在那支点燃的蜡烛前,灰白的墙上映出他小小的影子。

"傻孩子,光怎么抓得住呢?快来洗澡了! "待母亲抱走弟弟,我静静地看向墙上那跳跃的火苗的影子,它挣扎着,尖叫着,想逃出那瓷碗的枷锁,于是我悄悄地移开瓷碗,让光流了一地。

一

我家住在山脚下偏僻的村庄里,这里有母亲、弟弟以及邻居的阿婆们。我对于父亲的印象,仍停留在五岁那年。他有着浓黑的眉、上扬的眼,嘴角总是挂着微笑。他临行前勾勾我的鼻子,笑着说:"爸爸要去很远的地方工作了,等爸爸回来,一定给小熠带最好的礼物。"他再次叫了一遍我的小名,然后挥了挥手,消失在村庄通往外界的路口。

这一等,便是十几年。

那会儿弟弟还在母亲的肚子里,无人陪伴的我总喜欢在晴朗的夜看闪烁的繁星,听连成片的蝉鸣和青蛙们的低语,看即将成熟的麦子摇摆着身子,由近到远连成一片海。闭上眼,我便可坐上好几个钟头,直到母亲唤我回家。

不久,弟弟出生,我们的小家便忙碌起来。母亲叫我到村口的水井打水,于是我托着那只小小的木桶前去。正午时分,烈日炎炎,水泥路上投下我的影子。我向光而行。"你可别跟着我。"我转过身,对着影子指责道。于是它也转过身,仿佛在跟我玩躲猫猫。我努力想抓住它,好让它安分些,可转了好几圈后发现徒劳无功,便自顾自地向前走去,任由影子躲在我身后。

二

又过了几个春秋,我和弟弟都已到上学的年龄,便在村里的小学读书。我与弟弟有很大的不同,他成绩优异,总能受到老师和邻居阿婆们的赞扬,而我却是平平无奇。中午放学时,我总得在校门口等弟弟一起回家吃饭。我在他背后默默为他打着伞,踩着他的影子一步一步地走。他突然停住,转头笑着说:"姐姐,你好像我的影子。"

我明知道这是句玩笑话,可我还是愣了愣神。

待我再大了些,我的耳边总是会响起阿婆们的议论声。终于有一天,一位阿婆拉着我说:"哎哟,我们小熠比弟弟大这么多岁,怎么哪样都比不过他啊?女孩子嘛,早点儿嫁人为好,别读书了,早点儿下地干活儿吧!"她走了几步,又像是想起了什么,转过头对我说,"可别像你爹一样,走出去就再也不回来哩!""哎,你别说了!"母亲连忙跑过来,拍了拍我的肩,又将阿婆拉走。

那年,责任、自卑、痛苦压得我喘不过气来,我像被死死囚住了一样。我明白,那是我的枷锁。

三

上高中后,我回家的日子少之又少。学校离村庄有几十里路,母亲却总会拎着一只木食盒来看我:"这是昨天我刚包的包子,来,尝尝。"母亲打开木食盒,一瞬间,香气四溢。也就是那时,母亲才告诉我,父亲是一名军医,那年出去是为了执行一次前线任务,可不幸发生了爆炸事故。我再也等不到那份我等了十几年的礼物了!

"你呀,只管好好读书就行。"母亲捏了捏我的脸,"我们小熠将来是要有大出息的。"

风一阵阵地吹着,路旁的树也叫了起来,我却没能理解它们的意思。我看着母亲,微笑地点头,可眼角泛起的泪花出卖了我。我转身朝教室走去,这一次,任凭那影子躲在我的身后。

母亲说,要向光而行,去成为光。

四

学业愈加繁重,教室的挂钟嘀嗒嘀嗒地响,几片乌云挡住了太阳。玻璃窗上映着我们的影子,仿佛平行世界里的我们不再为笼中鸟了。那几片淘气的乌云在太阳那里找不到乐子,最终还是离去了。这时,老师走进教室:"这节课我们来复习一下丁达尔效应……"暖阳放出缕缕的光,我张开手,让光躺在我手上。

丁达尔效应出现的时候，光就有了形状。

高中的最后一年，我脑袋一热，想以后去甘肃支教。回家坐在那间我生活了数年的房子里，我点起几支蜡烛，与母亲商量。母亲先是不同意，最终却在那舞动的烛焰里，在那白墙上投下的影子中，松了口。

临行那天，母亲烧了一大桌菜。她拿出两只小酒杯，倒满了酒，给了我一只。母亲说完祝福的话便与我碰杯。那一刻，曾经的逃避与失落、曾经困住我的枷锁，都被我抛诸脑后了。

一饮而尽，剩下的我都记不清了。

五

看着这间小房子中的孩子们，我想活跃下气氛，便为其中几个孩子发了瓷碗，用来打节奏。另有几个孩子唱歌，几个孩子伴舞。小小的房子里马上开起了演唱会。"哎……怎么停电了？"灯泡闪了闪停止了运作，我忙找来蜡烛，点上，演唱会继续。"老师，你看，我抓住光了！"一个孩子用瓷碗拢在那支点燃的蜡烛前，灰白的墙上映出他小小的影子。

"傻孩子，光是抓不住的。"我移开瓷碗，让光流了一地。曾几何时，我的梦想就是成为同父亲一样对祖国有贡献的人。我打破、逃出那枷锁，是为了让影子成为我，而不是我成为影子。我单名熠，这便是祝福。

向光而行，任影子躲在我身后。

来电了，我灭掉了那支蜡烛，影子再也不见了。

指导教师：谢修彬

本文获决赛一等奖

点　评

作者紧扣"光"与"影"，表达了"向光而行，去成为光"的美好愿望。有向往，有追求，"曾几何时，我的梦想就是成为同父亲一样对祖国有贡献的人"。文章自然分节，每节笔墨相对集中，逐层深入，脉络清晰。从幼时无伴到被影（枷锁）所压，再到高中明理（明白了母亲的话"向光而行，去成为光"）并坚定地做出自己的选择（去甘肃支教），到最后站在支教的讲台"向光而行，任影子躲在我身后"，完美地实现了人生的华丽转身。文章开头由弟弟抓光的细节导入，结尾用支教地的一个孩子抓光的细节进行升华，首尾呼应，结构严谨。

（郑晓君　特级教师）

影 子

□ 江苏省沭阳高级中学　孙瑞晗

我叫影，我的姐姐叫阳，阳比我大一岁。

我不知道父母为什么给我俩起这样的名字，但也许从名字开始，就注定了我是她的影子。

我俩身形相近，但阳长得比我漂亮。她不仅成绩好，办事能力也强，在人群中总是很亮眼。阳，就像她的名字一样，始终站在光里。我却成绩一般，比较腼腆，始终活在阳的影子里，无人留意。

"她是阳的妹妹！"从老师和同学口中，这是我听到的最多的介绍我的话。我曾想过反驳——"我叫'影'，不是叫'阳的妹妹'"，但我终归未说出口。"阳的妹妹"是我身上撕不去的标签，也成为我心中一抹挥之不去的阴影。

这样的情况一直持续到高中。阳一直保持着成绩优异。后来分科，阳选了理科。妈妈说，阳以后要学医，当一名医生。亲戚到家中做客，话家长里短时总会聊到子女的学习。小姨问妈妈："小影以后准备学什么呀？"不等坐在一旁的我回答，妈妈就开了腔："她呀，肯定和她姐姐一样，以后学理，去当医生。"我尴尬地笑了笑，悄悄地溜回屋里。

我知道妈妈想让我和阳走一样的道路。阳做什么，我就应该也去做什么。但我真的不想这样，我不想一辈子都活成阳的影子。

我坐在桌子前，窗外的晚霞斜射入窗，在桌面上照亮了一块小小的地方。我从抽屉里掏出素描本，放在那块被镀上金光的地方。

其实，我并不是没有自己的长处，我喜欢画画，我喜欢听笔尖在画纸上发出的声响。在绘画的世界里，我可以畅想，没有人会在意我是谁的妹妹，也没有人会将我和阳进行比较。在那里，我不需要活成阳的影子。

但我知道父母是不会同意的，所以我只敢背着父母悄悄地画。我的画本被我藏在书桌的抽屉底下，藏在不见光亮的阴影里。但我对绘画的热爱在影子里发芽，肆意生长。

纸终究包不住火，我的画本还是被妈妈发现了。

她把我的画本扔在茶几上，阴沉着脸说："你就不能学学你姐姐？你要是把你画画的闲工夫用在学习上，你的成绩肯定不会像现在这样，你看看你姐姐……"

阳站在一旁，欲言又止。

像机关枪一样，妈妈的话字字诛心。不知哪儿来的勇气，我将内心的不满倾泻而出："我不是阳的影子，我不想成为她！我就是喜欢画画，我就是想学美术！"

妈妈和阳都愣住了，似乎谁也没有想到我的反应会如此强烈，沉默笼罩了客厅。我冲回房间，关上房门，一股无力感蔓延全身。

"咚咚……"一阵敲门声将我拉回现实。打开房门，是阳拿着画本站在那里。她将画本递给我，认真地说："小影，你画的画很好看。我从来都没认为你是我的影子，你应该活在自己的光里。"这是第一次有人告诉我，我不是谁的影子，我是我自己。心中的苦涩涌上心头，我扑入阳的怀抱。

后来，爸爸妈妈同意了我去学美术。我的梦想从此不再是只能藏在阴暗的角落里了。我和阳走上了两条不同的道路，我也不再需要成为她的影子。

之后，越来越多的人因为我的画作而认识了我。有人问我："你是阳的妹妹吗？"我点头答应。我知道，我不是她的影子，我活在自己的光里。

我叫影，我的姐姐叫阳。我们在各自的领域面向阳光，向阳生长。

指导教师：孙海燕

本文获决赛一等奖

- - - - - - - - - - -
点 评
- - - - - - - - - - -

生命中似乎无处没有阳光，又无处没有影子。光与影似乎还可以合奏出和谐的旋律，只要我们愿意努力走出影子的桎梏。本文巧妙地将生活中的光和影与姐姐和"我"的名字结合起来，通过姐姐给"我"留下无形的影子，表达"我"的苦闷和内心的挣扎。而"我"并非没有个性、理想和追求，绘画就是"我"的挚爱，绘画使"我"充满了乐趣和自信。"我"终于走出了姐姐的影子，"我"活在了自己的光里，迎来了灿烂的生活。文章看似波澜不惊，却使抽象变得具体，使深邃变得平易，于不经意之间揭示了一个深刻的道理：人生要有追求和梦想，要有自信和定力；要活在自己的阳光里，不做别人的影子。

（陈明富 高校教授）

金 橘

□ 浙江省义乌市第三中学　邵奕然

姚二婶又来我家了。

她手上紧紧攥着几颗皮色微青的金橘,神秘兮兮地将我拉到一旁,说:"妞儿,听说你过几天要回城里了,你瞧,我带了你小时候最爱吃的金橘。喏,你看,可新鲜着呢……"说罢她还用手蹭了蹭,生怕金橘沾上一丁点儿泥,直到指尖隐隐泛白,方才作罢。

我局促不安地站着,接过她手中的金橘。看着她渐行渐远的背影,我不知道自己在想些什么,只是呆呆地站着,直至舅妈的呼喊声将我拉回了现实。我回到屋子里,舅妈看了看我手中的金橘,微微地叹了口气:"你是不是又去找那个疯女人了?"我只好僵硬地点了点头,但又摇了摇头,小声嘀咕道:"明明是她来找的我……"

舅妈想也没想,一把将我手中的金橘丢进了垃圾桶,还阴阳怪气地说了句:"鬼知道卫不卫生。"我看着那几颗青绿色的金橘静静躺在垃圾桶里,小心翼翼地拾起,拿水冲了冲,放在了窗台上。

姚二婶是一个骨瘦如柴的矮小女人,由于长年在地里干农活,她的皮肤总是比村里别的妇女要黑。从小时候起,我便常听舅妈讲,姚二婶原本有个和我一般大的女儿,但是患了白血病,早早便去世了。于是从那时起,姚二婶逢人便问:"你见着妞儿了吗?"大家都以为她疯了,一开始对她的同情与怜悯到最后都变成了害怕和厌恶。

村里人除了我以外全都躲着她,舅妈不止一次和我说过离她远点。奈何我心肠软,每每她靠近我时,我都不敢表现出任何害怕或厌恶。她一见着村里的女孩就会亲热地握住对方的手,有一搭没一搭地聊着,有时甚至会从兜里掏出几颗金橘,仔细擦干净上面的污渍,然后塞过去。

我无法体会到她那种失去女儿的痛苦,也许她实在太想念自己的女儿了,便把我当成了她的女儿。我不止一次在夜里胡思乱想,身边的人也不止一次告诉我离她远点,说像她这样的疯女人什么事都干得出来。舅妈总是会跟我说一些有的没的,在饭桌上一聊到姚二婶,她总是兴致勃勃,比如,说姚二婶偷了别人家的白菜,还把别人家的小孩弄哭了。每次说到这儿，她又会重复说："离她远点，那个女人很危险。"

有段时间，我刻意躲着姚二婶，生怕村里人也会像对姚二婶那样对我指指点点。于是，每当碰到她，我都会立刻扭头就跑，而她会在后面向我大喊："妞儿，慢点，别摔着了……"声音逐渐远去，我跑回屋里，大口喘着粗气。余光瞥见窗台上的金橘，好像有什么东西刺进了我心里，我知道，我终究狠不下心来。

初春时，我窗前的枝丫上不知何时多了几只麻雀，每天都在鸟巢里叽叽喳喳地等待它们的母亲带来食物。有一次，一只嗷嗷待哺的小麻雀尝试着自己飞翔，但很不幸，它用那还未发育好的小翅膀在空中扑棱了几下，便以很快的速度向下俯冲，一头栽在了地上，一动不动。傍晚，麻雀妈妈叼着几只硕大的肥虫回到巢里，却不见那只小麻雀的踪影。当发现那只小麻雀静静地躺在地上时，它飞快地来到小麻雀身边，轻轻啄着它的孩子，并发出了几声凄厉的叫声。那声音不似往日的欢快，每一声都直击我的耳膜。我微微皱了皱眉，捂住了耳朵，脑海里涌现的却是姚二婶的面容。她女儿离开时，她是否也这般难过？

从那以后，我不再躲着姚二婶了。每次她握着我的手叫我"妞儿"时，她仿佛都有许多话想同我讲，讲"我"小时候如何贪吃；讲"我"从前总会把老师奖励的大红花贴在墙上，天天看着；讲"我"从前总是用水彩笔把家里涂得五颜六色，被打了一顿也从不长记性……她好几次都一边强忍着快要溢出的泪水，一边故作坚强地和我讲着，我耐心地在一旁听着，时不时点点头。

就这样，她每每见到我，都会一遍遍呼喊着她女儿的名字，仿佛在我身上看见了她女儿的影子。我也从不拒绝，总是耐心听她讲完，顺便接过她手中的金橘。

当金橘多到窗边的玻璃瓶容纳不下时，我只好慢慢品尝。这个皮色带点青的金橘并不好吃，吃进嘴里后，汁水溢满了整个口腔，一股浓浓的酸涩味在口中弥漫开，我的面部忍不住拧成一团。可我越吃到后面，越发现这个金橘好像有一种天然的力量，让人有嚼下去的冲动。就这样，月光透过枝丫洒在脚边，我静静地品尝着金橘。

回城的那天，我站在车边，与周围的人做着最后的告别。我东张西望，却始终没有找到我想与之告别的人。父亲看了看表，提醒我时间到了，该回程了，我只好乖乖上了车。

车子朝村口驶去，突然，我看见一个瘦小的女人从人群中挤了出来，我有些惊喜地向她招了招手。她好像在向我说着什么，但我听不清，也看不懂，最后只见她变成一个小小的黑点……

许多年过去了，我依旧习惯在窗前放点金橘。阳光从金橘上方洒下来，留下那浓浓的影子。这一次，我愿做妞儿的影子……

指导教师：刘小丽

本文获决赛一等奖

　　金橘是文中的水果,也不妨视为一种意象,尤其是"阳光从金橘上方洒下来"的场景,画面温馨。这种光影,驱散了人与人之间的冷漠。文末的一抹光有人文,有温情,也有悲悯。以情节和对话刻画人物形象,四两拨千斤。巧借麻雀因失去幼雏哀鸣的联想,来映衬丧女之痛的悲伤,进而推动情节发展,最后的结局也水到渠成。文章篇幅虽短,容量却大,作者善于剪裁,调度有方,一步步以故事内在的逻辑,阐明了想要表达的主旨。

(张锐 教师作家)

老董的影子

□ 浙江省景宁畲族自治县景宁中学　张峻华

"哐,哐,哐。"工地上的铁锤有节奏地敲打着,炽热的太阳光让声音格外地吸引人,这一切尽收老董耳中。老董可是位"神人",作为工地上技术最厉害的人,他光听声音便知哪儿有问题。但老董也并未因此得以加薪或成为包工头,而是一直在工地上,一天晒满八小时。

"董师傅,下班啦!"他的工友唤道。为啥叫师傅? 自然是咱们老董技术好,教了不少工友。"对啊,今天去接下我娃,难得见他一回!"老董戴着安全帽,咧开嘴巴大笑,就连地上的影子也张开嘴大笑。影子戴的安全帽格外抢眼,抢眼到一看便知是工地上的安全帽。

老董的娃可是他的骄傲,足以让他大笑。娃的名字叫"进之",意思就是进步嘛。老董祖上全是普通老百姓,他就指望儿子能出息点儿,别像他一样,受累大半辈子。

站在校门口时,老董早已换上正装,解下安全帽,头发露出来短短的,鞋子擦得锃亮。他挤在人群中,影子和形形色色的影子挤在一块儿,化为平庸,这让进之险些没发现老董来接他。进之看见老董后,心头一紧,加快了脚步,想带老董离开——全班都知晓他爸是建筑工人。

"马上高考了,咋样,紧张不? 好好学,别跟我一样,一天到头晒个半死。"

"爸,这高三下学期才刚开始,离高考是近,但也不至于现在就紧张。还有,老师说明天带我们去实地调查,也不知干什么。"

"高三很快的!"

一群人戴着安全帽走入工地。不知怎的,也许是角度不对,他们的影子里看不出有安全帽,全是平头。

这群人便是进之一行人。实地调查原来是来这儿,进之心头一紧。

"嘿嘿。"进之身边出现了一个影子,一个戴安全帽的影子。进之叹了口气,心想一定是老董。别问他为什么知道,反正就是。

"娃儿,你咋来了?"老董依旧笑着问。

"是进之爸爸吗?我们来这儿进行实地调查,您是负责带我们调查的人吗?"

"对的,跟我来。"老董得意地说。

为了方便,也为了保障学生安全,老董一伙工人在工地较偏僻且相对安全的地方工作。

一路上,人群中传来阵阵笑声。

到了目的地之后,笑声没了,只有惊叹。

工人使用不同的工具,在一块小地方四处忙活,身体连带影子上的安全帽一起有节奏地运动,调查开始。

"您这儿谁技术最好?"

"老董。"

"董师傅。"

"董师傅,我这儿不会。"

"来了啊!"

"小甲,你那儿敲得不对,我来!"

"哐,哐,哐。"声音并不杂乱,进之为眼前的一切、父亲的影子感到震惊,连同那安全帽。其他同学也一脸诧异,面对眼前光景一个字也说不出。

进之是笑着离开的。

转眼,高考结束了。老董没到校门口接进之。进之在公交车上摇晃:老董出事了。

趴在病床上,进之难以相信,父亲失去了一条胳膊,眼神中无影无光。

"这不挺好,你毕业我刚好不用干了。你大学选个轻松点的专业,去赚大钱,别像我一样。"

月夜,光从窗户射入,进之坐在病房的陪护床上。他的影子被拉长,告诉进之他还存在。影子一寸寸地爬上放在一边的安全帽。他戴上帽子,在影子中,他看见了安全帽。

月光与影子交融翻涌,进之的影子变得与老董一样。它开始自己挥舞铁锤,"哐,哐,哐",震耳欲聋。进之流下泪水,自己的影子早已与父亲的影子合二为一。

一瞬间,他看见父亲的影子以夸张的速度变大,如同摩天大楼。所有人都被影子包裹,入住其中。所有人的影子里都有安全帽,但它被百年的时间隐藏了起来,人们都忘了。

决定了,进之想。

"你父亲不容易,你就这样回报他?他希望你能轻松过一生。"

"这是我唯一能做的,请尊重我,更请尊重我父亲。"大厦建成的剪彩仪式上出现了两位工人,他们身着工服,戴着安全帽。这项由进之任总策划的工程终于要完成了,他仍穿着工服,手中拿着锤子。老董和进之一样期待着今天这一刻,两个人特意穿工服完成了最后的工作。

"哐,哐,哐!"

铁锤落下,影子舞动,最后一颗钉子钉入。两个戴着安全帽的影子矗立两侧,高如大厦,周边的人大声喝彩。

"恭喜,进之不愧是一流工程师!"

进之拉着父亲离开,漫步于城市的高楼之间,在影子中穿梭,在烈日下舞蹈。

日月轮转,照亮了高楼大厦,照亮了影子,照亮了安全帽下的新时代。

指导教师:闫文文

本文获决赛一等奖

. . . .
点 评
. . . .

文章令人联想起赫拉巴尔的《底层的珍珠》。望子成龙的父亲,不负众望的儿子,因为偶然的事故,儿子坚定了信念,以另一种方式去回报父爱。父亲于儿子而言是光芒,儿子看到的是父亲的背影。文中实地调查一段,儿子以父亲的手艺为荣耀,也为后边所述中的人生选择做了铺垫,体现了小说的逻辑性。作者借安全帽这一意象,传达出对工程岗位的礼赞,无论是流汗的建筑工人,还是构图开合的工程师,都是一个时代的礼赞。

(张锐 教师作家)

没有影子的人

□ 浙江省杭州学军中学西溪校区　　李汶芯

马路刚翻了新,两边大厦的玻璃孜孜不倦地利用阳光制造光污染。我走在路上,我是一个没有影子的人。浓烈、刺眼的光径直穿过我,我抓不住,也体会不到——这时我才明白,原来影子早已成为我生命中不可割舍的一部分。

一

我时常觉得,我是姐姐的影子。

从我偷听大人们谈话中拼凑出的事实来看,爸爸妈妈当初决定生我,是因为姐姐的生日愿望是想要个妹妹。

我和姐姐上同一所小学,她很优秀。在学校里见到她,我总是用最响亮的声音大喊:"姐姐——"她在她同学们的起哄声里悄然退场,我在周遭一众如星星般亮晶晶的眼里做那只仰首的白天鹅。学期末领奖,她每次在台上俏皮地眨眼吐舌头,我知道所有人都看得见,但这是做给我一个人看的。于是我又仰起高傲的脖子,扇动雪白的翅膀,却冷不丁对上了班主任冰霜般的目光。

"叫什么叫啊,你看看你姐姐,再看看你。"

她的声音不大却足够刺耳,刺破我的耳膜,在我给姐姐建起的心墙上轰出了一个大洞。礼堂的灯光随之暗淡,我在闻声而来的目光里变矮,变矮,最后成为缩在地表艰难爬行的、被聚光灯投射出的姐姐的影子。

我不漂亮,成绩也不好。和脾气如羊般温顺的姐姐比,我像一只不知东南西北的野猫。每逢家庭聚会,亲戚必提"要向姐姐学习"。辞了工作在家的妈妈逐渐变得情绪阴晴不定,她常对懂事的姐姐温柔相待后又向我飞来一记眼刀。我就算是个影子,也被创得鲜血直流。

我想我很爱姐姐,但我不愿做她的影子。

不知道从哪一天开始，我决心当一个没有影子的人。我要和她不一样，我也不会让外界的阴影将我吞噬。

二

我常常觉得，我把妹妹当成了我的影子。

不知从哪一天起，她变得处事乖僻，敏感易怒。

她小时候不这样，虽然在还是个奶团子的时候就知道和我抢玩具。我小时候爱哭，不知道还手，只在旁边呜呜咽咽。

也或许正是因为性子软，妈妈和我的青春期大战比起和她的简直是搔痒般的玩笑，我也算是顺利地在妈妈"一百考了九十九，要问剩下一分去哪儿了"的教育鞭策下长成了小孩们眼里的光。

所以在我预料她也会如我一样"很快走上正轨"时，叛逆如楼高的海啸让人防不胜防——她开始沉迷于电子产品，过度消费，而且控制不住情绪。当她和妈妈大闹并说出伤人的话时，我似乎表现得比妈妈更加生气。

不知是因为意识到我的影子开始不随我的举动而自顾自舞蹈，还是因为几年前的我在她这么大的时候，也会同样因小事和妈妈大吵，我伤人的话一句接一句层出不穷，家里成了布满陷阱的荆棘丛。

像是几年前的我穿越时光悄悄躲进我的心尖，那没有尽头的回忆路上投下的片片阴影，在妹妹按下开关后猝然攥紧我的心房。我如出水的鱼般艰难地呼吸，竭尽全力地大喊大叫，想要挣脱。我说，囡囡啊，你快点儿长大吧，快点儿长大吧……

可被阴影遮住的事实说，我们是完全不同的小孩，一个像夏天，一个像冬天，而我却执着于六月飘雪，反复在她身边重唱《窦娥冤》。

那天的太阳热得要将人融化，她把家门反锁了，我和妈妈在门外用机关枪般的话语言试图摧毁她的精神高墙。看着妈妈叹着气撕下门上被风吹得焦黄的开锁广告，弯下腰像在寻找海上船里的灯光，我的鼻子一酸。

门内的妹妹在反击："妈，你就是只爱姐姐不爱我，你们不如把我丢到垃圾桶里！"

"不是的囡囡，妈妈很爱你！"我哭着喊出来，像是要让全世界听见。

三

我常常觉得，我的影子遮不住她们了。

两个女儿小时候都喜欢蹲在我的身前躲太阳，我挺直腰杆，落下的影子把一大一小团团包裹着。我心想，或许就这样过一辈子也不错，然后开口说：

"闹什么啊，都多大了，幼不幼稚？晒个太阳能把你们怎么着？抓紧时间去上课。"

生了小女儿后我辞了工作，上司可惜的神情还历历在目。从此我便围绕着两个女儿打转，全年无休且枯燥的生活似乎要将我仅剩的耐心抽走。

大女儿曾和我说："妈，你可以出去旅行，或者试着开一家店。"我很赞同她，却只是摸着她的头说："不要和我一样。"

我从不否认自己望女成凤，但不知回归家庭这一选择给我带来的巨大阴影是否投射到了孩子们的身上。

我变成了一个严苛的母亲。

大女儿辩论赛拿了冠军，在回家的路上和我聊个没完。自她妹妹开始把家庭氛围变糟后，我很少看到她这样轻快的脚步。

"我们可是一路杀着强敌来着！"

"你太过激动了。"

"我们准备了好多好多的材料！"

"但是你在攻辩的时候结巴了。"

她良久没有说话，然后我听见抽纸巾的声音，转头一看，才发现她在哭。

我觉得奇怪："评委老师能说，我难道不能说吗？"

她嘴一张，"哇"的一声哭得更厉害了。

"他们又不是我妈……"我鲜少听她这么说话。

"你从来不夸我，也不夸妹妹……"

是的，我承认。可一个奉行"否定式教育"的家长就应该受到这样的指责吗？明明我如此爱她们。

想起有一次和大女儿聊天时，我问："是不是你太注重表面了？"她叹气说："是你太不注重我们的情绪价值了。"

直到此刻，我才从她因鼻音而模糊的声音里隐隐约约辨别出"情绪价值"的形状。

过去的回忆是一片影子，让我看到的世界越来越小，让我在逐渐护不住孩子们后，还需要她们用影子来保护我。

我想，我做不了一个没有影子的人，因为我的回忆与牵挂早与我盘曲在一起，不可分割。

但是，我再不会让困住我的影子，成为困住我的孩子们的影子。

指导教师：倪宜

本文获决赛一等奖

点 评

　　人的一生,会有很多有形和无形的影子伴随左右,而影子有时并不可怕。有些影子可以成为学习动力的源泉,有些影子是温柔和关爱的化身,有些影子则是征途中迎面吹来的一缕和风。本文通过妹妹、姐姐和妈妈三个角色的切换,说明生活既离不开阳光,也很难没有影子。影子不可怕,只要我们的内心充满追求,充满阳光,充满爱。文章构思新奇,比喻恰切,感情细腻,并具有一定辩证的思维和深沉的思索。

(陈明富 高校教授)

影 子

□ 山东省聊城第三中学　张奕欣

我极力去活成姐姐的影子。

原因无他,只因姐姐是那样的出色,出色到成为她的影子就足以让我心满意足。

我羡慕姐姐,羡慕到连嫉妒都不配拥有。姐姐实则是我的五表姐,只比我大了一个月,她对我极好,久之,我们便把彼此当成了亲姐妹。她的家庭极为富裕,从小在蜜罐中长大的她性情温和,对上尊师敬长,对下关心幼小,成绩拔尖,人际关系也处理得不错,是典型的别人家的孩子。

反观我,则是那样的普通。普通到家族中的人连我的名字都记不清。我性格内向,不喜过多的交流,外无才艺傍身,内无成绩支撑。但我绝对谈不上"差",只是再平凡不过了。年岁相仿,差别却是天上人间,谁能够接受这种落差?"你看看你姐姐"成为父母的口头禅。我先前可以爱搭不理,但随着年龄的增长,我再无法做到心如止水。

我不是圣人,我无法接受别人永远压过我一头,哪怕这个人是我的亲人,也不可以!

成为姐姐!成为姐姐!成为姐姐!……

回首那段痛苦的时光,我甚至觉得自己是个疯子,是那样的偏执。我模仿姐姐的落落大方,让自己跟那些自己所厌恶的人交谈也能滴水不漏;我模仿姐姐的才艺爱好,放弃双休日的读书时间去苦练钢琴;我模仿姐姐的穿衣打扮,脱下喜欢的素雅衣裙转而追求时尚;我还模仿姐姐的外貌,留了和姐姐一样的发型,甚至偷偷地查询武侠小说中的人皮面具……

我活成了姐姐的影子。

可我一点儿也开心不起来。"成为"姐姐后,我获得了来自四面八方的赞赏。可那每一个字每一句话,都如针尖麦芒般扎着我的心,我时时刻刻都有这样的感觉——这些是属于姐姐的。睡梦中,鬼魅的声音不断冲击着我的最后一道防线:"你姐姐的东西,你真的用得顺手吗?"每每于睡梦中惊醒,我都会陷入迷茫。我究竟是谁?是自己,是姐姐,还是姐姐的影子?我陷入了一个痛苦的怪圈,进也不是,退也不成。

这个怪圈在某个不经意的日子被打破了。那天我去姐姐家做客,碰巧遇上姐姐收拾衣服。姐姐将床上一摞旧衣服送给我,那是她上个月买的,在她看来,过时的衣服与旧衣服无异。来的时候下着雨,我的衣服湿了一块儿,姐姐见状便让我换上,我乖乖照做。

姐姐送我出来时,隔壁的小孩子喊了一声姐姐的名字。我下意识回头,却对上了那孩子失落的目光:"你不是她,你是个冒牌货!"姐姐一听,急忙喝住了那孩子。

那句话如五雷轰顶般砸在了我头上,我的心如坠冰窟。那天回家,我没有撑伞,眼泪如断线的珠子,一滴一滴落在冰冷的脸上,灼烧着我的每一寸肌肤。我在雨幕中起舞,头发在风中零乱。点点灯光模糊在雨中,只留一点儿微弱的光。我在路灯下徘徊,脱下姐姐刚刚送给我的外套,里面是一件我自己的白裙子。光影交错,夜色中我的影子被投射在墙上。不同于姐姐的优雅、美丽,它是瘦削的、单薄的,却也是真实的、充满力量的。

我不再做姐姐的影子。

我蓄起长发,换上素雅的衣服,退掉钢琴课,将这笔费用换成了一本本诗书。我生来便是独一无二的自我,不能因别人的目光而甘愿成为别人的影子,失去本色。

你我皆生而有翼之人,为何要甘愿折断双翼,落入尘埃,一生沦为他人的附庸?

我迎着属于自己的光前行。阴霾散去,虹桥初现,身后洒下自己的影子。

指导教师:宋清茹

本文获决赛一等奖

点 评

《影子》中的"我"刻意模仿姐姐,尽管也小有"成就",但终因做作而沦为冒牌货,并不被认可,"我"活成了姐姐的影子。但"我"最终还是拾回了自尊、自信,活出了自我,活出了真实,不再是他人的影子。苍鹰之所以能高飞,是因为拥有傲人的双翅;寒蕊之所以能垂芳,是因为拥有坚定的信念。文章告诉我们:生活中,影子尽管无处不在,但只要充满理想和自信,并积极努力,就不会迷失自我,更不会成为别人的影子。文章构思独特,结构缜密,对比和描写也很有特色。

(陈明富 高校教授)

影子失窃

□ 浙江省嘉兴市第一中学　范雅茜

苍白的灯光有些刺眼,她走到镜子前,用手背抚了抚眼睛,以适应那空洞冷峻的灯光。镜中自己的面目映入眼底,她忽而一怔,被暴虐的白色裹挟——她的影子不见了。

她没有回头或低头确认影子存在与否,她只是凝视着镜中脚底空白的一片。她想起了许多年前读过的那本小说,情节已被时间抹去,但书名却浮现在她的眼前——《偷影子的人》。"我的影子失窃了!"她喃喃道,"我得向前走,把它找回来。"她调转行进的方向,向左,然后笔直地向前走,迎着炫目的光往前走。于是,她踏上了向着光的征程,她确信她会一步步向前,直到找回她失窃了的影子,把它黏回脚底。

她走上宽阔的马路,迎着日光向前。她的步履是急促的,与道路中央鸣笛声的喧嚣同频。身侧,车水马龙,人潮涌动;身前,她看到另一个人急促的步履——那步履的近旁也是一片空白。那一双暗淡的、翻起碎革的皮鞋,向前走着,没有影子的负累。"他也没有影子!"她向他匆匆走去,比先前还要匆匆,似溺水者胡乱揪到了一根羸弱的水草。

"你也没有影子!你也急着去找你的影子吗?你的影子也被偷了?"

"你胡说什么呀?我们是高速发展的新城市的人!只要向前走、向着光走就行了,谁还在意什么'影子'?让开让开,一边儿去,别挡着我前进的路……"

她听见他不耐烦的话语,看见他加快了步伐,他几乎是向前奔去了。接着,耳边传来了大家的低声絮语……

"影子真的没用吗?我的影子被偷了也没关系吗?真的可以无所谓吗?"她问自己。她抬头看了看天,林立的高楼布满天际,但此刻在她困惑的眼中,它们是天空的獠牙,下一秒便要将她,将没有影子的她,吞噬,连骨头渣子都不剩。想到这儿,她苦涩地笑了,勾起了唇角——嘴角略显僵硬,被肌肉尴尬地牵扯着。举目四望,大型游乐场里一根根不健康的脊骨诡异地隆起,跳楼机急速下坠,令人震颤的惊叫声四起,刺痛耳膜;被二次元商品入侵的商业街业已倒闭,白炽灯诡谲地闪烁,街道敞开怀抱迎接下一场革新抑或入侵。太快了,太快了——过山车开得太快了,人们下坠得太快了,白炽灯闪烁得太快了,她走得似乎也太快了。

她沉思着，惊惧着，不知不觉放缓了脚步，又不知不觉背着光走去。潜意识里，一个缓慢悠长的声音告诉她："你走得太快了，影子被你落在了身后，在光的背面。"

"影子在光的背面，"她不知不觉低吟出声，"我的影子失窃了，影子不可或缺……"

"嘎哒"，右脚一沉，左脚仍在向前迈步、落下，接着左脚一沉，右脚抬起。熟悉。她被这强烈的熟悉感打断了思绪——她走进了儿时居住的弄堂，踩在了青石板铺就的小道上。她竟背着光走到了这儿！她环顾四周，却不急着回到"正确"的轨道上，红色的砖墙由崭新变得斑驳，因石灰墙皮剥落而成了"癫头斑秃"；那辆靠在弄堂口的自行车，链条上裹着厚厚的锈迹。她上前拨弄车铃铛，一根食指怯懦地蜷曲着，向下微垂，触到那圆形的、散发光亮的车铃铛，试探性地一拨——死寂。她咬着下嘴唇，不死心似的一下一下、越来越用力地拨着车铃铛——时间锈去了光鲜，将清脆的铃音阻绝，拨纽被卡住，余下的唯有沉静，唯有淡忘，唯有失去……

她泄了气，抬起头向上看。凌乱的电线切割了弄堂里的一线天，暗淡的天光被分割成细碎的珠帘，垂落在沐浴晨光的新生躯壳上，试图隔绝冰冷铁板和钢筋的侵蚀……这绵薄的阻隔毫无气力，它们见证了红色的沁着泥灰味儿的木门被拆去，取而代之的是密实的水泥墙。代代相续的生活令人窒息，那细若游丝的呼吸抛却了原有的鲜活与生命力，被永久地、凝重地封存在那厚厚的水泥里……

弄堂和烟火小巷在日新月异的发展变迁中，被空洞的钢筋水泥躯壳驱逐，成了城市的影子——那单薄的、不日便消弭的、失窃的影子啊！

她低下头，大颗的泪珠扑簌簌地洒落，落在青石板上，一滴，一滴，泛起几不可见的涟漪。泪花消逝在时光里，成了影子的基底。不知不觉，她已走到了巷尾。

她有多久没有回头看看了？她一再赶路，向着光走，不允许自己回头，更不允许自己驻足停留。恍惚间，她竟寻不到往昔的剪影了，那足迹与影子一同消失了。

"丁零——丁零——"清脆的车铃声奏响，"小心！让一让，回头看看呀！"她回头，泪流满面，暗下决心：向着光奔跑时，要常常回头，看看影子还在不在，看看来时的足印。

少时的她，骑着自行车，仿佛沐浴在光芒之中，朝自己飞驰而来。空洞的心被填满。暖黄色的，微微亮，是光的颜色，是光的模样。

她在泪花间绽出微笑，这微笑漾开去，比前路的光还要璀璨。

她找到自己失窃的影子了！沿着来路回溯，出现在光的背面的，是被尘封许久、纯净、缓和、鲜活、耀目的影子。

是的，她找到自己的影子了。

指导教师：奚素文

本文获决赛一等奖

　　阅读本文，脑海里不禁闪现出鲁迅先生《狂人日记》中"救救孩子"的语句。当"凌乱的电线切割了弄堂里的一线天，暗淡的天光被分割成细碎的珠帘"时，她忽然发现"我的影子失窃了"。于是，她喃喃地说："我得向前走，把它找回来。"

　　于是，一个找影子的童话就开始了。可这仿佛又不是童话，而是现实。当我们的躯体被钢筋水泥禁锢，当我们的时间被灯管俘房，我们辨不清东西南北，我们分不出白天黑夜，我们最本质、最朴素、最童真的乐趣在哪里？幸好，"她找到自己失窃的影子了"——一个中学生能如此大胆想象，能将自己的思考通过充满童真的文字表达出来，这难能可贵。

（郑晓君 特级教师）

找不到你的踪影

□ 安徽省合肥市第八中学　王艺涵

困于黑暗中的人乞求一丝微光，愿光洒在自己身上。可是，我一直生活在漆黑的阴影里，等不到光，找不到自己的影子。

后来，我才意识到，我为你走了那么远，但是结局一如所料，我还是见不到你，只能捧着回忆，独自追寻你的踪影。

表姐才华横溢，高考时一鸣惊人，考取了国内顶尖的大学。父母常常在我面前提起她，语气里带着不可抑制的羡慕。我幼时每每渴望得到父母的嘉许，却总能听到一句："你以后一定要成为你表姐那样的人！"

表姐是什么样的人？我从未见过她，不了解她的品性，为什么我一定要成为她？年少的我并不在意这些，只希望过好自己的生活。

随着日月的变迁，我渐渐能掌控自己的选择了，可更多的赞扬向我奔来时却一如往昔："你一定会像表姐那样优秀。"我知道邻里对我的好心，可他们的祝愿并没有让我感到快乐，相反，只会让我一次次陷入自我怀疑。

我开始怀疑，我是否只是一个残影，一直要活在表姐的身后，永不得见天日。

高一那年，表姐回来了，整条街的人都在向她贺喜。我以身体不舒服为借口，独自出去散心。星星点缀于空中，月光洒在归途——我在想星星的存在是否只是为了衬托月的圣洁。

仿佛，所有的市井烟火都与我无关，我已溺死于这寂静之中。

我漫步于庭院，回想往昔这里的繁华竞逐。此时，它已全然被无声覆盖，与我的落寞相衬。兀自地，我讲出了心中所有隐藏着的压抑。我从一直活在父母的期望中，讲到今日此时我的难以释怀。

我在笑，可泪已无声地滑落，一点一点将我心中最后的防线压垮。

"你不必一直活在别人的阴影里。"我怀疑出现了幻听，恍惚间转身，却看到一个身影。淡紫色的风衣将你的身形衬得愈发修长，一支木簪绾于你乌黑的发丝中，你背对着我。

我只能看到你的影子。

"家长们树立目标只是为了激励自己的孩子不断前进。"你继续说着。这话也是我时常劝慰自己的。或许，只是我始终无法与自己的心结和解。

"其实，孩子出生之后就属于自然中的个体，他所创造的一切都是他自己的。所以，你只是你自己。"

这话长久萦绕于耳旁，我试图看清你的脸，但你背对着我，我只能看到你的影子。你离开了，而我仍呆立于原地，任由泪水模糊了双眼。

或许，我只是需要别人用一番话来告诉我这些年的努力都值得，我不是别人的影子。

柔和的月光倾泻而下，再也没有了往日的圣洁。清风晚归，映射着两个女孩在世俗偏见之下深深的救赎。历经无数次的自我怀疑后，我爱上了你的影子，尽管它曾给我带来不少难熬的回忆。

我热切地寻找你的踪影。

又回到最初的希冀，我与心结和解，再也不在意那些期许我成为别人的话语，我只记得那晚的经历，记得我只是我自己。此后，多少次获得的荣誉仿佛都带着些你的痕迹，可我仍热切地追寻你的踪影。

影子不再是束缚，而成为我漫长征途中的希冀。

可我再也没能找到你的踪影。你似人间惊鸿，一瞥而过。我捧着有你的回忆，在世间踽踽前行。闲暇时，我也会想你是怎样的人，连影子都带着光辉。

你，是在满目漆黑时给予我方向的人，是轻轻一句便能让我与心结和解的人，是我甘愿放下一切顾虑的人，是满心的不舍，是永远的希冀。

我最终放下了自我怀疑，看见了这世间的美好，开始热爱这里的一切。

一年后，表姐又回到巷子里。父母像是终于明白了我曾经的踌躇，轻声问着："还去吗？"我早已释怀，不会再让父母为难，坚定地点了点头。

恍惚间，一切都归于原点。

我曾无数次想象表姐有多优秀，脑海中却始终勾勒不出她的模样，直到我在人潮中瞥了她一眼——

淡紫色的风衣，一支木簪。

我似被什么击中般愣在原地，欲抬脚却怎么也抬不起来。

"就知道你会来，傻姑娘。"她朝我挥挥手，笑着走来。记忆中的声音与此吻合，我再也控制不住自己的情绪，走上前，摸了摸她的木簪。仿佛知道我要来，它被擦得锃亮。而她，带着笑看着我。

"我找你的踪影那么久……"我喃喃着，"原来你一直都在。"

我笑了，泪水无声地划过我的脸庞。她替我拭去了泪水，仍笑意盈盈地看着我，一如往昔。

我终于找到了她的踪影。

那一刻，光打在我们身上，影子被留在身后，亦有迹可循。

指导教师：任淑芳

本文获决赛一等奖

点　评

　　文章构思巧妙，情感一波三折。题目是"找不到你的踪影"，全文所写也确实是在"找"，但"找"的情感却前后截然不同。一开始，"你"（表姐）的影子压得"我"喘不过气来，让"我""陷入自我怀疑"，怀疑自己只是"你"的影子——"我"讨厌影子。高一那年，"我"随着人们去见"你"，仅是出于好奇，因为"我"并不喜欢"你"。很快，"我"就独自出来，在那样的静夜，压抑已久的情绪得到宣泄，可没想到，竟意外地见到了"你"的影子，于是，"我"与影子和解了。一年后，当"你"再次回来时，"我"终于明白，原来，"你"的踪影一直存在，"我"也不再对影子有所困惑、惧怕。由厌倦到好奇，到和解，再到融入，人生的蜕变终于完成。文章内容翔实，语言生动，手法多样，特别是象征手法的运用，增添了文章的内涵和韵味。

（郑晓君　特级教师）

照亮光的影

□ 江苏省姜堰中学　王子沁

"雪雁,把门上的帘子放下来吧,太亮了。"

"唉,姑娘。"

我放下门上的帘子,将明亮的日光挡在外面,屋内立刻笼上了一层灰暗暗的影,像一块墨,浓得化不开。"林姑娘不喜欢光,扎眼。"她说。

我在心里默默叹了口气,心疼起这个如影般忧郁的姑娘。

我自小便是姑娘的丫鬟,伴她一起成长。那时候老爷还在世,姑娘还在跟着先生念书。生活虽不富裕,但日子甚是清闲。姑娘虽不活泼,但也时时露出舒心的神色。她自幼冰雪聪明,吟诗、作赋、抚琴,样样精通。于我而言,林姑娘就像是一道光,明净澄澈,以最畅直的线条勾勒出世间万物的轮廓。

然而,这道光却慢慢被生活染上了阴影。暗淡,再暗淡。

后来,姑娘长至十岁入了贾府,紫鹃姐姐被分来同我一起照顾姑娘。紫鹃姐姐原先是老太太手底下的人,手脚麻利,心明眼快,做事雷厉风行又不失条理,比愚钝的我更能讨得姑娘欢心。府里的人都说,我成了紫鹃姐姐的影子。

影子,生来就是为了衬托光而存在的。我不在乎他们的非议,我在乎的,是姑娘那双明丽的眸子慢慢染上荫翳。我不想看到像光一样的林姑娘一点点被灰尘蒙住,一点点地暗淡下去。

宝姑娘来了,我的光似乎也变成了别人的影子。人们的目光都瞧向了蘅芜君而非潇湘妃子。林姑娘向来孤傲,像冬日的山泉水,清冽,但总不如温热的水得人心。再亮的光在比其更亮的光旁边也终将沦为附庸,这是无常,也是有常。

我不忍心见到我的光变成影子。作为影子,我也想努力使我的光变得亮起来。黑暗中的微光,也值得被照亮。林姑娘像蒙尘的明珠,应当被细致地擦拭。

"姑娘,你应该晒晒太阳,外面日头暖。"

春日的大观园最为鲜妍,满目都是大朵大朵的花,团团簇簇,明丽得像戴着簪子的美人,鲜活蓬勃。我知道姑娘喜欢素净,便每日折了不一样的素净的花,插在她书桌上的瓶子中。姑娘起先还嗔怪我不该每日折花疯跑,但每日蓬勃的花朵让她少了些"花谢花飞花满天"的忧伤。

我乐意见到姑娘逗那只八哥时的模样,眉眼弯弯,眸间皆是潋滟的波光。于是我便好生照料、调教那只八哥,让它更懂得怎样讨得姑娘欢心。在街上遇着了家乡风物,我也买些回去让姑娘聊解乡愁。

我欣喜地见到影的淡去,然后阳光照进来,一片锦绣。

我虽然生来就是别人的影子,也试着去照亮光,让那束光亮一点儿,再亮一点儿。

影子,并不是为了衬托光而存在于世的。有了光,影之为影;有了影,光才为光。即使再渺小再不起眼的影,也能与光相依相存,甚至帮助光更加明亮。

"雪雁,把帘子收上去吧,我想照照这日光了。"屋内的阴影一扫而空,阳光锦绣般照进门内。在空气中旋转飞舞的灰尘,都被日光照得通透轻盈。

指导教师:沈文静

本文获决赛一等奖

点 评

反向取喻,构思新颖。其新颖之处主要表现在两个方面:一是题目新奇,一反常理,引人注意,细读之后乃悟作者用心之奇;二是视角新颖,作者以林黛玉自幼的随身丫鬟雪雁的口吻,用第一人称,通过自己(影)的所思所感、所言所行去影响(照亮)黛玉(光),读来既有新意,又亲切可信。文章首尾呼应,结构严谨。开头,因为黛玉不喜欢日光而放下门帘,所以阴影便笼罩了主人(光);结尾,主人(光)在"我"(影)的影响下,终于说出"把帘子收上去吧,我想照照这日光了"。由怕日光到照日光,其间的变化,正是影发挥了作用,很好地表现了命题主旨。

(郑晓君 特级教师)

烛影痴痴

□ 浙江省平阳中学　苏欣然

雨

冰冷的雨水无情地拍打着我的脸，模糊了眼前的街道。五彩的灯光使雨夜变得喧闹。街道上人群拥向街边，又没影般地散开。依然充斥着我的大脑刚才与父亲的争吵，不甘与愤怒像火苗一般将我吞噬。

世代的传承？我可不这么认为。踏着前人的影还不如让我去突破界限！可我最终还是回到了破旧的家。父亲房间的门紧闭着，只有糊了纸的窗玻璃上透出一片光亮，父亲的影子被拉得很长，映在窗上。此刻的雨也像小时候的那次暴雨（父亲抱着我在木椅上读书的那一次）。睡意袭来，我进入了梦境。

雪

"先生，今年的雪下得真大啊！"药童嘟着嘴，红扑扑的脸蛋儿上写着担心。他从木门向外跨了一步，伸手去接那绒毛般的雪。冰凉传入手心，那一片雪花片刻间便在手心消失。

远处传来阵阵响声，慢慢地靠近。白色的衣服、白色的幡与雪色融为了一体，哀诉着，呜咽着。今日的锣敲得格外的响，今日的号角吹得格外的尖锐，今日的鼓敲得格外的闷。

药童抬起头，看着面色惨白的他。他的目光停留在那深色的棺材上。深褐色的棺材在雪地里显得格外的暗，像一块巨大的乌云，重重地压在人们的心头上。

"先生……"药童低声嘟囔着。他回过头来，惨白的脸试图挤出一丝笑容来。

"我们……回去吧。"

简陋的屋子防不住冬夜的寒风。烛火一跳一跳的，木案堆了一书，只留得一寸见方的空地。他坐在案前，烛光把他的影子拉得很长，覆盖到墙上。"咚咚……"风拨动了墙上泛黄的画卷,画中的父亲、祖父、曾祖父已经斑驳不清。被虫子啃食得坑坑洼洼的书页上,塞满了红色的墨圈。他紧锁眉头,手扶着额头。不稳定的烛光使书的页面忽明忽暗。这样真的能行吗? 他不禁问自己。

书已经被磨得破损,他的指尖顺着墨迹划动着。世代的影多少次落在这书上,他无从得知,但他可以知道的是,这满架的书吞进了几代人的影子,吞进了几代人的心。

咳。

鲜红的血迹漫延开来,覆盖了已经褪色的暗红。他顿住了,随后又匆忙拿起帕子,试图拭去古书上的鲜红。

咳。

满手的红。他突然大笑起来,仰着头。

痴儿啊,痴儿! 烛影依然跳跃着,烛影之下,是不是下一代的痴痴?

踱

明亮的电灯下,医院的地面愈发锃亮。医生从铁门后走出,慢慢地吐出两个字——节哀。只觉一阵天旋地转,我双腿一软,坐在了地上。昨日,父亲愤怒的脸还在眼前,今日,只剩下一张白布覆盖的悲凉。

这是我最后一次走入父亲的屋子。通天的书柜上放满了书,有的夹杂着一张张宣纸,有的已被岁月侵蚀了大半。木桌很大,是家里一代代传下来的。书桌的正中间用石块压着一张纸。

我把纸拿了起来。

"儿啊……"这片纸忽然沉重了许多。

几天后,到了填报专业志愿的时候,我拿着笔颤颤地写下了由那几代人的影凝成的黑字——中医药。

渡

窗外开了桃花,开了荷花,开了桂花,开了雪花。手中的书逐渐变得厚重。

"你们为什么报这个专业啊?"同学一手托着腮,好奇地问道。

大家沉默了一阵,是我打破了这份寂静。

"因为热爱,因为执着。"

用手写下的每一个字都有了厚度,有了重量;面对每一位病人,我们都用尽全力寻求解决方案。从烛火到电灯,从传统中医到中西医结合,从未改变的是烛影中的求解,是烛影中没能挽救病人的悲痛。

痴痴地追,痴痴地寻,痴痴地传承。回家的路上,路灯把影子藏在我的身后。我抬起头,父亲的身影依然在前面,父亲的前面是祖父,祖父的前面是曾祖父……

世世代代的影子交叠在一起,呈现出点点光芒。我坚定地向前走,向着前人的影,向着前人的光。

我便是那痴儿,我便是那烛影里的痴痴。

指导教师:周秀丽

本文获决赛一等奖

. . . .
点 评
. . . .

文章采用小标题的形式,每一板块的笔墨相对集中,内容也相对独立,板块与板块之间既有跳跃之感又相互联系,给读者留下了大量思考的空间,把一个"烛影痴痴"的中医世家在传承上遇到的波折生动地展现了出来。中医的传承、发掘及创新已经到了刻不容缓的关头,不容每一个有良知的国人忽视。文章立意高远,结尾句回扣题目,照应开头"我"的反叛、不甘与愤怒,构思严谨。

(郑晓君·特级教师)

省赛写作，百花齐放

第二十届大赛省赛获奖文选

□导言

叶圣陶杯全国中学生新作文大赛从创办到举办第 20 届,初赛(省赛)一直坚持不统一命题,让参赛学生自由写作、自愿投稿——学生既可以选择自己日常作文中满意的作品投稿参赛,也可以参考大赛的写作理念专门进行写作并投稿。有些学校凭借大赛这个平台,以文学社团活动为载体,在本校范围内自行组织命题写作,将优秀作品推荐参赛,按大赛要求比例推荐初评奖次,然后由组委会组织评委进行评奖。这种方式将参赛和教师的日常教学及学生的写作兴趣结合起来,成为许多学校促进写作教学的抓手。

大赛以叶圣陶先生的作文思想为指导,形成了"生活化内容、个性化表达、多样化风采"的写作理念和稿件评定标准。

关于"生活化内容",正如叶圣陶先生所说:"生活犹如泉源,文章犹如溪流。泉源丰盈,溪流自然活泼地昼夜不息。"大赛倡导同学们从日常生活和阅读学习中体会、积累写作素材,写自己在学校、家庭、社会等生活中的所见所闻、所为所感,关注自然风光、名胜古迹、风土人情、国内外大事和日新月异的生活,从真实的生活中发现写作的题材和主题。

关于"个性化表达",正如叶圣陶先生所说,作文要说"真话","写出诚实的自己的话"。大赛倡导写"自己的话",就是要表现自己鲜明的个性,要有创意、创新,要培养自己的求异思维、批判性思维和想象能力、审美能力。鼓励同学们从校园观察社会,提炼千姿百态的生活,用自己的眼睛去看,用自己的脑子去想,用自己的文字写出新意,追寻与众不同的青春梦想,创作出属于中学时代的文学作品。

关于"多样化风采",正如叶圣陶先生所说:"作文又不该看作是一件呆板的事情,犹如泉流,或长或短,或曲或直,自然各异其致。"大赛倡导同学们以文学创作的视角进行写作,鼓励内容多元、形式灵活、文体及表现手法多样化,进而提升写作能力。

本届大赛共吸引全国 2000 多所学校参加,省赛线上投稿共计 453522 篇,获省级奖人数为 60041,占参赛总人数的比例约为 13%。其中省级一等奖占比约为 2%,省级二等奖占比约为 4.5%,省级三等奖占比约为 6.5%,最终约 1%的选手参加全国总决赛。

组委会选聘各地一线名师、作家、文学评论专家、资深编辑等近百人组成了省赛评委会,制定了评审方案,召开了线上评审工作会议,按省市分工,在学校初评推荐的基础上进行线上复评打分和终评打分,评出省级一、二、三等奖,并从中选拔参加全国决赛的选手。

由于省赛投稿系自由写作,时间相对充足,各参赛学校大显身手,所投稿件基本上都是经过作者反复修改的,因此普遍水平都比较高,可以说呈现了全国高中生作文百花齐放的绚丽景象。本辑选发了部分具有代表性的佳作,希望学习者能够潜心阅读,与自己的写作进行比较,从中得到启示,最终写出一手好文章。

我看见

□ 江苏省徐州市第七中学　高煜涵

我站在自己的墓碑旁。

我看见碑上刻着我的相片和姓名。盛开的百花包围着我,灿烂、热烈。

淅淅沥沥,天空下起了小雨,细丝一般。

我看见,许许多多的人来到我的墓前献花,他们中有孩子,有老人,也有像我一般大的青年。

编着麻花辫、穿着碎花裙的六七岁的小姑娘,捧着一簇白色的雏菊,放在墓碑前。她的眼眶红红的,还在伤心地啜泣。身旁跟着的大抵是她的母亲,她们二人望着墓碑,悄悄地用手帕抹着泪。我真想走过去揉一揉小姑娘的碎发,告诉她不要再哭啦,别为哥哥伤心,哥哥能看到你们今天的生活,牺牲也值得。

老人坐在轮椅上,由儿女推着缓缓前行。他的头发已经全白了,岁月在他的面庞上留下了不可磨灭的痕迹,但衣服上别着的那一枚党徽,依旧是赤红生辉。老人俯下身,用布满沟壑的手轻抚着墓碑上我的相片,拭去上面的雨水。"我来看您了。"老人沙哑的声音传入我的耳中,"您……看一看今天的中国吧……"

我直起身,抬眼望去。我看见,远处是高耸的楼宇,鳞次栉比;楼宇脚下,从未见过的各式汽车穿梭其间。校园里传来少年琅琅的读书声,伴着鸟儿的清啼。我们的人民在各个岗位上努力工作,安居乐业;我们的国家繁荣昌盛,国泰民安。

一如我心中向往的,那个未来的中国。

我知道,我都知道,我一直都看得见。

青年摊开书本。我看见了一张入党申请书,纸上庄重地写着誓言。他朝气蓬勃地大步跨来,将一束如太阳般金黄的菊花轻放于墓碑前。我分明看见,灼灼烈火与世界的光亮都映在了他的瞳仁里。他面庞的坚毅让我想起我的同志们,也是如他一般的年纪吧。

于是,时光仿佛相融,青年的模样与他们重合,我的眼前又是熟悉的身影,耳边回荡着激情的话语,怀中的书本闪着耀眼的光。他们热血沸腾、群情激昂,于呐喊和咆哮声中站起,将前路的坎坷与困窘狠狠击碎,将黑暗与腐朽撕裂,以赤血、以生命换来崭新的中国。

这或许就是我们存在的意义吧。

百年后,中国青年的眼中仍然有不灭的星火,我看见了。

"前辈,谢谢您,"青年望着我的相片说,"用生命为我们开辟了未来的路。"

我想,如果我的牺牲可以换来一个新的充满生机的中国,那么死亦何妨?

"我读过您生平的传记。"青年仿佛听到了我的话,"您真的……很了不起。"

我的生平……也有传记了吗?

我闭起眼回想我的一生——

小时候,母亲送我去私塾读书。我很用功,立志学习报国。长大后,我接触到了无政府主义和马克思主义。那时的中国正值生死存亡之际,我实在不忍心看到平民百姓在水深火热中流离失所,我也绝不相信五千年的泱泱中华会沦落至此。于是我下定决心,要把自己的全部,奉献给国家,奉献给人民,哪怕失去生命。

1915 年,我同弟弟来到上海,后来在父亲的感召下一起为《新青年》的出版发行而努力。那时,我们坚定不移地认为,在所有人的努力下,中国的未来无限光明。

1919 年,我与弟弟去法国勤工俭学。在那里,我们更加开阔了眼界,于是在 1921 年中国共产党成立的时候,毫不犹豫地加入了党组织。我坚信,我们的党,一定会在艰苦卓绝的革命斗争中取得最后的胜利,为我们开辟光明的未来。

1927 年 7 月 4 日,遍体鳞伤的我戴着手铐和脚镣,走向上海龙华刑场。

我没有畏惧。

反动派用尽了各种手段,妄图从我口中得到一丝信息,他们以为我会怕,会屈服于他们的酷刑与威逼。他们错了,我的身后,是这个国家,是四万万中国的人民,是不灭的信仰。

我怎么会怕。

走去刑场的路上,听着脚上镣铐清脆的声响,恍惚间,我觉得身后的景象全都变换了,不再是黑暗阴沉充斥着血腥味的刑室,而是绿茵花溪、锦绣繁华的新中国。

我转过身,仿佛的确看到了。

于是,我笑着向前走。那天落了满地的桃花。

千树桃花凝赤血——后人这样说。

行刑的刽子手让我跪下,我站得挺直,虽然知道必有一死,但就算是死,我也决不屈服。

一片花瓣落在我的脚边。

"革命者光明磊落,视死如归,只有站着死,决不跪着生!"

乱刀挥下。

后来的人们,为了纪念我和弟弟,在我们的老家安庆,将一条路命名为延乔路,路的尽头是繁华大道。

他们想以此为寓意,让我见一见如今繁荣昌盛的中国,所以将延乔路与繁华大道连接。可他们不知道,我其实,一直都在,从未离开。

我一直都看得见。

是的,我叫陈延年。

我回过神,面前仍站立着那位青年。他的身边,又多了许多人。方才的老人、孩子,还有许许多多的人们,他们齐齐地站立着,向我鞠躬。人们很爱我,我想。

大钊先生不知何时站在了我身旁。我望着人群,笑着对先生说:"先生您看,他们爱我。"

先生沉默良久,忽而抬头,一字一句地说:"延年,是你爱他们。"

绵绵的雨停了,天光透过薄薄的云散射开来,照耀着整个墓园。人们最后深情地凝望一眼我的墓碑,三三两两地离去。那位青年是最后一个离开的,他手中多了一份报纸。他将报纸铺平,放到了我的墓碑前,再次深鞠一躬,然后缓缓离开。

"去看看吧。"大钊先生说。

我走过去,俯下身,报纸上的字清晰地映入我的眼中:

"脱贫攻坚取得全面胜利!"

"'天问一号'火星探测器成功发射!"

"一切以人民为中心……人民将享有更多民主权利……"

"我国综合国力进一步上升……"

"千秋伟业,百年只是序章——庆祝中国共产党成立一百周年!"

这一刻,我热泪盈眶。

我抬头仰望,云雾已经完全散去,一轮红日将大地照得亮亮堂堂。

如今的中国,不再是积贫积弱的中国、任人欺负的中国,而是富饶的中国、强大的中国、国泰民安的中国、繁荣昌盛的中国——我期望的中国,我看见了。

指导教师:李洪祥

本文获省级一等奖

点　评

本文构思奇特,别出心裁,以革命烈士陈延年为叙述主体,从逝者视角描述了人们凭吊烈士墓的感人场景,追述了陈延年烈士的生平事迹,表现了人民对革命先烈的怀念和崇敬,展现了先烈们为了中国的未来无私奉献、流血牺牲的伟大情怀。"我看见"是贯穿全文的线索,将革命先烈的理想与当代中国的现实紧密地结合为一体。第一人称手法是本文成功的关键,使写景、叙事、议论、抒情自然流畅,具有强大的感染力和渗透力。

（钟湘麟　特级教师）

论言语表达的理性之美

□ 江苏省泰州中学　苗睿

莱文曾一针见血地指出:"理性分割一切,直觉连接一切。"我认为,相比于直觉的连接作用所形成的同质社会,这种理性所带来的分割也不可谓无其益处。

个体凭借理性从狂热的群体中暂时脱离出来,就会遇见更为清醒、真实的自我。而这种分割的能力, 实际是理性自身美的特性所赋予的。倘若细品言语表达中理性的流露,我们便能对美的内涵有更深的理解。

对群体而言,言语表达的理性之美,美在揭微显隐、抽丝剥茧,于理性分析与客观评价中显露事物的本质与真相。

熊培云曾如此评价:"中国其实没有那么拥挤,拥挤的是一窝蜂的观点。"在人人都有麦克风的信息时代,人们不再过多注意表达理性与否,一水儿肤浅的观点淹没了理性的声音;另一方面,处于原子化社会中的人们迫切地寻找认同感,久而久之,认同变成了趋同,理性转化为偏激。

于此茧房中,我们更加需要理性的言语表达,于众人皆醉时守得一份独醒,于万马齐喑时响起惊雷之声。

且看一代文学大师鲁迅,于众人"中国人失掉自信力"的慨叹中,准确地区分他信、自欺、自信,用理性的表达,为中国人挺直了筋骨与脊梁;又于"饿死事小,失节事大"的阴霾中,用深刻的分析、理性的思辨细数节烈之弊,将反对派驳得哑口无言。倘若在麻木的群体中,没有人用理性的声音打响第一炮,铁屋子里的人们又何时才能被唤醒,历史的车轮又如何滚滚向前?后人品读这些缜密的表达,每一次欣赏与赞叹无不是在经历一场美的体验。

对语言自身而言,言语表达的理性之美,美在其对语言纯洁性的守护。

理性的对立面是极端。不知从何时起,随着泛娱乐化席卷而来,我们的语言也在简化中走向异化与极端,"有意思"要说成"笑不活了","厉害"则是"赞到爆",甚至推荐好物时不加个"神仙"都会被认为诚意不足。

泛娱乐化导致的语言夸张过度，实质上反映了一种言语表达理性的缺失。"通话膨胀"的时代，表达的"面值"越来越大，但表达本身越来越匮乏。倘若所有表达皆以不需动脑、随口而出的"yyds""笑得头掉"代替，人们就再难寻得语言的民族性，再难守住语言的纯洁性，终将成为悲哀的"哑巴"。

　　故而，我们需要言语表达的理性之美来填补流行语表达的扁平化与空虚。那些能在表达时保持理性的人，往往会对遣词造句精雕细琢，对语言怀有崇敬。试看中华古诗词浩如烟海，一字一句、一声一韵，又何尝不是古人理性表达的产物呢？我们欣赏这些精美的词句，实际上也正为语言言语表达的理性之美所震撼。

　　往深处探一探，言语表达的理性之美，美的不仅仅是理性本身，更是表达者审慎思考的勇气与持守本心的定力。

　　苏轼云："古之成大事者，不唯有超世之才，亦必有坚忍不拔之志。"事实上，我们当中的许多人，深知理性表达的必要，却不自主地被裹挟进语言表达"短平快"的旋涡。我们一方面反感语言文字的贬值，另一方面又不知不觉成为偏激的、肤浅的一方。

　　正如苏轼所言，言语表达的理性之美，其更深的含义便体现在一个个持守理性、勇于发出异质之声的人身上。在这些人身上，我们看到的是理性表达所赋予他们的勇于审慎思考、敢于批判质疑、大胆开拓进取的精神——他们是民族真正的脊梁。

　　当然，我们有理由相信，这样一个个被分割出来的个体，终有一天也能彼此连接，形成一片辽阔的大陆。至此，理性的作用便在分割之上得到了升华，理性之美得以深入人心。

　　前方风景幽美无极，我们又怎能缺少跨越篱笆的勇气？朋友，愿你我都能从点滴的小事做起从即刻做起，高举起这言语表达理性之美的火炬，让言语表达的理性之美映耀大千世界！

指导教师：张敏

本文获省级一等奖

点　评

　　对于言语表达的理性之美，作者以饱蕴思辨色彩又不失形象韵味的语言，进行了从"对群体""对自身"到"往深处"这样逐层深入的剖析，论述了美在"揭微显隐、抽丝剥茧，于理性分析与客观评价中显露事物的本质与真相"，美在"其对语言纯洁性的守护"，美在展现"表达者审慎思考的勇气与持守本心的定力"。作者在论述过程中引经据典，援古通今，语言如流水行云，文采斐然。

（钟湘麟　特级教师）

石 头

□ 江苏省盐城中学　马喆

"啵",一声轻响把我从百年长梦中惊醒,古井上方蔚蓝的天空在涟漪中光影变幻,让我不由得想起了那年楚山上,我还是一块石头的日子……

一

我是一块石头,从我记事起,就住在楚山上。长达亿万年的生命让我有大把的时间思考天为什么这样蓝、我为什么不能像身边的老树一样长出叶子诸如此类无聊的问题。一切都好慢好慢,慢到岁月鞭策着天地万物向前,却独独放过了我。

直到那一天的到来。

那天也没什么特别的,不过是一只红鸟落在我的身上,被那人看到了而已。谁知那人两眼放光,嘴里叨叨着"凤凰不落无宝之地"。他抱起我,上上下下扫视几十次后,得出了一个改变我一生的结论——我是一块"玉"。

他决定把我献给楚王,那个据说有着很大权力的人。

大殿上,一个白胡子的玉工拿着小锤对我敲打了一番,然后抬起头颤颤巍巍地说:"大王,这就是块普通的石头。"有权力的人大概都不喜欢上当受骗,大王下令,砍下送我来的那人的左脚,以警告天下。

那个男人——人们叫他卞和——没有死心。多年后,当大王的弟弟也当上了大王,他又去进献,可换来的结果是被砍下了另一只脚。那天我看着他鲜血淋漓地从宫门爬出,像一条断脊之犬,丧失了生而为人的所有尊严,但他还是紧紧抱着我不放。

我多想告诉他,我只是一块石头,不是什么美玉,不值得他如此执着,付出如此大的牺牲。

可我是块石头,不会说话。

时间没有在我身上留下任何痕迹,却无时无刻不在卞和的身上留下刻痕——他两鬓斑白，是个老人了。那天路过楚山，卞和触景生情，痛哭了三天三夜，正好被新王看到，新王当即命玉工再验我的真假。

当我的石皮被剥开时，殿上所有人都赞叹不已，一齐庆祝新王得到如此美玉，还给我取了个名字——和氏璧。

我看着身边宴饮的人们，第一次觉得人好难懂：我不像木头能做成桌椅，不像铁能铸成兵器，不像丝能编织成布，不能用来吃，不能用来喝，我到底"珍贵"在什么地方？

我想笑，却笑不出来。

二

数百年后，秦王统一了这片土地，我被他收罗到了宫中。

秦王，现在应该叫他始皇帝了。他把我捧在手里，眼神是那么狂热，好像我不是一块石头，而是他的千秋万代，是他的铁桶江山。

"传令下去，让李斯题字，朕要把这璧刻成传国玉玺，让我嬴氏子孙万代流传。"他开口说道。

李斯领命，用工整的小篆在我身上写下"受命于天，既寿永昌"。他起身时，偷看了一眼仍在做千秋大梦的始皇帝，一抹苦笑在他嘴边转瞬即逝。

公元前 207 年，冬天很冷，子婴——那个不可一世的始皇帝的后代——跪在咸阳道边，把我献给了刘邦。在我们身后，昔日繁华的咸阳火光冲天。那个始皇帝立志要承继千秋万代的大秦，最终还是被踏在了铁蹄之下。

"苍生有垂髫黄发，天有春秋，何来万世王侯？"

三

后来，我无数次流落民间，又无数次重回庙堂。不知多少人为争夺我而失去性命，我也渐渐看明白了，一块破石头不值得用如此多人的命来换，人们想要的，是我代表的无上权力。

人们是愚蠢到相信得到我就能拥有权力，还是贪婪到为了权力不惜一切？这个问题对一块石头而言太深奥了，我不再思考。在我眼里，人间如同一场拙劣的滑稽戏。我醒了，就看看熙熙而来攘攘而去的人们；我困了，就睡上一觉，如此重复以消磨漫长光阴。

而我对这人间的记忆，定格在了那年的北京。

我在秘库中，听着隐隐约约的喊杀声，莫名想起了那年的咸阳。

尘封的大门被打开，那个曾经贵为九五之尊的崇祯皇帝走了进来。

是的,曾经。

那些口口声声说着家国大义、与家国共存亡的大臣们,那些口口声声表示不离不弃的后妃们,都在叛军入城前逃得无影无踪。

到最后,为这个王朝殉葬的只有我和崇祯帝。

他抱着我,走向了那座山、那棵树。我有种幻觉,好像我在他眼里不是价值连城的国宝,而是一块普通的石头。

系好了绳子,他寻到一眼古井,把我扔了进去。

"这天下,谁也带不走。"

这是我落下前听到的最后一句话。

四

井底的世界暗得可怕,好像在我周围的不是井壁,而是无尽的虚空,唯一的光源就是井口的那一隙天光。

我静静地听着紫禁城从静谧无声到枪炮齐发,再到游人如织,期望又恐惧着有人发现我,将我带出此地。

没有人发现我,我等来的只是一枚硬币。

我借着光亮打量着这个小东西,它和我之前见到的钱币不同,看来人间又是一场改朝换代。

"你是传国玉玺?"它开口问道。

它认出了我的身份,对此,我并不感到惊异,毕竟我的名气太大,而且这些钱币走南闯北、见多识广,但如今我已不是那个人人争夺的宝物了。"石头而已。"我回答道。

"现在你们的皇帝,在找我吗?"闲扯几句后,我还是问了我最关心的问题。

"皇帝?"它明显愣了一下,"现在早就没有皇帝了,也没有人找你了。"

"可……"我突然说不出话来,心头涌上的不知是失落还是喜悦。

"以前皇帝想要你,不是你多宝贵,而是有了你,他们就是名正言顺的天下的主人,就能统御四海。可现在不一样了,没有人高高在上,没有人权倾朝野。现在天下是天下人的天下,盛世是天下人的盛世。"

我笑了,起初声音很小,后来越来越大,笑声在井中回响。

原来没有我,世道也能太平;没有我,人民也能安居乐业;没有我,国家也能繁荣昌盛。

那么为了争夺我而拼得你死我活、为了帝位而兵戈相见的人们,在历史上留下的,岂非是一个个荒谬至极的笑话?

所幸那一个个闹剧已经结束了。没有我,没有皇帝,人们大概会过得更好,不过这都与我无关了。

我作为玉的一生,已与封建王朝一同埋葬。现在的我,又当回了石头。

是的,一块石头而已。

指导教师:刘月霞

本文获省级一等奖

点　评

本文作者根据"卞和献玉"的故事,以"石头(玉)"作为第一人称叙述主体进行巧妙构思,创作出了一篇成功的文章。文章描写的时间跨度很大,从亿万年前到春秋战国,到明末,再到现代,沿着历史的脉络环环相扣,聚焦于每个时期,情节颇具戏剧性,简练的语言使人物形象栩栩如生。作者文笔深刻,发人深思,体现了当代中学生对历史文化的独特思考。

(海生 诗人)

牵丝戏

□ 河南省新蔡县明英高级中学　张成长

我十八岁生日的愿望是摆脱老皮的控制。

老皮既是我的师,也是我的父。

但我从来不喊他师父,我和其他人一样,喊他老皮。

老皮是一名技艺精湛的皮影艺人。他擅长掌控,于皮影是,于我亦是。

老皮把我捡回家,便努力想将我培养成一名优秀的皮影艺人。他传授给我全部的技艺,指望我把皮影戏发扬光大。

但这不是我选择的路。

皮影戏早就没落了,现在是电影、电视剧的时代。

我不想在这条路上与时代背道而驰,我想成为一名歌手。

我在歌唱方面颇有天赋。老皮发现了我的天赋,却浪费了我的天赋。我应该在充分自由的舞台上尽情高歌,而不是躲在幕后,拉扯着几只傀儡。坐在幕后的我总感觉自己也像傀儡一样。

皮影被丝线束缚,我被老皮安排的命运束缚。皮影不会挣扎,但我会。

当我步入成年人的行列,我发誓要以我自己的方式生活。

我去找老皮,他在做新的皮影。

我对老皮说,我不想学皮影戏了,我想去唱歌,当歌星。

老皮头也不抬,手里拿着刀反复刮在药水里泡过的牛皮。

老皮说:"你想得美。"

我说:"老皮,皮影戏已经没人看了,不如唱歌有前途。我在一个酒吧找了个驻唱的工作,后天就能去上班了。"

老皮手上的活儿停了下来,他的老脸变得通红,回道:"你说的什么混账话!谁说皮影戏没前途了? 没前途我能靠唱皮影戏养活你?"

我硬着头皮说:"早就没几个人看皮影戏了,现在除了几个老头儿老太太,谁还稀罕皮影戏啊！天天唱皮影戏能挣几个钱？能有什么前途？"

老皮眼睛瞪得大大的，气得嘴角发抖，扬手给了我一巴掌，口中喊着让我滚。

我带着涨红的半边脸去了我即将工作的酒吧。

我大口地喝着扎啤，感到前所未有的自在。

我审视这家镇上的酒吧，发觉只能用一个词来形容——荒凉。

可能因为是白天，整个酒吧里加上我也就三个人，其中一个还是调酒师。

突然一个荒唐的念头冒了出来：在这儿听歌的还不如看皮影戏的观众多。

甩甩头，我决定忘掉这个想法，对调酒师说："给我再来一打。"

再醒来已是傍晚。酒吧里的人多了些，调酒师正忙着。

他见我醒了，对我说："刚刚你的手机一直响，喊你喊不醒，我也没接，你看一下吧。"

我点头，觉得脑壳痛得紧。打开手机一看，有十几个未接电话，是同一个陌生号码，还有一条短信。

短信不长，但内容很震撼。老皮出了车祸，被送到了县里的医院。

我头皮发麻，撒腿就往外跑。后面调酒师着急地喊："账还没结呢！"

医院里老皮躺在床上，眼睛眯着，手脚都缠着绷带，脸上还有没擦干净的血。

医生说："老人家命大，捡回来一条命，就是手脚都折了，身上可能也有几处骨折。手脚以后估计都不灵便了，但也能养好，好好照顾着吧。"

说完，医生出了病房。

我问老皮："你怎么回事，都五十多的人了，出了事怎么办？"

老皮没吭声，过了一会儿突然忸怩地说："娃，我今儿不该打你的，对……对不住……"

我愣住了。老皮向来强势，从小到大没少揍我，跟我道歉还是头一回。

老皮缓了口气问："你知道为啥我非要让你唱皮影戏吗？"

我不知道。从小到大，老皮只是严苛地要我学皮影戏，但从来没说过为什么非唱皮影戏不可。

老皮讲："我小时候也是被捡回来的。你师爷一辈子唱皮影戏，结果碰上'文革'时的'破四旧'，被弄得妻离子散。'文革'后，你师爷又捡起皮影戏。皮影戏是你师爷一辈子的寄托，也是他临终最挂念的事。就像你说的，看皮影戏的人是越来越少了，唱皮影戏的人也不多了。我接过你师爷的衣钵，和皮影戏一起活了大半辈子，越来越了解皮影里的艺术。这是老祖宗传下来的瑰宝，我不想，也不舍得，让它断喽！"

老皮喘了两下，接着说，"皮影就是我的命根子，我这一辈子，就像戏台子上的皮影，皮影戏就是那根扯着我的线，你师爷的嘱托就是拉线的手。我这辈子就是一场戏，唱的就是把皮影戏传下去。"

老皮又歇了歇,眼眶红了。他说:"现在我这手算是废了,后半辈子是演不了皮影戏了。刮的那张灰皮也不能亲手做成皮影了。我不想咱这一支的皮影断喽。娃,你是我徒弟,也是我儿子,师父求求你,把皮影传下去,成吗?"

我怎么也说不出"不"了。

我点了点头。

兜兜转转,我还是没能挣脱老皮扯着我的丝线。

老皮甘愿做皮影的傀儡是因为热爱和师爷的嘱托;我决定做皮影的傀儡是因为老皮,老皮是我的师父、我的父亲,是我不忍挣脱的丝线,我心甘情愿为他演一出牵丝戏。

指导教师:马艳

本文获省级一等奖

点 评

这是一篇很有特色的小说。它的特色其实不在于主题的宏大深刻,而在于表现手法的精巧设计。首先是情节叙述的集中、简约,文章只围绕一个事件——要不要继承师业从事皮影戏相关工作,其他内容都删繁就简,这就像一股绳一样,虽然有起有伏,但总体上不蔓不枝。这一点对于千字左右的短篇来说是必要的,如果头绪太多,就必然蜻蜓点水、纷乱芜杂。其次,作者对语言的驾驭十分老到、纯熟,词句安排几乎处处可见匠心。例如题目"牵丝戏",既有"皮影戏"的含义,又呼应着文章中老皮对"我"的"控制",此外还暗含着"我"对于师父、对于皮影的牵挂与不舍。作者行文大多采用省净的短句,极少修饰形容,更显出返璞归真的老练。此外,还有一点也非常重要,那就是作者显然对皮影戏有着十分深入的了解,对皮影戏艺人的生活也比较熟悉,所以在叙述的时候,只需信手拈来,就显得十分自然、真实,对于人物内心的刻画也可以做到绘形绘影。

(蒋成峰 高校教授)

琼 瑶

□ 山东省实验中学　李文扬

琼瑶,表美玉,喻白雪,亦喻诗文。

琼瑶,上声连读,读起来韵味十足,宛如指尖凝脂的柔滑,又似穹下大漠的清脆驼铃。

琼瑶,如罗敷,美人名。

我太姥,名琼瑶。

琼瑶对得起她的名字,是个实打实的美人。琼瑶是美人,且是沪上的美人,身世里有弄堂深闺里的千娇百媚,来历中有二十世纪四十年代上海的万种风情。

琼瑶成长在《贞女传》和好莱坞中,喜爱复古摩登的阴丹士林蓝旗袍和高跟鞋。琼瑶缺一点大家闺秀的持重,却很有小家碧玉的讲究:琼瑶走过的路有夹竹桃的香,琼瑶穿过的衣服有薰衣草的香,琼瑶读过的书有栀子花的香,琼瑶住过的老房子有樟脑丸的香……琼瑶的香是自然的香、倔强的香,虽未及梦巴黎的浓烈,却自有一番风骨。

琼瑶喜欢家里人叫她琼瑶,要美一辈子似的。年已近百的人,老人中的老人,还能怎么美呢? 琼瑶还是美的,是老人得体的美——干净、体面。琼瑶的短发又齐又利索,包骨的皮肤和头发一样透白,连老年斑都是淡淡的褐色。琼瑶坐在窗边,像月光在花窗帘上投下的影子,宁馨美好,心里藏着一个时代的温柔乡。

琼瑶还是风流的,但她的风流立不了传。她不能与伟人相提并论,也没有阿Q的福分,自然无人记她的正传。虽然没有正式传记,或许还有些流言蜚语,但她们那一代人只剩下琼瑶了,谁还能讲述她的那些传闻呢? 幸运的是,她留下了许多照片,作为沪上的美人,她曾是青年摄影师们争相拍摄的对象。照片里,琼瑶的眼睛能送秋波,一顾倾人城,再顾倾人国。那种美,让照片上的霉菌和虫蛀这些腌臜货,都只敢在照片的边角处生长。

姥姥看看照片,又看看我,说:"扬扬的眉眼和太姥真像,但你看人的时候太呆气,你太姥能把人望穿!"

我暗笑,我是火柴盒公寓里的高中生,人家是待字闺中的大小姐,一个烟火气,一个栀香绕;一个素面朝天,一个粉妆玉琢;一个穿T恤,一个裹旗袍;一个拎帆布袋,一个挎荷叶包。我日日鏖战题海，现在头发比年老的她还要少，眼神也变得呆滞，自然比不上那顾盼生辉的风韵。

姥姥似乎猜中了我的小心思，便说："傻妮儿，你的呆气，是打心眼儿里生出的呆气，搞不好要吃亏。"我略抬眼帘，她又说，"你太姥难得平安一生，是因为懂人，一望，便是一个穿。"

我爱照镜子，左照右照，是挑剔，亦是欣赏；喃喃地抱怨，是因些许底气；镜子里蹙眉，更多的却是自得。琼瑶有一段时间在我家住着，但她子孙满堂，记忆也杂糅，是不记得我的。这天，琼瑶走过来，站在我的身后，看着镜子，摸着我的手说："妮儿，你长得好。"我受宠若惊，又暗自得意。

她摩挲着我的手指又说道："妮儿，你长得好，但长得好其实是骗人的，骗的不是别人，正是自己。妮儿，你还生在这地方、这年代，不仅是自己骗自己，大家伙儿也骗你。妮儿，他们骗你啥呢？骗你花好月圆、长聚不散。你以为美能铭心刻骨，可是曾经沧海难为水，到头来还是一场空。妮儿，再好的姑娘，也会老的。"

"玉容寂寞泪阑干，梨花一枝春带雨"是杨玉环的玉殒香消；"千呼万唤始出来，犹抱琵琶半遮面"是琵琶女的天涯沦落；"汉家秦地月，流影照明妃"是王昭君的异乡久留。红颜果真薄命吗？那些曾经被膜拜的红颜，那些曾经被追捧的石榴裙，如过眼云烟，转瞬即逝。

可我看琼瑶是耳垂薄，命不薄。

琼瑶也曾风流，但她未曾欠下风流债，懂得见好就收，自始至终用一颗平常心对待生活，不去争那些小风头。毕竟风头出尽了，馋了别人的眼，蒙了自己的心，得不偿失。

上海是名利场、人才乡、好地方。琼瑶嫁到山东来，不少人替她惋惜，但她自有她的智慧。那时山东民风淳朴，家家都细水长流地过日子，顾不上昙花娇艳的风情。昙花一现快活了别人的嘴，细水长流则是给自己做打算，走一步有走一步的退路，这样才不至于走投无路。

我心里明白时代的殊异，也深知一张好看的脸能带来的好处，然而除非生来就是件艺术品，唯一的使命是被观赏，否则世界上大多数的人和物，还是以实用性为主。人们口口声声说的"看脸的时代"其实有其局限性，美可以锦上添花，但毕竟不能雪中送炭。美是人生的福分，而空荡荡的美则是人生的悲歌。

九十多年来，琼瑶所经历的荣光，如同倾盆大雨般浩渺，如同狂风大作般激荡，但到头来，一切只化为一张透明的、黑白颠倒的胶片纸，或是残缺不全的流言轶事，其虚无缥缈的程度可想而知，这就叫虚荣！

她松开我的手，回到窗边，看着太阳在空中缓缓移动。暮色四合，鸽群泣血而归，鸽哨长鸣不已。日复一日，年复一年，她如同万紫千红里的洁白芍药，又似繁弦急管外的一曲清唱,在高谈阔论的人群中静静无言。

所有的浪漫都平息了,天高云淡,鸽群也已消逝无踪。

指导教师:李满

本文获省赛一等奖

. . . .
点　评
. . . .

　　琼瑶的美,不仅仅是外表,更重要的是内在的气质美和精神美。作者在文中运用比喻、拟人等修辞手法,对人物进行了细腻生动的刻画,语言生动优美。"玉容寂寞泪阑干,梨花一枝春带雨""千呼万唤始出来,犹抱琵琶半遮面""汉家秦地月,流影照明妃"等诗词名句的恰当引用,极大增强了文章的文学色彩,充分彰显了作者较为深厚的文化底蕴,体现了所写人物的古典美。

(夏冬　资深编辑)

黄沙里的父亲

□ 山东省高青县第一中学　崔巍昊然

自打我记事起,我的童年世界只有黄沙一片、矮屋一座、老严一人。

老严是我的父亲,人如其名:待人严厉,工作严格,为人严肃。我们两人生活在这片寂寞的黄沙里,相依为命。我曾问他:"我的母亲呢?"老严总是望着静穆的荒漠对我说:"你是风沙吹来的孩子。"

一轮红日升上地平线,老严悄无声息地起床,穿上那身洗得褪了色的军装,一丝不苟地擦亮胸前的那颗红五角星,扛上铁锹,走入无边无际的沙漠,在视野尽头的更远处,栽下一棵棵羸弱的树苗。为了让它们在漫天黄沙中落下脚,他细心地铺下一层层干草,围出一座城墙低矮却坚固的城池。

深夜,万籁俱寂。老严褪去了清晨时的风度与精致,带着满头满脸的沙土和干裂的嘴唇,昏睡在架子床上,鼾声如雷。

我被老严绑在背上,与他一起在黄沙里奔波了一季又一季。

这种日子在树苗种到小屋前终结了。我六岁了,老严要把我送到几十里外的镇上读小学,这意味着我要成为一名学生,同时也意味着一个稚嫩的孩子要与唯一的亲人经历前所未有的分离。恐惧远远超越了兴奋,我哭倒在老严脚下,第一次违抗他的指令。老严的心是一块坚冰,我的眼泪融化不了他的决绝,直到我哭累了睡过去,他都没有再说一句话。不知是梦还是现实,老严粗粝的手盖住我的头,低声说:"你要学习,才能接你爸的班啊……"

第二天,老严把一个厚厚的笔记本塞进我怀里,攥着我的手,一遍又一遍地嘱咐我:"一定要勤奋学习!"我重重地点了点头。他抹去我脸上的眼泪,叫藏族老乡带着我离开。马儿奔腾跑远,我在老乡的怀里回头看,只见蒙蒙沙尘里老严干瘦孤单的轮廓忽隐忽现。

那个本子的扉页上有一行娟秀的字迹——天道酬勤。

为了忘却对老严的思念,白天,我反反复复地背诵课业;晚上,在没人的墙后偷偷掉眼泪。

每次回到矮房子里，老严都要先审视一番我的成绩单，他从来不会喜笑颜开地赞许，最多只是微微颔首，然后语重心长地重复那句话："一定要学好知识。"年少的我感到沮丧、无聊，却忽略了那双久经尘沙的眼里，在那一刻闪过炽热的光芒……

在老严的督促下，我通过了一次又一次的升学考试。成绩公布的那一天，老严和我站在公告栏下。看到我的名字出现在前列，老严拿烟的手剧烈地颤抖了几下，露出了参差不齐的牙齿，那是一个陌生而真切的笑容。回家路上，他日渐佝偻的脊背挺直了起来。我想说点儿什么让父亲更高兴，于是我对他说："爹，等我毕业了，就接你去大城市享福，咱爷儿俩……"话没说完，老严回过头来神情复杂地看着我，看得我直发毛，笑容僵在脸上。良久，他背过身去，沉默地向前走去，直到房门口，老严才开口："我不能走……我想……你也能回来。"我怔愣在原地，不明白为什么老严不愿离开这荒凉的鬼地方。

在老严的坚持下，我高考志愿填报了林木专业，尽管我一再抱怨这个专业不好找工作，很难赚到大钱……

在火车站，老严又一次送我离开，他从怀里掏出一个和几年前一模一样的本子递到我手里，他混浊的眼睛看了我最后一眼，一言不发地离开了。打开那个本子，里面只有一句诗："遂密群科济世穷。"

车窗外蜷曲的树枝往后退去，我离开了这个荒漠，去向了远方……

在大学里，一个未尝世事的孩子，见识到了书本外面的世界。多么新鲜，连路边的广告牌都喧嚣地彰显着城市的五彩缤纷。我跟着城市的同学，感受着都市的与众不同，被这个与我认知截然不同的世界冲昏了头脑。琳琅满目的事物拥挤在我的脑海中，把沙漠的荒凉、老严的沉默、求知的梦想统统挤走；虚荣、懒惰、放纵把我的心神占满。我原本以为大学生活就要这样糊涂又开心地度过。直到收发室叫我去接了那通电话，从与老严交好的那位藏族老乡嘴里，我收到了老严去世的噩耗。

老严死了，死在了沙暴里。

我昏昏沉沉地挂掉电话，回到宿舍，拿出枕头下老严前天寄来的生活费，狂奔着去往火车站，恨不得下一秒就能回到我们的房子里揭穿老严的玩笑。可是老严不是一个爱开玩笑的人。从一屋子身穿军装的人旁边穿过，我看到老严静静地躺在那张狭窄的床上。他脸上的皱纹里嵌满了沙子，像一颗枯瘦的干枣，黄沙窃取了他身上鲜活的生命气息。他从头到脚都像屋外的黄沙一样灰扑扑的，只有他胸前的那颗星星在闪着光。

默默无闻的父亲，最后一言不发悄悄地走了。

老严下葬后，他的一个小盒子交到了我的手上，里面是一摞汇款单、一个熟悉的本子和三枚党徽。

那个本子里记录了老严和战友获得的先进个人的奖励；记录了他们毕业后离开城市来到边疆，在这片沙漠里立下创造绿洲的志愿；记录了在一次沙暴里他的战友夫妇双双丧命,只有老严逃了出来;记录了他们留下的几个月大的孩子由老严抚养长大的点点滴滴;记录了老严对这个孩子的关心、对他的期许、对他的爱和对他的担忧。最后一句话停在我离家那天,老严写着:"你们放心吧,孩子考上了。"

两行泪水滑落,我合上本子,在空荡荡的沙漠里放声痛哭。我的父亲老严死在了沙里,我的生父生母也死在了沙里,这沙究竟有多大的能耐?

我站在呼啸的黄沙中,沉默地看着老严留下的一片树林,那些树正顽强地与疯狂的沙尘搏斗。风把沙子吹进了眼睛,也把一颗种子吹进了我的心里。它在心里破土而出,生长出了一个念头——与这沙斗到底。

重返大学,我摒弃一切杂念,咬着笔杆子苦学。毕业后,我带着自己研发的抗旱树苗回到我和老严的家。风沙张牙舞爪地扑向我,蒙住我的眼睛,胸前的三枚徽章却依旧闪亮。父亲,风沙吹走的孩子又被风沙吹回来了。这次,我一定要终结这沙……

指导教师:张晓

本文获省级一等奖

. . . .
点 评
. . . .

这是一篇感人至深、催人泪下的精美文章,故事是那么真切,人物是那么逼真,感情是那么炽热,表达是那么鲜活,情节跌宕起伏,立意深邃高远,结局动人心魄。作者精巧的构思让故事浑然天成、滴水不漏。典型意象的呈现让行文笔墨集中,主旨凸显。多处前后呼应使文章结构更严谨,寓意更深远。一个高中生能写出如此笔法娴熟、构思严谨、立意深邃的作品,实在难能可贵。

(毛香菊 教师作家)

端 鼓 腔

□ 山东省东平高级中学　蒋冠群

"鼓响一棒，斗发陈财五百年，坛前神位，惊天所贵……"

我好奇地打量着面前的老头儿，他也打量着我。

"你小子就是老李家阿四的儿子？在济南上大学？听说还会弹什么洋玩意儿钢琴！"他一开口，就夹着一股浓浓的口音。

我有些反感，闷闷地发声："阿四是我爹的乳名，他叫李东平。我弹的是钢琴！"

大学放假，爸爸非让我回到老家东平老湖镇听一听端鼓腔，还说以端鼓腔演出庆祝节日、喜事是东平湖地区独特的文化习俗。正是艺术家们的呕心沥血，让莆仙戏虽历经千年但辉煌依旧。

"唔，唔！"他一副满不在乎的样子，粗糙的手指有一下没一下地敲在陈旧的掉了漆的太师椅扶手上，发出"嗒嗒"的响声，像老旧的西洋钟表一样。他沉思良久，张口要说些什么，又探了探身子，抓起桌上长长的旱烟袋杆，"吧嗒"狠吸一口，缓缓地吐出一缕缕青白的烟雾。

他的脸隐藏在烟雾后面，有些模糊不清："我懂你爷爷的意思了，让你像你爹一样，亲近亲近咱这东平湖，不忘本。如果不嫌弃咱这里条件差，你就住下吧。东屋还空着，你把东西收拾收拾就行了。明天我出门，你要干什么，自己掂量着办。"说完，他干咳一声，站起来叼着那杆烟走出了堂屋，留给我一个无声的背影。

烟雾渐散，烟味渐远……

第二天一早，一阵急促的敲门声响起，东屋的木门像在暴风雨中受惊而摇晃的小舟。我慌忙下床穿衣，门外那粗犷的嗓音突兀地吼起来："你还走不走？""走走走！"我麻利地推开门在他面前站定。"拿着，别弄坏了。"他递给我一把铁环，神情很是严肃。我接过来细细打量，是一面简易的圆形单面羊皮鼓，鼓柄末端的大铁环上套着九个小铁环，轻轻一晃，便发出"叮叮当当"清脆的金属撞击声。

"你们捕鱼的时候要它做什么？助兴吗？"我不禁好奇地问。

他嗤笑了一声："捕鱼？我们叫打鱼。都说大学生有文化，怎么你们老师没教这玩意儿？"我知道他是在有意捉弄我，没敢再和他说话，快步走出了院子。

到了湖岸边，几个渔民打扮的人早已等候多时。他走上前与他们交谈了一会儿，四个人便各自找到位置神情凝重地站定，像要启动某种古老庄严的仪式。我定定地看着，不远处的桌子上还供着鸡鱼瓜果。

"蓦"的一声，"鼓响一棒，斗发陈财五百年……"高亢的声音猛地响彻了整个东平湖，惊得隐藏在浓密芦苇荡中的鸟儿争相扑棱着翅膀飞向天空。几个老伯用细细的竹篾击打着渔鼓，敲出的声音颇具震荡的气势。老头儿缓缓走到我身旁，说道："这是端鼓腔，是东平湖渔民必唱的调子，每每祭祀先祖或欢庆丰收时就唱这个。简单的唱上一天一夜，稍微复杂的就得几天几夜了。"

"上船，愣啥？"他伸手轻推了我一把，才将我从震撼的感觉中拉回来，"现在会唱端鼓腔的越来越少了，就剩我们几个老头子了。年轻人要么嫌它不好听，要么觉得太难学。我眼瞅着流传几百年的东西就要没了……"

"好听，我想学。"不知怎的，我竟然喜欢上了他和端鼓腔。他似笑非笑地看了我一眼，拿起船桨向湖深处划去。"真的，我想学！"我提高了语调。"小子，端鼓腔可不是那么好学的。除了背唱词，学习打鼓更难，不同的唱段鼓点是不一样的，就是同一个唱段里，每一个情节、每一句唱词所配的节奏也是不一样的，连打鼓时鼓面转的圈数都有讲究。你真的想学？"他眼神温柔了几分。"想！"我认真地点了点头。他不再说话，慢慢地摇着桨，若有所思。远处是东平湖青绿环绕、高树垂岸、碧波万顷、千鸟翔天的优美画卷。

我坐在船边，不时用手撩起湖水。湖水凉凉的，与肌肤相接使人顿觉舒畅。船桨催着小船徐徐而行，溅起泻玉流翠般的层层水波。今天是东平湖开湖捕鱼的日子，远处的渔民在热热闹闹地捕鱼，一网撒下去，白灿灿的鱼儿在船舱内活蹦乱跳，在阳光下银光闪烁。这是古时京杭运河最繁华的河段，这蜿蜒流淌的涓涓清水孕育着东平这座城市的文明，留下了灿烂的文化遗产和美丽的传说故事。如今，它仍是一片祥和与富饶，不仅把天然的水产品馈赠给我们，还将带动东平航运业、旅游业、临港经济及相关产业的发展，助推壮大东平的百亿产业。

余下的日子，我先后学习了《七字韵》《十字韵京调》《念佛调》《榔头调》。偶尔，我会跟随渔民前往湖上，体验一把丰收之喜，享受几口美食之福。

镇文化站的程站长忧心忡忡地告诉我，其实端鼓腔的发展与继承方面还存在着不小的难题，特别是在精品剧目、优秀人才、乐迷群体的传承上，遇到了一定的挫折。好在政府主管部门和一些社会有识之士已经开始了一系列抢救行动。

多年后，学校要求学生每人为艺术节准备一个节目。我回家翻出当时被我带回来的渔鼓，手腕轻轻晃动，铁环发出清脆的响声。"鼓响一棒，斗发陈财五百年，坛前神位，惊天所贵……"我唱着，泪水不知不觉沾湿了衣襟，恍惚间，我好像回到了阳光下泛着银光的那方广阔水域、那片长满繁茂水草的东平湖。原来，端鼓腔早已与我深深融为一体！

千年运河，世代昌隆；湖水长流，渔歌高亢！

指导教师：曹养光

本文获省赛一等奖

点 评

作者围绕端鼓腔这一濒危文化遗产，写了自己接触、学习端鼓腔的一段经历。文章有情节，有细节，代入感强。作者在描写渔人捕鱼时唱端鼓腔的场景时，将这一文化遗产的魅力和韵味展现得淋漓尽致。作者善于刻画人物，淳朴的渔民形象生动传神、如在眼前。文章结构安排合理，读来富有吸引力。难能可贵的是，作者在挖掘、传承家乡文化方面有担当、有情怀，这种情怀与担当，让文章的文化味更加浓郁，也让读者备受感染。

（程相崧 教师作家）

明　天

□ 黑龙江省大庆外国语学校　关博文

老李下班了。他脱下亮橙色的环卫服,把扫帚放回了工具房。外面依然下着雪,雪上映着夕阳的红。

老李在公交站牌下站了很久。旁边的年轻人或许是因为等得久了,一直在东张西望,但老李感觉不到,他最不缺的就是时间。终于有辆公交车停在了这个偏僻的公交站,老李拍了拍身上的雪,从口袋里摸出两块钱,上了车,将那两块钱塞进空荡荡的钱箱里,找了个就近的位置坐下。

公交车行驶过了两站,老李像是突然想起了什么,拿出老花镜戴上,从包里翻出手机,一下一下地戳着屏幕,直到一阵传遍整个车厢的视频通话的铃声响起。戴着耳机的年轻人被铃声吸引,慢慢抬起头,看了老李一眼,随后又把头低了回去。老李双手捧着手机,让手机与他的头始终在同一高度上,沟壑纵横的脸上带着微笑。视频通话另一头的人接受了通话请求。

"喂?爷爷。爷爷好!"老李的孙子隔着屏幕挥着手。

"大孙子好,怎么样?想没想爷爷?"老李尽可能精神地回应着。

"想了。"

"想爷爷了,这么长时间都不给爷爷打电话?"老李边说边瞥向孙子背后忙碌着的大儿子的背影。

"爷爷要找爸爸吗?"

"不用了,你爸工作忙,不打扰他。"

大概只有这个时候,老李才能再一次描述他年轻时参军的英姿,讲述在工厂工作时的趣事。他一直讲到孙子要去写作业为止,还意犹未尽。结束通话,老李脸上的笑和举着的手还停在那里,过了一会儿才收回去。

又过了几站,老李下了车,四下看了又看,这里似乎不是他家那一带,刚才那辆车好像也不是到他家的那路公交车。可是他怎么会记错呢?"算了,再坐一辆车回家好了。"

老李想。这样肯定又要多花很多时间，但老李无所谓，他最不缺的就是时间。

老李又坐上一辆车，这次没坐错站。

雪依然下着，夕阳的最后一抹光照在大地上，年过花甲的老人蹒跚漫步在覆雪的路上。玩雪的孩童从老李身边跑过，行色匆匆的白领走过，赏雪的夫妇路过。老李只是低头看路，继续走着。

到了家，老李将灯都打开，换好鞋，向二儿子的房间里望了一眼。二儿子依然坐在电脑前，只有不间断的敲击键盘声证明他还活着。老李拿起扫帚，把二儿子房间里的几堆垃圾都收拾干净了。老李回到客厅，坐在沙发上，不知道该做些什么，于是呆坐着想了一会儿，决定拿起手机。老李的手机里总是跳出来广告，他有时不小心点到，被一个接一个跳出来的页面弄得不知所措；有时遇到一两分钟的广告，其实五秒钟就能跳过，但老李不知道，他对此也觉得无所谓，反正他最不缺的就是时间。以前大儿子在家时教过他怎么用手机，但终究大部分他都没学会；他也让二儿子教过，但二儿子总是很不耐烦。老李放下手机，起身去厨房烧了壶热水，又坐回沙发上。他喝了口热水，依然觉得无所适从，大概这就是为什么他退休后还要去当环卫工人的原因——什么事也不做的时间总是让人感觉很煎熬。

狂风在窗外呼啸着。老李又坐了一会儿，朝着二儿子房间的方向说："我以后要有什么重病就别给我治了，我不想受化疗的罪。"回应他的只有不间断的敲击键盘声，这让他以为自己是在自言自语。他顿了顿，又补充了一句："也别把我送养老院去……"

大雪在窗外纷飞着。老李回到卧室，坐在床边，拿起亡妻的相片，反复抚摸着相框。说起来，家里似乎很久没有添置过新的相片了。老李用颤抖的手轻轻地把相片放了回去，关了灯。

夜幕笼罩着这片大地。老李躺在床上，心里想："今天和以前的每一天都一样安稳，这样就很好了。知足常乐，知足常乐。明天也会像今天一样安稳，这样就很好了。"于是他便睡去了。

老李的明天也会像今天一样。

指导教师：李在龙

本文获省赛一等奖

· · · · · · · · · ·
点 评
· · · · · · · · · ·

这是一篇选材极富现实性、主题敏感深刻的好文章，表现了当今老人物质并不匮乏，但精神十分孤独的晚年生活状况。除了语言、神态、动作的生动刻画外，文章中的细节描写让人物形象变得更加立体而饱满。反复手法的运用，突出了老人晚年生活所裹挟着的淡淡的无奈和忧伤。标题"明天"，暗示老人养老问题的解决遥遥无期，犹如警钟长鸣，醒人耳目。

（毛香菊 教师作家）

梁甫山上的槐花

□ 山东省日照市莒县第二中学　聂玉菲

山叫梁甫山,相传战国时期,齐伐莒,齐国大将梁甫战死,与其一同阵亡的将士葬于此山,因而得名。此山位于日照市莒国故城莒县城东峤山镇大石头河以南,海拔 569.5 米,辐射面积近二十平方公里,素称"莒地第一峰"。这里层峦叠嶂,漫山遍野的槐树林以独特的姿态迎接着每一个季节的轮回。

每年的五月,梁甫山的槐树鲜花盛开。一树树繁花簇拥,一嘟噜一嘟噜地挂满枝头,汇成了一片汹涌澎湃的银色海洋,淹没了河谷山梁。远远看去,那景象宛如薄雾轻纱在空中袅袅飘动,如梦似幻。那些雪白娇嫩的花儿晶莹剔透,如繁星般闪烁,期盼着美满富贵的好日子能够如期而至。

就在昨夜,我做了这样一个梦,一个关于梁甫山万亩槐花于五月盛开的梦。梦醒,窗外寒风呼啸,无雪,但我心中还念念不忘那片银装素裹的景致。空气中隐约飘荡着槐花特有的清香,绵长而悠远。

每到五月,梁甫山都要举办"莒县槐花节",依托梁甫山独有的槐花资源优势,开发特色旅游观光产业,使它越来越成为人们向往的地方。

去年五月,我们从山门进入,徒步徜徉于槐林之中。林中花影扶疏,随手摘一嘟噜槐花,采几瓣放在嘴里,那一缕缕甘甜清香沁人心脾。同行的王大爷说:"相传这山上最早只栽了一棵槐树,现在却成了满山的槐林。"这话令我一时浮想联翩:山上最古老的那棵槐树长出一树树的花朵,然后花儿结成种子随风飘落,在春雨的滋润下,许多鲜嫩的小苗从乱石丛中颤巍巍地冒了出来,慢慢长满了山野。

山里有云:"有苗不愁长呢。"其实,小苗的成长历程异常艰苦。每当风起,它们便随风摇摆;遭遇大雨时,有的被冲走,有的被连根拔起,随后又被淤泥和枯枝烂草掩埋。在重重困境中,它们始终憋着一口气,绷着劲儿扎根,努力寻找那一线生存的缝隙,坚定不移地朝着阳光生长——这无疑是千里万里的艰难征程,是漫漫长夜里的独自跋涉。最终,它们飞身一跃,挺直了脊梁。啊!阳光多么灿烂,世界多么美好!山下的小河和空中飞翔的鸟儿依然唱着欢快的歌……

又一个春天来到,枝头新绿,它们舒展臂膀,拥抱蓝天和山川,吸纳天地之灵气,沐浴阳光雨露,慢慢根深蒂固,经得起后来的风吹雨打。终于,它们开花了,初开的花朵羞羞答答、香香甜甜、娇艳透明,充盈着饱满的力量……

王大爷还说,他小时候每逢春天青黄不接之际,常常吃了上顿没下顿,那时他就跟母亲一起挎着筐子到这山上撸槐花。回到家后,母亲会把一串串槐花放进黑陶大盆里,一瓣一瓣地摘下来,洗两遍,然后放在太阳底下晾晒,以备日后制作槐花系列食品。母亲会把槐花与地瓜面、豆面、小麦面和其他野菜掺和在一起,变着花样蒸槐花窝头、糍粑年糕、锅贴、饭团子等,这样不仅省了不少粮食,而且吃起来味道美得很。如今日子越过越好了,但在每年槐花盛开的季节,母亲还是会制作这些槐花食品。她老人家最拿手、做得最好吃的是槐花糕。母亲精挑细选出一朵朵最鲜嫩的槐花,用打来的清泉水浸泡一夜,第二天将槐花捞出,加入槐花蜜,调成槐花糊糊,同时放入红枣、绿豆等,再蒸一锅莒县大米饭。在大米饭将熟未熟之时,母亲会将备好的槐花糊糊均匀涂抹其上,再蒸一小会儿,焖一小会儿。出锅后,母亲将美味的槐花糕随意切成小块。我们吃上一块,嘴巴一吧嗒,便觉满口生津、回味无穷。

我们来到一处山坡上,耳边忽然响起一个清清甜甜的声音:"小姐姐,尝尝我家的槐花糕吧,奶奶亲手做的槐花糕。"

小姑娘十一二岁,长得水灵灵的,散发着槐花香气。她挎着一个白柳条编织而成的篮子,上面盖了块月白色的碎花包袱。她的一双大眼睛如山泉般明净,小手掀开包袱一角,露出一块块槐花糕,如珍珠玛瑙般透亮。

心中暖暖的,于是我没头没脑地对小姑娘说道:"每一朵槐花都有梦想,这每一块槐花糕也都有梦想吧?"

小姑娘忽闪着大眼睛,使劲点点头:"嗯嗯,我也有个梦想,我要挣钱供自己上大学。"

妈妈买了二斤槐花糕。后来,我在家里吃槐花糕的时候,眼前就浮现出那个小姑娘的笑脸和她那一对如山泉般明净的大眼睛。

我不知道她的名字,我只在心里叫她槐花——梁甫山的槐花。

指导教师:杨洪霞

本文获省级一等奖

点 评

叶圣陶杯大赛倡导学生从各自熟悉的生活中发现属于自己的独有的素材去写作,以真情实感表达出新意,反对大话空话套话之作。本文描写的就是作者自己的经历、自己的所见所感。文章紧紧围绕梁甫山的槐花,写出了五月槐花的独特风景,也写出了槐花中的人,是对满山槐树的赞美,也是对人们生活与理想的赞歌,特别是最后一段缠绵之情点亮了主题。如果作者在细节描写上再下些功夫,使得内容再丰富些,文章会成为一篇更优美的散文。

(海生 诗人)

青山行不尽

□ 江苏省徐州市第一中学　薛正青

梦回唐宋，总会想到长安和汴杭的繁华。但千年兴替，往事如烟，再回首，唯有万千诗词将历史的记忆凝结成珍珠，典藏在民族文化的宝库，璀璨无比。

从远古走来的诗歌，与一代代人长路相伴，而唐诗宋词把中国古代诗歌推向了最为巍峨的高峰。

唐诗宋词之美，美在和谐的音韵与精妙的辞藻。"乱花渐欲迷人眼，浅草才能没马蹄"，文气轻悠，对仗工巧；"骏马秋风塞北，杏花春雨江南"，列锦如画，诗意盎然。凡此种种，感荡心灵。

唐诗宋词之美，不只是因为它们表达了人们的主观感受，更因为它们具有历史和社会的价值底蕴。承载悲欢，抒发情怀；反映现实，铭刻历史；点亮航标，烛照未来。"朱门酒肉臭，路有冻死骨"，感叹民生之疾苦；"商女不知亡国恨，隔江犹唱后庭花"，忧虑国家的命运。"走马西来欲到天，辞家见月两回圆；今夜不知何处宿，平沙万里绝人烟"，是岑参抒边塞报国之志；"长恨此身非我有，何时忘却营营"，是苏轼写人生之感慨……这些都是我们民族最真切的记忆。

唐诗宋词是志向与品格的当空明月，指引我们向前。世恶道险，战乱频仍。"安得壮士挽天河，净洗甲兵长不用"，这是诗人对国家太平稳定、人民安居乐业的期盼；初出世间，彷徨迷惑，"少年心事当拏云，谁念幽寒坐呜呃"，这是诗人在鞭策着我们奋勇向前。

承先人之情，开后世之光。优秀的诗词使孤零零的个人为自己说不出的感情找到了名字和定义。临行钱别，与友人相扶，莫道离别苦，先有壮节韵。"海内存知己，天涯若比邻"，这是所有中国人面对离别的乐观与旷达。一人苦闷而独行时，谁不会悲慨地长啸一声呢？"念天地之悠悠，独怆然而涕下！"谁不想用自己的声音填满宇宙的辽阔呢？"天地如逆旅，我亦是行人"，行走于世间，虽世殊事异，但我们的心一同被诗词之泉所滋养，于是我们的生死观与价值观同根同源，人生观亦相通，于是，即使隔着千万人呼喊，我们亦能彼此共情。"枕上诗书闲处好，门前风景雨来佳。""水满有时观下鹭，草深无处不鸣蛙。"我们用诗句描摹盛景,含蓄幽情,于是在看似不经意的瞬间,美好的情感流入生活。

唐诗宋词还让孤立的个人打开深锁自己的门,走出去找到同伴。以诗会友,是一个文学爱好者最大的快乐。或即兴而作,或字斟句酌,两个人一唱一和,一吟一咏中,生命随着诗歌起舞。但更多的时候,不必多言,亦不必刻意吟咏,只需在傍晚时分,向着一轮红日,不约而同地赞一句"夕阳无限好",会心一笑,一切尽在不言中。于是,诗词搭起了心灵之间的桥梁。

在如今高度信息化的时代背景下,人们的生活都有着原子化的趋势,社会也逐渐沦为许多个人的简单叠加。然而,诗词以民族文化共通的特性,将原子般的个人连接起来,用共同语言塑造公共记忆,再加上美的形式,把时光点缀成"春秋",将深情凝铸入"五十弦"。

于是,唐诗宋词也就不只是一个人、一群人的歌,而成为一代人、千百代人的歌。社会发展,百态流转,唐诗宋词已融入了民族记忆之中,中国社会也成就了古典诗歌最牢固的根基。今天,无论是在历史图画的展现、人文性情的陶冶,还是在文化风向的重塑方面,唐诗宋词永远是我们的万重青山。

然而,在这样一个诗词的国度,许多人却走在远离诗意的歧途上,且越走越远。如今网络之风尚,以直白为美,以谐谑恶搞为趣,甚至以丑为美,娱乐狂欢把"呕像"当作偶像,实在是大众审美水平的下降。现代人"蓝瘦香菇"之类张口就来,却对"泪眼问花花不语,乱红飞过秋千去"哑然失声;当女友改名为玛丽,又如何再送她一首《菩萨蛮》……诗意远去,语言苍白,审美趣味日益低俗化,更可悲的是我们的审美心理日渐扭曲,我们活得太过匆匆、太过务实而又太过粗糙,已经没有古人那样的细腻、敏感。

一路走来,中华民族的文化根基仍在,诗歌仍在,人们还是在文化传承发展的道路上不断向前推进。有道是:

> 诗歌群岭秀,唐宋耸奇峰。李杜光芒炽,苏辛气势宏。
> 青山行不尽,文韵应无穷。我辈当如是,龙腾万里雄。

指导教师:林岩

本文获省级一等奖

点　评

唐诗宋词是中国古代诗歌发展的高峰。作者对唐诗宋词的巨大成就、重要意义进行了文情并茂的赞扬和评析。文章思路清晰,评析由形式到内容,由个体角度到群体和社会角度,由历史价值到现实意义,逐层深入,运笔自如。作者着力针砭时弊,批评一些人远离诗意,审美趣味低俗化,审美心理扭曲,增强了文章的针对性。文末以诗作结,增添了文采和感染力。

（钟湘麟 特级教师）

一箱子回忆

□ 河南省郑州外国语新枫杨学校　韩舒茂森

那天我在收拾行李,准备搬家。

书房角落里有一个纸箱,质地很脆,覆了尘土。上面有黑色记号笔写的字,字迹很潦草,我勉强辨出是"书箱"二字。

爹也看到了那个纸箱,眼前一亮,叫我帮忙抬过去。

壁纸刀划开封箱胶带,掀开上盖,露出里面满满当当的书。最上面几摞是漫画书,还是很少见的中式漫画,不到一只手大小,里面是黑白画,画框旁有长段的文字叙述,竖版排列,读着很别扭。在我看来,它更像有插画的小说。

爹拉过一旁的小马扎坐下,捡起最上面的一本,拍了拍,震起不少灰尘。他咳嗽两声,揉了揉眼。他说灰尘进眼里了,我没说话。

那本书是《燕子李三》的其中一本。我对这个人物的了解,仅限于冯骥才在《俗世奇人》中寥寥几笔的记述。爹告诉我,那时他省吃俭用了大半个月,才攒下一两块零钱买一本漫画书,哪像现在的课外书品类丰富还廉价。听他说着,我猜想当年梁晓声可能也是这样吧,用母亲辛苦赚的钱买一本《青年近卫军》,以此充实自己。只是不知爹当年心中是否也有对母亲的歉疚?

这本书,是爹童年时期读的最后一本漫画书。"这个系列最后一本的钱,怎么也凑不齐。"爹有些遗憾,"后来没多久咱就迁郑州啦,现在要是还能凑齐最后一本……"

爹把剩余的话咽了回去,似乎有些哽咽。

"也许旧货市场就有……谁知道呢,也许吧,也许。"

暗黄的纸张翻动起来,发出脆生生的声音。我把一直按在书边缘的拇指移开,下面有棕黄色的指印,甚至还有依稀可见的指纹,只是颜色很淡,不易被发现。

我很确信我没有出汗。

谁也不曾想到,四十年后再把手指放在同一位置上的人,同样也是个少年。而当年那个少年就在他身边坐着。书会认识那个少年吗? 也许。无论怎样,时间一定认识。

我把几摞漫画书搬出，纸箱里还剩下几摞杂志。我搬走了二十世纪七八十年代，留下了二十世纪九十年代以及二十一世纪初。

剩下的几乎全都是《故事会》，从一九九四年到二○○四年。那一瞬间我才明白，为什么当年我在杂志摊儿上挑了一本《故事会》时，妈妈会用那种眼神看我。

那还是二○一四年。

人生又有多少个十年？

那种眼神是追忆，是想回忆却发现那段记忆已被尘封十年的惆怅。

原来有些东西，从未离开过。

我把《故事会》也搬了出来，试图看看父母买书的历史在哪里止步。

…………

然而下面没有书了。看来这段历史最终止步于二○○六年。

我有些泄气，把书堆在一旁，没过几秒，一摞书倒了。我上前查看，才发现有一本压箱底的《世界地理图册》垫在下面，印刷出版于一九九六年。时间没有在它身上留下很多痕迹，就像方才我不曾注意到它，时间也未曾注意到它。插图的色彩依旧，书页并未变黄，它不像来自二十七年前。我将它拣出，然后把其他书规规矩矩地放回原位，像安置逝者进入墓穴。

我不由得有些悲哀，若不是由于搬家，若不是我出于好奇想要打开箱子看看，那么把它们打包起来的那一次，恐怕就是有人触碰它们的最后一次。

而现在，我成了那个变数。它们见到了新时代的阳光，见到了新时代的少年，呼吸到了新时代的空气，然后再一次进入墓穴。

一段本该在几年前结束的故事变得有趣了起来。

这些原本都是绝不可能发生的事，却因我而变成了现实。

一个无聊的人，带着几十元零钱，在一个无聊的下午，无聊地走进无聊的旧货市场。市场里无非是一些无聊的小物件：古硬币、旧折扇、破锅碗瓢盆和一些老书。

我在一家堆满老书的摊位前停下。

好巧不巧，老板卖漫画书。

我小心翼翼地穿过拔地而起的书堆，免得撞倒、惊醒沉睡中的它们。我在一片已经倒塌的书堆中扒拉着，像我不久前在废品收购站中的垃圾堆里翻旧书一样。或许能得到些什么，或许不能，我就这样漫无目的地扒拉着。

十几秒后我锁定了一本书。

绿封皮、小开本、行草字、黑白画——《燕子李三》。

正是爹缺的那套书的最后一本。

霎时间，十年前，二十年前，三十年前的记忆复苏，极力在我的脑海中展现着自己，我深知大部分记忆不属于我。

　　我拍下照片,给爹发过去。我感到头皮发麻,抓了抓头发。我知道那些记忆属于谁了,它们将我拉回到另一个少年童年时的一天。那天,他就要从生活了快十年的故乡搬走。他的父母在马路的那边,他在马路的这边,身上背着破破烂烂的书包,胸前别了一枚队徽,双手贴在玻璃上,隔着小卖部的柜台盯着一本书。他对身后父母的呼唤不闻不问,只是盯着那本书,要把它的模样印在脑海里似的。而它也许真的认识了他,跨越四十余年,最终与那个少年的儿子相遇。

　　那天,我第一次怀旧。

指导教师:翟慧

本文获省级一等奖

. . . .
点　评
. . . .

　　语言简洁而有表现力,温馨中有淡淡的酸涩味。这是对生活、对人物有深入感悟的语言,是对自己的灵魂有触动的文字。事情很简单,父子两代人共同圆梦一箱子喜欢的书,儿子甚至还专门到旧货市场去搜寻。面对书,两个人都深情款款,感触都很深沉,却又有着不同。时代的变迁、社会的变革、心灵的迁徙,都在他们面对这一箱子书的瞬间被照亮,被溢出,于是生活的质地变得超级有触摸感。作者也善于化繁为简,聚几十年的风云于一瞬间,这就是构思力!

(何郁 特级教师)

生命的葬礼

□ 江苏省运河中学高中部北校　吴海雪

孙建民的母亲瘫坐在地上，号啕大哭。这一刻，我真真切切感受到了入殓师这份职业的重要和神圣。

道路两旁的银杏树已然染上黄色，树叶簌簌飘落，在秋风的怀抱里沙沙作响，天上时不时飞过几只麻雀。我匆匆地在街上穿行，不去理会街边小贩的叫卖，只想回到我的出租屋，躺在床上好好睡一觉。

高中毕业后，我在老家端了两年盘子，才攒够来汉北的钱。我在这座城市游荡了整整一个星期，工作始终没有着落。我想过放弃，就这样回老家，却又不甘心无功而返，最终成了一名入殓师。

发亮的铜钥匙插入锈迹斑斑的钥匙孔，我如愿躺到了不算柔软的床上。忙了一天，很快我就睡着了。

闹钟"嘀嘀"的声音把我吵醒，我很不情愿地起床去上班。

和师父打了个招呼后，我换上干净的衣服，戴好手套和口罩，进入我的操作间，开始为逝者净身。

时间在忙碌中总是过得飞快，下班后，我走进这家人满为患的饭馆，点了碗面，坐在角落里吃。我从不主动融入人群，我体会过无数次旁人投来的异样目光和不善的言语，因为我在殡仪馆上班，对此我早已习惯。匆匆吃完面，我又回到自己的操作间。

我像往常一样，拿起刷子清洁逝者面部，却看见他睁开眼睛坐了起来，这是我工作半年来从未遇到过的情况。刷子掉落到地上，我尖叫起来。师父急忙进来，看到我和坐在工作台上的他，明白了一切，向我介绍他。

他是个年轻的摄影师，为了拍摄一次完整的逝者送别过程，来到这里。他向我伸出手，说自己叫陆生。我尚未从惊吓中回过神来，只轻轻点了下头。

然后，他就一直举着相机在馆里拍来拍去。他总喜欢跟着我。我为顾客介绍骨灰盒，他也在旁边。我刚说完骨灰盒从五十到两千，价位不等，他突然对我说给他包一个五十的。我刚想说这个质量不好，但一想他给谁买呢，于是话到嘴边就变成了问他买给谁。

"我自己。"他很平淡地说道。他调整着相机，没有看我，自然看不到我眼里的震惊。

站在天台上，我看着他，他看着远处的楼房。天边的夕阳用柔和的光芒亲吻着他的脸颊，一阵风吹过，撩起他鬓角略长的头发。

"癌症，晚期了。"他转过头，笑着对我说。

拍摄结束后，他就离开了。

我没有想到，那次天台上的交谈竟成了永别。再见到他已是两个月后，我看着他冰冷地躺在我面前，手握着刷子不住地颤抖。原本以为我对遗体已麻木，但当我看见曾与我说笑的少年变为我面前的死寂时，我尘封已久的心出现了裂纹。我动摇了，我开始怀疑自己是否适合做一名入殓师。我像一个见不得光的逃犯，避开对我指指点点的人，想把工作做好，却被生命的脆弱击溃，一败涂地。

我陷入了挣扎。或许我不属于这个城市，我就该继续端盘子，待在老家好好生活，听我爸爸妈妈的话，找人嫁了。整天跟死人打交道，他们是不同意的。我一直瞒着他们，只模模糊糊地说自己在民政局工作。现在我动了辞职的念头。

盛夏已经降临汉北，天空一片碧蓝，阳光直直地投射在大地上，银杏树奋拉着叶子回应着太阳的热情。

孙建民来时他的身体已经被晒了两个多小时，操作间充斥着令人作呕的尸臭。他的身体被货车撞得已经不成形了，这很棘手。我和师父一起缝合了残肢，为他净身，给他穿上衣服。由于他的面部破损严重，难以修复，师父想直接送去火化，但孙建民的母亲不同意。

我看着师父耐心地向孙母一遍遍地解释着，孙母却始终双手环抱胸前，脸上看不见一丝悲伤，坚持要求师傅复原她儿子的面部。我想，她可真冷血，儿子死了，还这么镇定。

局面僵持不下，师父想了两天也毫无头绪。我看着他的愁容，心里不是滋味。于是我查阅资料，找到了一种独特的方法——蜡像恢复法。师父不同意，他觉得这违反了遗容修复的原则，可是孙母一直催促，于是师父破例让我尝试一下。

房间里吹着空调的冷气，但我的背后仍在冒汗。我把蜡一点点贴在他的脸上，用刀刻画着。四小时后，我们通知了孙母。

我看见她站在遗体旁，看着遗体笑了，但眼中的泪不住地往下掉。慢慢地，她瘫倒在地上。我看着她伏在地上的身体抽动着，房间里回荡着她的哭声。

这一刻我明白了，她并非不伤心，而是在为儿子最后的体面努力克制。

生命降临，必会逝去，不过有长有短而已。人永远也不会知道意外和明天哪一个会先到来。从前，我离死亡太远，知道能平静地面对死亡的人少之又少。如今，我离死亡很近，知道送逝者体面地离开很重要。

我从事殡葬行业，我是一名入殓师，很庆幸能给逝者带去最后的温情，也希望人们能坦然面对生死问题,希望这个行业不再被种种流言所困扰。

指导教师:葛运梅

本文获省级一等奖

- - - - - - - - - -
点　评
- - - - - - - - - -

作为一名入殓师,"我"自认为能坦然地面对生死。然而,一位病入膏肓的年轻摄影师的死和孙建民的母亲坚持为死去的儿子进行面部复原,让"我"真切地感受到生命的脆弱和母爱的伟大。文章语言沉重,令人有些压抑,如"道路两旁的银杏树已然染上黄色,树叶簌簌飘落,在秋风的怀抱里沙沙作响,天上时不时飞过几只麻雀"等景物描写,渲染了一种凄凉的氛围。但结尾处,作者笔锋陡然一转,让人心中重新唤起对生的渴望,同时呼吁人们要平静、坦然地面对生死。

(夏冬 资深编辑)

老孟"要账"

老孟是个画家,近几年为附近各乡镇搞乡村文明建设。

他在酷暑下暴晒,爬上高高的架子,认真地为广场上的毛主席像再添上几根发丝。到了冬天呢,接的活儿就少了。北方的冬天寒风刺骨,他便多戴上一层棉线的劳保手套以防冻手,拿着蘸了红色丙烯颜料的大毛笔,在雪白的墙上熟练地写上一个个整整齐齐的大字。

眼看就要过年了。一到过年,老孟便开始犯愁——又该要账去了。

要账难啊,老孟是搞艺术的,要账也是门艺术,不去登门拜访、费尽心思地去要,钱难不成还能自己飞到家? 于是每年这个时候,老孟便到各个村里管事的那里去。

令老孟最愁的大概就是迎春村了,老孟已经向这个村要了三年的账——两万块钱的工钱,还要分给共同干活儿的人。两万块钱是多少?是他闺女上大学一年的学费,也可能是治胃病的一两次手术费,或是一辆二手车的钱。

老孟有两个孩子,大闺女要上大学,老二刚上小学一年级。老孟有辆三轮车,但他还想买辆小轿车。有了车出门就不用挨冻了,送孩子上学也方便。

到了年关,老孟又驾着他的绿色三轮车到了迎春村。结果呢,等不到人,一打听,人家到城里的新家过年去了。那就再找其他管事的人,人找到了,但他们纷纷推脱:"我不管事啊,你找那谁去!"

老孟非常生气,都三年了,这钱就是要不回来。老孟又去问给迎春村修路的工人,他们也一样,要不回钱。

要账的事没有结果,转眼又到了下一年。

迎春村换了新书记,听说是个年轻的,是从大城市里来的。

老孟没跟年轻书记打过交道,他坐在他的绿色三轮车里,没有打火。他心里有些发慌,决定还是先打个电话。

老孟打给了迎春村的村支书办公室,接电话的却不是书记本人。

"你们新书记呢？"老孟试探着问，"他现在有空吗？我去一趟吧。"

"书记带着大家去村里挨家挨户了解情况，一时半会儿回不来。你也是给村里修路的工人？那笔钱昨天不是刚结清了吗？"那个人回答。

"不是，我是给村里画乡村文明画墙画的。"

"哦！下午等他忙完了，我跟他说一声，到时候把钱给你送家里去。你在家等着吧，书记说天挺冷的，外庄的账他亲自送过去……"

老孟下了车，去小区门口买了几斤肉和一条鱼，嘱咐妻子今天有客人来。但到这个时候，他还是不太相信，欠他三年工钱的迎春村，新来的领导竟然说把工钱送他家里来！他隐隐约约觉得这个新书记是个好书记。

到了饭点儿，新书记还没有来，老孟就让妻子把凉了的饭菜再热一遍。

过了饭点儿，新书记终于来了。新书记一进单元门，老孟就听见了脚步声，早早开了门。他下楼迎接，跟新书记和另外几个人一一握手。

新书记确实很年轻，穿得像大学生，不知道的还以为谁家儿子上大学回来了。

老孟盯着他看。新书记抬起头，两眼放光，接着裹紧棉袄，亲切地叫："叔！"

"刘书记。"老孟道。

"叔，叫我小刘就行。"新书记跟着老孟进了屋，放下手里提着的水果和牛奶。老孟光顾着欣赏小伙子的干练劲儿，这才注意到他还拿了东西来。

"哎，带什么东西！应该我请你吃饭才对，你不早点儿来……"老孟又想了想，说，"哦！我忘了你忙，应该打个电话先问问你的。"

新书记小刘摆摆手，笑着说："我是来还钱的，又不是来蹭饭的。您吃了吗？"

"这不等你一起……"

"都几点了，叔您快吃饭。"

"哎，好。"老孟笑得灿烂。

…………

迎春村的钱总算是还清了，今年老孟总算没再为要账的事生气。老孟买了新车，日子过得蒸蒸日上。

到了大年三十，老孟一家人包了饺子，炖了鸡和鱼，家里的小孩坐在电视机前等待春晚节目。

老孟拾掇好一切，给小刘打了个电话："你到家了吧？"

"没有，我没回家，在办公室呢！"

"为啥不回家啊？"

"我老家太远了，而且我家里人都不在了，就我一个人，我想就在办公室过吧。"

老孟想起，之前听自己在迎春村的亲戚说过，新书记从小在孤儿院长大，长大了人聪明又争气,考上了省里的重点大学,真是个好孩子……村里批不下来钱,修路工人和老孟的工钱有一大半是他自掏的腰包凑上的。

"来我家过年,你婶子炖了鸡,还包了饺子。"

"不用,我……"

小刘话还没说完,老孟便说:"我去接你,我刚考了驾照买了新车。"

"嘿嘿,谢谢叔。"小刘憨憨地笑。

今年老孟家的饭桌还是老三样——鸡、鱼、饺子,除此之外还多了一个好书记、一个好孩子。老孟看到小刘,突然想起自己在迎春村墙上写的标语——以村为家,情暖人间。现在老孟有三个孩子了,大闺女在上大学,最小的刚上小学一年级,最大的是眼前这个好书记。

过了年,熬过了寒冬,春天就来了。迎春村的花都开了,好像在迎接一个明媚的新生。

指导教师:张广印

本文获省级一等奖

点 评

这是一篇立意、构思、叙事都比较老到的小小说,起、承、转、合,既在情理之中,又在意料之外。小小说讲究篇幅短、构思巧、意味深。作者用1700余字的容量,构思了一个巧妙的故事。比较老到的是,他在讲述故事时,虽然采用的是第三人称叙事,但将视角锁定在老孟这一人物身上,既节省了笔墨、浓缩了篇幅,又让情节脉络清晰,故事紧凑,还能一波三折、反转迭出;通过新旧对比,生动地反映了当前基层行政出现的可喜新风、新貌。老孟邀请小刘书记来家过年这一情节的设置,以及笔墨一洇,旁白一句"现在老孟有三个孩子了,大闺女在上大学,最小的刚上小学一年级,最大的是眼前这个好书记",让文本的意味变得更加丰盈,主旨更加深刻——行政新风不独会施惠于民,更能消弭隔膜,使官民亲如一家,其乐融融。文章结尾在紧扣情节发展的同时,又赋予了令人咀嚼的余韵。这出自一位中学生之手,难能可贵。

(张宗涛 高校教授)

土地的烙印

□ 广东省佛山市南山湖实验中学　饶婧仪

我翻阅着斑驳的历史断章,却无意唤醒了土地中尘封的过往,那过往无比悲怆。

那是很平凡的一天,我与父亲同往常一样坐在沙发上看报,父亲倏地递给我一张报纸,他没说话,只是抬手指了指报上的内容。我仔细阅读起来,这是篇关于战争中难民生活的报道,把战争的残酷展现得触目惊心。

报上的一幅插图尤其吸引我的注意——

一个女人抱着一个孩童,位居照片中央。她眉骨很高,眼窝深邃,典型的西亚长相。长期的饥饿使她的两只手臂瘦成竹竿。她怀里的孩子看起来才两三岁,眼珠饿得凸了出来,一行泪水划过他稚嫩的面庞,无声地流露出痛苦和惊慌。他们身后,是一片废墟、安静的旷野,以及破败的楼房,遍地都是弹壳、泥块和石屑——战争留下的痕迹。

"这就是身处战争中的生命的模样。"父亲开口道。

战争中的生命是那样渺小、脆弱,我心生悲悯:"没想到世上还有这样的地方,太令人绝望了。"我身处和平年代,哪曾见过这些?

这些幸存者漫无目的地行走在废墟中,他们曾居住的家园如今只剩下断壁残垣。他们所体会的绝望我无法真正感同身受。

"好在文字记录了这一切,告诉世人这里发生的灾难,警醒人们不要让悲剧重演。"我指了指报纸,补充道。

父亲只是淡淡一笑,用手抚了抚照片中充满火药味的土壤:"哪怕笔或纸不记得,这片土地会记得。"

我不解地望着父亲问道:"土地没有记忆,它怎么会记得?"

"你跟我来。"父亲把我带到了村子的后山。我站在小山坡上,不明白父亲是什么意思。

"我们老家曾经是革命根据地,而这片后山经历过战争。"父亲望着远方,平静地说道。

"这土地下埋着的都是忠骨啊!"父亲感叹着。

我内心一怔,好像被蚕丝包裹,喘不过气来。人常说青山处处可埋骨,殊不知,青山处处是忠骨！我俯身掬起一把土，在指间摩挲着，土壤中掺杂着细小的沙砾。指尖的磨砂感让我出了神，我轻轻地问这片土地：你的过往究竟是什么样的？

是日本侵华战争吗？在土地的回答中，我看见大屠杀后的南京，血迹斑斑，毫无生机可言。

是第二次世界大战吗？在土地的回答中，我看见坍圮的围墙，看见一名士兵坐在废墟中，抱着牺牲的战友放声痛哭。

那些被时间湮灭的过往，人们或许会淡忘，或许会不屑一顾，可那片土地永远记得。战争在这片土地上、在幸存者的身上留下了深深的烙印，那么残酷，隐秘而不为人知。

我现在才相信，原来土地真的有记忆。

"你的太姥爷是抗美援朝老兵，他体会过战争的残酷，而我们都没有体会过。孩子，我希望你永远不会感受到。"父亲的话在我的耳畔轻轻萦绕。

"如果没有战争，那该多好。"我热爱和平。

"战争，固然充满悲怆，可我们反对战争并不代表我们惧怕战争。这些烈士，他们拼了命去守护的是什么？是祖国的疆土，是人民的安宁，是世界的和平！"父亲的话语那样有力，一下一下地击打着我的心，将包裹着的蚕丝尽数剥落，露出一颗炽热滚烫的心脏在疯狂跳动。

是的，国之不存，身将焉托？骨断血崩，山河依然不屈，青山依旧笑春风。

我微微侧过头，只见父亲眺望着远方的山和土地，眼神温和却又坚定地向往着什么。父亲的这副神情常常出现。这一刻，我清晰地感受到了，这是对生命、对万物生灵深沉的热烈的爱！

远处，朝霞满天。树上一花落，土中一芽生。

回到家中，夕阳已经落山。我坐于写字台前，提笔写下：

在那不为人知的地方，

炮声轰鸣，

敲响悲戚的丧钟，

审判来临。

逃亡者的灵魂

顷刻间碎成齑粉。

血液淌过

留下大片殷红。

敲钟的人啊！

你能否侧耳聆听

生灵的哀鸣。

下一场春雨

洗涤心灵。

远方的啼叫，

多么悲切，

又那样有力！

那声音盖过炮声轰鸣。

近了，近了，

是白鸽在唱着和平。

我想此时他们能看见

土地中的烙印。

指导教师：陈丽虹

本文获省级一等奖

点　评

　　战争与和平是古往今来文学作品的一个重大主题。本文选择这一主题，抒写带给人们深重灾难和不幸悲剧的战争，表达热爱和平、维护和平的美好感情。文章思路清晰，情感充沛，逐层展开，深沉而又激越。由父子读报时看到的战乱报道引入，再转入对后山战场的实地考察，并展开相关联想，这就把文字的记录与土地的记忆融合在了一起。文末以二十余行的诗歌结尾，使感情表现得更为强烈。

（钟湘麟 特级教师）

阿 太

□ 福建省厦门外国语学校　周晏冰

使老有所终,壮有所用,幼有所长,矜、寡、孤、独、废疾者皆有所养。

——《礼记》

我七岁那年,母亲对我说:"阿太今年都八十六岁了,身体还很硬朗。自己住在乡下,每天还能下地种菜呢。"阿太是阿嬷(外婆)的母亲,我的曾外婆。

阿太住在惠安的一个镇里,从泉州开车过去弯弯绕绕要走几十分钟。马路从宽变窄,柏油路变成水泥路再变成泥土路,两旁闪过的从楼房变为田野,直到车身开始颠簸,睡梦被晃破,我迷迷糊糊睁开眼,看到窗外的几棵龙眼树和地上的鸡鸭粪,泥土味裹挟着臊气涌入鼻腔,眼前小楼里坐着的便是阿太了。

阿太驼着背,看起来和我差不多高。

阿太只会说闽南话,我只会说普通话。两个语言不通的人站在一起,母亲推搡着我要我和阿太合影。我看着阿太,她说的话我全都无法理解。她摸着我的肩膀,粗糙的掌心硌得我颇不适应,那裹着头巾的脸上刻着阳光和泥土在岁月中留下的无数道痕。她在微笑,慈祥而又陌生。母亲像我的发言人,我借着母亲的喉咙讪讪地扯些句子来应付,无助而胆怯。阿太拍了拍我,让我自己转悠去,我如释重负地逃开。我在斑驳的花岗岩搭成的房子内外乱窜:竹子板凳、晒干的花生、运土的推车、黢黑的水井、楼上阿太的小儿子买来的一套健身装置、带着血腥味的厨房、昏暗的佛坛、燃尽的香烛、挂着黑白照片的卧室,以及门口种着不知名植物的废弃马桶。我和大我几岁的同辈轮番推着推车,在院子里横冲直撞,被大人喊去吃饭,回来再推着推车横冲直撞,然后回家。

临别时,阿太不住地挥手,口里反复说着几句我听不懂的话。

在返程中,我对那片土地的印象只剩下门口怪异的马桶花盆和蹲在推车里时迎面而来的风尘。

"阿太今年九十几岁了,身体还很健康呢。"母亲每年都在告诉我阿太最新的消息,但我从未搞明白每年到底哪一天是阿太的生日，让她的年龄又增加了。

大概她们也不知道吧。阿嬷有时给我讲故事，讲到阿太曾经是被卖到别人家的童养媳，每天为那家人干活儿，受尽欺负，生活很艰苦。后来另一个为那家干活儿的人心疼阿太，便将阿太赎了出来——代价是每天帮那人搬运石头，这人便是阿太后来的丈夫、我的曾外公。但我对这些故事依旧没有什么概念，只是此后脑中常常浮现那个我们推着推车嬉闹的院子中，有时会出现一个挑着两筐石头的身影。

阿嬷一共有八个兄弟姐妹，分散在惠安和泉州的各个地方——没有人和阿太在一起。那间乡下的小楼一共有三层：一楼的一个卧室摆着阿太老旧的硬木板床，二楼的两间卧室和三楼的两间卧室摆着床垫，铺着现代的床品，却都落了灰。我们总在逢年过节去看望阿太，大家都是，所以小楼里并不显得冷清，但热闹中阿太还是在一个人蹒跚踱步，她身边笼罩着一层冷清。远房表哥给还在上幼儿园的我表演吐烟圈儿；长辈们三三两两地在厨房里忙碌，在客厅中沏茶……

阿太的房子里热闹，热闹却不是阿太的。

母亲偶尔会挽着阿太在小楼中绕弯儿，聊些没有多大意义的话，净是今年几岁啦、平常干什么啦，像在哄孩子。无话可说时，阿太又坐在了竹板凳上，旁观着嬉闹的孩子们。

母亲还是推着我和阿太合照，每年都在合照，每年也只有合照。我能听懂一点儿闽南话了，阿太拍着我问："这是谁的女儿？"别人告诉她，这是小英的女儿。她这才仔细看看我，脸上的皱纹挤在一起："都长这么大啦！"我还是不会说闽南话，只好点点头表示我听懂了，然后伴着微微的尴尬再次逃开——语言不通，心境亦不通。

"阿太今年九十六岁啦，前段时间还摔了一跤，幸亏人没事。"母亲还是在汇报。

没有人和阿太住在一起，阿太的孩子都成了家。他们回去照顾阿太就像是轮流值班，甚至凑不出一个全勤。阿太的牙早就掉光了，回去照顾她的孩子每天做些地瓜稀饭给她吃。有时她不吃，稀饭在桌子上放久了，冻凉了，只有苍蝇光临。我们回去时，母亲见了便重新盛一碗热的喂她吃。然而，母亲无法一直陪在阿太身边照顾她，她的其他儿女、孙辈亦如此。

我们每年都还回去看望阿太，但我们回去时遇到的其他亲戚越来越少。我终究无法适应与阿太相处，合照的几分钟我像任由母亲操控的木偶一样僵硬。我和阿太是两个语言不通的陌生人。

阿太又在问："这是谁的女儿？"阿嬷再告诉她，这是小英的女儿。她又问："小英是谁？"

临行时，她一如既往地挥着手呢喃。我仔细听了听，阿太在说："你们能不能不要走？"可我们还是关上了车门，像肩负工作重担的父母毅然决然地告别渴望陪伴的孩子，缓缓驶离了那片土路。

有一天，我在学校收到母亲的短信："阿太升天了，九十六岁。"

我陷入了一瞬间的恍惚。不久前，母亲告诉我阿太感染了新冠病毒，我却相信阿太一定也能像过往那般挺过去。

我甚至不知道以何种情绪来面对阿太的离去——我们之间的纽带本就纤细脆弱。

阿太的丧事在随后几天进行，我未曾前去。九十六是我记住的关于阿太的最后一个数字。

直到之后几天，阿嬷给我打来电话聊起家常，她小心翼翼地提到阿太的离去，问我是否知道。可阿嬷还是没有收住情绪，我听到她抽泣的声音："我永远地失去爸爸妈妈了。"我还是不知道如何安慰阿嬷，如同我在知道阿太离去时一样不知所措。我只能如实地告诉她我的状态："我也曾在无声中泪流满面。"

在阿太走后，阿嬷与她的姐妹一同睡在阿太的遗像旁边，不知还要将没有回应的告别持续几个日夜。

阿太孤独地活着，又孤单地走了。她的子女们还是在忙于各自的事情。

阿太的一生尝过多少甜味又挺过多少苦楚？我自己十余年的眼睛无法窥见阿太九十六年的一生。当她终于不再忙于养育子女，又有谁来陪伴她呢？母亲不止一次提到阿太自己住在那栋小楼里的寂寞，但我们终究没有为了阿太而改变自己生活轨迹的勇气，别人亦是如此。可在这之中，阿太的孤独又由谁来安抚呢？

这世上，还有多少个阿太，坐在小楼里的竹板凳上，望着敞开的家门口发呆呢？

指导教师：徐可

本文获省级一等奖

· · · · · · · · · · ·

点 评

· · · · · · · · · · ·

《阿太》一文以小见大，发人深省。历尽沧桑、命运坎坷的阿太有八个子女，晚年独居乡下，儿孙后辈只有逢年过节才来探望，短暂相聚的欢乐代替不了长久孤独的寂寞。这是我们生活中常见的情景。可贵的是，作者由此联想开去，"老吾老以及人之老"，发出了对"多少个阿太"类似遭遇的感叹和悲悯。题记引用《礼记》中的话，体现了作者强烈的社会责任感。

（钟湘麟 特级教师）

黑　狗

□ 辽宁省抚顺市第一中学　李盈樾

　　他在上学路上遇到了一条黑色的小狗。

　　小狗看起来一个多月大,通体乌黑,连眼睛也是纯黑的,透出玻璃的质感,使他能轻易在其中看到自己的倒影。

　　这是他一直想要的狗,他经常在梦里梦到,如今就出现在眼前。

　　怎么办呢?把狗带回家?可惜他今天没带家门钥匙,父母也不会同意让他养狗,带到学校去就更不可能了。他总是在错误的时间遇到渴求的事物。

　　他看看狗,狗也看看他。狗很乖,两只小爪子并在一起,微微歪着头,像小时候的他。

　　没有办法,但愿它能被一个好心人捡走。

　　他这样想着,继续去上学。

　　狗被他抛在身后,远远地看着他,不跑也不叫,一直目送他走远。

　　他在学校里总是想着狗,想到自己似乎梦到过它。这并不奇怪,他什么都梦。他总是活在梦里,看着手上命运的血管剧烈跳动,血管一点点构成牢笼,隔着笼门,他又看见狗。他醒来,开始百无聊赖地回味梦境,不确定自己是否仍在做梦,毕竟没有什么东西能展示现实的真实性。

　　他唯一的一点乐趣,就是想着狗。狗能带他逃离身处人群的孤独感,逃离他对自己无端的憎恶。

　　放学后,他走路回家,在十字路口,他顿住了:那条黑狗还在,似乎一直在等他。

　　来不及分辨这种事件发生的概率及真实性,他无法忍受内心的焦灼感,四处张望了一下,确定没有人看他,于是他像偷窃什么东西一样把狗抱了起来,小心而迅速。

　　一瞬间,他闻到了怀中幼兽的气味,像温暖的花瓣。小狗听话地不吭一声。这不会是一条哑狗吧?他想。毕竟从未听它叫过。狗舔了舔他的脸,带给他一种想哭的冲动,莫名其妙地,他闻到了夏季来临时的青苔香。有什么滚烫的东西在他的心头重新流淌,虽然缓慢,但总比没有强。

狗被他带回家藏进了被窝,那是离他的梦最近的地方。小狗可能感觉到热了,吐出红色的舌头,"呦"地叫了一声。

原来不是哑狗啊,他想。

父母本已经睡了,听到他回来的声音,起身问候了一句,又继续睡了。

他可以把狗藏起来。

至少一个晚上。

他希望今晚不会过去。

他觉得生活无聊至极,不过是一段冗长的梦境。

他没有兴趣,没有目标,不会梦醒,不会执着,像正常人一样生活,像正常人一样交往。有时一丝丝情绪爬上他的心头又转瞬即逝,终究什么也留不下。以前他总是想逃离,去远方,漫无目的。他诉说自己梦幻的构想,与生活背道而驰。他的身体适合流浪,可以忍受严寒和暴晒,然而在实际生活中,除了在运动场上发挥一点作用外,他强壮的身体毫无用处,毕竟随着学业的加重,运动越来越不重要了。妈妈,代表着他的家人,希望他学习成绩优异,希望他陪伴家人,希望他将来能找到一份稳定的工作,希望他恋爱、结婚、生子。

他曾问妈妈:"人活着就是为了结婚、生孩子,再让自己的孩子结婚、生孩子吗?"他没等到回答,他的思绪模糊了,他要入梦了。

小黑狗仍在他的手边躺着,似乎打算与他一起入梦。

也许是因为想得太多,他梦见了自己,梦见自己成为符合家人殷切期望的人,成了自己最厌恶的人。

可是对于长辈来讲,希望自己的孩子平凡地长大又有什么问题呢?唯一错的是自己。因为自己盼望的生活太异于常人,四海为家的流浪会让妈妈羞于在别人面前提起自己的孩子,就像妈妈曾羞于在别人面前提到他的成绩。

恨意蔓延,梦里的他用双手扼住自己的喉咙,没有反抗,麻木平静地接受,全无反抗的兴趣。

他看到自己的瞳孔扩散,满意地笑了:他感受到了手上冰冷的汗液,满意地醒了。

夜里还是这么黑,他摸向手边的狗,发现狗的身体瘫软成了一坨。不会吧!他想。他急忙掀开被子。小狗的脖子伸长,鼻子不再吞吐气息。他想起睡梦中掐死了什么东西,对了,是自己。

真的就这么死了吗?他叹了口气,感觉不到悲伤,只是疑惑,抬头望向天花板。那里一片空旷,映照出自己残缺的内心。

不管他还睡不睡得着,明天的太阳照常升起。

他把僵硬的尸体塞到书包里,想一直带在身边,从这尸体上汲取他们初遇时的温存。

他走在昨天的路上。

到了路口，他顿住了：一条黑色的小狗站在路边，静静地望着他。

这是一条通体乌黑的狗，连眼睛也是黑的，透出玻璃的质感，倒映出他的影子。他盯着狗看了几秒，冒出一身冷汗。他从书包里掏出小狗的尸体，对比这只活着的狗，清晰地发现两者一模一样，如同镜子横在他的面前。

槐树上的一只鸟"吱呀"一声叫起来，扑腾着翅膀飞向远处。他看着眼前的狗，狗乖乖地看着他。

他飞快地转动记忆，猛然想起自己曾遇到过这种情况。

三年前的一个夜晚，黑狗出现在他的床头。黑狗太像他自己，出于厌恶，他用枕头捂死了狗。

次日，黑狗出现在门口。

他有些心悸，拎起狗的脖颈将它从十楼的窗口扔出。他探出头，看到狗的血开成了一朵红花。

次日，黑狗又出现在门口。

当他每一次成心杀死它后，它就从未知的黑暗中跃出；而当他无心去杀它时，它便死于意外。这是一段很不愉快的时光，每天早上他必须丢掉昨天死去的狗。楼下的垃圾桶散发出阵阵臭味，引来无数的苍蝇飞舞。

直到有一天，他又提着狗的尸体丢弃，发现垃圾桶里的狗堆成了小山。再丢一次就丢不下了吧，他想。这个想法诞生的次日，狗没有再出现，以后也一直没来。

于是，他渐渐地淡忘了这件事，只当作冗长梦境中的一个。

现在，黑狗又回来了，就在他面前。

它今天会死，明天又会出现新的它。他以为自己永远地扼杀了它，直到现在，他幡然醒悟：只要自己还活着，狗就会回来。这条狗是他身体的一部分，就像他是苍茫大地的一部分。

因为与旁人不同，因为与生活相悖，他每每将它杀死。

面对再次出现的狗，他俯下身子仔细打量：爪子比普通狗大，甚至近乎狼，一定是看家的好手；耳朵挺拔又黝黑，不见一丝杂色；胡须只有两根，老话讲这是龙须，长龙须的狗打架猛，通人性，向来受到青睐；脚下的肉垫也是墨色的，行千里不在话下。这种狗白天看家护院，晚上镇宅驱邪。他想，看骨架长大是条大狗，可能比獒子还大些，这条狗长大后一定很威武。

可他从未让它长大。

他知道狗想要什么，狗想活着，一直活下去，伴他到死。

过去,他为了别人而杀死这条狗,但这次,他想试试让狗活着,让狗长大,他想看它在雨夜的原野上自由地奔跑,在由树木构成的丛林里或由钢筋水泥构成的城市中穿梭。他深爱着这条黑狗,爱意打破了他这些年禁锢着自己的枷锁。

　　"我现在就带你走。"他说。

　　黑狗不说话,他却清晰地听到了它的心声:"去和父母告个别吧。"

　　"那样他们就不会让我走了。"

　　"你想走就谁也拦不住了,离开前总该告个别。"

　　于是他回到了家,看见妈妈正在洗衣服。

　　他说:"妈,我要走了。"

　　妈妈很震惊,抬起头来:"你不去上学了吗? 怎么回来了?"

　　他仍然说:"妈,我要走了。"

　　妈妈很不解:"你要去哪儿?"

　　他说:"去外面。"

　　一阵微风从封闭的房间里吹起,形成一个旋涡。时间被一点点吞噬,妈妈的声音从遥远的地方传来,含糊不清。他也不去思索,眼前熟悉的墙壁被旋涡扭曲、撕裂,露出清晨的天空。不到一分钟,家中的所有物件都被卷走,消失不见,连同情感与记忆一齐被剥离,在这清晨六点二十五分的空间。

　　阳光照在他的脸上。

　　他看向朝阳,朝阳也看着他;他看向黑狗,黑狗正看着朝阳。

　　"那么,我们可以走了吧?"

　　他看到自己变成了黑狗,在刚苏醒的晨光下奔跑着,迎着远处不知名的暖风。

　　这次,他定能活下去,再无人能够杀死他,直到他自愿沉睡于脚下的土地。

指导教师:刘贺

本文获省级一等奖

点　评

　　小说通过对"他"与黑狗的交集过程的描写,表现"他"对现实世界的抗争和对未来美好生活的期盼与追寻,表现了青春成长期间的困惑和挣扎。黑狗其实是"他"自我形象的反射,与"他"心灵相通、默契相合。文中含义深沉的语言为提升主旨起到了重要的作用;写意的笔墨勾勒出了自我世界的轮廓,用青春的思考测量了未来追寻的路程。这是一篇有思想、敢突破的青春宣言!

(毛香菊 教师作家)

家乡与桥与人

□ 江苏省苏州工业园区星海实验高级中学　顾宜恒

　　烟雨江南,碧波桥上,青砖白墙。位于姑苏城外,这便是有着"神州水乡第一镇"之称的古镇——甪直。我生于斯,长于斯,深爱着这里,深爱着家乡的小河、河上的小桥和枕河的人家。

　　"古代桥梁博物馆",这是中国桥梁专家茅以升对甪直最好的赞美。在岁月的流转中,桥是我最美的回忆。古镇原有宋元明清各式古桥 72 座半,现存 41 座,用"两步一小桥,三步跨两桥"来形容这里的桥最贴切不过了。小桥托起行人的脚步,也承载着小镇的历史记忆和人文情怀。

　　流水低吟,桥护四方。水凝天地之气,而桥立于水上,联结的便是天地与人世间的烟火气。一座方方正正的兴隆桥,吸引了无数慕名而来的生意人,他们在这儿许下心愿,愿来年招财进宝、生意兴隆;一座雄伟古朴的正阳桥,抚平了多少因心烦意乱而紧锁的眉头——只要站在桥上,向南眺望,就能看见慈祥而深邃的佛眼,感受到一股清幽的禅意;一座细细窄窄的东美桥,桥上度人,桥下度心——从桥头走到桥尾,然后怅然若失、迷失方向的我便找到了崭新的自己;还有承载了美好祝愿的永宁桥、默默守候甫里先生的垂虹桥、传说中引导唐僧进入女儿国的进利桥……

　　我无法去细数这一座座桥,只知道每一座桥都见证了这里一代又一代人的成长,记录了他们一桩又一桩的故事。我只知道,在有限的生命里,可以在这些桥上寻找到无限的可能。

　　月光照亮彩云,人家枕河而眠。我从不羡慕热闹非凡的周庄,也不向往人潮拥挤的山塘街。同样的景色,同样的人文,我只愿守候甪直镇上的这方土地。看似是我陪伴它,其实是它一直默默无闻地陪伴着我成长。现在我心中突然生出一抹愁绪,害怕它的风光被磨平,害怕岁月的痕迹被粉饰,害怕这一座座小桥上再也找不到我曾经留下的脚印,留不住我过去的回忆。

　　镇上的人来来走走,有人会把它变成风景照,包装成打卡点。然而,只有我们知道,这里是我们生活的地方,是我们生命的根。我只愿它恬静依旧。

"古宫闲地少，水港小桥多。"儿时记忆里的小桥青苔点点，石板凹凸不平，桥上人来人往，孩子们的欢声笑语和商贩们嘈杂的吆喝声充斥着每一座桥。河水清澈，桥下有妇人靠河浣衣，河中有船娘架着一叶小舟咿咿呀呀地哼着渔歌，一遍又一遍地赞美着甪直。时过境迁，孩子们渐渐长大，去了更广阔的天地。如今，有些桥染上了岁月的痕迹，也少有人再踏足桥上。然而，即使风吹日晒，桥仍在坚守着我们的小镇和小镇里枕河的人家。

如今，人们仍能看见一个个穿着青莲衫子藕禾裳的船娘驾着一艘艘摇橹船，在岸边接送一批又一批的游客，穿过一个又一个诉说着水乡情的桥洞。这是近年来政府和家乡的人们试图留下的属于江南水乡的独特韵味。虽然家乡发展日新月异，但我愿这里恬静依旧，心灵永远可以停靠。

长大后我去过很多地方，走过许多的桥，也拍下了许多的照片。我会不自觉地将这些地方和甪直进行对比，企图在陌生的环境里寻找一丝相似的温暖。然而，没有一处地方的桥能让我产生这样的触动，或许是因为我从未欣赏过它们的四季，也未曾聆听过它们的故事。

不管以后走到哪里，我都会记得家乡甪直，记得春季的桥边杨柳依依，台阶下的百花竞相开放；记得夏季的桥岸蝉声鸣鸣，桥洞下的荷花亭亭玉立；记得秋季的桥头枫叶满满，石缝里的小麦金光闪闪；记得冬季的桥上白雪皑皑；石板上的脚印深浅不一。一年四季，季季皆景，这景离开了桥便少了一丝独特，这桥离开了甪直便少了一份回忆，这回忆里有人，有水，有人家。

栉风沐雨，一路前行，愿甪直古镇始终恬静可人，石拱桥和摇橹船相得益彰，永远是梦里水乡的样子。

我会一直在梦中撑船，划过一座座小桥，听听它们的呢喃低语，跟随它们的指引寻找心中的宁静。

指导教师：庞懿薇

本文获省赛一等奖

. . . .
点　评
. . . .

这种写家乡的文章很难写，弄不好就平铺直叙、一览无余，读完脑中留不下任何东西。这其实颇考验作者的观察力和感悟力，还有叙述与描写的功夫。如何写甪直这座古镇呢？作者抓住了桥，于是将桥写得细细切切。写桥就要写船，摇船叙述得别有风致。有船还得有故事，小时候的、长大后的，于是甪直的那种温馨、通达、富庶、安静就写出来了。这是一种呢喃低语的美，是古意盎然的美，这种美又带着一丝现代的青春气息。一切都润物无声，一切都水到渠成，连语言都有一种波光潋滟的美。

（何郁　特级教师）

驯　狮

□ 福建省泉州实验中学　陈宸

　　黑夜吞噬掉街边最后一盏灯,浓稠的黑被成片地抹开。眼睛占不到便宜之后,其他的感官就后来居上,张扬又肆意地扩大。紧闭的窗户因夜风而战栗,潮湿的泥土味悄悄渗入。

　　我用力地呼吸,贪婪地摄取黑夜的清凉,让它舒缓痉挛了一个白昼的神经。

　　白日里各种机器的蜂鸣和钥匙串的碰撞,白日里的放声大笑和窃窃私语,白日里不锈钢门框生涩的铁腥味,白日里火锅底料蛮横的辣油味……

　　我狠狠地抹了一把脸,想要把聚会归来后的疲惫连同记忆一起擦掉,然后蜷缩进无边的黑色里面。

　　然后我的手背贴上了一团软绵绵、毛茸茸的东西——不用看也知道,是一只猫。尽管它在晚上是必然会降临的,但我还是不想看到它。我把它抹到一边去,像把不小心沾到的墨水随手抹到桌子底下一样。

　　见我不欢迎自己,它干脆也不装了,掬一捧凉如水的夜色,进去洗了一圈儿,洗出它原本的鬃毛和獠牙,恢复成狮子的模样朝我踱步而来。

　　脑中是聚会的图景,他们高谈阔论,不时迸发出尖锐的笑声,流露出夸张的表情。感谢黑夜的加工,他们的影子被拉扯变形,最后只剩下模糊的噪点。我把这团记忆揪出来,揉了揉,随手丢给一边的狮子。

　　尽管伸手不见五指,但我能想象出,它是如何凶猛地扑上前来,狼吞虎咽着我施舍的食物。

　　"有那么好吃吗？"我的语气里带了几分居高临下的不屑。

　　它的眼睛荧荧地发着绿光,像楼道里"安全出口"的指示牌,我有一瞬间想跟着这个指示,去找到那个出口。

　　"我喜欢狂欢和热闹,喜欢你大声发表演讲时别人投来赞许的目光,喜欢你吵架占上风时别人一脸吃瘪的表情。"

我伸出一只手,撑开五指,试图在黑暗里盯出手指的轮廓。白天的光阴裹挟着嬉笑怒骂,就这么从指缝间溜走了。我虚虚地握拳,什么也抓不住,什么也没有得到。

"聚会上的那些话……根本不是我心里想说的,我的想法和他们完全相反……"嗓子里如同卡了石头一样,我只能磕磕绊绊地解释。

"你只敢在心里想想吧? 你又不敢说出口。"

我被噎得哑口无言。腾腾升起的火锅热气后面,没人看到我有所懈怠的嘴角。喋喋不休的谈论声掩盖了声音的异常,我笑着附和他们的歪理。玻璃杯撞在一起,理智在破碎地鸣咽,真话淹没在碳酸气泡中。

"没有人是一座孤岛",于是我为自己加固了连向群岛的大陆架,深埋在海底。当群岛大兴土木和火山爆发时,我的小岛被震得摇摇晃晃,工业废料源源不断地朝我运来。我艰难地承受之后,发现岛上早已面目全非,我没有地方停下来栖居,也没有时间停下来思索。

但是我的狮子很喜欢,它说这让它有归属感和安全感,让它感觉自己被拥戴为王。我很讨厌这样,我都教训它很多次了,不要在他人虚无的认同声里迷失自我,然而我无一例外地全失败了。

于是我支开话题,轻咳一声来掩盖我的心虚。我说:"白天……我也不想和老妈吵架的嘛,我知道她是对的,我知道这次是我理亏,我本来不想这样说的……"

它低低地嘶吼一声,我听出了几分嘲讽的味道,也觉得它的语调阴阳怪气了起来:"吵架嘛,胜利者都是按气势来评判的,管你有没有道理。"

妈妈被我气得说不出话,双手叉腰在房间里打转,嘴唇翕动,最终重重地剜了我一眼,甩手离开。

而我还没从剧烈的情绪起伏中恢复,刚刚的高声尖叫耗费了我太多能量。我企图从这场胜利中收获点什么,却发现心中蓦地空了一块,接着裂成一个无底深渊,拽着我往下坠。怎么胜利者却比失败者更加狼狈?

我正襟危坐,打算找回以往那种气势。我借着一缕月光,努力盯着狮子。"白天就要好好珍惜,你为什么一直虚度光阴,放任生命被一些琐碎的、无意义的低级娱乐消耗?"我指的是十五秒的短视频,那尽是不知所云的无病呻吟、毫无营养的八卦花边新闻。

"你为什么晚上才来怪我?"它振振有词,抖了抖鬃毛,懒洋洋地继续说道,"我知道你很鄙视我,现在大概是第七次了?"

什么第七次,都不止七七四十九次了。我暗想。

"我知道你在日记里抄了纪伯伦的那首诗。那有什么用? 不就是浪费几滴墨水和纸吗? 对我毫无攻击力。"它冲我开了一枪。

我挺起的背渐渐佝偻了下去。卸下白日里所有的枷锁,擦掉自我催眠的妆容,我在黑夜直面空无一物的灵魂和不知所归的内心。

后来我和它都良久无言，我没有再端着架子教训它，它也没有再乖张地讽刺我。

> 今晚我想坐到天明
> 坐到月影消失
> 坐到星光熄灭
> 从万籁俱寂一直坐到
> 人声泛起

我如是践行，静默了一夜。晨光熹微，狮子如常消失。我没有关注它，因为我知道它伪装成了温驯的猫，躲进了它的身体，伺机而动。我揉揉眼睛，屏息凝神，为白日的战斗做准备。

我的书架上贴满了便签，便签上是摘抄的句子，聊以自我鼓励。大概没人会驻足读一读我抄的句子，所以没有人知道，最显眼的那张龙飞凤舞地写着：

> 世上每个人都是驯兽师，而那匹猛兽，就是每个人各自的性情。

指导教师：蔡晓妮

本文获省级一等奖

. . . .
点　评
. . . .

毋庸置疑，文明程度越高，科学技术越发达，人类的孤独感便会越强烈。本文以超现实的表现方法，借助"我"和"猫"的互动与交流，表现了作者对狂欢与孤寂、虚伪与真实、务实与求真，乃至生存现象与生命意义等等的自谑式的审视和拷问。文章构思别致，笔墨老到，别有格调。

（张宗涛　高校教授）

平静出逃

□ 河南省郑州市第七高级中学　李松燕

独自一人走在大街上,人声鼎沸,我却不觉得喧闹,只觉得平静。我一直认为,平静比幸福状态更好。长时间耽于某种痛苦与忧郁会让人失去生活的信心,漫长的快乐又会使人变得无趣,而平静刚好介于两者之间,让人适度地感受生活的乐趣,又不失去敏感多思的能力。

我因敏感多思而成为写作者,又因开朗健忘而得以活下去,有时候过度仰赖自己洞察自然和人们情绪的能力,有时候又神经大条口无遮拦。

法国哲学家加缪说:"人永远是自己的陌路人。"人的一生似乎一直处在一个学着认识自己的过程。海明威的冰山理论也可以适用于人:真实的自我永远在海面以下。因此,我仍然在努力,努力学习辨认相机拍摄的照片中虚化的那部分真实,无论它是真善美,还是夹杂着欲望、自私与卑劣,因为它们都是我,无论美丑。我努力练习着真诚,然后为一切不完美释怀。这并没有那么容易,我想这将会是持续一生的课题。

在学习的过程中,每当焦躁不安时,我喜欢在喧嚣的街市中找个角落坐下,用眼睛去观察不同的人,并猜测他们各式各样的面孔下隐藏着的不同故事。这很奇妙。他们脸上饱经风霜的皱纹,也许在诉说着对家庭的责任与重担;他们的面孔看似冷漠,也许内心充斥着对世界的渴求与期待;背着书包成群结队穿梭在人群里的小孩子,他们的欢笑中也许掺杂着一点点因未完成作业而感到的不安;而那些脚步匆忙的年轻人,也许一边接着客户打来的电话,一边在心里腹诽着不涨工资的老板。

这一刻,卖馄饨大爷的吆喝声,摆摊卖衣服的阿姨面对讲价顾客时不耐烦的表情,电线杆上贴满的小广告以及用油漆笔写下的难以抹去的电话号码,这一切都变得如此富有生机。我从这种洞察中同时获得了厌烦与快乐。

城市的霓虹灯是永不疲惫的城市中的血管,它们剥夺了月亮和星星的光芒,成为"繁华"的代名词而被人们赞叹。当我站起身拍掉不小心沾在身上的尘土时,我知道,我将借助此刻从喧闹中获得的来之不易的平静来完成一次逃离。

于是我戴上耳机，隔绝世界的喧闹，离开这条大街，走进一条昏暗的小巷，放任自己享受着昏黄的路灯和此刻的月光。夏天的晚风吹着，人感到燥热，皮肤黏腻。我有些害怕，不知道会从哪里蹦出来一只蝈蝈跳到我身上进行恐吓，于是将音乐声开到最大，妄图完成一次掩耳盗铃。

这一刻，我几乎放弃了所有的感觉，包括听觉。

这一刻，我有权忘记所有对自己的探查，有权停止这个社会对我的解剖，有权反抗身边人对我的期待，有权压下自己对未来的不安与希冀。我想象自己只是一注被排放到路边的臭水，我试图把自己压到最低，贴近地面。自行车的轮胎从我身上压过，溅起水花。我承受着世界的重量，也感受着灵魂的轻盈，似乎连黑暗中淡淡的浮云都在羡慕我此刻的平静与自由。

是的，我在这个悠长的夏夜平静地逃离，行动近乎完美。我感受到了自由。

或许人们太过匆忙，总是急着去实现下一步的目标，总是急着扛起生活的重担，总是急着不安，急着自证，急着冲向人生的终点线，可是却忘了享受打发时间。

这并非是对生命的不尊重，也并非是对过于短暂的一生的浪费与消磨。

这是接纳世界对我们的仁慈。

时间的洪流并不会经常慢下来，让我们有机会灵光一闪，抓住思维的线头，慢慢理顺一团乱麻般的思绪，而是常常裹挟着我们一路长大。它不教我们如何洞察自我，不教我们如何练习爱与被爱，有时甚至将那些真正宝贵的东西带走。于是，我们在一张张排名表中寻找这个社会赋予我们的定位，轻易地被社会给自己贴上的标签所束缚，然后沾沾自喜于这种所谓的成熟。这并非真正的成长，而是一种极具迷惑性的标签化，它会让我们失去洞察各种伪装下真实世界的能力。

因此，当世界恩赐给我平静时，千万记得将那些时间牢牢攥紧，不要害怕对世界的逃离，不要担忧对时间的浪费，不必急着快快长大。

仔细运用敏锐的眼睛与耳朵，用心看那些不同风貌的色彩，用心聆听那些真诚的故事，用心感受不同躯壳和外表下跳动着的心脏。从中学着谅解，学着释怀，学着接受世界的肮脏，学着用力拥抱所有的善意和美好，也学着在这种平静、自由与"脱轨"中真正地认识自己。

或许在一通家人打来的电话之后，这段平静而叛逆的旅程就会画上一个句号，但是我会耐心地等，等到脉搏再次如鹅毛般重重落下，等到花朵再次如交响乐般悄悄绽放，等到月亮和星星都噤声。

城市的车水马龙将我托举至霓虹灯的坑洞入睡。

于是，我将再次有幸与另一段平静的出逃相逢。

指导教师：丁智会

本文获省级一等奖

········
点 评
········

　　这篇心灵独白式的文章,契合着"独语体"散文最大的特征——封闭性与自我指涉性。作者以诗化的语言将孤寂的内心世界表达得空灵而可感,并通过强化内心的孤独感和荒凉感,抒写出了青春期生命个体面对世界时的生命体验,张扬着一种带有迷幻色彩的审美追寻。

　　此类散文要写好很不容易,它依赖的是敏感的生命体验、敏锐的内心审视和准确的语言表达能力,最考验作者的语文素养。本文令人击节称赞的是,作者不仅能够"言必称物,文能逮意",对字、词、句的拿捏准确而传神,而且能有效地处理语言的文白、雅俗、疾徐、整散、长短,尤其几个单语段的巧妙措置和安排,使得表达既富于节奏又富有张力。

（张宗涛 高校教授）

夏天的雨

□ 陕西省平利县中学　曾俊

那年夏天,暴雨过后的天空是阴沉的,还飘着淅淅沥沥的小雨。二伯冲屋里的我大喊:"俊娃,快出来,有事。"

"啥事?"我应声跑到他跟前。

"给我去你嫂子那儿买一包猴王。"二伯的左手扯开夹克的衣襟,右手从里面的口袋掏出五块钱,又摸摸两边的裤袋,掏出一块钱,"买五块钱的那种,这一块钱给你当跑路费。"

"五块钱?我都不好意思去,你咋这么穷酸?"

"小孩子别问那么多,快走,快点儿去。"

正要走的我又停住了,说道:"加急的快递得加钱。"

二伯推着我的肩膀,拍了两下我的屁股:"赶快走,财迷!"

他抽五块钱的烟,还时常喝着十八块钱的牛栏山。他嗜酒如命,以前在酒和老婆面前,竟选择了前者,后来又丢了工作,悠闲地在家待了一年。

再怎么穷,也少不了一口酒,但这么喜欢喝酒的人却能给我讲出一番人生哲理。

饭桌上,二伯抿了口白酒,似乎来了兴致,笑嘻嘻地对我说:"俊娃,你知道怎么才能快乐地活着吗?"

"不清楚……但如果你现在给我一百块钱,我肯定会很快乐。"

"财迷,钱乃身外之物,所谓真正的快乐是遗忘过去的不愉快而无忧无虑地活在当下。"

"那怎么遗忘呢?"我发自内心地问他。

二伯依旧傻笑着,用手指在酒杯前面敲了敲桌子,又接着喝了起来。我懂了,不由得也笑了起来。

但老爸脸色凝重,直勾勾的眼神盯向二伯,然后对奶奶说:"妈,你看老二什么名堂,教小娃子喝酒。"

喜爱烟酒的男人,还是需要金钱的。

后来,迫于家里人的压力,二伯年后去了河南挣钱。

再见到他的时候,已经是端午节了。一辆蓝色宝马车挡在我家门口,老爸出去想看看来的是谁,见下车的人是二伯,老爸张口就问:"从哪儿借来的车?"二伯笑嘻嘻地说是他公司的。老爸从口袋里掏出香烟。

"拿回去,抽我这个。"二伯拿出剩了半包的中华,还是软盒的。两个人从屋外一直聊到饭桌边。

"俊娃,过来,去你嫂子那儿拿瓶牛栏山。"说完,二伯从皮夹子里抽了张百元钞票,"剩下的你收着,过年也没给你压岁钱。"

虽然实际上只收了八十二块钱的压岁钱,但我还是很快乐。

"你一年能挣多少?"老爸问。

二伯吸溜着面条,右手比了个三。

"三十万?"

"至少三十万。"二伯又抿着酒,两个人边喝边聊,说着到时候怎么坐着收钱什么的。我听了半天,没有听懂。

在家里待了几天,二伯又开着宝马车回了河南。半个月后,老爸说服了家里人,也收拾行李去找二伯挣钱去了。

一个月后,老妈思前想后,想尽办法,硬把老爸又从河南骗了回来。

二伯则在半年后的腊月二十八回了家,坐的班车,因为下大雪,天黑了才到。

"被骗了多少?"老爸终于问了出来。

二伯笑嘻嘻的,氛围有些尴尬,他并未应声,只是用左手比了个三。三万?真是瞎折腾了大半年。

"哦,是三十万。"

…………

后来听说那三十万是二伯向亲戚朋友东拼西凑借来的钱,入了他公司的股,一分没捞回来,那老板带着钱跑路了。

大年三十一早,老爸让我去喊二伯过来团年。

二伯见我过来,便在身上找了半晌,摸了五块钱给我。还没等他开口,我便笑嘻嘻地说:"猴王?"

"嘿嘿,你还挺懂我!快去!快去!"

我似乎懂事了一般,自掏腰包买了包中华,不过是硬盒的。我把烟递给二伯时,二伯先是一愣,但高兴的神情是隐藏不住的。他高兴得眼眶都湿润了——但还不至于掉出眼泪的。他向来都告诉我,男儿有泪不轻弹。

吃团圆饭时,二伯把他的不快乐全部展现了出来。他大口吃着肉,一片、两片、三片;

大口喝着酒，一杯、两杯、三杯……我发现唯一不变的，是他面前的米饭，如果硬要说有什么变化，那就是少了刚端上来时的热气。

几杯酒下肚，二伯终于说话了。他搂着我的脖子，笑嘻嘻地问："俊娃，你觉得你二伯我失败吗？"

面对他突如其来的问题，我被问住了，愣了半晌说出了两个字："不算！"

"嗯，真正的失败，是在生活中跌倒而没有继续生活下去的勇气和信心！你学习也一样……"

二伯又给我灌了很多心灵鸡汤。家里人都说他喝多了，但我认为他并没有醉。

年后，二伯去了西安，做上了烤面筋的买卖。听说他有时候凌晨四点才能睡觉，还有经常性失眠。没有亲人在身旁，酒瓶子便和他做了伴儿。

两年后的二〇二〇年国庆节，我有幸去了二伯的出租房。屋子很潮湿，不见阳光，有的地方还长了霉菌，白天不开灯还真看不见，另外还有一股刺鼻的酱油味。

这屋子被老爸形象地称为"猪圈"，后来我悄悄地把老爸的原话告诉了二伯。他嘻嘻地笑着说："房子只是我落脚的一个地方，要那么好的干啥？"他然后又装作圣贤一般感慨："一箪食，一瓢饮，在陋巷，人不堪其忧，回也不改其乐。"（二伯上过高中，据说学习还不错，不过那会儿大学难考）刹那间，我觉得他还挺帅的。

临走的时候，披着袄子的二伯立在寒风中送我们，但我还是可以察觉出他瘦了好多。他叮嘱我要认真地学习，等过年给我包一个大大的红包。

但至今我也不知道那年的红包他打算给我包多厚。

没等过年，冬月，二伯便归了乡。

他面子挺大，我请假冒着大雪坐了两个小时班车赶到家，专门回来看望他。到家时，天早黑了，家里不见他人影，只有一张彩色照片的相框立在桌子上，还是那张熟悉的笑脸。这张照片取自"夏天的雨"——也就是二伯的抖音账号。抖音账号里记录了他几年来生活中的辛劳与抗争。照片后面，他躺在那里，隔着棺材板，看不到人。

半夜，我去厨房里找东西填肚子。那里摆了瓶牛栏山白酒，我第一次偷喝了一口，感觉挺难受的。

第二天，天刚见一点曙色，便要起棺上坡了。也只有在那口棺材被抬起来的时候，我才感觉到二伯真的要走了，头天晚上喝下去的那口白酒此时似乎起了作用，麻痹了我的眼睛。

二伯的抖音账号我一直收藏着，"夏天的雨"不再更新，好在他还是留下了痕迹。借二伯的话来说，那里和其他任何一个地方一样，只不过是他一个落脚的地方罢了。

指导教师：贺炬

本文获省级一等奖

点 评

本文选择了"现象学"叙事方法，较为传神地刻画出一个落魄在时代夹缝里的人物形象——二伯。二伯风光过，被骗过，但他没有被击垮，继续外出创业，可最终也没有逃脱魂断异乡的命运。文章采用第一人称叙事视角对二伯进行讲述，将那些"我"看不到的现象，比如迫于家人怎样的压力，比如在外地如何被骗，比如在异乡怎样死亡，要么一句带过，要么跳过不表，其隐显与虚实的处理十分得当，在扣合"现象学"叙事审美规则的同时，给读者留下了想象、联想、体味、思考的空间。

（张宗涛 高校教授）

走在岁月前的她

□ 山东省沂南第一中学　代鑫

太奶奶老了，在九十七岁大寿的几天后，她永远地离开了。

往常见到太奶奶大多是在过年时。大年初一，小辈们先聚到大娘家。桌子上橘子、瓜子、高粱饴、各色糖果一盘一盘杂陈着，早来的人在家长里短中消磨时间，等大家三三两两都来了，再一起到长辈那里去。

第一个要见的长辈就是太奶奶。太奶奶家那扇厚重的木门是常开着的，新贴的大红对联覆着旧年的，映出小院的几分生机。那一天，太奶奶会早早地在堂屋等候，坐在一方不及膝高的案几旁，依偎着一个小暖炉，笑盈盈地看我们进来。她戴着旧日的深紫色头巾，穿着靛蓝色的侧盘扣衣裳，看见我们来了，便起身去拿花生、瓜子和糖，吃食都混在一个小筐里，就好像家里好久不见的人都会聚在这个小屋里一样。

太奶奶有很多孩子，孩子又有很多孩子，家里人丁兴旺，再加上太奶奶年纪大、忘性也大，所以每个人进门都要先报上自家姓名。"唔，好，都这么大了。"几乎每年太奶奶都是这样说道。我们请过安，拜过年，接过太奶奶的压岁钱，又在太奶奶笑盈盈的目光中离开了。

或许是因我在重孙辈里年纪最长，住得离她家又近，太奶奶对我是有印象的，至少她能在一群小孩里叫出我的名字，也曾多次到我家来送东西。

那还是在我八九岁的时候，一天，门口响起"咚咚咚"的声音。听见木杖敲击水泥地面，我就知道是太奶奶来了。她带着个藤编提篮，包袱下盖的是些鸡蛋、面包、水果。她迈着细碎的步子，直到进了门廊才叫人来迎。

被迎进门后，她也是那样笑盈盈地坐在沙发上，只是静静地看着我们。她水也不喝，饭也不在我家吃，但是爸爸递上的烟会收下。她带来的东西，我们收也不是（这些本都是子孙孝敬她老人家的），不收也不是（这又是她的一番心意）。至于最后到底收还是没收，我已然忘却，只是现在想来，终归是礼轻情意重：一位年近九十的白发老人佝偻着身躯，迈着一双小脚，就这样步履蹒跚地挪移了几百米远，也不知费了她多少力气。

我家距离太奶奶家只有几百米远,我虽很少特意登门,但外出经过,总会寒暄几句。天气好的时候,太奶奶常坐在自家那红瓦小门楼下的石凳上。她家院子里有棵大杨树,枝叶葳蕤,正好照得一方阴凉,背后的丝瓜秧爬满了石砖土墙。岁月的风霜早已浸入了她的眼角,黄灿灿的日光照着她一头银发,她就那样静静地坐在那里。

　　我不知道她的视力是否还好,每次我远远地走着,都是她旁边的头发花白的邻居先开口对她道:"你看,那不是怀增家的?"怀增就是我的爷爷,可能儿子的孙女比起孙子的女儿更能引起她的注意。她转身看向我,等我走近了叫声"老奶奶",她便笑呵呵地冲我招手。有时她注意不到我,还没等我走近呢,便要起身回屋。可她走得慢,山石铺就的台阶经过几十年岁月,已经磨得又亮又滑,她更要小心地扶着门框摸索着向前。此刻,我总是赶上前去问声好:"老奶奶,您慢点儿!""唔,好。"

　　往年太奶奶过生日时,我都在上学,再加上岁数小,对这种事没怎么在意,所以都是等我回到家,看见桌上的蛋糕,才意识到太奶奶的生日已经过完了。妈妈说那是太奶奶嘱托给我留的。一直到去年,我终于有假期可以陪太奶奶过寿了。

　　那一天,四世同堂。由于太奶奶的小院子太小,寿宴办在了三奶奶家附近的饭店,订了几桌酒席。

　　那一天,太奶奶是坐着被叔叔们抬到主桌的。虽说她腿脚不便,但子孙们敬上的茶酒,她都笑着起身应了。

　　那天酒席上没有蛋糕,大家祝了寿、吃了饭就散了。

　　几天后,妈妈在骑车送我去学校的路上,把车拐进了太奶奶家的小院。她说:"你再去看一眼吧,太奶奶快要不行了。"

　　小屋里早已挤着几位奶奶,见我们进来,便示意轻声些,说太奶奶睡着了。她静静地躺在同她年岁一样长久的木床上,还是戴着那深紫色的头巾,还是穿着那件靛蓝色的侧盘扣衣裳,小鞋摆在床边。封了塑料纸的木窗透进来一丝丝光线,儿媳、闺女怕她冷,又给她盖了件衣服。她布满皱纹的黢黑的脸埋在一堆衣物中,她就那样静静地睡着。

　　出了堂屋门,我听见三奶奶小声说:"该穿衣裳了。"这衣裳,就是早先做好的寿衣。出了大门,我又回头望了望,意识到这就是和太奶奶最后一次见面了。

　　在我出生的两年前,我的太爷爷就离世了。我成人的两年前,我的太奶奶也离开了。老人家高寿,活到九十七岁,也算享了清福了。只是以后过年,大家要先去哪儿呢……

　　太奶奶走了,但我还是在她家门前那条路上走着。路边多了爷爷的身影,就在太奶奶家门口对过。爷爷常带着他的旱烟袋,穿着一件旧衬衫,围在人堆里打牌消遣。见我远远走来,邻居还是那样说着:"怀增,你看你孙女来了。"她们的脸跟太奶奶一样笑盈盈的,只是头发已全都花白。

　　微风吹过,杨树的树叶哗啦啦地响着。或许在这两层洋房高的大树还是小苗苗的时候,在老怀增还是小怀增的时候,爷爷就在家门口玩着了。天色渐晚,柴火的香气先于饭菜的香气升起,太奶奶迈着小脚走到门槛边,望一望那群调皮蛋,一边就着围裙擦手一边说道:"怀增,快回来吃饭了。"我时常这样想着,时常想爷爷会不会也这样想,只是经年的呼唤早已听不到了。

太奶奶走了,但木杖敲击水泥地面的声音还在。"咚咚咚",不过是奶奶来了。奶奶一手挂着拐杖,一手拿个小交椅。虽然我家距离奶奶家也仅有几百米远,但奶奶生病后腿脚愈加不便,要边走边歇息。

太奶奶那时怎么不带个小凳呢?哦哦,她拿不了的。一篮子东西也蛮沉的,一路上家家门前的石阶、石凳也是能歇歇脚的吧……我时常这样想着,可是再也见不到她的身影了,反而更加希冀那时家里的烟火能暂且消融她一路的苦涩。

太奶奶姓付,我只知道名里有个"英"字,二十世纪二十年代生人。可惜的是,我并不了解她的过往。我不清楚她凭着这双小脚是怎样在山河破碎之时躲过了敌寇的追杀,不清楚她瘦小的身躯是怎样在荒年里养活了这一大家的人……更为可惜的是,那时的我亦不清楚她独居小院的清冷与孤单。

岁月无言,树亦无言。在大杨树一日一日粗壮的年岁里,太奶奶的身躯一点一点地渺小,直至最后如同一片枯叶凋零。

她的一生虽不是怎样的波澜壮阔,但历史的沧桑早已糅进她的每一寸肌肤。只是那些尘封的过往早已成为风霜,散落在这片生她养她的土地上……

指导教师:宋晓红

本文获省级一等奖

点 评

一篇短文,描绘了一位九十七岁老人的一生,难能可贵。文章从老人离世落笔,先写往年过年时小辈们见太奶奶时的情景,再写她多次到过"我"家来送东西的往事,随之写每次外出经过太奶奶家的所见,然后写太奶奶过生日和几天后与太奶奶最后一次见面,场面生动,细节感人,情感真切,一位亲切、随和、慈祥的老人仿佛从读者眼前走过。接下来对爷爷奶奶的描写,也是为了凸显对太奶奶的追忆。最后三段极为简略地浓缩了太奶奶的一生,揭示了这位平凡老人的人生价值。作者驾驭材料和语言的能力值得点赞。

(钟湘麟 特级教师)

心随黄河入大海

□ 山东省淄博市临淄中学　崔润泽

自古以来，描写和赞美黄河的诗句恒河沙数，然而在我心目中，唯觉刘禹锡的诗句"九曲黄河万里沙，浪淘风簸自天涯"最为准确。黄河自青藏高原巴颜喀拉山脉北麓发源，蜿蜒东流，穿越黄土高原，淌过黄淮海大平原，注入渤海。这种历尽曲折一往无前的精神，这种浪淘风簸势不可当的气概，不就是黄河的魂吗？

有人说你骄傲，但我却为你汇聚钟灵毓秀、奔涌万里横流而倍感自豪。

你是古老华夏文明的源头，"黄河西来决昆仑，咆哮万里触龙门"，"派出昆仑五色流，一支黄浊贯中州"，你翻滚奔腾，气势壮绝；"黄河落天走东海，万里写入胸怀间"，你一路接纳着千溪百川，宽阔的胸怀开拓出中华民族的品格。荡气回肠的黄河曲流逶迤绵延，鬼斧神工的峡谷石林挺拔伟岸，龙湾绿洲古朴润泽，坝滩戈壁粗犷恢宏，山水相依，刚柔互济，笼罩着浓郁的梦幻色彩，浸透着浓厚的原始古韵，令人叹为观止。朦胧的金黄色霞光里，蒲州古城西边的唐开元大铁牛黝黑遒劲、威武雄健，凛然卧伏在黄河故道边。凭着非凡的气势，凭着悠久的历史，你完全有骄傲的理由。

有人说你倔强，但我要说，正是这份倔强托起了我们民族的脊梁。

你是中华大地强有力的动脉。在你的灌溉下，河西金灿灿的麦田麦浪滚滚，河东红彤彤的高粱汇成一片海洋，塞上江南金桂飘香。在你的孕育下，博大精深、丰厚灿烂的华夏文明不断走向成熟。甲骨文、青铜器展示了文明的脚步，陕西秦腔、河南豫剧奏响了文化的乐章，浩瀚的典籍记录下几千年的沧桑世事、一代代人的哲思和情感。你是母亲河，又是不屈的河。"禹凿锋铦后，巍峨直至今。孤峰浮水面，一柱钉波心。"砥柱石上那声"朝我来"惊天动地，黄河老艄公在激流当中为船只导航的倔强身影千古不倒。"黄河九天上，人鬼瞰重关。长风怒卷高浪，飞洒日光寒。"面对贼寇入侵、铁蹄践踏，你以雷霆万钧之势，凝聚起黄河儿女的磅礴之力，《黄河大合唱》成为那个时代民族精神的象征。你以亘古不竭的水流、万载不息的波涛，诠释了中华民族不屈的倔强！

有人说你复杂多变，但我要赞美你兼容并蓄、刚柔相济的品格。

你的源头不过是几条小溪，然而小溪涓滴汇聚成细流，你便从青藏高原跃身而下，穿过扎陵湖、鄂陵湖，托起兰州的皮筏，越过壶口三门峡小浪底，在东营入海口最终汇入渤海。你不息地流淌，以细弱的身躯奔向远方，竟能够征服一座座雄伟的高山。你流经黄土高原，你的清澈被厚土染黄，但这并不能阻止你前进的脚步，于是你带着泥沙一起流淌！只因裹挟着大量泥沙，你被世人轻易地贴上了"一碗水，半碗沙"的标签，甚至留下"跳进黄河也洗不清"这样的俏皮话。然而，你可以看到鄂陵湖碧波荡漾、水鸟翩跹，你可以看到"天下黄河贵德清"——河水明净秀丽、清澈见底，充满诗情画意。

正如莫言所说，兼容并蓄、负重前行就是黄河的精神。你于纤柔处蕴藏阳刚，于澎湃中积蓄力量。千年前，潇洒飘逸的李白被你震撼，于是动情地写道："君不见，黄河之水天上来，奔流到海不复回。"如今，我们享用着你用血脉灌溉出的灿烂文明，更该挺起英勇不屈的民族脊梁！

此生有幸入华夏，心随黄河入大海。我们应该像黄河一样，义无反顾，以青春的力量汇入时代的洪流，翻滚出属于自己的波浪！

指导教师：于红军

本文获省级一等奖

点 评

本文在主题的纵向提升和横向开拓上颇见功力。纵向看，篇首从古诗句中导出"这种历尽曲折一往无前的精神，这种浪淘风簸势不可当的气概，不就是黄河的魂吗"，已很有高度，在多个侧面述评后，篇末借莫言的话归结到"兼容并蓄、负重前行就是黄河的精神"，又将文章立意推向了一个新的境界。横向看，从对"有人说你骄傲""有人说你倔强""有人说你复杂多变"的评论展开，先抑后扬，尽情发挥，从而抒发为黄河"汇聚钟灵毓秀、奔涌万里横流而倍感自豪"的情怀，赞颂了"正是这份倔强托起了我们民族的脊梁"，歌颂了黄河"兼容并蓄、刚柔相济的品格"，充分展示了黄河的伟大。题目"心随黄河入大海"正是这种提升和开拓的形象概括。本文在取材方面较多地借用了古诗、今文，在如何将它们内化、个性化方面有较大的难度，作者为此也付出了相当的努力。

（钟湘麟 特级教师）

之子于归

□ 山东省临朐县实验中学　陈望舒

我生于卫地,长于卫地,浸沐在卫地带着冷意的阳光下,呼吸着有些凝滞的空气。他们说我身段窈窕,可惜失了一个妇人恭顺的品德。爱人曾凝望我的双眸,倾倒于其中宝石般的色彩,却又亲手碾灭了那细碎的微光。我叫卫姝,卫地美丽的女子。你们或许听说过我的故事,只不过我是以氓妻子的身份出现。你们或许叹惋于其间的怆然,但我活得并不悲凉。

人生若只如初见

我是一个热情到近乎狂热的女子,年轻时火热的憧憬几乎将我湮灭。因此,当我第一次遇到爱情时,我毫不意外地沦陷了。

他占据了我全部的天地,挤压掉了我所热爱的一切,田埂的野花、傍晚的夕阳,成了只因他才有意义的存在。每时每刻的思念,焦灼不安的等待,我再也忍受不了如此的煎熬,就这样,我近乎仓促地嫁给了他。

那些年,我几乎没有勇气回望当初的样子,不是不敢,是不忍。我想至少应该留下一些可供回首的记忆,如今细细推敲,年轻时奋不顾身的蛮勇和活力,不是爱得太真,而是陷得太深。

我从未试图窥探他这个人到底如何。热恋时我在头脑里塑造了一个他,结婚后我更无暇顾及他。我们的结合更多的是为组建家庭,这好像是父母和亲朋好友满意的结果,我便也安然了。若非后面那许多的残忍与不堪,我愿就此度过一生。现在想来,更添凄凉。

我的心还是热的,与第一次声嘶力竭的困窘与狼狈相比,我已经收拾停当。只是,当谈及丈夫与爱情,我实在无颜面对曾经的疯狂和结尾的潦草。鸠鸠在桑,食之桑葚,它大可以在醉人的迷香中沉酣,但片刻后,酒醒了,它终归是要飞走的,我终究还是走出了那迷梦。

人的一生总要有一场轰轰烈烈的爱情,但烟花散去,你终究要独自一人面对平淡,面对冷寂的天空和满地的狼藉,把太多的心气放在这易逝的玩意儿上,是要吃亏的。

年年知为谁生

结婚后的许多年,我一直是恍惚的。睁眼后的每时每刻都塞满了琐碎,这让我感到困倦。晚上躺在床上,我浑身酸疼,骨头缝里好像塞了一团一团的棉絮,想张口,夜已深了,早出晚归的枕边人早已睡去,抑或根本没有回来。

这没有什么,我们从不闲谈。在家做女儿时,父亲的嗔声意味着一切的休止。母亲终日劳作,不曾开口抱怨过一句,就像这本是应该的。大家都如此。未出阁时,我可谓娴静,沉默之下还能存几分憨态可掬,嫁人后便也这样了。

我就在这空荡荡的处所待了一年又一年,只是劳作,没有闲谈,没有温言,更没有什么情意绵绵。我一步步退让,在他的冷言和拳头下。

鸟儿是最眷巢的,风吹雨打久了,总想回家。第一次看见弟弟脸上的嘲讽,不知是惊还是痛,我后来便也适应了。他一贯如此,说一不二,像父亲,抑或像氓。他肆意地走动,挥拳踢腿,巨大的阴影下端坐着他的妻子。当我说出我的决定,他眼中满是震惊与愤怒。我看见阴影下他那娇小的妻子身体抖了一下。

我无法抑制地感到一阵悲凉,那一抖彻底把我的心抖碎了。我不受控制地想起了那年城楼上,夕阳落下,金红的余晖铺满大地。我一下子忘了自己的焦灼、等待、不安、踟蹰。我坐在那儿,忘了一切,没有恐惧、疲惫、难堪,更没有眼前这般郁塞的光景。

举目长嗟

好像被从水里打捞起来一般,我走出了家门,往昔的一切在我身后支离破碎,我竟感到几分快意。

我想起离别时他发红的眼睛,里面没有不舍,只剩愤怒,好像被扇耳光的人是他。我毫不畏惧地看着他,也一帧帧走马灯般翻看着过往的岁月。年少时光不过尔尔,我仿佛将灵魂剥离出躯壳,好真正走一场。

站在寒风中,不可遏制的怒火与怨愤渐渐平息,我庆幸没有太过失态。既已失去了丈夫和孩子赋予我的价值,我不能再失去尊严。即便失去价值,我也不能没有尊严。

我有些蹒跚地走在田埂上,眼前依稀现出自己当年娇艳的姿态。而立之年的我像被翻动的泥土一样,躯体遍布苔藓,充斥着潮湿的气息。

阳光炙烤着我的皮肤,将一切剥离。身体里有什么东西在涌动、重塑,每一寸肌肉都在被剔除再造,骨节在噼啪作响。

太阳缓缓西沉,眼前的一切都朦胧起来,晕出橘黄的光圈,我好像又见到了十五岁那年的夕阳。这带给了我莫大的快慰。我几乎可以想到弟弟责备、愤怒乃至凶狠的眼神和母亲幽幽的叹息,想到散落一地的闲言碎语和那些半真半假的故事。将来会很累吧!但抛开一切不谈,这是十余年来我唯一一次正视夕阳,这喜乐像儿时桑树下的蓦然回首,以后我大概还能看见许多次吧!

指导教师:徐元香

本文获省级一等奖

点 评

这是一个很有意思的改写故事,是对《氓》的现代性改写,里面增添了许多现代青年的玩味和反思。原先的故事简洁而直接,率真地爱,自由地爱,义无反顾地爱,真诚而热烈;然后是抛弃,是反思,是痛定思痛,因此基本格调是一个弃妇的故事。但改写后就不一样了,爱的时候、成家的时候、感情破裂的时候,都充满了现代气息,都在一步步地立人设,这纯然是一个现代青年的恋爱史。作者的感受很细腻,描写很真切,文字生动而有感染力。

(何郁 特级教师)

高 楼

□ 深圳大学附属中学　陈妍静

一

初春时，小荷邀我见面。我远远看见她坐在约定的紫荆花树下，白棉布长套裙宽松地披在她身上，越发衬得她皮肤雪白。一阵寒风拂过小荷苍白而美丽的脸颊。树叶和紫色的花瓣纷纷扬扬撒在她的身上和脚下。天空开阔而明亮，小荷就那样静静地坐在那里，仿佛世界只有她一人，她就那样享受着自然如此热烈的报幕。

我看见了她在微笑。她一丝不苟、高高束起的马尾上绑着一根红发带，这给她苍白的面孔添了几分血色。我还没在她旁边坐下，她就说道："我妈说，如果我再让她失望，就把我送到表舅家，让我不再和她一起生活了。她是要抛弃我吧？"

她的音调木木的，一点儿也不像这话的内容那样悲苦。我不知道她的淡漠是源于被痛苦锤炼出来的麻木，还是对事态严重性的无知——如果是前者，我竟不知她的心理问题已严重到了这种程度。我重新打量她。

"乱说什么呢！也许她有自己的打算，但总不会害你的，毕竟你妈妈那么爱你。"这话说出来我就感到后悔。我并不认为她母亲有多爱她，我所听闻的只有她母亲对她的严苛要求与严厉惩罚。她对我的话不置可否，也许她并没有听见。她径自昂起头，望向不远处的一幢高楼。

"只有拥有最优美的嗓音和最高超的演唱技巧的学生，才能登上那座高楼。"她幽幽地说。那是本省顶尖的音乐学府，那幢最高的教学楼正以不可侵犯的威严矗立着。这时她的表情仍是淡漠的，我清楚那是她努力的方向，但她的脸上没有露出一丝向往。见她这样，我只好说："你未来会到那里去的，我一直相信你。"

又一阵风拂过，她脑后的红丝带低低地飘扬。初春的风是清冽的，一丝寒意沁入我的肌肤。紧接着，沉默钻满空隙。

二

那夜我做了一个梦。我梦到自己站在空旷的高楼里,只能从一扇狭窄的窗子看到地面上渺小的、如蝼蚁般缓慢爬动的人影。远在天边的一轮巨日逐渐黯淡下去,身前是浓重的灰云,像一只明亮的眼睛染上了荫翳。漫天都是浓云,整个世界都被灰色掩盖。然后那扇唯一的窗子轰然闭合,高楼失去了唯一的眼,变得封闭而黑暗。忽然,在一片死一般的寂静中,我听见远处有洪水奔涌的隆隆声。随着声音的接近,我发现脚下的地面渗出水来。在一片惊恐之中,我的鞋子被濡湿,然后脚踝被淹没……

我惊醒了。冷静过后,我发现自己仍躺在房间里的小床上,没有黑暗的高楼和吞噬我的洪水,钟表指针指向凌晨时刻,一切如常。我将这怪罪于小荷,大概是她的淡漠给我带来了窒息的感觉。但我转念一想,似乎又与她无关。

我早已忘记和小荷相识于何时,只是心里隐隐感觉我们认识了很久。小荷讲得最多的是她母亲的事情,讲述的内容大多悲苦,但这些总被她以平淡得听不出感情色彩的语气说出。我最初会怀疑故事的真实性,猜想这会不会只是她和母亲闹矛盾后编出来的气话。然而她的身形确实是消瘦下去了。我看着她日渐惨白的脸和羸弱的身子,看着她日显宽大的白棉布长套裙,不禁因自己的揣测而产生负罪感。

小荷像八音盒上美丽优雅的人偶,上了发条就可以一刻不停地歌唱。小时候,她就因一副天生的好嗓子闻名于邻里之间,因此早早被母亲送去学习声乐。她的歌声让我永生难忘。我仍记得多年前她在那片树林中歌唱的时候,微风似乎也驻足聆听,原本喧闹的大自然噤了声,树叶不再窸窸窣窣地低语,河水不再冲击卵石,流云停下脚步,飞鸟让出舞台。我对音乐一无所知,但我能听出她正用歌声表达对自然的热爱,那是我从未体会过的浓郁炽热的爱,像马上要爆裂开的红浆果。她着一袭白棉布长套裙,高高的马尾辫用一根鲜艳的红发带绑起,脸上灿烂的笑容。在那样一片开阔明亮的天空之下,世界好像只有她一个人。我沉醉于她明亮的歌声中,被她充沛、热烈的情感淹没。我仿佛置身幻境,一切烦恼都烟消云散。

可后来我再也没有听过她这样唱歌。她歌声中那颗熟透了的红浆果迅速干瘪、萎缩。她身形枯瘦,面容憔悴,歌声也像被抽走了灵魂。她不断地在比赛中受挫,然而这一切只会促使她加大了练习的强度。我知道她向来辛苦,我曾听说她母亲要求她整日泡在琴房里,如果在歌唱比赛或表演中出现失误,她还会遭受街坊邻居都不忍听下去的咒骂。她整夜地哭喊和哀求,换来的只有变本加厉的打骂。第二天太阳升起的时候,她早已筋疲力尽,嗓子火辣辣的,像冒着烟。但是,新一天的训练又要开始了。

她说这话时很冷漠,好像彻夜哭喊的人不是她,而是另一个女孩。有时我不知道我是怎么和她成为朋友的。我有爱我的父母和幸福的家庭,但我总能与她产生共鸣。

和她分别时，我想，我是多么幸福啊！

三

我从电话里得知小荷遭遇了意外。放下听筒后，我觉得天旋地转。隐约中，我似乎能感到百灵的歌声如何在巨大的撞击声和凄厉的鸣笛声后戛然而止，染血的残羽散落一地。去医院的路上，我的耳边似乎又响起了她的歌声，感情充沛得如即将爆裂开的红浆果。

当我出现在她床前时，她已脱离了生命危险，正安静地半卧在雪白的病床上，双眼凝视着窗外的景物。她的脸变得惨白，嘴唇发乌，如同被吸干了最后的能量。一旁的桌上放着氧化成棕色的苹果片，它们整齐地在果盘中列队。旁边还放着一只女式背包，若有若无的香水味在房间里游离，我猜测那属于她的母亲。

当她将视线由窗外漫天的树叶转移到我身上时，我才注意到她的颈部缠了几层厚厚纱布。我突然感觉很糟糕，果然，我发现了刚刚被我遗漏的病历本。我拿起来，当看到"钝挫伤""声带受损"两个刺目的词语时，我也不知道我胸腔里弥漫的究竟是悲哀还是愤怒，抑或绝望，意识告诉我感到绝望的不该是自己，我分明是幸福的，我有爱我的父母和幸福的家庭。

小荷沉默着。她大概已经知道自己再也无法登台表演了，再也不能歌唱了，那幢高楼的幻梦破灭了，像被戳破的泡泡一般，不留一丝痕迹。她的眼睛像一潭死水，任谁向里面投掷锐物都再也激不起波澜。这时，初春的风吹进屋内，轻抚着小荷披散着的长发，为死气沉沉的病房带来了一丝生机。正是傍晚，家家户户的窗子里都投射出温暖的光，幸福的香气从一个个厨房里飘出，引诱出欢声笑语的幻想。小荷手里抓着她的红发带，我突然想起她曾跟我说过她或许将投靠那位表舅的事情。

"他酗酒，抽烟。那是个烟雾缭绕的房子，混合着各种难闻的气味……他需要有人无偿料理那样脏兮兮的屋子。我妈如果放弃我，就会寄全部希望于我弟，她真的会把我送走，她不需要失去前途的孩子。他们一拍即合。"

她的语气如一潭死水，再也激不起半点涟漪。

四

一天夜晚，我又做了那个噩梦。在空旷的高楼里，我的四周充斥着恐怖的咆哮声，洪水从底层一直奔涌上来，迅速淹没了我的脚踝。我想逃跑，可无论向哪个方向迈脚，都激发出响亮的涉水声，如同光穿过棱镜，层层叠叠地反射，于是涉水声叠加着洪水的咆哮声，几乎要将耳膜震破。顷刻间，我被迅速上涨的大水淹没，在最后一刻，我不再挣扎，意识模糊地坠入深渊。

我尖叫着惊醒,发现自己只能发出嘶哑的声音,还伴随着咽喉的一阵钝痛。我看向床头,那里放着一条鲜艳的红发带,在暗淡的月光下扭曲地卧着,我突然感到头痛欲裂。

再次清醒时,我发现自己身上赫然穿着一条宽大的白棉布长套裙,房间里弥漫着我在医院闻到的那股香水味儿,但没混杂医院消毒水的气味儿,因此香水味儿更加浓郁。这分明就是我的房间,熟悉的床头柜、衣柜和书桌沉默地注视着我。我的所有表情和情绪都被淹没了,淹没在这片恐怖的沉默中。我感觉自己仿佛提线木偶失去了那根串起精气神的线,一下子坍了。

我隐隐约约看到小荷在眼前的一片混沌中朝我伸出手,她的面孔在雾气中模糊,我跌跌撞撞地向她跑去。当我牵住她的手时,我忽然发现她正顶着一张和我一模一样的面孔,她的嘴角以几乎不可见的弧度上扬,她轻轻地问道:"你要跟我走吗?"

她说:"我们去往一个幸福的地方,在那里,有爱自己的父母,有幸福的家庭。"

指导教师:赵金

本文获省级一等奖

. . . .
点　评
. . . .

　　本文用细腻而沉郁的文笔描述了小荷令人唏嘘感叹的经历。她有一个严苛而又功利的母亲,"拥有最优美的嗓音和最高超的演唱技巧",而"登上那座高楼"是母亲强加给她的人生规划,但她缺失父母的关爱和家庭幸福的享受,充满热情的天性被痛苦折磨得麻木冷漠,终因遭遇意外而使高楼幻梦破灭,她也被抛弃。文章从多个角度引发读者深入思考,几次描写梦中关于高楼的情景和感受体现了作者渲染气氛、烘托主题的意图。

(钟湘麟 特级教师)

我至水穷处

□ 山东省济南外国语学校　李一诺

"丁零零——"早上五点半，刺耳的闹钟铃声催命般把我疲劳的神经重新拉紧。我翻了个身，脸朝天花板干瞪着眼，要把睡眠不足的微薄精力使劲消耗完毕。我没有像往常一样猛坐起来，让剧烈颤抖着的宿舍上铺支架把自己晃醒；也没有翻身拍停闹钟的响声，把自己埋在枕头的狭小天地里直到日上三竿。此时我无法感知到时间、地点，大脑无法运转，只是隐隐地疼、嗡嗡地响。每一个神经元如同被抽干，身体中的任何一个零件无法运行，除了顽强地撑开眼皮。床上只剩下一具睁着眼睛的躯壳。

精神崩溃原来是这种感觉。之前我从未体验过，理所当然地低估了它的威力。

紧绷的神经张力过大，以致身体控制不住地扭来扭去，拧成一个沙漏状。神经细胞从大脑的一端往下渗，十二小时前的场景再次漫过我的脑海。

"外语类保送生入围名单已在天井公示，请入围同学十五分钟后前往报告厅开会。"年级办公室的广播猝不及防地响起，安静的高三楼一瞬间摇摇欲坠。

我顺着人流来到公示栏前，踮起脚扫过名单——没有我。再使劲挤挤，我从上到下仔细看了一遍名单，还是没有我。汹涌的人群将我拥到最前面，我惶恐地想要离开，又忍不住瞥了一眼名单——一众闪光的名字中间，确实没有我。

无数个被闹钟叫起的清晨，无数个挑灯鏖战的夜晚，每一次披星戴月走向教学楼，每一次埋在题海里难以抽身，我都会用力想象我金榜题名的场景，为自己注入一剂强心针。然而出榜后，看着入围的同学欢呼雀跃，我只能竭力让自己显得不那么失落。像是挨了一记重锤，太阳穴突突跳痛，我的语言系统开始不受控制，大脑像是被海水灌满，肿胀得近乎要撑裂头骨。班主任让我们祝福入围的同学，热烈的掌声充斥着教室，我只觉得刺耳极了，像是打在自己脸上的耳光。我提起笔，不停地颤抖着，试图在作业纸上演算。两节课过去了，墨水在草稿纸上洇出一个大墨点，而作业一字未动，毫无进展。

如何在不违反规定、不让人瞧不起、不搞特殊化的情况下发泄自己？我反复思考着，然而越是思考，就越是把自己本来就已一溃千里的心理防线再次撕裂。

保送在我心里一直占据着很重要的地位。保送意味着不用经历千军万马厮杀的高考，意味着通过一个相对稳定的、竞争不太激烈的捷径去上一所名声响亮的大学；保送生在我心里是一个极其优秀的群体，能为学校带来荣誉，为家人带来骄傲，为自己带来光明的前途。即使外语类保送生入校后有种种限制，即使外语专业我并不青睐，但是在明晃晃的名校牌子面前，我还是屈服于这巨大的诱惑。而让我更不是滋味的，其实并不是我自己的"失败"，而是别人的"成功"。有几个平时上课迟到早退、出勤蜻蜓点水的同学竟拿到了保送名额，他们的笑容更让我质疑我高中努力学习的意义和价值何在。

想到这里，我突然被这个暴露出真实想法的自己吓出一身冷汗。按照我的设想走下去，学习的意义仿佛就在于吹嘘和炫耀，"躺平"进入好大学仿佛就变成了人生赢家，牺牲梦想来获取短期"性价比高"的结果好像是天经地义的事情。我开始思考我想要保送的真正意图。我是真的想学外语，想在外语领域干出一番事业，想通过外语实现自己的价值吗？我无非是想拿到名额，在别人奋战高考时享受假期，获得一个名牌大学的筹码作为求职的敲门砖；利用保送生的身份让学弟学妹们崇拜，让亲戚们吹捧赞美。我是多么在意别人的看法，多么想要在别人面前证明自己！我这才发现了我的出发点是如此狭隘，我内心深处的自卑与虚荣暴露无遗！这样的"成功梦"，无疑是虚幻的。当下需要的是核心竞争力，是筚路蓝缕仍初心不改的信念与奋斗，而不是投机取巧、妄想渔翁之利的快餐式成功。写作文时，老师常常强调要"我手写我心"。我在作文中挥写的一个个"坚定理想信念""勇于砥砺前行"的大字，在此刻反复鞭笞着我，让我无地自容。教育的意义在何处？学习，考上好大学，市侩地讲，是为了给自己谋个好前程，而其真正意义又常常被忽略——是为了塑造一个完完整整的、对社会有价值的人。

躺在床上，冬天的太阳还未突破地平线，我却感觉隐藏在黑暗里的天花板逐渐泛起了鱼肚白。回想起拼搏的过往，我又开始反复叩问自己的内心：是否在学习过程中，急于求成而忘记阶段性的总结与落实？是否眼高手低，对自己的能力和状态没有准确的定位？是否意志不够坚定，懒惰、侥幸心理仍在内心占有一席之地？是否还存在畏难情绪，不愿走出舒适圈、攻克薄弱点……这些正是我需要克服的难题。无论是心智上，还是意志上，我都需要反复磨炼自己。或许在这之前，我并没有激发出全部的努力与潜力。但此刻，在这剩下的时间里，我愿意为了我的梦想竭尽全力，探索最深层的自我，走向更遥远的地方。我开始相信这六个月是对我的考验，更是对我的馈赠；这看似煎熬的六个月，一定会成就一个更好的我。

只有行到水穷处，方能坐看云起时。

我缓缓直起身来。是时候醒来了！

指导教师：孙国萍

本文获省级一等奖

点　评

从"行到水穷处"到"坐看云起时",关键在于自省,在于对自我缺陷进行最深刻的剖析,对自我提升进行最优化的设计。本文细致地刻画了"我"因外语类保送生落选而一蹶不振,在深刻地反思后认识到自己求捷径、图虚荣的出发点的狭隘,用四个"是否"反复叩问自己的内心,并决心激发出自己"全部的努力与潜力"。文章记叙与议论有机结合,浑然一体。

(钟湘麟 特级教师)

那就种花吧

□ 河南大学附属中学　张文亚

如果你真的想我，那就种花吧，让花开在你的心上。

——题记

这也许是这座北方小镇冬日里最寒冷的一天。

她静静地坐在窗边，看着世界一点点苏醒。天空依旧灰蒙蒙的，北风呼啸了一整晚，大地好似重新被修整了一遍，昨夜所有的悲伤与痛苦好像都被吹走了，像树木枝头颤颤巍巍消失的枯黄叶子。一切似乎恢复了平静，像母亲并未离去一样。然而叶子是归了根的，它借助大地重新回到母亲——根的怀抱。她的悲伤也并未消失，思念的情绪被隐藏在风里，也许已经踏上新的人生路程的母亲能够感受到。

终于，清晨的阳光穿过漫长的黑夜，给予了这座偏僻的小镇迟来的抚慰。早餐摊点的叫卖声、汽车喇叭的鸣笛声、早起市民相互的问早声从窗户的缝隙中溜进来，无不展示着这座小镇的生机，但她只是静静地瞧着、听着。书桌上的闹钟指针指向了六点半，往常这个时候自己应该吃早饭的，早该提出抗议的肚子此时并未发出任何响动。隔壁传来窸窸窣窣的声音，她知道是父亲起床了。

早饭很简单，父亲像往常一样沉默，饭桌上两个人只是吃着饭。父亲总想说些什么，却又没有。"爸——"她抬起头，看到了两鬓斑白的父亲脸上的皱纹。岁月早已在父母脸上留下了痕迹，她鼻头一酸。"咋了？想妈妈了？"父亲放下筷子，似是劝慰地说，"哎呀，夏季就回来了，给她打电话也可以嘛。唉，去妈妈房间里瞅瞅？"她只是闷闷地"嗯"了一声。

走进母亲的房间，一切都和先前一样。她坐在床边感到有些空落落的，一扭头却看到床头柜上摆的花，花瓣稍微有些蔫儿，是从家门前的花圃剪下来的。母亲喜欢花，更喜欢种花，家门前的空地上总是被她种上各种各样的花。春天来的时候，那里姹紫嫣红，空气中弥漫着醉人的花香。

她拿起花瓶，正要仔细端详，一张卡片从花瓶底部掉了下来。她捡起卡片，上面写着什么。她看了一眼,心中荒芜的土地上好像遇到了一阵春风。她明白了母亲严厉言语背后隐藏的深情,她也明白了种好一株花所能收获的喜悦。

事实上,父母的年龄早已宣告了他们与生活斗争的结果。她其实算得上是幸运的,母亲在自己小学毕业后才出去打工。同村的孩子自小与父母分离的不在少数,每次那些父母离开家时,总有小孩子的哭声,那声音传得很远。当时的她听了害怕,怕自己的母亲也如他们一样,然后也开始哭。母亲正在种花,听见她的哭声,疑惑不解:"我又没走,你哭什么?"她抽噎着说:"我害怕你也走嘛。""你再哭我就走。"母亲逗她说。这吓得她再也不敢哭了,努力地憋住,把脸涨得通红。母亲笑了,抱着她说:"乖,妈妈不会走的。妈妈要陪着你啊!"

从童年回忆的思绪里抽回,她趴到床上,又想起母亲走的那一天冷漠的神情。"多大人了,自己好好照顾自己。""这点儿小事都哭,没出息。""好好学习,等我回来我要看你成绩的。别总贪玩啊。"这些话使原本悲伤的她更加难过。她赌气地躲在屋里,偷偷趴在窗边看着母亲上车远去。然后,她躺在自己的床上开始哭泣,从大哭到抽噎,直到哭累了睡过去。没人温柔地为她擦去泪水,所有的泪水都从心底流出来。

而现在,看到"那就种花吧",她的眼中拥有了太阳一般的光芒。

从此,放学后她总在侍弄花圃,把家里所有的花瓶擦洗干净。她守着这片花圃,思念早已化作花的种子,种在自己的心上。时光在少女的等待中一点点流逝,不知什么时候,北风离开了这座小镇。她明白,冬天即将过去,春天要来了。

叶子逐渐挂满灰绿色的树枝,她的花早已开放。少女并未错过珍贵的花期,她在新的环境里静静盛开,以此来证明自己的存在,以馥郁的芳香等待思念的人归来。

这一天,阳光实在耀眼,被热浪包围着的她背着沉重的书包走在放学回家的路上,心中感叹夏季的炎热。推开门,花圃被浇过了水,家中多了一丝熟悉的气息。她迈着轻快的脚步飞奔过去,厨房中一个熟悉的身影正在忙碌。"妈妈,"她的声音带着哭腔,"我种的花开了。"阳光下,窗台边,水珠附着在花瓣上,格外好看。

后来的某一天,父亲问起那张纸条上到底写了什么,她只是笑笑,并不回答。父亲颇为不满,她便说妈妈只是让自己种花。岁月不会为任何人多停留一秒,她明白母亲的深意,也爱上了种花。世界上是有很多难过的事情,如果你身在其中,那就种花吧!给平淡的生活以点缀,给冷漠的时光以深情。珍视花期的绽放,让花开在心上。

指导教师:张瑞

本文获省级一等奖

　　这是一篇关于留守学生的真情散文。文中的妈妈不得不外出打工,但她却用了一种独特的方法,鼓励女儿独立自强,让女儿用种花排遣寂寞和思念,等她夏日归来。女孩子把对妈妈的思念化作了侍弄花圃的力量,让花开在心上,让爱存在心间。文章充分运用语言、神态等多种描写手法刻画人物,尤其还运用了环境描写,让人物形象更加丰满,突出了主旨。文章选材针砭时弊,文笔娴熟清新,立意深远,不失为一篇佳作。

(毛香菊　教师作家)

山居的明月

□ 辽宁省大连市第二十四中学　金姝妍

昨日画了一张画，让我想起了山居的时光。

这画的右上角是一轮圆月，月光如雪，树木都被镀上一层微微的银光；左下方是深青色的密林，林中有泉石；居中则是一座小院，青瓦矮墙。我在画上题了这样的诗句："无意行书费评章，山中自有月晴朗。"

这是回到大连后的第三日，我想念山中的老房子，想念房顶的月亮，想念从林中打水回来后洗衣做饭的场景，想念在晴朗的夏夜仰望浩瀚的星空，畅想牛郎织女的传说与人类登月的壮举，想念月色映照下我们捧卷在手，细嗅墨香中流转的诗意……

我以前不知道有所谓的"山居"，这个暑假回到山中老屋后才有了具体的感受。

我从不知道父亲走了这么远的路，翻了这么高的山，才从山中来到城市。我说不清是倒了多少辆车，走了多长的路才来到这座小院，但是路途并不使人厌烦，因为是停停看看、看看停停。

没有半句虚言，我那张画是写实的。山中的小院是娇羞的、隐蔽的，颇有"曲径通幽处，禅房花木深"的意味。因为常年无人居住，门前的路被密林和杂草淹没了。我看着父亲从墙角拎出一串钥匙，打开了尘封的大门。屋子不大，厚积的灰尘告诉了它的年纪。侧屋的木柜子里锁了满满当当的旧书，这是父亲读书时留下的。

这个夏天，在小院里，我赏月。每夜的月都不尽相同，圆月颇具风情，弯月则有窈窕的韵味；明月磊落如石出，晕月则显得有些羞涩。每一种月亮都似精美的诗篇，镌写着久远的诗意。月亮高悬之后，山间似乎才活了起来。月光轻轻抚摸这人间，月色从树林疏密不一的间隙里闪烁，投下隐约可见的斑驳阴影。林中泉水，幽深清凉。

风便在此时起了。树叶交错摇动，树顶茂密的枝叶相互纠缠、错杂，碰撞出特有的萧瑟之音。泉水微小细碎的縠纹皱起，如南飞的候鸟成群向山下滚去。水面上映照着碧波粼粼的光影，树木间混合着清凉的乐音……还有风的气息，勾勒出山居真正的模样。

小院也活起来了。母亲端来几个小凳，让我们团坐在院中。父亲给我们讲起他在月色下被罚抄课文的囧事。那个时候的月亮是真亮,无需电灯也能读书写字,不似现在月色下连路也看不清,不知是人老了还是月亮老了。父亲说,那时,不远的人家有一条狗,一遇到圆月从山脚跳出来,它便会凄清地哀号,好像这奇怪的光亮唤醒了山中的魔鬼,直至象牙般乳白的清辉洒满了山林——那是熟悉的月光,它这才停止吠叫。这种趣事让我们禁不住笑了起来,满院子都是欢畅的气息,颇有几分"竹林清谈"的雅趣。

明月最容易引起人的诗意。山居则使得这月圆了又圆,明了又明,难怪王维要写下诗句"明月松间照,清泉石上流"。一样是明月,一样是清泉、清秋,辋川的明月清流是终南山下的通透人生,我们也就顺带在明月下对起了诗,从"一轩明月谁为伴"到"自锄明月种梅花",从"闲吟月正中"到"月下欲归迟",尽是应景的句子。在这处深山中,在这座小院里,一家人其乐融融地赏月,偶尔相视而笑。

难怪醉翁、乐天、东坡、半山等在山野中一再流连,不喜做高官,非得为居士。文人以居士相尚,实际上是他们内在价值取向与处世心态的一种外在表征。他们在物欲横流的世俗社会中守护经营着心灵深处那片只属于自己的精神家园,不为外物所役,但求个体的独立与自由。所以"山居"被发明了,"几时归去,作个闲人"被向往了,"对一张琴,一壶酒,一溪云"被提倡了,生生不息、明澈活泼的生命本质被激发了。古代的居士还讲究大隐、中隐和小隐,而在今日,隐于山就是最难得的天隐了。山居的意义就在于此——与山为兄弟,与水为姐妹,与树为密友,与月为知己。这就足以使人有夜不眠,有花不戴,居于此间,度得千年。

城市中的我们,早已经失去了和月亮的联系。人们虽然写月、摹月,甚至已经登上了月球,但很少有人能再说出月亮会升起的时间。

月还是月,绝不动摇。它日复一日地升起,坦率地向群山敞开胸怀!

再没有比偎偎在山月的怀里更令人感到温柔和恬然的了。离开山居的明月后,我写了一首这样的诗,并将它题在了一幅画上:

清辉遍照松林上,
贫院有琴有诗长。
无意行书费评章,
山中自有月晴朗。

我还想要一个清辉照遍的夜晚,满是泉声,和着密林的香味。刚好是夏天,月色恰恰漫过脚踝,那生命的群山,或正好栖息于一轮明月之上,时间和文字在一轮明月中耳鬓厮磨。

果然,月亮是中国人的挚爱!我爱这样的细水绵长,爱这样的山居月明!

指导教师:杨明哲

本文获省级一等奖

点　评

　　《山居的明月》是一篇颇有文化内涵的散文。就主题而言,我们可以从中感悟到作者对于乡情美、亲情美、自然美以及闲适文化、隐逸诗歌的赞颂与仰慕。就手法而言,我们可以从中欣赏到以画入境、虚实相生,联想回忆、引人入胜,摹状绘景、生动逼真,引经据典、评论生发,诗文融合、画龙点睛。此文读来,轻松舒适,趣味盎然。

(钟湘麟 特级教师)

一袋面包

□ 山东省安丘市第一中学　张馨

老黄这几天没怎么合过眼,他心里有事。他满是厚茧的手紧握着手机,试着按了好几次开机键,却怎么都打不开——手机没电关机了,而车上唯一的一根充电线坏了,也没来得及买。

和老黄一起拉客车的瘦男人跳上车,看了一眼瘫坐在司机座上的老黄,张了张嘴,却什么也没说出来。老黄胡子拉碴,神情沮丧,刚奔四的人,头上竟然已经有了不少白头发,哪儿还有三个月之前意气风发的模样?

瘦男人咽了咽唾沫:他和老黄交情不深,但对他家的事多少知道点。老黄原本是拉大车的,小时候家庭贫困没上过几天学,所以想着多挣钱,尽量给女儿创造好的条件。他一年到头几乎全在外地跑货,老婆跟他离婚了,十几岁的女儿被判给老黄。

女儿很争气,成绩好又乖巧听话,朋友圈里老黄的十个动态九个是在晒女儿,女儿那笑脸在满是奖状的墙壁前显得格外灿烂。可惜天有不测风云,几个月前女儿突然发高烧,体温怎么也降不下去。老黄急了,拉去医院才知道,是白血病!

老黄一下子被高额的医疗费拖垮了。之前还有个慈善机构联系到老黄,说要替他筹款。可这么多天过去了,他没再听见任何音讯。老黄明白了,这筹款估计是来不了了。

瘦男人同情里带着着急:这趟拉的可是出去研学的学生,哪个孩子不是家长的心肝宝贝,老黄这样子拉车,出了事,那些家长不找他玩儿命啊?“老黄啊,有一句歌词怎么唱来着,‘阳光总在风雨后’,你也别太消极,总会过去的!”瘦男人干巴巴地安慰了几句,连他自己也觉得勉强。老黄仍然精神萎靡,怕是这几天早被类似的安慰磨得心都麻木了。

叹了一口气,瘦男人又仔细叮嘱了几句,看见老黄仍然呆呆地望着自己的手机,会意道:“我那里有充电线,我拿去帮你充着,等歇了车,我把它给你送回来。”老黄没说话,只是点了点头,心里却漫上了一点苦涩。

前天老黄给前妻发了条短信,说他忙着出车赚医药费,女儿一个人在医院里没人照顾,他恳求前妻去帮忙照看几天。一直到手机关机,他都没有收到回复。老黄陷入孤立无援的绝望。

瘦男人接过手机,听见学生们的脚步声靠近了,他又看了老黄一眼,下了车。

穿着校服的学生一个个有序地上了车,没一会儿,车里就满是欢声笑语。老黄听着耳边的欢笑声,心里多少有些不是滋味。他们都和女儿一样大,都是花开一般的年纪。他的女儿也曾和他们一样活泼,可偏偏天意弄人,现在女儿躺在病床上情况危急,还强咧出微笑让他不要担心。

一个奇异的想法钻进了老黄的脑海里:如果这些学生也和他的女儿一样,那他们的父母呢?会不会也伤心欲绝,就像现在的他?似乎意识到这个想法有多么可怕,老黄打了个寒战,急忙把它逐出了脑海,专心开车。

一辆客车整齐地驶出校门,经过一座大桥,那桥悬在海面上,车窗外一片碧蓝,水面泛起涟漪。学生们都将头凑在车窗上,叽叽喳喳地讨论着。

刚蛊惑过老黄的声音现在又开始叫嚣了。医院昨晚就联系过他,提醒他这些天欠的医疗费该结清了。虽然他一直在没日没夜地接活儿挣钱,但是相比账单上天价的医药费来说,挣的钱只是杯水车薪。缴不上医药费,女儿的病怎么治?女儿,那可是他的命!

老黄的眼眶一下子就红了,悲痛之余,心里竟漫上了怨恨与不公之感:世界上这么多人,为什么就选中了女儿呢?前妻不搭理他,慈善机构也一直没有回音,这个世界上想要拯救他女儿的好像只有他自己,而自己的力量又是多么微小啊!

忽然,他听见一个清丽的声音从身后响起,那声音极像他的女儿。老黄转过头,看到了一张可爱的笑脸,是坐在第一排的一个女学生。"师傅,您还没吃早饭吧,我这里有一袋面包,给,您吃吧。"不等老黄拒绝,女学生就将面包放在了司机座位旁的箱子上,"我爸爸也在外边拉客车,他说他有时候起来得太早,就来不及吃早饭。"女学生又笑了笑,回到了自己的座位上。

老黄看了一眼躺在旁边的面包,然后把目光集中在前面的道路上。别人都没有发现,几滴泪顺着他的脸颊滑落。他忽然感受到了一股说不出的温暖。

客车稳稳当当地停在了目的地,学生们刚下车,那个瘦男人就跳了上来,把手机递给老黄。

老黄刚打开手机屏幕,入目便是一条短信,是前妻发给他的:"我坐火车赶过来了,现在在医院里。伊伊有我照顾着,你放心吧。"短短两行几个字,透露出疲倦。老黄突然明白了,这几天她没回信息,估计是在忙着收拾行李,去赶长途火车。

老黄点开文字输入栏,想打上几个字,思来想去了半天,却不知道说些什么,泪花在屏幕上悄悄地绽开。

正准备给前妻打电话,电话铃声却抢先一步响了起来。老黄吓了一跳,没看是谁打来的就接了起来。"喂,是伊伊父亲吗?好消息啊,我们已经为伊伊筹到足够的医药费了。

今天晚上我们就把……"老黄没有听清后面说了些什么,手机跌落在了地面上。他用厚重的双手捂着脸,呜呜地痛哭了起来,一边哭,嘴里还嗫嚅着什么。

多少年过去了,痊愈了的女儿现在在一家大国企工作,老黄和前妻复了婚。两口子退休后也不闲着,在社区当志愿者。前几天老黄把自己积攒的退休金捐了出去,公益机构让他讲两句,他就讲了这么个故事。"那时候我才明白,在最寒冷的时候,说不定一根小小的火柴,也能给人足够的温暖呢!"

指导教师:刘庆波

本文获省级一等奖

. . . .
点　评
. . . .

　　小小说《一袋面包》讲述了老黄这位普通司机在身处困境时的一段心路历程。女儿身患白血病,他却无力支付治疗费用。为了拉车赚钱,女儿无人照顾,他"陷入孤立无援的绝望",由此产生怨恨。车上一位女学生送给他一袋面包,使他"感受到了一股说不出的温暖"。接下来是一连串的好消息。文章末尾写道:"在最寒冷的时候,说不定一根小小的火柴,也能给人足够的温暖呢!"小题材引出了大哲理,给人深刻的启示。

(钟湘麟 特级教师)

蔷薇的眼泪

□ 黑龙江省密山市第一中学　刘欣颖

早晨起来时天空灰暗阴沉，空气发闷，让人喘不上气。不一会儿，天上飘起了细细的雨丝，院子里的柳树早已枝繁叶茂，经过雨的洗礼绿得更透亮了。

我向窗外看去，昨天搬出去的蔷薇花此刻花瓣上挂满了雨珠。我趴在窗前，看着一滴雨珠顺着花瓣垂落在花架上，摔得稀碎。

雨势渐大，窗外的柳枝被风吹得不停摇曳，硕大的树冠都变得倾斜了，仿佛整棵树随时都有被连根拔起的可能。不远处的天空中划过一道红色的闪电，我想，两三秒后的雷声一定会震耳欲聋。等待了半分钟左右，并没有听到预期中的雷声，我这才反应过来：我已经听不见声音有段时间了。

高一的那个暑假，在我的规划中本是一个充实而又愉快的假期。我可以去感受北京的历史底蕴，可以去山东看看孔子的故乡，可以去上海吹吹黄浦江的晚风，最后到达终点站——六朝古都南京。然而这一切都只能在脑海里进行播放，因为我的病情加重了，引发了暂时性失聪。世界突然变得好安静，像一个巨大的旋涡，我被卷入其中，挣扎着想要逃出来，可却越陷越深。我像平常一样出门，过马路的时候听不到汽车鸣笛的声音，路过商场时听不到里面传来的音乐声。在没有声音的世界里，色彩似乎变得更加暗淡。

每天吃着一大堆的中药、西药，定期去医院检查，我变得越来越消极，越来越不爱说话，而且变得暴躁易怒。我想控制住自己的情绪，可怎么也控制不了。

妈妈选择带我离开喧嚣的城市，回到小时候一直居住的乡下。本以为见到万里无云的湛蓝天空、青葱翠绿的连绵山峰，我会慢慢有所改变，但一切都是徒劳。回乡下的路上，我坐在车里，闻着令我恶心的汽油味，路边的树木从我眼前飞驰而过，一个消极的念头在我心里生根发芽：活着太累，我不想坚持了。我听不见鸟儿飞过时叽叽喳喳的叫声，听不见小溪流过时的潺潺声，那些承载着儿时回忆的声音，如今全都没有了。

在乡下住了一个星期，我的心态越来越差。我不想连累父母，让他们担心；不想看见儿时玩伴同情而又怜悯的目光；也不想在这个无声的世界沉默地活下去。我第一次想将这些天脑子里的想法变为现实，想要结束生命的时候，妈妈朝我跑了过来，速度快到我都没能第一时间反应过来。我抬头看向她，她那双眼睛里早已充满了泪水，眼泪顺着脸颊划过，她没说话，只是将我的手握得越来越紧。

印象中的母亲是个精致的女人。

她也会在镜子前不知疲惫地试衣服，也会在脸上涂涂抹抹，也会把头发梳得很好看，打扮得精致又漂亮。妈妈最喜欢的就是蔷薇花，家里每个房间的窗台上都会摆上一盆，她说蔷薇花代表着美好、爱和希望。

印象中的母亲是一个十分坚强的人。

我一直觉得妈妈是不幸的，她并不是东北人，从小生活在山东，学习成绩一直很好，却因为家庭原因没有走进大学校园，后来随舅舅来到东北，过得不是很好，脏活儿累活儿都干过，落下了一身病。但她常说自己过得很幸福，她遇到了爸爸，嫁给了一个好男人；我也很少让她操心，即使不是很富裕，但这样的生活已然让她很满足。

从小到大我没见她掉过眼泪，她常和我说，流泪是一个人最懦弱、最无能的表现，所以也时刻教导我不要哭泣，说这没有任何用处。就连姥姥因病去世，她没能回去看姥姥最后一眼，她也只是红了眼眶，没掉一滴眼泪。

可就在她阻拦我结束生命的那一刻，我清楚地感受到她的眼泪落在我的手上，摔成几瓣，沉重而又滚烫。

我们坐在院子里的椅子上，我看向妈妈，只见她眼神空洞，不知道在想些什么。我突然发现妈妈的鬓角多了些许白发，眼角的皱纹也越来越明显，想起平日里那些护肤品的瓶瓶罐罐，如今也落满了灰尘。

小时候我总惹她生气，但每次一说"妈，我饿了"，她都会立马起身，做我爱吃的饭菜。久而久之，那句"妈，我饿了"就好像成了我们母女之间的暗号。我动了动被她紧握的手，妈妈看着我，眼眶依旧很红。我开口说："妈，我饿了。"她笑了。她赶忙起身，走了几步又停下，回身看我。我知道她的顾虑和不安。我摆了摆手，也回给她一个笑容，让她放心。那一瞬间我发觉，妈妈挺直的背在慢慢地变弯。

我走进房间准备吃饭时，发现桌子上有一张纸条，那是妈妈的字迹。她的字工整娟秀。我从牙牙学语到提笔写字，妈妈都陪在身边，所以我的字和她的有几分相似。

纸条上面写着："你是妈妈身上掉下来的肉，看到你想轻生，没有人比我更难受。我知道你很痛苦，可你一身傲骨，怎么能认输？"

那张纸皱皱巴巴的，上面的泪痕还未完全干。我知道妈妈又哭了，那么坚强的母亲，原来也有脆弱的一面。

我跑出房间。太阳即将落山，半边天被染得火红，妈妈的背影在夕阳下镀了一圈金边。我大声喊道："妈，命运时常残酷，妄想将我缠住，可少年一身傲骨，绝不认输！"

妈妈笑了,眼泪又从眼眶中涌出。我转头去看那盆蔷薇花,它绽放得更加热烈,颜色更加艳丽,上面未干的雨滴映射出光的颜色。如果能够对蔷薇许愿,我希望她不再哭泣。

指导教师:罗亮

本文获省级一等奖

点　评

本文标题蕴含了整篇文章的主旨,蔷薇象征妈妈,妈妈是一个聪慧且追求精致的女人,虽然命运坎坷,但她坚强乐观。面对"我"的轻生,妈妈鼓励"我""你一身傲骨,怎么能认输",让"我"懂得生命的珍贵,敢于接受命运的挑战。最后,妈妈欣慰地流泪,蔷薇花热烈地绽放,喻示"我"对美好未来生活充满了坚定的信念。至此,"蔷薇的眼泪"的寓意也得到了很好的诠释。文章中心突出,前后呼应,笔触细腻,感情真挚,难能可贵。

（毛香菊 教师作家）

不为谁而读的书

□ 广东高州中学　李俊毅

当李清闲奔跑在校园里的时候,他一定不会忘记在图书馆的那个下午。

李清闲是班里唯一的闲人,又被称为"惰性气体"。他不是课上半梦半醒,就是课间四处飘荡,望着苔色围墙外远方铅色的天空。围墙内是另一个世界,一所百年名校,古老得笨重。贾老师对他的评价是有才华、有灵感。然而,最近数学考试的失利、物化生学业的挫败、文科与理科的失衡,却使他迷惘了起来。也难怪,毕竟追逐知识者,亦被迷惘所追逐,为上进所鞭策。

清晨,路灯撑着迷糊的眼,一夜未眠。李清闲飘进了教室,跌坐在座位上倒头就睡。左边的丰子总是在做作业。右边的董古一门心思在古诗文上,认为现代诗文都是仿古而作,舍本逐末未免可笑,但每次语文考试他总排在十多名,而李清闲却能排前三,韩涵更是次次第一。韩涵就在后面,手不释卷地翻看学校所明令禁止的玄幻小说。他不按规章办事,自认为玄幻小说正当其时,需要划时代的匠作,并以此为己任。早读的铃声响了,大家慵懒地站了起来。丰子还在做作业,而韩涵确实在读书——读他的小说。只有董古读得抑扬顿挫,可惜咿咿呀呀地别人也听不懂。大多数人和李清闲一样在座位上摇摇欲坠,与其说是读书不如说是梦呓。门外的贾老师气得牙痒痒:真是恨铁不成钢。

贾老师是资历很深的老教师,带了十几届学生,上清华北大的不少。就这届最没落——乱七八糟的,真是岂有此理! 他教了十几年的书,对教育有自己的心得,认为非发达地区的学生只有做卷子才有出路。素质教育那一套就能考上重点了?

当下,他把李清闲拉到办公室,皱着眉头,看着眼前左摇右晃的学生,循循善诱道:"我知道你是有天赋的,但你也要努力才行。还有,你平时要把学习重心放在理科上,毕竟你是理科生……"李清闲连连点头,不知是赞同还是打瞌睡。

正好甄老师拿着全国青少年作文比赛的通知走了进来。贾老师摆摆手说:"老老实实读书去吧,为国家、学校读书,为考清华北大而读书。不要有这么多想法。"李清闲却一动不动,眼睛盯着通知。甄老师顺口问道:"清闲,你参加吗? "他眸子一亮,却摇摇头,走了出去。天空是白天与黑夜的叠加，让人分辨不清是白天还是夜晚。远方有几颗星，那是宇宙的迷思。他深深叹了口气：难道语文与理科注定水火不容吗？难道一个科学家就不能在文学上略有建树吗？难道只有考取重点大学才能实现个人抱负吗？

比赛通知贴了出来。原本贾老师坚持要选些"齐整"的作品，不能由学生胡来，但甄老师最终拍板："就用比赛的方式筛选，不然就放弃。要么放弃参赛，要么让他们改变世界，别去规定文学应该是怎样的！"很快，丰子准备了风格混合、文采飞扬的作品，一门心思求获奖。董古把古诗翻了又翻，可终究写了上句没下句。韩涵挖掘了所有的玄幻小说，但写出的只是复刻。他不断思索，快被这种思索撕裂了。玄幻小说的未来究竟在何方？

只有李清闲游手好闲。不过，他罕见地去了图书馆。下午的阳光照在斑驳的墙上，面前的图书馆有些陌生，莫名的沧桑，堆积了如此多的痕迹。他走进去，走进了另一个世界，里面吵嚷不停。"你要安贫守分，守分安贫！""你这么努力思考有什么用！这么倔有什么用！尝试将文科与理科结合有什么用？照样考不过天天做题的丰子，考不过那些小镇做题家！人生如朝露，何必久自苦？"迷惘的他无意中看到了一口铜钟，锈迹斑斑的表面上刻着"负驮三千载沉重，听窗外风雨匆匆"。他想去拂拭锈痕，伸出去的手却又缩了回来。不，现在他擦不掉。他漫无目的地游荡着，最终停在一个走廊末端的房间前。门关着，他呆立不动，似乎等待着什么。"我犯下了无知之罪，我掌握不了那些可以改变世界的知识，只能看着世界按照原本的规则运行。我犯下了无能之罪，我没有将心中的梦想付诸实现的能力，因无能而无法追求自己想要的生活，只能以世俗的标准设定目标，并因此日夜惶恐。我犯下了懦弱之罪，日夜思念一群从未谋面的人，他们教会了我正义、善良，而我在思及他们所作所为的一瞬间就已退却，认为自己无法成为他们那样的人。"忏悔的声音在房间内回响，而一个苍老的声音缓缓压下一切："传统璀璨而美丽，却也因此困住了所有人。忏悔是洗不清命运的。那些为世人所讳忌的、不合时宜的，若对其视而不见，便是真正的弱者。"清脆的一声，不知是迷惘还是破碎的希望。李清闲没吱声，转身走了。走到门口时，他往回看了一眼：图书馆屹立着，褪去了古老，显得普普通通。

李清闲终究还是交上了自己的作品。学校的比赛正常进行，展示的作品有结构严谨但平平无奇的，有充满创新但杂乱无章的。丰子的作品引人注意；韩涵的作品融西方克苏鲁与中国传统志怪于一体，万物唱着古老而悲伤的曲调，有远古的沉重、未知的恐惧、现实的讽刺和人的希望，文字仿佛在蠕动、扭曲、膨胀，所有人被震撼，只想闭门反省；李清闲书写的物理史仿佛绚烂的史诗，"那个世纪，量子力学撕裂热力学，光子假说困扰光学，波粒二象性摧毁微观世界，相对论却无人问津……他仿佛黑洞，表面有多黑暗，内心就有多光明"，他将人们的沉思拉向对宇宙充满激情的探索。

贾老师大为震惊，认为韩涵和李清闲的作品污辱了文学的纯洁性，是在挖掘文学的万世根基。但两个人的作品都交了上去，李清闲获得了二等奖，韩涵获得了一等奖。

布告一贴出，李清闲就跳了起来，跑向图书馆，想寻找什么。但图书管理员告诉他，走廊末端的房间里只有一批待处理的历史小说和玄幻小说。

从图书馆里走出，看着无垠的天空，他感到有点畏惧，耳里似乎有什么东西要挣脱出来。他越走越快，仿佛要从某种沉重中冲出，他不顾雨后地面湿滑，竟跑了起来，似乎要拾起破碎四散的希望，跑出过去的迷惘。跑着跑着，他跑到了许久没有出过状元的状元桥头。耳里的东西挣脱出来了，那是他的哭声。看着雨后明净的校园，他哭了，像个新生的孩子。

他已经读了十年书了，这书又为谁而读？还有两年，不！还有很久很久！

指导教师：林艳

本文获省级一等奖

点 评

这篇文章通过对学生参加一次征文比赛过程的描述，展示了不同教育思想、不同学习理念之间的矛盾冲突，在一定程度上展现出当代中学生内心的困惑，提出了"不为谁而读的书"的自主观念。"这书又为谁而读"是"李清闲"和他的同学们正在思索但依然感到迷惘的问题，也应该是教育改革和发展需要解决和回答的问题。

（钟湘麟 特级教师）